Gisela Bleibtreu-Ehrenberg

Angst und Vorurteil

AIDS-Ängste
als Gegenstand der Vorurteilsforschung

Rowohlt

Originalausgabe
Veröffentlicht im Rowohlt Taschenbuch Verlag GmbH,
Reinbek bei Hamburg, November 1989
Copyright © 1989 by Rowohlt Taschenbuch Verlag GmbH,
Reinbek bei Hamburg
Umschlaggestaltung: Thomas Henning
Lektorat: Jürgen Volbeding
Satz Sabon (Linotron 202)
Gesamtherstellung Clausen & Bosse, Leck
Printed in Germany
1480-ISBN 3 499 18247 5

Inhalt

Vorbemerkung

Noch ein AIDS-Buch? Ja, aber gewiß nicht nur. Ja, weil auf den folgenden Seiten von AIDS in Verbindung mit Vorurteilen die Rede sein soll. Nicht nur, weil das kaum geht, ohne zuvor die Vorurteilsforschung als etablierten Zweig der Soziologie wenigstens partiell vorgestellt zu haben, der bei uns jedoch kaum gepflegt wird und von dem angehende Sozialarbeiter, Sozialpädagogen, Lehrer, Mitarbeiter in Beratungsstellen und in vergleichbaren Berufen Tätige während ihrer Ausbildung nur wenig hören. Obwohl zumeist durch Untersuchungen des Rassismus-Problems gewonnen, sind die Ergebnisse der Vorurteilsforschung, die zum Teil schon vor Jahrzehnten erarbeitet wurden, nahtlos auf AIDS anwendbar. Das gilt sowohl für die älteren sozialpsychologischen Theorien als auch für die mehr psychoanalytisch orientierten der ‹California›-Schule, die Theodor Adorno und Max Horkheimer während ihrer Emigration in den USA begründet hatten.

Freilich sind die vielen irrationalen Ängste um und Reaktionen auf AIDS, durch die der menschenwürdige Umgang mit Infizierten oder Erkrankten beeinträchtigt und die Krankheitsverhütung behindert und gestört wird, nicht allein auf Vorurteile zurückzuführen, seien sie nun mehr sozialen oder mehr individuellen Ursprungs. Viele Menschen haben einfach Angst vor AIDS, weil es eine schwere Krankheit ist, für die bisher weder eine Impfung noch ein dauerhaft wirkendes Heilmittel in Sicht sind. Wieso wir aber gerade dann so oft panisch reagieren, wenn es sich um versehrende Krankheiten handelt (schließlich gibt es auch noch andere schlimme Gefahren für die Menschheit, die wir durchaus gelassener wahrnehmen), ist bisher wenig untersucht worden – wahrscheinlich deshalb, weil es uns selbstverständlich vorkommt. Darüber gibt es in diesem Buch nun einige neuere Informationen, die auch unabhängig von AIDS hilfreich sein können.

Außerdem wird im folgenden von verschiedenen Gesichtspunkten aus die Frage gestellt, woran es liegt, daß trotz umfassender Aufklärung nach wie vor häufig an Übertragungswege von HIV geglaubt wird, die nicht existieren. Wem nützt so etwas eigentlich? Viele Beispiele von Diskriminierungen Betroffener im täglichen Leben mögen helfen, moralischen Kreuzfahrern und anderen Nutznießern diffuser AIDS-Ängste auf die Spur zu kommen.

AIDS ist eine schwere, aber auch schwer übertragbare Krankheit, darum ist AIDS keine Seuche. Und dennoch wird diese Infektion während der nächsten Jahrzehnte das Leben auf der ganzen Welt beeinflussen, denn AIDS ist vor allem eine neuartige Krankheit, gegen die sogenannte ‹bewährte› Strategien, wie man sie gegen schon bekannte einzusetzen gewohnt ist, ohne Wirkung bleiben. Statt jener brauchen wir eine neue Rücksicht, eine neue Vorsicht und eine stärkere partnerschaftliche Verantwortung auf allen Bereichen von Liebe und Sexualität, um dem AIDS-Problem erfolgreich zu begegnen. Das bedarf eines weitreichenden, vorbehaltlosen Lernprozesses, der bisher erst ansatzweise begonnen hat. Die damit in Zusammenhang stehenden Fragen, wie sie nicht nur für uns, sondern auch für die Dritte und Vierte Welt zu gewärtigen sind, bilden einen weiteren Schwerpunkt dieses Buches, dem ich als Motto die Erkenntnis voranstellen möchte:

‹Mehrheitenschutz ist nur möglich durch Minderheitenschutz.›

I. Zur Entwicklung der Vorurteilsforschung

1. Ältere Ansätze der Vorurteilsforschung

Die Vorurteilsforschung ist heute eine interdisziplinäre Wissenschaft: Sie verbindet Elemente sowohl der Soziologie wie der Psychologie, der Geschichte und Kulturgeschichte miteinander.

Die verschiedenen älteren, inzwischen überholten amerikanischen Theorien über die Ursache von Vorurteilen[1] zeigen, daß unter ‹Vorurteilen› fast ausschließlich Rassenvorurteile oder Gruppenkonflikte verstanden wurden: ‹Instinktiver Widerwille› ist zum Beispiel meist gegen Neger gerichtet; Gruppenkonflikte (vorwiegend wirtschaftlichen Ursprungs und oft von sozialem Neid bedingt) beziehen sich auf das Vorurteil gegenüber Juden und – in geringerem Umfang – Ostasiaten.

Vorurteile, die ein Wert- oder Unwerturteil enthalten, das aber nicht an der Realität orientiert ist, beziehen ihre Überzeugung oft aus Ethnozentrismus, den man geradezu als die Wiege des Vorurteils betrachten kann. Darunter versteht man eine Einstellung, die Werte und Interessen bloß dann für gut hält, wenn sie denen der eigenen Gruppe (‹Ethnie› = griechisch Volk) entsprechen, wobei diese als in jeder Hinsicht hochwertiger als alle übrigen angesehen wird.[2] Typisch ethnozentrisch ist es, sämtliche Menschen aus Fremdgruppen nicht recht eigentlich für Menschen zu halten (‹Heiden›, ‹Wilde›; für die Griechen waren alle Nichtgriechen ‹Barbaren›). Einschätzungen dieser Art sind grundlegend für Vorurteile, und wir werden ihnen noch oft und in mancherlei Gestalt begegnen: Vorurteile grenzen immer aus.

Übrigens lassen sich Eigen- und Fremdgruppenantagonismen in ihren volkstümlichen Varianten aus Märchen und Sagen herausschälen. «Eine ihrer bekanntesten Varianten ist die Annahme, daß das Böse häßlich sei und das Häßliche böse.»[3]

Eine bewußte Auseinandersetzung mit Vorurteilen begann in der Aufklärung. Unbegründete, vorschnelle, falsche Urteile kommen zustande, wenn es dem Menschen nicht gelingt, alle Aussagen auf die Einsicht des Verstandes zu gründen. Erkenntnisse und Meinungen, die aufgrund von Überlieferung und Autorität (vor allem religiöser Autori-

tät) übernommen werden, sowie voreilige, von Gefühlen und Interessen gesteuerten Stellungnahmen gelten jetzt als Vorurteile, die es zu
durchschauen gilt, um frei zu werden zum Gebrauche der Vernunft.[4]

> «Von Descartes bis Kant ist die Grundvorstellung die, daß falsche Urteile auf Män-
> geln des Denkens beruhen. Die Gesellschaft hat uns gelehrt zu glauben, statt rational
> zu urteilen. Man kann Vorurteile nur erkennen, wenn man urteilen gelernt hat, und
> so seine selbstverschuldete Unmündigkeit überwindet.»[5]

Wer sich weiterhin zum Verteidiger von bestimmten, nun allgemein als
Vorurteile definierten Meinungen aufwarf, der verteidigte sie deswegen, weil sie ihm selbst lieb und seiner Eigengruppe aus guten Gründen
teuer waren.

Ein typisches Beispiel dafür sind die von Gunnar Myrdal[6] aufgewie-
senen pseudo-religiösen ‹Gründe›, mit denen man in Amerika die
‹Gottgewolltheit› der Sklaverei für Neger motiviert hat; John Dollard[7]
schuf im Zusammenhang damit den Begriff des ‹defensiven Glaubens›,
also eines Vorurteils mit der latenten Funktion der Legitimierung von
Diskriminierung und als Instrument der Machterhaltung einer herrschenden Schicht. Insofern bedeutet Vorurteilsbekämpfung regelmäßig auch Solidarisierung mit den Diskriminierten. Die Herleitung aus
religiöser Überzeugung gilt besonders für das antisemitische Vorurteil.

Wirtschaftlich benachteiligte Gruppen sind streitbarer und ethno-
zentrischer als prosperierende, deshalb kann wirtschaftliche oder gesellschaftliche Benachteiligung zu Fremdgruppenvorurteilen führen.
Gunnar Myrdals Untersuchung folgten viele weitere, die erwiesen, daß
die Auslöser von Vorurteilen meist handfest-wirtschaftliche Interessen
oder aber solche Probleme waren, die Menschen hatten, die quasi mit
einem Bein schon in der amerikanischen Durchschnittsgesellschaft
standen, mit dem anderen aber noch im sozial-kulturellen Gefüge ihrer
ethnischen Eigen(heimat)gruppe.

Nach E. V. Stonequist und Robert E. Park[8] nannte man solche Individuen ‹randständig›, weil sie sich als Angehörige zweier Gruppen und
Kulturen (und das heißt hier auch: im Sinne von Minderheit und Mehrheit) beiden verpflichtet fühlten; sie balancieren zwischen beiden Kulturen, und zwar auf dem Rand, der jene voneinander trennt. Mit dieser
‹Zwischenstellung› handelten sie sich persönlich meist einen innerpsy-
chischen Konflikt ein.[9] ‹Randständige› werden von Angehörigen beider Kulturen, zu denen sie Bindungen haben, nicht selten scheel angese-

hen, und lebenslange ‹Marginalität› ist nur schwer auszuhalten. Hier geht es nämlich um die Werte, die etwa die Eigengruppe pflegt, die Fremdgruppe aber ablehnt beziehungsweise umgekehrt, und nicht selten verhindert die Definition eines Menschen als ‹zu einer anderen (das heißt ethnozentrisch: minderwertigeren) Gruppe gehörig›, daß er aktiv soziale Ziele anstrebt und auch wirklich erreichen kann, die seine gegenstehende Fremdgruppe, die ja meist eine Majorität ist, im Prinzip für jeden Menschen überhaupt als erstrebenswert, aber auch als erreichbar ‹verschreibt›. Ein Beispiel für die Richtigkeit dieses Konzepts ist für unsere Gesellschaft die ‹Randständigkeit› von Schwulen:

Wenn die Majorität Ehe und Familie als hohe Werte bezeichnet, an denen zu partizipieren jeder bemüht sein sollte, kann ein Schwuler das nicht. Diese Unmöglichkeit ist dem Rassismus-Problem verwandt, denn wenn das gängige Stereotyp, wie ‹der› Amerikaner ist, diese Gestalt sozusagen automatisch als weiß begreift, wird es dem von Natur aus Farbigen sehr schwergemacht, sich als Amerikaner zu identifizieren.

Das Marginalitätskonzept hat sich in den Sozialwissenschaften keiner anhaltenden Wirkung erfreut und wurde für die Vorurteilsforschung vergleichsweise wenig in Anspruch genommen. Inzwischen gilt es als veraltet und ist fast vergessen – sehr zu Unrecht. Im folgenden wird oft Gelegenheit sein, sich dieses Konzepts mit Gewinn zu bedienen. Vielleicht konnte es sich deshalb nicht durchsetzen, weil es, zielstrebig angewandt, extrem sozialkritisch ist.

Fast gleichzeitig mit dem Marginalitätskonzept wurde in den USA durch Robert K. Merton[10] die auf Emile Durkheim[11] zurückgehende Anomietheorie entwickelt, und auch sie ist gegenwärtig ziemlich unmodern, nichtsdestoweniger für das Anliegen dieses Buches jedoch besonders brauchbar. Als ‹Anomie› bezeichnete Durkheim den Zustand einer Gesellschaft oder einzelner ihrer Mitglieder, der von Orientierungslosigkeit bestimmt ist.

«An Anomie leidet, wer sich einer Vielzahl widersprechender oder konkurrierender Normen in seiner sozialen Umwelt gegenübersieht und sich nicht mehr entscheiden kann.»[12]

Für Großgruppen bedeutet Anomie etwas einer Krankheit Vergleichbares: Die ganze Gesellschaft ist lädiert, Normen und Werte sind nicht mehr eindeutig auszumachen, die Gruppenmoral ist erschüttert. Ent-

fremdung greift um sich, und für den einzelnen bedeutet das Desinte-
gration. Die Kriminalitätsrate steigt, weil sich niemand mehr um Regeln kümmert, und aus dem gleichen Grunde droht das gesellschaftliche Gesamtgefüge zu zerfallen, denn gemeinsam hochgehaltene
Werte und kollektiv eingehaltene Normen und Regeln sind unentbehr-
licher sozialer Kitt. Menschen in individuell anomischen Situationen
neigen zur Selbstaufgabe und sind suizidgefährdet.[13]

Diesen Ansatz führte Robert K. Merton weiter. Er stellte fest, daß aus
dem Auseinanderklaffen von als erstrebenswert angesehenen Zielen
einerseits und der individuellen Unmöglichkeit, sie zu erreichen, andererseits ein Anpassungsdruck entstehen kann, der in den Fällen abweichendes Verhalten (‹Devianz›) erzeugt, wenn die als erstrebenswert
angesehenen Ziele überbetont, die Frage nach der Legitimität − beziehungsweise sozialen Akzeptiertheit − der zu ihrer Realisierung benutzten − beziehungsweise greifbaren − Mittel aber unberücksichtigt
bleibt.[14] Sofern jemand die Ziele und Werte seiner ihn prägenden Gesellschaft zwar verinnerlicht hat, für sich persönlich aber keine Möglichkeit
sieht, sie irgend zu erreichen, muß notwendig ein Gefühl von Ausge-
schlossensein auftreten. Die Reaktionsformen auf diese frustrierende
Situation sind je nach Persönlichkeit des Betroffenen unterschiedlich, sie
können in Rebellion oder Kriminalität, totaler Anpassung (im Stil von
‹Totstellen›) oder resignierender Selbstaufgabe bestehen. Wer resigniert,
sucht oft die Zuflucht bei Drogen. All diese Formen der Reaktion gelten
als ‹abweichendes Verhalten›; hier wurden bloß ein paar besonders häufige genannt, es gibt natürlich viel mehr. Die genannten Theorien sind
deshalb so brauchbar, weil sie die Dynamik abweichenden Verhaltens
aus einer Doppelspannung zwischen Motiv und Realisationsmöglich-
keit sowie dem Individuum und seinem sozialen Umfeld verstehen[15];
eindeutig wird, daß Devianz als konflikthafte Antwort auf frustrierende
Erwartungen verstanden werden kann.[16] Insofern sind diese älteren
amerikanischen Theorien zu Vorurteilen, Marginalität und Devianz
noch gegenwärtig hilfreich. Sie haben vor allem den Vorzug, soziale
Probleme sozialpsychologisch anzugehen, das heißt den einzelnen und
sein Verhalten stets im Zusammenhang mit den Verhältnissen in seiner
Eigen- und im Spannungsfeld zu seiner Fremdgruppe zu erfassen.

Die allgemein vorhandene optimistisch-fortschrittsfreudige Welt-
sicht in den USA während der Ära des ‹New Deal› verführte insgesamt
jedoch zu einer gewissen ‹Blauäugigkeit›: Man hoffte, etwa nach dem
Richtsatz «Problem erkannt, Problem gebannt», mit Hilfe der Vorur-

teilsforschung soziale Konflikte wo nicht gänzlich auflösen, so doch zumindest entschärfen zu können. Echte Tabu-Themen griff man bezeichnenderweise nicht oder nur als Nebensachen im Rahmen von Untersuchungen mit sozial akzeptierter Fragestellung auf. Deswegen fehlen aus jener Epoche Arbeiten zu Vorurteilen über sexuelle Devianz oder etwa gegen Geisteskranke oder Körperbehinderte oder die indianische Urbevölkerung, desgleichen befaßte sich niemand mit den auch damals schon bestehenden vorurteilsvollen Umtrieben religiöser und pseudoreligiöser Sekten.

2. Persönlichkeitstheoretische Erklärungen der Vorurteilsforschung

Die in ihrem wahren Umfang erst nach Kriegsende bekanntgewordenen Judenmorde des NS-Systems waren die Ursache, daß man sich in den USA damit verstärkt auseinanderzusetzen begann, welche Motive für antisemitische Vorurteile festzumachen seien. Anstelle der früheren Studien über die schwierige Integration von Negern und die aus wirtschaftlichem Neid und Konkurrenzdenken gespeisten Vorurteile gegenüber Juden, die vordem schon im Rahmen der Vorurteilsforschung unternommen worden waren, traten nun in großem Umfang Bemühungen um die Erforschung der Ursache, die, wie vermutet wurde, das Aufkommen des Nazismus beziehungsweise dessen Verbrechen in Deutschland überhaupt erst ermöglicht hatte:

Man glaubte, sie in Gestalt eines bestimmten Persönlichkeitstyps ausmachen zu können, der für totalitäre Ideen besonders anfällig sei.

Seit 1945 untersuchten Theodor W. Adorno und Max Horkheimer im Rahmen ihrer ‹California-Studien› die Entwicklung von Vorurteilen; aus ihrer gemeinsamen Arbeit entstand der 1950 erschienene, weltberühmt gewordene Forschungsbericht ‹The Autoritarian Personality›.[17] Die geistigen Väter dieses Ansatzes waren Marx, Freud und Vertreter der alten (europäischen) sogenannten Massenpsychologie.[18] Aufgrund des Materials, das in vielen Interviews und durch zahlreiche Fragebogen erhoben wurde[19], kamen die Untersucher zu dem Schluß, daß der Prototyp der autoritären (oder faschistischen oder antidemokratischen) Persönlichkeit eine repressive Kindheit erlebt habe.

«Ihr besonderes Merkmal sei eine strenge Disziplin, in der Ungehorsam durch Liebesentzug bestraft worden sei. Wenn ein Kind so erzogen werde, fürchte es seine Eltern und sei zugleich von ihnen abhängig. Es achte und fürchte sie, unbewußt hasse es sie aber auch. Diese Gefühle würden dann auf andere Autoritätsfiguren und -symbole einschließlich der Gruppe übertragen. Das Syndrom führe zu Ethnozentrismus und ausgeprägten Vorurteilen. Das Vorurteil sei der verschobene Haß, der die Solidarität der eigenen Gruppe gefährden würde. Es sei der Haß, den das Kind gegenüber dem Elternteil nicht habe äußern können.»[20]

«Grundzug des vorurteilshaften Charaktertypus ist die Autoritätsgebundenheit, das heißt die bedingungslose Anerkennung dessen, was ist und Macht hat, und der irrationale Nachdruck auf konventionelle Werte wie äußerlich-korrektes Benehmen, Erfolg, Fleiß, Tüchtigkeit, physische Sauberkeit, Gesundheit und entsprechend auf konventionelles, unkritisches Verhalten... Die Veräußerlichung seines Lebensgefühls, die in der Anerkennung jeglicher gegebenen Ordnung liegt, wenn sie nur mit drastischen Machtmitteln zu verfahren weiß, verbindet sich mit tiefer Schwäche des eigenen Ichs, das sich den Anforderungen der Selbstbestimmung angesichts der übermächtigen sozialen Kräfte und Einrichtungen nicht mehr gewachsen fühlt.»[21]

Dementsprechend ist die autoritäre Persönlichkeit für eine scharfe Diskriminierung der Schwachen seitens der Starken disponiert; für Schwäche bei anderen hat sie nur Verachtung und vertritt intolerant die eigene Meinung beziehungsweise die der Autoritäten, denen sie ‹autoritätshörig› ist.

Entsprechend wird dann das Vorurteil als ein negatives Urteil beziehungsweise eine negative ‹Einstellung›[22] gegenüber Angehörigen einer hilflosen Minorität definiert, die vom Standpunkt des vorurteilsvollen Individuums aus zu einer Fremdgruppe gehören; dies Vorurteil stimmt mit der Realität nicht überein. Es ist nur schwer korrigierbar.[23] Die beiden Meßinstrumente der ‹California-Schule› waren die ‹Faschismus-› und die ‹Ethnozentrismus-Skala›; sie vermochten aber nicht soziales Verhalten zu registrieren, sondern eben lediglich soziale Einstellungen. Sie maßen zwar die individuelle Anlage zur Vorurteilshaftigkeit beziehungsweise deren Grad, sagten jedoch über die Auswirkung der Einstellung auf reales Verhalten nichts aus.[24] Naiverweise hat man anfangs von den gemessenen Einstellungen darauf geschlossen, daß ein entsprechendes Verhalten in der sozialen Realität regelmäßg zu erwarten sei.

Nach Jahren kritischer Prüfung korrigierte die Kritik in den USA nicht nur dies, sondern auch die Versuchsanordnungen der California-Schule insgesamt, die als nicht realitätsgetreu bezeichnet wurde, ferner richtete sie sich gegen die Auswahl der Probanden. Diese habe vornehmlich kontrastierende oder extreme Gruppen von Versuchspersonen herangezogen, weshalb viele Typen über ihre wahre Wichtigkeit hinaus betont worden seien.

«Man vergißt die vielen Menschen, in deren Persönlichkeiten sich zahlreiche Impulse mischen und in denen daher ihre Vorurteile nicht den ‹idealtypischen› Mustern folgen, die man hier anzugehen bestrebt war.»[25]

Starke Vorurteile seien zu verbreitet, um allein durch das pathologische Syndrom erklärt werden zu können, das Adorno und seine Mitarbeiter beschrieben hatten. Man stritt nicht ab, daß es den betreffenden pathologisch-rigiden, strafenden, paranoiden Typus gibt. Es sei jedoch in erster Linie schlicht ein Mangel an intellektueller Differenziertheit, wenn jemand einen hohen Wert auf den entsprechenden Skalen aufweise, da Bildung und Erziehung verhinderten, daß Leute abergläubische Vorstellungen und engstirnigen Provinzialismus offen äußerten. Adorno habe sich deshalb geirrt, als er versucht habe festzustellen, welcher Persönlichkeitstyp sich für das Vorurteil entscheidet. Denn schlecht ausgebildete und zum Differenzieren unfähige Menschen hätten gar keine Wahl: Sie nehmen vorurteilsgeprägte Überzeugungen aus ihrem sozialen Umfeld auf wie die Luft zum Atmen.[26] In der Tat ist der bedeutendste Einwand gegen diese Theorie darin zu sehen, daß die Lehre von der autoritären Persönlichkeit das Problem des Vorurteils monokausal anging. Zudem erwies sich in späteren Versuchen, daß nicht nur politisch Rechtsstehende, sondern auch die Linksstehenden autoritäre Charakterzüge aufwiesen, das heißt, daß die Neigung zu Autoritätsabhängigkeit bei allen beiden Gruppen extrem hoch war. Diese Feststellung wirkte ernüchternd.[27] Die empirische Falsifikation des Konzepts der autoritären Persönlichkeit im strengen Sinne dieser Theorie lieferte dann 1963 das berühmte Experiment von Stanley Milgram. Er wies mittels seines Gehorsams-Tests an ganz durchschnittlichen, unauffälligen Erwachsenen nach, daß durch Autoritätshörigkeit gesteuerte Grausamkeit kein Kennzeichen eines speziellen Persönlichkeitstypus sein muß und daß man darum auch in den USA unter bestimmten Umständen und mit den geeigneten Überredungsverfahren eine beliebig starke SS zusammenstellen könnte, die zu jeder Unmenschlichkeit fähig wäre.[28]

Von sozialpsychologischer Seite aus sind gegen die Theorie von der autoritären Persönlichkeit vornehmlich Einwände gemacht worden, die sich auf die Möglichkeit einer Umorientierung der vorurteilsvollen Individuen beziehen. Sollten nämlich sämtliche Vorurteile gleich welcher Art wirklich ausschließlich durch frühkindliche Fehlerziehung bedingt sein, dann brauchte man zur Korrektur dieses Fehlverhaltens nichts Geringeres als ein staatlich gelenktes Programm für Massenpsychotherapie.[29] Wo ernstlich versucht wurde, durch individuelle Psychotherapie ethnozentrische Einstellungen abzubauen, da scheiterte man.[30] Außerdem kann sich die Soziologie aus der Wissenschaft verabschieden, wenn Soziales nicht mehr durch sozial Relevantes erklärt, sondern sozial Unerwünschtes prinzipiell als individuell-pathologisch definiert wird – ein Verfahren, bei dem gestandene Sozialwissenschaftler in aller Welt verständlicherweise Protest anmeldeten.[31] Manche Vorstellungen der California-Schule waren überdies handgreiflich illusionär, beruhten auf Wunschdenken oder überinterpretierten die erhobenen Befunde extrem. So behauptete man zum Beispiel, Skepsis hinsichtlich der Hoffnung auf die baldige Etablierung einer Weltregierung sei als typischer Zynismus des an mangelhaftem Identifikationsvermögen krankenden Ethnozentrikers anzusprechen.[32]

3. ‹Sündenböcke› und ‹Blitzableiter› als Opfer von Aggressionen

Eigengruppen behandeln all ihre Mitglieder gleich – zumindest dem eigenen Selbstverständnis nach. Ungleichbehandlung ist darum ein Symptom von Diskriminierung und zieht meist Ausgrenzung nach sich.[33] Diskriminierung heißt immer, daß man jemandem Rechte vorenthält, ihn aus der Eigengruppe ausstößt oder jedenfalls an deren Rand drängt, oder sie richtet sich gegen solche Menschen, die von vornherein und traditionell einer Fremdgruppe zugerechnet werden. Für so Diskriminierte hat sich in der Vorurteilsforschung schon früh der Ausdruck ‹Sündenböcke› eingebürgert[34], der allerdings nicht immer im gleichen Verständnis gebraucht wird. Schon lange umgangssprachlich bekannt, kam er durch die Arbeiten der California-Schule nachhaltig in die Diskussion, ist doch die autoritäre Persönlichkeit nichts ohne eine Fremdgruppe, der gegenüber sie sich mit ihrer eigenen

Bezugsgruppe so besonders stark identifiziert und gegen die sie aggressive Vorurteile hegt, und die Mitglieder einer solchen Fremdgruppe sind es, denen die autoritäre Persönlichkeit als ‹Sündenböcken› die Schuld für allerhand wirkliche oder eingebildete Übel anlastet. Meist handelt es sich um eine kleine Herde von Sündenböcken, das heißt irgendeine schwache Minorität (weil die autoritäre Persönlichkeit ja Majoritäten ihrer Stärke wegen verehrt und nie angreifen würde), weniger um eine einzelne Person.[35] Nachdem die California-Schule den Begriff des Sündenbocks (englisch ‹scapegoat›) eingeführt hatte, der bekanntlich auf die biblische Sündenbock-Erzählung abhebt, wurde er später abgewandelt und weiterentwickelt, und zwar von Autoren, die sich kritisch mit jener Theorie auseinandersetzten.

Sie hatte behauptet, die Auswahl der jeweiligen Sündenböcke, gegen die vorurteilsvoll-aggressives Verhalten sich richte, erfolge einzig nach dem Kriterium der Schwäche solcher benachteiligter Minderheiten. Dazu merkte man nun an[36], die Bevorzugung bestimmter Menschengruppen als Sündenböcke sei vielmehr nachweislich traditionsgebunden.[37] Auch dort, wo bei der Diskriminierung ethnische Gesichtspunkte auffielen, seien historische Ursachen auszumachen.[38] Haupteinwand der Kritik war aber, daß Sündenböcke auch dort anzutreffen seien, wo sich weder autoritäre Persönlichkeiten fänden noch Situationen, in denen die sozialen (und sexuellen) Frustrationen einen solchen Grad angenommen hätten, daß sie zu allgemeinen Ausschreitungen gegenüber einer Minderheit zwangsläufig ausarten müßten. Als Beispiel für von der ‹Grundannahme› der Theorie von der autoritären Persönlichkeit gänzlich abweichende Umstände bei der Stigmatisierung von Sündenböcken nennt Allport[39] den Fall eines Indianerstammes, bei dem keines der Kriterien für die Ausprägung einer solchen Persönlichkeit während der frühkindlichen Entwicklung der Stammesmitglieder zu finden ist und wo dennoch traditionsgemäß bestimmte Männer und Frauen als Schadenszauberer gelten und damit in die Sündenbock-Position gedrängt werden: Man macht sie für einfach alles verantwortlich, was dem Stamm an Mißhelligkeiten begegnet, und sie enden meist durch Steinigung oder Ertränken.

Bei diesen Überlegungen Allports, aber auch in den üblichen Definitionen, was ein Sündenbock sei und welche soziale Funktion er habe, fällt nun auf, daß dabei eine Aussage, die die California-Schule gemacht hat und auch dezidiert machen wollte, auf eine fast unmerkliche, aber für das Verständnis des Gesamtphänomens wesentliche Art verändert worden ist. Erinnern wir uns: Allport kritisierte die monokausale Vorurteilserklärung Adornos, indem er sich den Begriff des Sündenbocks vornahm und zeigte, daß das kritisierte Konzept mit dem in der Realität feststellbaren Auftauchen von Sündenböcken keine klare Deckungsgleichheit bringt. Um was aber ging es der California-Schule primär? Es ging ihr um eine Erklärung der faschistischen Persönlichkeit beziehungsweise dem deutlicheren Verständnis, was diesen Typ formt und ausmacht. Und sie wählte zwecks Illustration, wie ein solcher Persönlichkeitstypus charakteristischerweise seine Probleme angeht, das biblische Erklärungsmuster des Sündenbockes. Was war nun dessen Funktion?[40]

Die namengebende Figur erscheint in einer rituellen Entsühnungshandlung: Der Priester legt einem Schafbock die Hände auf den Kopf und überträgt dem Tier auf diese Weise substantiell sämtliche seit dem letzten Entsühnungsfest begangenen Tabubrüche und Sünden des Stammes, während er sie aufzählt und klar beim Namen nennt. Daraufhin wird der Bock in die Wüste gejagt, womit man alle Übel für diesmal losgeworden ist. Vergleichbare Rituale gab es auch in Altgriechenland und anderswo.[41] Nun ist der Bock als Tier kein Mitglied der menschlichen Gemeinschaft, sondern unzweifelhaft das einer ‹Fremdgruppe›, nämlich der Tierwelt. Was ihm ‹zur Last gelegt› wird, sind jedoch keine tierischen, sondern die nach dem Denken eines schlichten Nomadenstammes vergegenständlichten Missetaten menschlicher Stammesmitglieder; als Vehikel für deren Abtransport hat man ursprünglich vielleicht deshalb ein Tier gewählt, weil dem Tier nach frühmenschlichem Zutrauen mehr (Abwehr)kraft beziehungsweise göttliche Wirkmächtigkeit eignet als den Menschen. Der Bock konnte den gesammelten psychischen Müll, magisch-substantiell vorgestellt, offensichtlich mühelos (weg)tragen und in der Wildnis damit auch leben, während die Menschen darunter zusammengebrochen wären.

Als Erklärung für das Kennzeichnen und Verfolgen von ‹Sündenböcken› kam durch die California-Schule der Begriff der ‹Projektion› zum Tragen.[42] Man fand heraus, daß es Leute gibt, die eigene Schuldgefühle, unterdrückte – weil als amoralisch empfundene – Wünsche, böse Ressentiments und so weiter auf andere zu übertragen (‹projizieren›) pflegen, und zwar analog ihrer Charakterstruktur eben auf wehrlos Schwächere und bevorzugt auf Minoritäten. Daß gerade dieser Typ auch dazu fähig ist, die (gegebenenfalls sogar strafrechtliche) Schuld an kriminellen Handlungen oder Übeltaten generell, von denen er selbst sehr genau weiß, wem sie in Wahrheit zuzuschreiben sind, unverfroren und denunziatorisch anderen anzulasten, steht dazu nicht in Widerspruch, ist aber erst sekundär von Belang. ‹Sündenböcke› im genauen Verständnis der California-Schule sollten deshalb nur solche Minoritäten genannt werden, denen – bewußt oder unbewußt – Schuld ‹delegiert› worden ist, wobei ‹unbewußt› natürlich heißt: Der fragliche kompromittierende, bösartige und so weiter Inhalt der Projektion mag bloß im Unterbewußtsein des Verfolgers auszumachen sein, während er äußerlich ganz sachlich wirkt und womöglich logische Gründe in Mengen anzugeben weiß, die jene Schuldzuschreibung vernunftgemäß erscheinen lassen.

Diese psychischen Zusammenhänge gelten nun aber für die von Allport angeführten Indianer gerade nicht. Denn was sie ihren Hexern jedweden Geschlechts als ‹Schuld› zuschreiben, sind all die unglücklichen Zufälligkeiten im Leben eines einfachen Stammes, dessen Weltbild vorwissenschaftlich ist und dessen Hilfsmittel im Überlebenskampf notwendig einfach sind. Sie haben keine Ahnung von den wahren Ursachen der Krankheiten, unter denen sie leiden, und jeder Todesfall, selbst sofern dessen Grund ganz augenfällig ist (beispielsweise Ertrinken oder dergleichen Unfälle), wird der böswilligen Einwirkung externer Kräfte zugeschrieben. Der Zorn dieser Menschen ist hilflos, im Grunde ist er sozusagen blind – jedoch gerade diese Hilflosigkeit führt zu dem spontanen Drang, daß überhaupt irgend etwas geschieht. Denn Tätigwerden entlastet, Zorn und Trauer suchen ein Ventil, und wenn man der eigenen Angst vor dem in Wahrheit total Unerklärlichen nachgeben würde, brächte das den Zusammenbruch der Psyche mit sich. Blinder Aktionismus hilft selbst dann, wenn er sich gegen objektiv Unbeteiligte wendet und hat insofern die Funktion einer Selbstentlastung. Wenn die Beteiligten sich darüber klar wären, wie gefährdet und prekär ihr tägliches Leben ist, weil sie von so vielen Einflüssen und Umständen bestimmt werden, worauf sie gar keine Einwirkungsmöglichkeit haben, müßten sie verzagen: Schon früh dürften für die Menschheit als Ganzes falsche Problemerklärungen oder solche, die sich nicht nachprüfen lassen, hilfreicher gewesen sein als überhaupt keine.[43]

Wenn nun das Opfer solcher bis zu Tätlichkeiten, ja bis an den Tod grenzender Aggression kein ‹Sündenbock› ist (Sünden wurden von niemandem begangen, und die Schuldzuschreibung beruht auf Nichtwissen oder Aberglauben), was ist es dann?

Indem es die Angst, die Hilflosigkeit, die Versagungsgefühle der

Gruppe aufzunehmen gezwungen wird, dient es ihr als sozialer ‹Blitzableiter›, durch dessen Existenz das drohende Chaos eines psychischen Zusammenbruchs von einigen oder allen Gruppengenossen neutralisiert wird. Diese ‹Zuschreibung› der Rolle von Blitzableitern an Hexer haben die Betroffenen mit den sozusagen ‹klassischen› Sündenböcken gemeinsam, und hierauf beruht das Mißverständnis, das Allport zu seiner Kritik geführt hatte. Schaut man genau hin, zeigt sich: Blitzableiter sind nicht mit Sündenböcken identisch, haben aber meist dasselbe Schicksal wie jene.

Hinsichtlich der ethischen Bewertung der jeweiligen Verfolger gibt es aber den schon angesprochenen wichtigen Unterschied: Wenn Sündenböcke verfolgt werden, so werden sie für Umstände verantwortlich gemacht, für die nicht sie, sondern die betreffenden Verfolger selbst verantwortlich sind. Wenn hingegen Blitzableitern dasselbe oder Vergleichbares geschieht, sind bei den jeweiligen Verfolgern nicht zwangsläufig unethische Beweggründe ausschlaggebend, sondern eher Unwissenheit, verzweifelter Zorn und vor allen Dingen Angst.

Die Trennung der beiden Begriffe ist für dieses Buch so wichtig, weil – wie sich gezeigt hat – zur Heilung oder wenigstens sozialen Stabilisierung von Menschen, die andere notorisch zu Sündenböcken für eigene böse Gedanken oder Handlungen stigmatisieren, bloß langwierige psychotherapeutische Betreuung mit eher zweifelhaften Erfolgsaussichten oder aber Strafe zur Verfügung stehen. Anders im Fall von Blitzableitern: Dort helfen Belehrung über die wahren Ursachen der jeweiligen Kalamität und Lernen besseren, weil richtigeren Wissens, um die vorhandene starke Angst abzulegen, was bedeutet, daß die zur Verfügung stehenden Möglichkeiten zum Abbau des sozial unerwünschten Verhaltens viel größer sind als bei den ‹Sündenböcken›.[44]

Blitzableiter und Sündenböcke haben natürlich gemeinsam, daß man sie für ihre Rollen jeweils stigmatisieren kann, ein Prozeß, der noch genauer zu betrachten sein wird. Hier stellt sich erst einmal die Frage: Welche Leute sind es, die stigmatisieren, wer schreibt die Sündenbock- oder Blitzableiterrolle zu, wer bestimmt, welche Minorität wann zu verfolgen ist? Die Kritiker der California-Schule hatten vorgetragen, die Stigmatisierung erfolge aufgrund fester Traditionen, und damit hatten sie sicher recht. Aber Traditionen können auf- und abgebaut werden, man kann sie, wenn sie eben glücklich am Einschlafen sind, durch geschickte Propaganda wiedererwecken, man kann sie kanalisieren und umleiten und manipulieren. Hier sind erst einmal weniger die jeweils für bestimmte Stigmatisierungen ausschlaggebenden Traditionszusammenhänge von Belang, sondern uns interessiert der Charakter derjenigen, die dazu beitragen, sie zu perpetuieren.

Geht man dieser Frage nach, zeigt sich, daß viele Menschen, die ihrerseits ziemlich vorurteilslos, das heißt nüchtern, ihren Weg gehen, Meister darin sind, mißliebige Gruppen oder Einzelindividuen, die sie aus höchstpersönlichen Gründen ausschalten wollen, zu Sündenböcken oder Blitzableitern zu definieren, um dabei ihren Schnitt zu machen. Denn welthistorische Ereignisse wie die Hexeninquisition, die Auslöschung des Templer-Ordens und die Judenverfolgung unter Hitler (und zahllose Pogrome davor) waren unabhängig von den damit verbundenen Stigmatisierungen und Schuldzuschreibungen wirtschaftliche Veranstaltungen zur totalen Enteignung der Verfolgten[45], zu einer Umverteilung, die meistens von unten nach oben vor sich ging. Qui bono? (wem nützt es?) ist hier die angemessene Frage. Wenn die Verfolgung von Diskriminierten den wirtschaftlichen Angelegenheiten irgendeiner Gruppe merklich zum Vorteil gereicht, kann man sicher sein, sie hat an der Auswahl der jeweiligen Opfer maßgeblich mitgewirkt.

Menschen dieses Schlages müssen nicht notwendig autoritätshörig sein; Macht- und Geldgier reichen vollkommen aus. Im Einflußbereich solcher Typen werden Vorurteile nicht nur geschürt, sondern neu erfunden und mit Hilfe der jeweiligen Medien zweckvoll geschürt und verbreitet. Schuldgefühl tritt dabei weder bewußt noch unbewußt auf.

4. Beziehungen zwischen Aggressor und Opfer

Weil aus naheliegenden Gründen empirische Untersuchungen zur Vorurteilsforschung nicht auf der freien Wildbahn menschlicher Auseinandersetzungen, sondern im Labor des Forschers stattfinden, läßt sich damit schwerlich klären, ob die untersuchten Probanden in der Realität den Grad aggressiven Verhaltens ausleben würden, den ihre jeweiligen Testergebnisse nahelegen. Was einzig gemessen werden kann, sind ja vorhandene oder nicht vorhandene vorurteilsvolle Einstellungen, das heißt Diskriminierungsabsichten.[46] Umgekehrt kann man praktiziertes Verhalten und Einstellung jedoch miteinander in Beziehung setzen, wobei man fand, «daß Personen, wenn sie ein vorurteilsgeprägtes Verhalten an den Tag legen, anschließend dazu tendieren, das Verhalten durch die gehegte Einstellung zu rechtfertigen»[47]. Umgangssprachlich ausgedrückt, ist an Ausreden für praktizierte Diskriminierung nie Mangel.

Albert Bandura[48] hat die verschiedenen Formen aufgelistet, die selbstentschuldigende Vorwände bei den Aggressoren annehmen können, um möglichen Eigenvorwürfen vorzubeugen: Aggressives Verhalten bagatellisieren (andere sind viel schlimmer); Aggression durch Bezugnahme auf ‹höhere Prinzipien› rechtfertigen; Verantwortlichkeit für Aggression verschieben (nur auf Befehl gehandelt); Verantwortlichkeit vernebeln (häufig bei kollektiver Aggressivität, auch bei ‹Gruppenentscheidungen›); Dehumanisierung der Opfer (nachdem man Mißliebige zu ‹Untermenschen› oder ‹Tieren› stigmatisiert hat, gehören sie nicht länger zur ingroup der Menschheitsfamilie, und man kann mit ihnen umspringen wie mit Angehörigen einer fremden Art); Schuldattribuierung an die Opfer (‹selber schuld›).

Wenn den Opfern von Diskriminierung die Schuld an ihrem Elend überzeugend selbst zugeschrieben wird, können sie schließlich soweit kommen, daß sie die negativen Charakteristiken auch ihrerseits glauben, die sie ständig über sich hören. Denn soziales Verhalten ist immer ein Interaktionsprozeß, und darum wirkt sich das Vorurteil auch auf das Verhalten der Menschen aus, die Zielscheibe des Vorurteils sind:

«Was Menschen von uns denken, bestimmt in irgendeinem Maße, was wir von uns selbst denken, und folglich auch, was wir werden.»[49]

«Wer zum Beispiel davon überzeugt ist, daß ihn niemand respektiert, wird ein mißtrauisches, abweisendes oder aggressives Benehmen an den Tag legen, auf das seine Umwelt höchstwahrscheinlich mit Unmut reagiert und damit seine ursprüngliche Annahme ‹beweist›.»[50]

Diese Reaktion hat man nach Robert K. Merton[51] als ‹Self-fulfilling-Prophecy› bezeichnet, als eine sich selbst bewahrheitende Voraussage. Individuen, die sich ihr entsprechend verhalten, passen ihr äußeres Benehmen den negativen Erwartungen der vorurteilsvollen Beobachter ‹fast sklavisch› an und spielen so die selbsterniedrigende Rolle jenes Zerrbildes ihrer selbst, als das sie in den Augen der anderen erscheinen. Unter den möglichen Ursachen für diese paradox wirkende Reaktion sind zwei besonders einleuchtend[52], nämlich Selbstschutz (der andere empfindet Befriedigung, weil er offenbar recht behalten hat) und Angst davor, der eigenen Identität verlustig zu gehen, selbst wenn sie als solche sozial negativ eingeschätzt wird: besser eine geringwertige Identität als gar keine! Sowohl Schwarze als Schwule haben lange Zeit nach dieser Devise gelebt.

Bei der Einschätzung dieses interessanten und in den USA schon früh durch Beobachtungen an Farbigen eindeutig nachgewiesenen Phänomens[53] muß man stets eingedenk sein, daß es die jeweils (vor)herrschende Ideologie ist, mittels derer die sozialen Verhältnisse in einer Gesellschaft nebst den Rangeinstufungen der in ihr lebenden Menschen erklärt, befestigt und verteidigt werden.[54] Die Gesellschaft sorgt durch oft eigens zu diesem Zweck entwickelte ideologische Begründungen dafür, daß allgemein verbreitete Vorurteile schließlich in der Wirklichkeit ihre nachträgliche Bestätigung finden – wenigstens äußerlich.[55]

«Das ist das Heimtückische gutgelungener Rationalisierungen: Sie verdecken vor sich selbst die ursprünglichen und wahren Zusammenhänge zugleich mit den Motiven, die dazu führten, zu einer Rationalisierung zu greifen.»[56]

5. Vorurteile als Bestandteil sozialen Lernens

Mit Fortschreiten der fünfziger Jahre klang in den USA das Interesse für die Theorien der California-Schule ab. Die aus dem Krieg heimgekehrten farbigen Soldaten zeigten sich zunehmend unwillig, das vordem geduldig ertragene Ausmaß von sozialer und rassischer Diskriminierung länger hinzunehmen, und für eine Lösung oder wenigstens Abmilderung des Negerproblems war Adornos Konzept kaum hilfreich. Denn negative oder negativ getönte Einstellungen gegenüber Farbigen wies damals die überwältigende Mehrheit aller weißen Amerikaner auf, die man insgesamt weder therapieren noch bestrafen konnte. Um Handlungsanweisungen zu erhalten, die sich auch durchführen ließen, wandte sich die Vorurteilsforschung schließlich wieder den älteren amerikanischen Autoren zu und modifizierte einige von deren Aussagen, so daß sie tragfähiger wurden.

Durch neue empirische Erhebungen wurde klar, daß der Erwerb von Vorurteilen als Teil des allgemeinen sozialen Lernens anzusehen ist.[57]

«Soziale Vorurteile werden ... gelehrt und gelernt, beeinflussen den einzelnen je nach Persönlichkeits- und Gruppenstruktur mehr oder weniger stark und sind selbst entscheidend als Einstellung und Verhalten vom sozialen und kulturellen Wandel abhängig.»[58]

Der Erklärungsansatz muß deshalb multikausal sein, nicht monokausal, und man muß den jeweils spezifischen Bedingungen Rechnung tragen; hierzu ist nicht zuletzt die konkrete soziale Struktur zu zählen, in der die Vermittlung von Vorurteilen stattfindet und von der es abhängt, welche inhaltliche Ausprägung Vorurteile erfahren.[59]

Diese sozialpsychologische Betrachtungsweise hob drei Hauptursachen für die Ausbildung von Vorurteilen hervor:[60]

Eine allgemeine Tendenz zu Orientierung und Sicherheit, den eigentlichen gruppendynamischen Prozeß und schließlich die jeweilige Persönlichkeitsstruktur (wozu neben anderen Erklärungsmöglichkeiten für individuelles Verhalten auch die Theorie von der autoritären Persönlichkeit herangezogen werden kann).

Unter Zugrundelegung des lerntheoretischen Konzepts betonte Allport die Bedeutung von Erfahrung und Wissen bei der Ausbildung von Vorurteilen. Er beschrieb das Vorurteil als eine positive oder negative Einstellung gegenüber einer Person oder Gruppe, vorausgehend oder aber nicht basierend auf tatsächlichen Erfahrungen.[61] Bedenkt man, daß dies 1954 veröffentlicht wurde, dann zeigt eine Vorurteilsdefinition aus 1978 die inzwischen erfolgte Abstrahierung des neuen Ansatzes auf. H. E. Wolf definierte in seinem in jenem Jahr erschienenen Handbuchartikel das Vorurteil wie folgt:

«Ein Vorurteil ist eine verbindliche Stellungnahme über einen Gegenstand, ohne daß dem Stellungnehmenden die empirische Sachstruktur ausreichend objektiv bekannt ist oder von ihm berücksichtigt wird.»[62]

Und Markefka präzisierte denselben Gedanken 1984 noch einmal so:

«Ein Vorurteil kann ... als eine verbindliche Stellungnahme charakterisiert werden, die nicht auf ihre empirische Gültigkeit überprüft worden ist: Damit entlarvt sie sich gegenüber dem Außenbetrachter als noch zu prüfende Hypothese, als Ansicht oder Behauptung über ein Vorurteilsobjekt.»[63]

Der Fortschritt bei den genannten Definitionen liegt im Vergleich zu früheren und zum Teil noch jetzt vertretenen darin, daß durch ihren hohen Abstraktionsgrad all die vielen Einzelaspekte zwanglos einbegriffen werden, für die anderenorts nicht wenige Separatdefinitionen (womöglich auch noch im Stil von «ein Vorurteil ist, wenn man…») entweder als gleichwertig nebeneinanderstehend oder einander rangmäßig nachgeordnet angegeben werden.[64]

Betrachtet man Vorurteile als Ergebnis sozialen Lernens, wird deutlich, daß sie eher durch den Kontakt mit den Vorurteilen anderer entstehen, nämlich derjenigen, von denen man auch im übrigen zu lernen gewohnt ist, als durch den Kontakt mit den jeweiligen Opfern der betreffenden Vorurteile.

«Wenn Kinder in den frühen Jahren, in denen sie am meisten beeinflußbar sind, bevor also die Kritik wach geworden ist, gedankenlose Äußerungen oder herabmindernde Urteile über andere Gruppen zu hören bekommen, übernehmen sie mehr oder weniger unbewußt die Vorurteile», und zwar von solchen Menschen, «die dem Kind oder dem Jugendlichen als Autoritäten erscheinen und mit denen sie sich identifizieren.»[65]

Vorurteile müssen nicht schon durch ihr bloßes Dasein Konflikte schaffen.

«Aber wenn Konflikte auftreten, dann greifen die Konfliktakteure in der Regel auf bestehende Vorurteile zurück.»[66]

Deshalb wirken Vorurteile im Ernstfall konfliktfördernd: Sie neigen dazu, Bestandteile von Ideologien und somit zu Waffen von Ideologien zu werden. Ideologien sind denn auch der Tummelplatz, auf dem sich die meisten Vorurteile ausmachen lassen.

Bernd Estel hat die vorwiegend ideologisch bestimmten und gebrauchten Vorurteile als ‹nomisch› bezeichnet (denn wo sie brüchig, überwiegend nicht länger für wahr gehalten oder direkt als veralteter Unfug aufgefaßt werden, brechen die von Durkheim charakterisierten Zustände von sozialer oder individueller Anomie herein). Weil der Ausdruck unmittelbar einleuchtet und gleichzeitig kurz ist, wird er hier in der Folge für speziell weltanschaulich determinierte beziehungsweise gesteuerte Vorurteile benutzt – und diese sind es ja, die uns am meisten interessieren.

«Nomisches Wissen», schreibt Estel[67], «belehrt die Menschen darüber, was als sinnvoll und was als sinnlos zu gelten hat, was zu bejahen und anzustreben, was zu verneinen und zu vermeiden ist…»

Das heißt, das nomische Wissen ist davon bestimmt, daß es die Wirklichkeit, die es doch zu ordnen und zu interpretieren vorgibt, in Wahrheit überhaupt erst erschafft. Diesen eminent wichtigen Gesichtspunkt gilt es festzuhalten: Ohne zum Beispiel die Rassenideologie Hitlers und seiner völkischen Vorläufer hätte es den tagtäglichen Antisemitismus des Dritten Reiches nie gegeben, und ohne die sexistische Wahnvorstellung vom permanenten Appetit männlicher Neger auf die Vergewaltigung weißer Frauen gäbe es keinen Ku-Klux-Klan[68], dessen Aktivitäten in den amerikanischen Südstaaten bis heute die soziale Integration von Farbigen erheblich beeinträchtigen und auf diese Art soziale Umwelt durchaus konstituieren, die sonst anders aussähe. Ohne die alten abendländischen nomischen Vorurteile gegen Homosexualität und Prostitution, ja Sexualität schlechthin gäbe es eine andere soziale Wahrnehmung von AIDS.

Nomische Überzeugungen werden zuerst in frühen Primärgruppen gelernt, sie entstehen und wirken wie unkonditionierte Reaktionen.

«Diese Werte, die bestimmte Verhaltensweisen als antisozial verdammen (und andere als prosozial billigen), liefern der sozialen Kontrolle die ideologische Grundlage.»[69]

Leute, denen gegenüber man Vorurteile hegt, pflegt man zu meiden, aber Vorurteile sind an sich unabhängig davon, ob man die jeweiligen Vorurteilsopfer überhaupt kennt. Kindern bleibt aus Mangel an Eigenerfahrung ohnehin gar nichts weiter übrig, als die Ansichten von Erwachsenen zu übernehmen. In Situationen der Ungewißheit beziehungsweise für das Kind undurchsichtiger Ungeordnetheit muß es sich auf die Meinungen und Bedürfnisse älterer Gruppenmitglieder verlassen, um dahinterzukommen, mit welchen Aspekten der Welt es sich zu befassen hat. Und es ist an solche Übernahmen doppelt gebunden: Denn einmal wird sein Umfeld für das Kind durch Informationen der Erwachsenen (egal, ob sie richtig oder verfälschend sind) überhaupt erst verstehbar. Aber noch wichtiger ist, daß die normale Belohnung für derartige Übernahmen in sozialer Akzeptanz besteht, soziale Ablehnung jedoch für das Kind eine schreckliche Strafe bedeuten würde. Das kindliche Bedürfnis nach Annahme ist darum die Grundlage des nomischen Einflusses, der stets einen Begleitprozeß des allgemeinen Informationsflusses darstellt, auf den ein Kind angewiesen ist, um sich zurechtzufinden.[70]

Die Übernahme von Vorurteilen ist allerdings auch unabhängig vom jeweiligen Alter immer auch ein gruppendynamischer Prozeß. Grup-

penmitglieder haben die Neigung, «sich von anderen Gruppen abzu-
heben und ihre eigene Gruppe höher zu bewerten als die Fremdgruppe» [71], also ethnozentrisch zu reagieren.

«Wie andere Primaten ist wohl auch die menschliche Art mit überaus einfachen Eigen-
Fremdgruppen-Kategorien ausgestattet, die sich möglicherweise letztlich auf einen
noch primitiveren Territorialanspruch zurückführen lassen…, so daß wir es hier mit
einem evolutionären ‹Überlebsel› zu tun haben… Die Zentriertheit auf die Eigengruppe hat vielleicht in unserer Vorgeschichte ihren Wert als Überlebensmechanismus
gehabt, doch in einer modernen Industriegesellschaft sind solche diskriminierenden
Eigen-Fremdgruppen-Unterscheidungen gesamtgesellschaftlich schädlich.» [72]

Das wie automatisch wirkende Einteilen in Eigen- und Fremdgruppe
wurde anhand einiger geradezu amüsanter Gruppenversuche in England nachgewiesen. [73] Anscheinend genügt es, eine Gruppe völlig willkürlich in zwei Untergruppen einzuteilen, um damit Eigen- und Fremd-
gruppengefühle zu provozieren. Zwar gibt es auch Umstände, «unter
denen die Liebe zur eigenen Gruppe nicht verbunden mit Feindseligkeit
gegenüber Fremdgruppen auftritt» [74], aber das ist nicht die Regel, sondern die Ausnahme.

Urteile und Vorurteile lernt man nicht nur in der Primärgruppe als
Kind, sondern später in differenzierterer Form auch etwa in der
Gruppe Gleichaltriger (der sogenannten ‹peergroup›), in Freizeitgrup-
pen mit Mitgliedern unterschiedlichen Alters (zum Beispiel Sportver-
ein) oder als junger Erwachsener am Arbeitsplatz oder an der Universität. Diese Offenheit zum Dazulernen ist extrem wichtig für einen
bemerkenswerten Umstand:

«Verändert ein Mensch seine Bezugsgruppe, findet also eine soziale Umorientierung
statt, dann verändern sich auch jene Vorurteile, die für den ‹subjektiven Lebens-
raum› der Gruppe relevant sind. Der Wechsel einer Bezugsgruppe ist immer auch ein
partieller Wechsel eingeschliffener Orientierungs- und Normierungssysteme.» [75]

Denn die Anpassung an die je gruppentypischen Vorurteile in einem
sozialen Umfeld, wohin es jemand zum Beispiel ohne eigenes Wollen
oder Dazutun verschlagen hat, kann für seine soziale Akzeptanz dort
ebenso überlebenswichtig sein wie das beinahe ‹blinde› Übernehmen
von Werten der enkulturierenden Umwelt für das Kleinkind [76] in dessen Primärgruppe.

Wenn ein Kind sich bemüht, entsprechend den normativen Vorgaben
zu handeln, die es bei den Erwachsenen beobachtet, ist das altersentspre-

chend durchaus normal. Hat es ein Mensch allerdings auch als Erwachsener nicht geschafft, selbständige Urteile und damit auch eigene Verhaltensnormen zu entwickeln, bleibt er bis auf weiteres anfällig für die Vorurteile, welche die Respektspersonen seiner Eigengruppe hegen, die für ihn quasi an Eltern Statt treten.[77] Ihre geistige Unreife kompensieren die Betreffenden durch möglichst totale Übernahme und strikte Verteidigung der jeweiligen Vorurteile ihrer Autoritätspersonen.

«Selbstunsichere und infolgedessen um zusätzlichen Halt und um Selbsterhöhung bemühte Persönlichkeiten stechen dadurch hervor, daß sie sich innerhalb der Gruppe, der sie sich anschließen, selbst die Rolle von unerbittlichen und unerträglich orthodoxen Hütern der Gruppennormen anmaßen.»[78]

Denn

«regrediert auf das Niveau der unkritischen Meinungsteilung der Kindheit gewinnt der einzelne im Gruppenkonsens soziale Sicherheit...»[79]

und zutage tritt die autoritäre Persönlichkeit.

Vorurteile können also sowohl faktisch als auch ‹nur psychisch› echte Überlebenshilfe bieten. Lediglich wirklich starke Menschen bringen es fertig, eigenständig-persönliche Normen zu entwickeln, auch danach zu leben und dafür einzustehen; sie tragen überdies gern und zuverlässig Verantwortung.[80] Das wiederum zeigt einen schon öfter angesprochenen Zusammenhang auf: Wer ängstlich ist, hat starke, wer selbstbewußt und verantwortungsvoll ist, hat kaum Vorurteile.

II. Im Reich der Bilder

1. Zur sprachlichen Weitergabe sozialer Urteile durch ‹Wortbilder›

Wir haben keine Instinkte mehr, die uns unmittelbar sagen, was in einer bestimmten Situation zu tun sei, und deshalb sind Menschen ganz ohne solche Lagebeurteilungen, die sie nicht erst selber überprüft haben, hilfloser als jedes Tier. Im menschlichen Angewiesensein auf situationsadäquates Verhalten anhand vorgegebener Handlungsanweisungen liegt der positive Wert einer ungeprüften Übernahme von Fremdurteilen als Bestandteil der jeweiligen Wertordnung. Dies räumte selbst Max Horkheimer 1963 durch den Hinweis ein, daß Verallgemeinerungen oder übernommene Denkschablonen zur Basisorientierung in der Welt nötig sein könnten.[1]

a) Stereotype

Zur Bezeichnung derartiger Denkklischees wurde der Begriff ‹Stereotyp› geprägt.[2] Stereotype sind vereinfachte Repräsentationen der sozialen Umwelt und somit kognitive Schemata, die der schnellen Informationsverarbeitung in einer komplexen Umwelt dienen. Sie haben gegenüber dem eigenen Ich eine schützende Funktion und tragen als Bestandteile unseres kulturspezifischen nomischen Wissens zur Rechtfertigung der bestehenden Verhältnisse bei.[3] Stereotype müssen nicht notwendig falsch sein. Dennoch sind sie oft schief, weil es sich eben um eminent geraffte und darum reduzierte Wahrnehmungen der Realität handelt.[4] Vom Standpunkt der reinen Erkenntnis aus sind Stereotype, obzwar übereinstimmendes ‹Meinungsgut› zahlreicher Menschen im Sinne von sozialem Kitt, doch lediglich typologische Hypothesen, die erst nach genauer Überprüfung vertrauenswürdig werden können.[5] Wenngleich

«die meisten Stereotype sowohl günstige wie ungünstige Eigenschaften enthalten, läßt sich aus den Befunden empirischer Untersuchungen die Tendenz ableiten, der eigenen Gruppe im Vergleich zu Fremdgruppen vorzugsweise positive Eigenschaften zuzuordnen, während beim Fremdstereotyp negative Eigenschaften überwiegen»[6].

Vom Inhalt her sind Stereotype nicht bloß Informationsträger, sondern vermitteln zusammen mit der jeweiligen Information auch adäquate Verhaltensvorschriften und Handlungsanweisungen. Stereotype Redewendungen und Wortbilder vermögen die zu der jeweiligen Eigen- oder Fremdgruppe gehörigen Vorstellungen aufscheinen zu lassen – oft bereits durch ein einziges charakterisierendes Wort als Kennzeichen eines oder mehrerer angeblich typischer Merkmale. So wurde ‹Jude› beziehungsweise die gesamte soziale Kategorie ‹Juden› während der NS-Zeit zum Codewort für zwar mit den Juden oft völlig unzusammenhängende, aber immer negativ markierte Bereiche oder Verhaltensweisen (‹jüdische Geschäftsmethoden›, ‹jüdische Hast›). Zeichnung und Karikatur tun ein übriges, um deutlich zu machen, was man sich unter dem betreffenden Stereotyp vorzustellen habe.

Gelernt wird die Bedeutung der Codeworte als Verbindung zwischen Wortmarke und damit angesprochener sozialer Kategorie im Sinne einer vorgeblichen ‹Kongruenz-Konstellation›[7] in der frühen Kindheit, und zwar erfolgt die Internalisierung des Stereotyps bereits, bevor das betreffende Kind sich klar ist, zu welcher sozialen Kategorie es selbst gehört, denn die Stufe der Selbstidentifikation tritt später auf als die Fähigkeit zur Wahrnehmung von Unterschieden. Darum müssen kleine Kinder als Voraussetzung für die Kategorienbildung in ihrem sozialen Umfeld erst einmal zu differenzieren lernen: Sie unterscheiden Männer und Frauen, Schwarze und Weiße und so weiter.[8]

Sieht man von ihrer Eigenschaft als Mittel zur Herstellung und Bewahrung des Gruppenkonsenses ab, liegt das Typische bei Stereotypen ganz allgemein in ihrer Bildhaftigkeit; sie rufen ja nicht nur bestimmte Denkmuster hervor, sondern bei den meisten Menschen eine Art innerer Bilder, für die deutsche Sprache recht gut vermittelt durch das schon erwähnte Wort ‹Vorstellungen›. Bilder aber sind nun einmal anschaulich und nicht abstrakt, viele Phänomene, mit denen sich einzelne oder Gruppen beschäftigen müssen, sind jedoch hochkomplex und können im Grunde bloß dann sinnvoll angegangen werden, wenn man ihrer Kompliziertheit auch Rechnung trägt, wozu Stereotype ihrer Natur nach gerade ungeeignet sind, da sie ja verkürzen und vereinfachen. Ihre Anschaulichkeit leuchtet zwar vordergründig ein, doch schematisiert sie zugleich die Wahrnehmung und wirkt dadurch erkenntnishemmend. Wie ein unsichtbarer Filter schieben sich Stereotype zwischen Menschen und Wirklichkeit.[9]

b) Images

Mitte der fünfziger Jahre tauchte in den USA ein weiterer Begriff auf, der ins Reich der Bilder gehört, nämlich ‹Image›[10]. Er löste die vormalige, unmißverständlich ironische Bezeichnung ‹halo› (englisch ‹Heiligenschein›) ab, womit man bis dahin den Ruf benannt hatte, den eine Person, eine Firma, ein bestimmtes Produkt, eine Partei und so weiter zu verdienen behauptete. Das neue Wort sollte zwar noch immer dieselbe Sache bezeichnen, aber nicht mehr so handgreiflich-deutlich, sondern mehr diskret und vertrauenerweckender. Im Gegensatz zum Stereotyp, das ja der sozialen Kategorie oder dem einzelnen von der Umwelt zugeschrieben wird, liegt beim Image lebhaftes Interesse des ‹Trägers› an der Schaffung, Pflege und gegebenenfalls Manipulation seines Images vor, und die Motivationsforschung befaßt sich für den Absatz von Produkten eingehend mit dem Imagephänomen.

Rasch bemächtigte sich die Sozialpsychologie des neuen Begriffs; es gab die Tendenz, alles darunter zu subsumieren, was bis dahin in der Vorurteilsforschung wichtig gewesen war. Bald wurden die Begriffe Vorurteil, Image, Stereotyp durcheinander für dieselben Erscheinungen gebraucht, gelegentlich sogar Stereotyp und Image für identisch erklärt.[11] Psychoanalytisch orientierte Wissenschaftler, besonders jene aus der California-Schule, verwiesen in der Image-Diskussion auf Freuds traditionelle Imago-Theorie, leiteten Image daraus ab und betonten so die affektive Komponente der neukonzipierten Vorstellung.[12] In der journalistisch-psychoanalytischen Imagediskussion im Bereich der kommerziellen Umfrageforschung wurde dann «tatsächlich so ziemlich alles unter dem Modebegriff ‹Image› abgehandelt»[13]. Stereotyp und Image haben allerdings mit Sicherheit eines gemeinsam: Sie müssen nicht unbedingt mit der Realität übereinstimmen, weil sie ja erfaßt werden, bevor man diese überprüft hat (was beim Image häufig gar nicht möglich sein dürfte), deshalb darf man in beiden Fällen von Vorurteilen sprechen.

Daraus ergibt sich eine interessante Folgerung: Wer das negative Stereotyp einer sozialen Gruppe verändern möchte, entwickele für diese Gruppe ein positives Image! Das mag paradox und manipulativ klingen, wird aber erfolgreich praktiziert. Die amerikanische Eigen(um)-taufe Homosexueller von ‹queer› (sonderbar, verquer) in ‹gay› (lustig, unbeschwert) ist ein Beispiel dafür, daß die in einem Codewort schlummernden Möglichkeiten zwar nicht die Realität, aber partiell die Wahrnehmung der Realität verändern können. Denn wie es aussieht, scheint das von diesem neukonstruierten Image umgeprägte Selbst- und Fremdbild amerikanischer Homosexueller etwas weniger belastet und belastend als vordem.[14]

2. Zum Hervorrufen von Sozialverhalten durch ‹Merk›-Male (Stigmata)

Menschen sind als Primaten ‹Augentiere›, das heißt, das Sehen ist unser wichtigster Sinn. Lebendige und unbelebte Objekte mannigfachster Art waren schon Gegenstand vormenschlicher Kommunikation, lange bevor unsere Art das Sprechen lernte, und wahrscheinlich hat einst die Verständigung mit Warnrufen, Lauten des Erkennens, Drohgeschrei und ähnlich schlichten Äußerungen angefangen. Für Gruppenwesen bedeutet die Fähigkeit zur Weitergabe eigener Beobachtungen zum Heile aller einen wichtigen Überlebensvorteil.

Mit Sicherheit ist unsere inzwischen schon mehrfach hervorgehobene Tendenz, alle Welt in Freund-Feind-Gruppen einzuteilen, altes Primatenerbe. Auf freier Wildbahn hat niemand Zeit, langwierige Überlegungen anzustellen, was für ein Wesen das wohl sein mag, das zehn Schritt vorn plötzlich hinter einer Biegung des Pfades auftaucht, denn wenn man nicht auf den ersten Blick erkennt, ob da jemand der eigenen Art steht oder aber ein Feind, der einen vielleicht fressen will, ist es für einen zweiten Blick womöglich schon zu spät. Für blitzschnelles Reagieren aber ist die Kenntnis leicht wahrnehmbarer Merkzeichen ausschlaggebend.

Ein ‹Mal› ist ein – zumeist bleibendes – Kennzeichen; an einem ‹Merk›-Mal wird klar, was man sich in bezug auf ein bestimmtes Kennzeichen konkret zu merken hat. Natürlich gibt es eine Menge Merkmale, die beim Kategorisieren in in- und outgroup helfen können, und als Bestandteile des sozialen Orientierungssystems werden sie teils in der frühen Kindheit gelernt, teils gehört ihre Kenntnis zu unser aller anthropologischer Mitgift.

Die menschliche Fähigkeit, auf bestimmte, unmittelbar wahrnehmbare Merkmale mit der Einteilung der dadurch gekennzeichneten Wesen in ingroup und outgroup zu reagieren, ist im Verlauf unserer Entwicklung außerordentlich gesteigert worden. Das Phänomen wirkt geradezu, als ob sich eine an sich urtümlich-schlichte Fähigkeit, die zum Überleben hilfreich gewesen war, selbständig gemacht hätte. Denn längst kann ja geradezu endlos strittig sein, aufgrund welcher Eigenschaften und Merkmale (zugeschriebenen oder echten) Menschen ihre Mitmenschen ein- oder ausgrenzen[15], wieso die Mehrheit sich als ingroup stilisiert und mit welchen Tricks eine bloß numerische Minderheit zur outgroup definiert wird, obwohl sie sich selbst nicht ‹randständig fühlt› und dennoch das Schicksal der Diskriminierung erleidet. Um hier mehr Klarheit zu gewinnen, wurden Robert E. Parks Überlegungen zur Randständigkeit von Howard S. Becker[16] und Erving Goffmann[17] 1963 durch Einführung der Begriffe ‹Etikettierungs-Ansatz› (‹labelling approach›) und ‹Stigma› in die Vorurteilsforschung ausgebaut.

a) Begriffliche Abgrenzungen

Unter ‹Stigma› hat man sich ein Merkmal vorzustellen, das jemand ‹aufgeprägt› wird, um ihn dadurch auszugrenzen, zu diskriminieren und dergestalt zu ‹stigmatisieren›; da der Ausdruck auch in unserer Alltagssprache vorkommt, bedarf er keiner weiteren Erläuterung. Allerdings wurden im Rahmen dieser weitergeführten Überlegungen zur Randgruppenproblematik Beschreibungen geboten, die – und zwar oft ohne ausdrücklichen Hinweis, was nun gerade speziell gemeint sein sollte – dreierlei zusammenwarfen (was sachlich falsch war und die Schlüssigkeit der Gedankenführung beeinträchtigte), nämlich:
1. Das willkürliche Stigmatisieren (man grenzt jemand aus, weil einem dessen ‹Judennase› nicht paßt),
2. man stigmatisiert einen Sündenbock oder Blitzableiter handgreiflich (indem man ihn zum Beispiel zur Abschreckung oder als Strafe verstümmelt) oder aber
3. man behandelt jemand ungleich, ‹diskriminiert› ihn, weil er ‹von Natur aus› stigmatisiert ist (zum Beispiel unter einer angeborenen Mißbildung leidet oder durch irgendein Mißgeschick verkrüppelt worden ist).

Nun sind alle drei Formen des Stigmatisiertseins zwar gewiß Gründe, die dazu führen können, daß der Betreffende nicht mehr oder nicht mehr gänzlich zur Eigengruppe gezählt wird (womit er dann ‹randständig› geworden ist), es handelt sich aber deutlich um wesenhaft Verschiedenes: Ein Krüppel, zum Beispiel ein Zwerg, gehört nicht in dieselbe Kategorie mit einem – wenngleich barbarisch – bestraften Dieb, dem man die Hände abgehackt hat, und jener wiederum nicht in die gleiche mit dem Sinti oder Juden, der rassisch von uns verschieden sein mag, oder einem Schwulen, der als ‹deviant› von allen vorher genannten Kategorien von Stigmatisierten gilt. Hierauf gehen jedoch beide Theorien nicht ausreichend ein.

Denn die Frage der Zuordnung zur Eigen- oder Fremdgruppe wird beim Stigma in Verbindung mit der benachbarten Theorie des Etikettierungsansatzes im Sinne eines Herrschaftsproblems verstanden.[18] Ist es doch nicht die Meinung oder das Urteil aller, die jemanden stigmatisiert, an den Rand drängt und ihn, um dies zu rechtfertigen, mit einem ‹Etikett› versieht, das seine soziale Minderwertigkeit dartun soll. All das erfolgt vielmehr durch die Obrigkeit, eine meinungsbildende Gruppe, einflußreiche Einzelpersonen und ähnliche. Es liegt demnach – und hier wird die Nachwirkung von Parks Theorie deutlich – gar nicht in der Macht der Betroffenen und als ‹deviant› Ausgegrenzten, sich so zu verhalten, daß es zur Randständigkeit oder totalen Ausgrenzung nicht erst kommt. Das soziale Verdikt: «Abweichendes Verhalten liegt vor!» wird allein darum wirksam, weil die jeweiligen Meinungsführer sagen, was Sache ist.

So richtig es nun ist, daß nomisches Wissen von irgendwelchen sozial potenten Gruppen in der Form durchgesetzt zu werden vermag, daß man alle, die damit nicht konform gehen wollen, mit negativen Stereotypen versieht, die im Bedarfsfall bis zur ausgrenzenden Stigmatisierung hochgeschraubt werden können, so wahr ist unabhängig davon, daß Stigmata außerdem noch andere Funktionen haben können, daß sie nicht notwendig negativ sein müssen und daß naturgegebene Stigmata offenbar eine Kategorie für sich bilden – wenngleich die Übergänge zwischen allen Stigmata irritierend fließend sind.

Am Ursprung der Wahrnehmung als ‹deviant› lassen sich deutlich die naturgegebenen Stigmata ausmachen, die dann umgeformt und instrumentalisierbar gemacht wurden.[19] Nur deshalb, weil natürliche, sozusagen echte Stigmata vorkommen, kann man mit einigem Geschick auch welche hinzuerfinden, die zwar wie echte daherkommen, aber willkürlich zugefügt sind oder die sogar nur in der Einbildung existieren, das heißt ‹zugeschrieben› werden (‹Judennase›, weibliche Hüften beim Schwulen und ähnliche). Insofern ist der Begriff Stigma durchaus in der Nähe von Stereotyp und Image angesiedelt, gehören doch alle drei ins ‹Reich der Bilder›, obwohl die echten Stigmata mit eigenen Augen gesehen, Stereotyp und Image hingegen nur sekundär ‹wahrgenommen› werden können, nämlich mit Hilfe der nicht real, sondern sozial gesteuerten ‹Sicht›. Naturgegebene echte Stigmata erkennt man ohne weiteres und meist sogar auf Anhieb, nämlich ohne ihren ingroup- oder outgroup-Kontext vorher sozial gelernt haben zu müssen. Ihre Aufgabe besteht primär darin, prompt bestimmte Formen sozialen Verhaltens hervorzurufen; erst sekundär und von jener eigentlichen Funktion abgeleitet konnte man sie umfunktionieren und dazu mißbrauchen, soziale Vorurteile befördern zu helfen.

Die Vorurteilsforschung verdankt den beiden Theorien des ‹Stigma›- und ‹Etikettierungs›-Ansatzes wertvolle Bereicherungen. Leider sind beide oft in überzogener Weise dargestellt und benutzt worden. Da aber, wie sich gezeigt hat, auch schon die Begriffe ‹Einstellungen›, ‹Stereotyp› und ‹Image› nach ihrer Ersteinführung genauso generalisiert und als ‹non plus ultra› vorgetragen wurden [20], scheint dies das Schicksal aller neuen Begriffe in der Vorurteilsforschung zu sein und spricht nicht grundsätzlich gegen die beiden fraglichen neuen Theorien. Ihren vollen Nutzen entwickeln sie übrigens erst, wenn man sie miteinander kombiniert, wie das in der folgenden Analyse unterschiedlicher Stigmata geschieht. Es gibt ja natürliche und künstliche, echte und falsche und Mischungen davon; betrachten wir also das reichhaltige Ensemble genauer.

b) Natürliche Stigmata

Hierbei handelt es sich um solche ‹unveränderlichen Merkmale›, die früher überhaupt nicht beseitigt und heute nur mit den Mitteln der modernen Medizin angegangen werden können, nämlich um körperliche Anomalien, ‹Geburtsfehler›, Verkrüppelungen, Riesen- oder Zwergwuchs und dergleichen. Die meisten natürlichen Stigmata werden sozial als negativ eingestuft, wobei es aber nicht primär um Art und Schwere des Leidens geht, sondern vielmehr darauf ankommt, ob die mit ihm verbundene Beeinträchtigung eine körperliche Fähigkeit betrifft, die in der fraglichen Kultur von besonderer Wichtigkeit ist.

So wird etwa in einer Jäger-Sammler-Kultur ein schwer Gehbehinderter mit großen Schwierigkeiten rechnen müssen, während derselbe Mensch in einer nach Berufsfunktionen mehr differenzierten Kultur zum Beispiel als geschickter Handwerker geschätzt sein kann und ein gutes Auskommen findet. Jemand, der unter Epilepsie leidet, wird hier wegen der Unvorhersehbarkeit der Anfälle und den dabei auftretenden abnormen und darum beängstigenden Körperbewegungen sozial negativ eingestuft, aber in manchen Kulturen, die vom Schamanismus geprägt sind (und hochkulturellen Religionen, die auf ihm aufbauten oder ihn als ‹Vorhoffrömmigkeit› in sich aufnahmen) gilt der Schamane im status epilepticus als ‹heilig›, weil man glaubt, daß er sich auf einer Jenseitsreise befindet und von dorther Nachrichten der Geister mitbringen wird, die der Gemeinschaft als Ganzem Heil vermitteln. Eine angeborene generative Behinderung, der Hermaphroditismus (Zwittertum), wird entgegengesetzt beurteilt, je nachdem wie das nomische Wissen einer Gruppe ausgestaltet ist: Bei Hirtenvölkern gelten menschliche und tierische Zwitter als extrem unglückbringend und müssen gleich nach der Geburt getötet werden, um Unheil abzuwenden; anderswo (Jäger- oder Bodenbaukulturen) glaubt man, der Zustand sei das Werk von Göttern oder Geistern und der Betreffende deshalb zum Priesteramt berufen. Eine gewisse Sonderstellung nimmt auch die Blindheit ein, denn in vielen Kulturen gelten Blinde als Hellseher. Zu den natürlichen Stigmata gehören auch geistige Behinderungen, seien sie angeboren oder später aufgetreten.

Die bisher genannten natürlichen Stigmata sind echt, das heißt, nirgends auf der Welt würde man Menschen, die von ihnen betroffen sind, als im Rahmen der Norm befindlich einschätzen. Allerdings treffen wir auf buchstäblich zahllose Fälle, bei denen der nomische Normbegriff derart eng gefaßt ist, daß schon kleine bis winzige Abweichungen vom je als ‹normal› definierten Körperbild von der Mehrheit der Leute wie schwere Stigmata gesehen und deren Träger entsprechend diskriminiert werden. In einigen arabischen Ländern glaubte man bis vor kurzem, Kinder, die anders als üblich Zähne bekamen (zuerst im Unterkiefer oder als Backenzähne), seien vom Scheitan besessen, er sei ihr eigentlicher Vater. Bei manchen Völkern gilt eine Zwillingsgeburt als derart unnormal, daß die Kinder (und manchmal auch die Mutter) getötet werden. Das in unseren Breiten virulente Mißtrauen gegen Rothaarige, vor allem weibliche, ist allbekannt, ebenso die notorische Diskriminierung Linkshändiger im Abendland; auch die sozial vielfach so fatalen rassistischen Vorurteile gehören hierher. All diese Merkmale (und noch ungezählte weitere und ähnliche) sind gleichzeitig naturgegeben und deutlich wahrnehmbar, ihre Definition als Stigmata jedoch ist willkürlich, darum handelt es sich um ‹falsche›.[21]

c) Künstliche Stigmata

Den natürlichen Stigmata – gleichgültig, ob echt oder falsch – stehen die künstlichen gegenüber: Sie sind nicht naturgegeben, sondern werden zugefügt, wobei lebenslange und bloß temporäre Stigmatisierung unterschieden werden müssen: Die einem Dieb abgehackte Hand wächst nicht nach, das einem Mädchen, das mit dem ‹Feind› fraternisiert hat, abgeschorene Haar aber tut dies sehr wohl. Außerdem kommen selbstverständlich auch gradweise Abschwächungen der Schwere einzelner Formen von künstlicher Stigmatisierung vor. Gelegentlich sehen sich natürliche und künstliche Stigmata zum Verwechseln ähnlich (ein Beispiel: die künstlich zum Klumpfuß verkrüppelten ‹Lilienfüße› hochgestellter Frauen im alten China). Mit diesem Fall sind wir schon bei dem wichtigen Umstand, daß künstliche Stigmata – sogar solche, die nach unseren modernen Begriffen schwere Verstümmelung bedeuten – zu anderen Zeiten und bei anderen Völkern als Merkmale sozialer Herausgehobenheit zugefügt wurden. Ein zweites Motiv für die Anbringung künstlicher Stigmata besteht darin, daß alle Angehörigen eines Stammes oder einer Volksgruppe dadurch als zur gleichen Sozialeinheit gekennzeichnet werden. Der Zweck einer Negativstigmatisierung folgt erst an dritter Stelle. Anschließend einige Kennzeichnungsweisen für die drei genannten Ziele – jedem von uns fallen bestimmt noch mehr ein.

Zuerst zur Kennzeichnung von Eigengruppen-Identität. Narben- oder Schnitt-Tätowierungen waren einst bei Natur- und einigen Hochkulturvölkern weitverbreitet. Sie galten als Reifeabzeichen (zum Beispiel zur Unterscheidung von Mädchen und verheirateten Frauen), als Rangkennzeichnung bei Männern oder überhaupt als Klan-Zeichen. Es gab sie auch in Alteuropa (Heruler und Kelten), im Orient und bei den Beduinen. Die Tätowierung stellt die Identität recht eigentlich erst her: Wer etwa die bei der Initiation anzubringende nicht besitzt, gilt weiterhin als Kind und darf nicht heiraten. Die Beschneidung (sowohl bei Jungen wie bei Mädchen) ist ein typisches zugefügtes Stigma, das entweder soziale und geschlechtliche Reife oder Verfügbarkeit beziehungsweise Nichtverfügbarkeit zum Sexualverkehr oder – im Fall Jehovah – den Bund mit Gott signalisieren soll. Beschnitten wird niemand allein, sondern ein Volk übt Beschneidung oder nicht; der ‹Unbeschnittene› ist nach jüdischem und islamischem Dafürhalten als ‹Ungläubiger› negativ stigmatisiert.

Durch künstliche Stigmata wird nicht selten eine Herausgehobenheit über den Durchschnitt der Bevölkerung und ähnliches angezeigt. Die künstliche Fußverkrüppelung wurde schon erwähnt, die nur bei Frauen der Oberschicht durchgeführt wurde, die nicht arbeiten mußten. Chinesische Mandarine ließen an einer Hand oder wenigstens einem Finger die Nägel lang wachsen, womit ihr Status als Intellektuelle, für die Handarbeit unter dem Stand und der Würde war, hervorgehoben wurde – ein temporäres künstliches Stigma. Bei einigen mikronesischen Stämmen wurden bei der Initiation der Adligen Brust und Stirn der Jungen mit gewissen Symbolen tätowiert (die Mädchen bekamen nichts dergleichen), die als quasi ‹Pässe› zum Eintritt in ein himmlisches Leben nach dem Tod galten, wohin nur Männer kamen, Frauen und Sklaven dagegen nicht. Wir müssen übrigens gar nicht bis in die Südsee schweifen, um auf Narben als heraushebende Stigmata zu treffen: Die ‹Schmisse› im Gesicht des ehemaligen Korpsstudenten signalisieren jedem Betrachter auf Anhieb, welche Kategorie von Mensch er vor sich hat – und ebendies ist ihr sozialer Zweck.

Sowohl für die identitätsstiftenden als auch für die heraushebenden Stigmata gilt, daß diskriminiert wird oder als sozial minder bedeutungsvoll gilt, wer sie nicht hat – es sind nämlich positive Stigmata. Die negativen hingegen werden zugefügt, um Menschen auszugrenzen. Unsere bildhafte Sprache kann das gut auf deutsch beschreiben, indem man sagt, jemand sei ‹gebrandmarkt›. Das durch den Stich eines glühenden Eisens aufgebrannte ‹stigma› (von lateinisch Stich) ist schließlich für das ganze Phänomen namengebend; man kennzeichnete damit die Sklaven, aber auch Verbrecher. Der alte Orient und der islamische Raum (und zwar dort, wo das Recht des Korans in Anwendung kommt, die ‹Scharia›) kannten und kennen zum Teil sogar noch heute schwer verstümmelnde Leibesstrafen für Kriminelle: Dem Dieb wird bei der ersten Verurteilung eine Hand abgehackt, im Wiederholungsfall die zweite. Hochverrätern, die man begnadigte, schnitt man wenigstens die Nase ab (weshalb, nebenher bemerkt, bei jedem religiösen Umsturz fanatisierte Massen keine Mühe scheuen, um den Götterbildern des soeben abgesetzten Olymps die Nasen abzuschlagen). Noch bis weit in geschichtliche Zeiten hinein wurden Kriegsgefangene kastriert, was eine Substitution der ursprünglichen Übung darstellt, ‹keine Gefangenen zu machen›. Gleichzeitig wird die Kastration dadurch zum negativen künstlichen Stigma, sie signalisiert, daß der Kastrierte im Kampf ein Feigling war. In diesem Beispiel zeigt sich sehr klar die enge Verbindung zwischen den inneren ‹Bildern›, die bei derartigen Handlungen sich gleichsam ‹einmischen›: Unsere Sprache kennt ein etwas altertümliches, aber noch jedem verständliches Wort für den Feigling, nämlich ‹Memme› (von lateinisch ‹mammae› = Brüste), womit signalisiert wird, der Feigling sei eigentlich weibisch. Insofern ist es durchaus angemessen, ihm das äußerliche – natürliche positive – Stigma (Geschlechtsteile, die ‹Mannesmut› signalisieren) wegzunehmen.

Wie schon erwähnt, haben natürliche und künstliche Stigmata – gleichgültig, ob positive oder negative oder falsche – miteinander gemeinsam, daß man die Abweichung, in der das Stigma besteht, erkennen im Sinne von sehen, wahrnehmen kann. Ob jemand deswegen keine Hände hat, weil er ohne Hände geboren wurde oder aber weil sie ihm aufgrund barbarischer Strafsitten abgehackt worden sind, macht für den Betrachter auf den ersten Blick keinen so großen Unterschied: Da ist jemand, der hat keine Hände! – das ist es, was er sieht. Desgleichen am Grab eines Kindes, das sterben mußte, weil es normabweichend zahnte: Diesem Kind waren die Zähne wirklich in der falschen Reihenfolge gekommen, das ganze Dorf kann es bezeugen, es wird keineswegs willkürlich und wahrheitswidrig behauptet. Und der Mann in gehobener Position mit dem Schmiß genau an der richtigen Stelle gehörte zu Kaisers Zeiten ganz bestimmt zur Oberschicht, er gab das nicht lediglich vor (Schmisse, die sich Hochstapler mit dem Rasiermesser eigenhändig verpaßten, konnten von Kundigen ohne weiteres als Imitation ermittelt werden). All dies trifft für Pseudo-Stigmata aber nicht zu, und hier liegt der entscheidende Irrtum Goffmanns. Diese irrtümliche Sicht ist allerdings begreiflich, denn Pseudo-Stigmata beziehen ihre Wirkkraft daraus, daß sie daherkommen, als hätten sie ebenso wahrnehmbare Existenz wie sichtbare, ihre Essenz jedoch sind Lug und Trug, denn sie beruhen gerade nicht auf Wahrnehmung, sondern auf Erfindung.

d) Pseudo-Stigmata

Reinblütige Neger sind schwarz, das ist eine Tatsache. Leitet man davon rassistische Vorurteile ab, handelt es sich um negative Stigmatisierung, und zwar um ‹falsche› natürliche: Denn es gehört zu den naturgegebenen Rasseeigentümlichkeiten von Negern, schwarze Haut zu haben. Jeder kann das wahrnehmen.

Juden hingegen sind – ja was? Die einzig wissenschaftlich haltbare

Antwort heißt hier: Alle Juden gehören einer besonderen Religionsgemeinschaft und deren Traditionen an, sonst verbindet sie nichts. Sofern aber jemand seine Religionszugehörigkeit nicht irgendwie äußerlich anzeigt (Haartracht, Kleidung, betontes Beachten von Speisetabus und so weiter), wovon die überwältigende Mehrheit der Juden in aller Welt absieht, läßt sich Judesein nicht unmittelbar wahrnehmen. Die Beschneidung als religiöses – künstliches und positives – Stigma ist hier unerheblich, weil sozial nicht ohne weiteres feststellbar, und mit dem Übertritt zum Christentum entfällt zudem auch dies Unterscheidungsmerkmal.

Deshalb mußten die Machthaber der NS-Zeit Pseudo-Stigmata erfinden, um Menschen als Juden zu kennzeichnen, die weder sichtbar zur semitischen Rasse gehörten noch der jüdischen Religion anhingen. Anhaltspunkt war gewöhnlich ein ‹jüdisch klingender› Name, was aber letztlich ohne Belang blieb, sofern bis zu den Urgroßeltern hin alle Vorfahren nachweisbar Christen gewesen waren (Alfred Rosenberg etwa, Berater Hitlers für theologische Feinheiten der NS-Ideologie, trug einen ‹typisch jüdischen› Namen). So kam die paradoxe Situation zustande, daß das Regime, dem Religion als solche gleichgültig war, schließlich doch nur diese als Kriterium für die Zugehörigkeit auch zur jüdischen ‹Rasse› anzugeben vermochte, weil es buchstäblich weit und breit kein anderes gab. All die angeblichen rassischen Besonderheiten ‹der› Juden waren weder durch Augenschein (das heißt schlichte Wahrnehmung) noch durch die Methoden der physischen Anthropologie nachzuweisen oder auch nur abzuleiten, es gab sie einfach nicht (und es gibt sie auch im Israel der Gegenwart nicht).[22] Nur darum konnte Göring dekretieren:

«Wer Jude ist, bestimme ich!»

Leute, die dem Regime aus irgendwelchen Gründen lieb und teuer und dennoch dem Namen, der Herkunft und dem eigenen Verständnis nach Juden waren, wurden gelegentlich zu ‹Ariern ehrenhalber› ernannt – es hat sich um einen zivilrechtlichen Akt gehandelt.[23]

Pseudo-Stigmata greifen nur, wo und wenn die diskriminierende Zuschreibung aus nomischen Gründen erfolgt, das heißt eine Art kulturelle Selbstevidenz besitzt. Weil es keine wahrnehmbaren Kriterien für das angeblich wesensbestimmende Stigma gibt, werden die Mitglieder der stigmatisierten Kategorie schließlich äußerlich als solche gekennzeichnet, damit die Diskriminierung auch bei Zeitgenossen ohne den nötigen nomischen ‹Durchblick› zuverlässig klappt. Bei den Juden geschah dies im Verlauf der Eskalation ihrer Verfolgung durch den behördlichen Zwang, auf der Oberbekleidung gut sichtbar einen aufgenähten gelben ‹Davidstern› zu tragen. Die Nähe zum künstlichen Stigma ist hier deutlich (etwa zum Brandmarken), und mit der Eintätowierung der Häftlingsnummer im Konzentrationslager war der Übergang dazu denn auch vollzogen.[24]

Immer noch häufig, weil erst allmählich als sozialschädlich erkannt, sind Pseudo-Stigmata in Form von Schandnamen (etwa ‹Zigeuner› statt Sinti oder Roma); die Zahl der Schand- und Schimpfnamen für Frauen, die weibliche Menschen als Kreaturen niederer Art stigmatisieren, ist bekanntlich Legion.

«Das Fixieren einer Wortmarke ist ein Grundprozeß der Vorurteilsbildung.»[25]

Krasse Pseudo-Stigmata bedürfen mindestens unausgesprochener staatlicher Duldung. Denn die Voraussetzung ihrer notorischen Zuschreibung liegt in der Möglichkeit, willkürlich und ungestraft Ungleichbehandlung zu praktizieren, ohne daß die Opfer sich rechtlich effektiv dagegen wehren können. Ins ‹Reich der Bilder› gehören Pseudo-Stigmata, weil sie von nomisch motivierten Wahnvorstellungen hervorgerufen werden: Das, was sie angeblich sichtbar machen, existiert nicht. (Der Jude ohne Judenstern konnte, falsche Papiere vorausgesetzt, problemlos in der Menge der ‹Arier› untertauchen.)

Pseudo-Stigmata kommen jedoch noch in einer weiteren, eher mittelbaren Form zur Anwendung. Da das ‹Reich der Bilder› in unseren Köpfen angesiedelt ist, besteht immer eine latente Gefahr, dann, wenn es um bestimmte Gruppen geht, von denen uns die Tradition oder sonstige Quellen oder lediglich eigene Angst und Unsicherheit nahelegen, sie seien outgroup-verdächtig, auf die Suche nach wahrnehmungsfördernden Stigmata zu gehen. Wenn sich solche im Sein nicht aufweisen lassen (weil sie eben nicht existieren), sondern sich vielmehr bloß bestimmte ‹Merkmale› im Verhalten beobachten lassen, ist der willkürlichen Interpretation derartiger ‹Befunde› Tür und Tor geöffnet. Denn Verhalten ist beim nicht mehr von Instinkten gesteuerten Menschen immer individuell bedingt, und um zu sinnvollen Urteilen zu kommen, muß man jeden Fall als Einzelfall angehen, was der generalisierenden Tendenz des Stigmatisierens gerade widerspricht. Wer Verhalten stigmatisiert, als handle es sich um Sein, lehnt im Grunde ab, sich mit dem Betreffenden zu befassen; anstelle der objektiven Analyse tritt die – vorurteilhafte – Hypothese, und das Gesamtbild wird simplifiziert und verzerrt. Diese Verzerrung und Vereinfachung, dies ‹Jemanden-auf-den-Punkt-Bringen›, ist die schlimmste und leider häufigste Art, wie Pseudo-Stigmata verpaßt werden.

Das Vorgehen besitzt eine enorme Bandbreite und reicht von härtesten Vorurteilen bis zum eher harmlosen ‹Leute-komisch-Finden›[26] allein wegen Verhaltensweisen, die von demjenigen Benehmen abweichen, das in der betreffenden Eigengruppe als nomisch richtig gilt. Denn wahrgenommen wird hier allerdings etwas, aber eben nicht am Individuum selbst, sondern an seinem Tun oder Lassen im Sinne einer Regelverletzung. Der Mechanismus funktioniert scheinbar geradlinig: «Welch eine Art Mensch», so wird gefragt, «würde eine solch wichtige Regel brechen?» Und die Antwort lautet: «Jemand, der sich von uns anderen unterscheidet, der nicht als moralisches Wesen handeln kann oder will und der daher noch andere wichtige Regeln brechen könnte.»[27] Die fragliche Unterscheidung schließt also von der einmaligen, womöglich unwissentlichen oder gar nur mutmaßlichen Regelverletzung auf einen sicher anzunehmenden outgroup-Status des Regelverletzers. Mit anderen Worten: Nicht eine Regelverletzung grenzt ihn aus, sondern die Stigmatisierung als grundsätzlicher Regelverletzer, als Regelverletzer ‹von Natur aus›. Das aber ist ein Pseudo-Stigma, denn, wie der Volksmund zu sagen pflegt, «man hat ihm gar nicht ansehen können, daß er mal so was machen würde!» Das wirkt, als ob man unwillkürlich vermutete, daß der Regelverletzer eigentlich, nämlich wenn es mit rechten Dingen zuginge, schon rein äußerlich als solcher ‹gekennzeichnet› sein müßte. Personen mit nomischem Gespür fangen denn auch an, dieserart gemutmaßte Stigmata prompt zu ‹entdecken›, obwohl in Wahrheit rein gar nichts den ertappten Regelverletzer von anderen (die entweder keine Regeln gebrochen haben oder nicht dabei erwischt wurden) unterscheidet. Dabei kommen dann sinistre ‹Beobachtungen› im Stil von «er hat immer so komisch geguckt» heraus (‹böser Blick› als Pseudo-Stigma): Was sich nicht wahrnehmen läßt, sieht man hinein.

3. Zur Bedeutung, Wahrnehmung und Wirkung immanenter Bilder (Schemata)

Solche eifrigen, oft fast automatisch anmutenden Versuche, bei jemandem mit nomisch abweichendem Verhalten sozusagen im nachhinein auch äußerlich sichtbare Stigmata auszumachen, die allen eigentlich schon vorher hätten klarmachen können, was für ein Unmensch der Abweichler war, wirken irgendwie archaisch. Völlig willkürlich aber sind sie nicht. Denn einige eingeborene, in uns allen anthropologisch evolutionär angelegt vorhandene ‹innere Bilder› gibt es wirklich. Ihre Bedeutung besteht unter anderem in einer — wenngleich inzwischen längst veralteten, ja häufig sogar irreführenden — uralten Warnfunktion. Andere gleichen Ursprungs haben Schutzfunktion. Am bekanntesten von letzteren ist das von Konrad Lorenz erstmals beschriebene ‹Kindchen-Schema›[28].

a) Kindchen-Schema

In ihm sind folgende Züge vereint, die allen jungen Säugern eignen und deren Vorhandensein bei den Elterntieren, aber auch nicht selten fremden Erwachsenen der eigenen Art Reaktionen von «Euphorie, Liebkose- oder Brutpflegehandlungen»[29] auslöst: rundlicher, im Vergleich zum ausgewachsenen Geschöpf zu großer Kopf, Kulleraugen, Pausbacken, Stupsnäschen, winziger Mund. Ganz offensichtlich sind schon seit eh und je bestimmte Hunderassen, die mit Vorliebe als ‹Baby›Ersatz dienen (‹Schoßhunde›) auf das Kindchen-Schema hin gezüchtet worden, wie zum Beispiel Möpse und Pekinesen, längst ehe irgend jemand sich darüber Gedanken gemacht hatte, warum eigentlich diese doch eher verzerrten Proportionen ansprechend sind. Wesen mit Kindchen-Schema wirken attraktiv, deshalb empfinden Menschen dort, wo sie junge Geschöpfe plötzlich mit wenig oder abgeblaßtem Kindchen-Schema erblicken, Enttäuschung und Widerwillen: Die Erwartungshaltung, das junge Wesen ‹süß› zu finden und so die erwähnte Euphorie zu spüren, wird ja frustriert. Ein Fotograf, der dieses Experiment kürzlich in Köln mit großformatigen Postern wagte, die in künstlerisch-verfremdeter Art kleine Kinder mit möglichst wenig Kindchen-Schema abbildeten, konnte sich vor Protesten aus der Bevölkerung kaum retten: Man empfand die Bilder als Provokation, als Zumutung.[30]
Die Reaktion, die der Künstler provozierte, indem er testete, wie

Menschen es aufnehmen, wenn das Kindchen-Schema nicht ausgefüllt wird, also Frust und in dessen Gefolge Aggression aufkommt, ist natürlich auch Teil dieses Schemas, nämlich sein negativer und offenbar kaum bekannt. Es handelt sich sozusagen um die beiden Seiten derselben Medaille; die eine erregt Zu-Wendung, die andere Ab-Wendung.

Nun pflegen Umstände, die alle Welt für selbstverständlich hält, kaum hinterfragt zu werden, und so ist die Überlegung, ob es ein vergleichbares Freund-Feind-Erkennungsschema auch für Erwachsene gibt, bislang lediglich von Hansjosef Buchkremer[31] partiell untersucht worden. Ein derartiges Schema müßte auf die Frage antworten: Wie sieht ein Mensch aus?

b) Körper-/Bewegungs-Schema

Nicht alle heutigen Menschen reagieren mehr auf das Kindchen-Schema, viele finden Kleinkinder uninteressant. Anscheinend gibt es gewisse Stufengrade, bei denen die Reaktion eintritt; man geht davon aus, daß sie um so stärker und sicherer erfolgt, je deutlicher die ‹Merkmale› des Schemas ausgeprägt sind. Andererseits scheint die Negativ-Reaktion beim Ausbleiben des Kindchen-Schemas, die Frustration und Aggression evoziert, allgemein noch gut intakt zu sein. Was könnte das, übertragen auf die Sicht des Körperschemas beim Erwachsenen, zu bedeuten haben? Sieht man die fraglichen Reaktionen als miteinander homolog[32], hätten wir immer noch eine einigermaßen ‹richtige› (im Sinne der urtümlichen Warnfunktion des Schemas) Vorstellung über dessen Negativseite, das heißt die Seite der Medaille, die Ab-Scheu hervorruft. Diese Negativseite signalisiert uns: Der da vor uns steht, ist ein Un-Mensch.

Dieser nicht-eigentliche Mensch ist der mit natürlichen Stigmata, der ‹Abweichler›, derjenige, der ‹von Natur aus› anders ist, und so weiter. Und weil es sich bei den fraglichen Reaktionen um Unwillkürliches, Reflexhaftes handelt, nicht aber um absichtliche Bosheit (wie beim sozialen Stigmatisieren in Situationen sozialer Konflikte so häufig), stellt sich die Frage nach dem naturgewollten Sinn dieser Negativreaktion. Erinnern wir uns: Beim Kindchen-Schema ist die Antwort einfach: Kleine, hilflose Säuger profitieren enorm davon, wenn ihre Elterntiere sie spontan so ‹lieb› finden, daß sie Brutpflegehandlungen beginnen und die Kleinen füttern und schützen. Wer aber profitiert davon, jemanden – und zwar spontan – als Unmenschen zu erkennen?

Darauf läßt sich nur antworten, wenn wir dabei nicht die heutigen ethischen Maßstäbe mitmenschlichen Verhaltens anlegen, sondern uns bewußt bleiben, daß dort, wo die fraglichen ‹inneren Bilder› in uns gespeichert sind – nämlich in unserem Mittelhirn –, noch vorsteinzeitliche Empfindungen obwalten, die wir dort auch nicht hinausbringen können.

Die älteste Funktion, die sich ausmachen läßt, ist sehr schlicht das Erkennen von Freund und Feind. Am nötigsten muß es gewesen sein, um Geschöpfe, die unserer eigenen Art nahestanden, aber nicht zu ihr gehörten, auf Anhieb als ‹Nicht-Menschen› zu erkennen, eben als ‹Un-Menschen›. Durch die Funde und Erkenntnisse von Richard Leaky wissen wir, daß es in der Vorgeschichte Geschöpfe gab, die uns zwar ähnelten, aber größer waren als wir und uns wahrscheinlich als Nahrungskonkurrenten feindlich gesinnt waren. Ob einige davon (wie die bekannten Riesen im Märchen) wirklich ‹Menschenfresser› gewesen sind, ist bei den Vorgeschichtlern umstritten; Gegenbeweise für diese Theorie gibt es nicht. Jedenfalls haben unsere frühen Vorfahren bei einer sehr geringen Körpergröße (vergleichbar mit den heutigen Pygmäen und noch kleiner), angesichts des gänzlichen Fehlens körpereigener Waffen wie Klauen oder Gehörn, noch nicht im Besitz des Feuers und ohne den Freund und Warner in der Wildnis, den Hund, allen Grund gehabt, sich vor Geschöpfen zu fürchten, die der eigenen Art zwar ähnlich, aber nicht mit ihr identisch gewesen waren und die es deshalb zu meiden galt, wenn sie schon nicht bekämpft werden konnten –, und zwar unmittelbar, nachdem man auf den ‹ersten Blick› erkannt hatte, ob es sich um Freund oder Feind handelte, um Mitmenschen oder Nichtmenschen.[33] (Natürlich ist diese Fähigkeit, aufgrund angeborener innerer Bilder den Artfeind zu erkennen, um schnell genug das liebe Leben retten zu können, kein Privileg des Menschen. Das jeweilige ‹Bild› des Feindes ist auf eine uns irgendwie geisterhaft anmutende, aber höchst faktische Weise in bestimmten Mittelhirnbereichen situiert, die man bei einigen Tieren genau geortet hat.[34])

Gehen wir von der Fähigkeit, aufgrund angeborener Schemata Freund und Feind sicher auseinanderhalten zu können, als einer Grundform des Erkennens aus, dürfen wir folgern, daß sie als Überlebenshilfe auch modifizierbar gewesen ist. Hier lassen uns die frühen Hominidenfunde naturgemäß im Stich, aber einige Fähigkeiten und Eigenheiten unserer entfernten Vettern, der Schimpansen, zeigen die Richtung dieser Ausformung an. Schimpansen, Gorillas und Orangs besitzen nämlich gleich uns die Fähigkeit, sich selbst im Spiegel zu erkennen.[35] Sie sehen nicht bloß, daß da ein Tier ist, das sie als Mitwesen der eigenen Art erkennen, sie merken vielmehr und darüber hinaus, daß sie selbst als Einzeltier sich spiegeln, und es scheint sie, ganz wie Kinder, zu amüsieren.[36] In der Natur gibt es zwar keine Spiegel, durch die eine derartige Fähigkeit entwickelt werden könnte, aber stille Wasseroberflächen gibt es durchaus, die denselben Dienst leisten. Das erkennende Unterscheiden zwischen ‹Freund und Feind› ist, wie erwähnt, keine auf Primaten beschränkte Fähigkeit, das Unterscheiden zwischen den Mitgeschöpfen der eigenen Art, das heißt der Eigengruppe, und dem persönlichen Selbst, sagen wir es ruhig deutlich: dem Ich – das ist etwas anderes und evolutionär unvergleichlich Höheres. Es ermöglicht dem betreffenden Geschöpf, mit gestiegener Fähigkeit zum Differenzieren nun auch innerhalb der Eigengruppe Unterschiede wahrzunehmen.

Dabei sind zwei Eindrücke wesentlich, die innig aufeinander bezogen, aber nicht miteinander identisch sind: einmal die des unversehrten Körperschemas, zum anderen die der arttypisch richtigen Körperbewegungsabläufe. Beide müssen vorhanden sein, um den Erkenntnisakt: ‹Der da sieht aus wie ich, er bewegt sich wie ich, also ist er (wie) ich!› ablaufen zu lassen. Die Folge dieses ‹Greifens› des Erkennungsschemas ist die Akzeptanz des anderen Tieres als Mitglied der Eigengruppe samt deren positiven Auswirkungen für alle Beteiligten. Wenn einer der Bestandteile des Schemas oder gar beide nicht greifen, verhalten sich Schimpansen gegenüber so stigmatisierten Artgenossen, als seien dies tödliche Feinde, und zwar auch dann, wenn die betreffenden Tiere schon jahrelang Mitglied des Trupps waren und dort sogar zur Führung gehörten. Hier soll nur dieser Umstand festgehalten werden; eindrucksvolle Beispiele folgen im nächsten Abschnitt.

Die beiden fraglichen Bestandteile des Schemas entsprechen so frappant jenen seltsamen ‹Vorannahmen› bezüglich nomischer ‹Abweichler›, wovon im letzten Abschnitt berichtet worden ist, daß wir hier nicht nur Vergleichbares sehen dürfen. Es handelt sich vielmehr um die evolutionäre Aus- und Umformung derselben sehr ursprünglichen Anlage: Das Körperschema entspricht dem (So-)Sein, die Bewegungsabläufe entsprechen dem Verhalten.

Diese beiden Bestandteile erfahren zuweilen noch heute eine Aktivierung im Sinn einer Regression, und zwar vorzugsweise bei plötzlich auftretenden und dabei erst einmal ‹undurchschaubaren› Situationen, in denen das Großhirn streikt, da es für die gegebene Lage keinen sofortigen Ausweg parat hat. Und weil beide Bestandteile zu ein und demselben Schema gehören, aktiviert sich etwa bei Vorliegen gestörter Bewegungsabläufe – das heißt in der evolutionär überformten Ausprägung des beobachteten ‹gestörten Verhaltens› – gleichzeitig und unabweislich auch das ‹Gefühl›, es müsse daneben zwangsläufig eine Störung des Körperschemas vorliegen, das heißt des So-Seins. Das ist der Grund, weshalb viele Menschen beim körperlich ganz unauffälligen Verhaltens-Abweichler allein auf den Impuls ihres Mittelhirns hin nach jenen Stigmata zu fahnden beginnen, die in Wahrheit bloß in ihnen selbst, in ihren eigenen Köpfen, schemenhaft herumspuken. Die Methode ist als Problembewältigungsstrategie heutzutage nicht hilfreich, und schon gar nicht ist sie gerecht. Entsprechende Reaktionen gehen beim modernen Menschen im allgemeinen auch rasch vorbei, oft handelt es sich lediglich um Aktionen in der ‹Schrecksekunde›. Machen sich gewissenlose Aufhetzer das gegebene – und als solches ‹unbelehrbare› – Reaktionsensemble aber in bösartiger Absicht zunutze, beginnt auf dieser naturgegebenen Ausgangsbasis ein willkürliches Stigmatisieren, bei dem dann das Großhirn auch nicht mehr unbeteiligt ist.

Seiner natürlichen Funktion nach warnt das gestörte Körper-/Bewegungs-Schema vor

– Artfeinden, die einem nach dem Leben trachten oder starke Nahrungskonkurrenten sind, denen man bei einer Auseinandersetzung sicher unterlegen wäre, so daß Flucht oder Meideverhalten geboten sind

– kranken oder versehrten Mitgeschöpfen. Denn Krankheiten könnten anstecken, und Versehrte oder Verkrüppelte könnten, da in ihren Bewegungen behindert, Raubzeug anlocken und damit alle übrigen ebenfalls in Gefahr bringen (ist das Schema stark gestört, werden derart stigmatisierte[37] Jungtiere nach der Geburt getötet oder ausgestoßen)

– Leichen von Artgenossen. Bei toten Geschöpfen fehlt jegliche Bewegung, das Körperschema ist meist nicht mehr intakt, nicht selten (Unfälle, Angriffe von Raubtieren) fehlen Gliedmaßen oder der Kopf, oder der Körper ist unnormal gedreht und so weiter. Hier liegt die Schnittstelle zu der späteren menschlichen Angst vor Toten als ‹Gespenstern›, die bekanntlich gern den Kopf unter dem Arm tragen oder keine Beine haben oder direkt als Skelett auftreten. Anfänge aller dieser Reaktionen sind bereits bei Schimpansen beobachtet worden.[38] Die Reaktion ist sinnvoll, weil das tote Tier ansteckend krank gewesen sein könnte beziehungsweise weil das Raubtier, das den Tod verursacht hat, noch in der Nähe sein kann und darum Flucht geboten ist.

c) Ideomotorik und interaktionelle Identifikation

Interessanterweise existiert bei Menschen ein Verhalten, das auf dem Körper- beziehungsweise Bewegungsschema zwar beruht, die von ihm ausgelösten Reaktionen jedoch schon – wenn auch auf simple Weise – zu ‹hinterfragen› beginnt. Abnormale Bewegungsabläufe, die etwa bei Schimpansen nur Meide-, Droh- oder Aggressionsverhalten auslösen, führen bei uns zu jenem ‹Nachmachen›, das jeder von kleinen Kindern her kennt. Das Kind, das einem Krüppel das Hinken nachmacht, verletzt den Betreffenden zutiefst, weil ihm sein Leiden dadurch zusätzlich schmerzlich bewußt wird und er das Nachahmen als Hohn empfindet – was es nicht ist. Tatsächlich versucht das Kind, sich durch Nachahmen der ihm rätselhaft-unheimlichen, ‹verkehrten› Bewegungsabläufe durch ‹Nachfühlen› sozusagen in die Gemütslage des Hinkenden hineinzuversetzen: Was fühlt man, wie ist einem, wenn man so hinkt? Hat man dann böse, aggressive Gefühle, tut einem was weh, oder wie ist das?

Schon vor über hundert Jahren hat Carpenter das ‹ideomotorische Gesetz› formuliert, nach dem die Beobachtung einer Bewegung im Betrachter unwillkürlich in Ansätzen die gleiche Bewegung auslöst.

«Offensichtlich basiert der Verstehensvorgang menschlicher wie auch vormenschlicher Kommunikation auf Auslösemechanismen, die durch Nachvollzug der wahrgenommenen ‹Ausdrucksbewegungen›, das heißt durch Ideomotorik, im Beobachter verwandte Gefühle erschließen… Ideomotorische Identifikation wird schematisch ausgelöst und verläuft unwillkürlich.»[39]

Die – heute nur mehr wenig gepflegte – Ausdruckspsychologie hat sich gründlich mit diesen Zusammenhängen beschäftigt: Indem man die Bewegungen eines Gegenübers nachahmt, gelingt es einem – jedenfalls bis zu einem gewissen Grad –, sich in dessen psychische Lage hineinzuversetzen und sich dadurch mit ihm zu identifizieren. Die Möglichkeit zur Identifikation jedoch ist die Basis für Solidarität. Selbstredend ist Nachahmen als Fähigkeit auch Tieren gegeben, doch zu einer interaktionellen Identifikation[40] in der Absicht, mit dem Gegenüber psychisch kommunizieren zu können, kommt es nur beim Menschen.

III. Zur Angst als Motor von Vorurteilshaftigkeit

1. Religiös gespeiste Sexualangst und Vorurteile

Vorurteile führen zu der Tendenz, eigentlich gesellschaftspolitische oder kulturell (das heißt nomisch) bedingte Ordnungsbegriffe zu biologisieren, um sie allgemeinverbindlicher zu machen: Statt ‹richtig› oder ‹falsch› (beurteilt anhand welch nomischer Ausgangsbasis auch immer) setzt man ‹gesund› oder ‹krank›, ‹normal› oder ‹abnorm› (‹deviant›, ‹pathologisch› und so weiter).[1] Ein ebenso beliebtes, inzwischen aber leicht veraltetes Gegensatzpaar ist ‹rein› im Sinne von sozial unanstößig, nachahmenswert (ursprünglich: kultisch rein) und ‹schmutzig› im Sinne von gefährlich, krankmachend[2] (ursprünglich: von Dämonen besetzt). Dabei wird auf die biologisch verankerte menschliche Angst vor Versehrung, Krankheit und Tod spekuliert. Greifen diese Kennzeichnungen, verhalten die Angesprochenen sich gegenüber nomischen Abweichlern so, als seien diese Träger natürlicher Stigmata und reagieren ihrerseits prompt mit Meideverhalten. Dem Mechanismus muß nicht notwendig eine bewußte ‹Verschwörung› zugrundeliegen (obwohl das zuweilen vorkommt); das Verfahren ist vielmehr inzwischen so alt (und bewährt), daß die fraglichen psychischen Mechanismen eher gewohnheitsmäßig in Gang gesetzt werden.[3]

Da Sexualität im abendländischen Kulturbereich viele Jahrhunderte lang seitens der nomischen Autoritäten als seelisch beschmutzend definiert worden ist (die kürzliche Umdefinition als ‹gute Gabe Gottes› wird erst zögernd angenommen) und zudem die klassischen Geschlechtskrankheiten auch schon vor dem Auftreten von AIDS Sexualverkehr als mögliche Quelle von Krankheit und Tod auswiesen, haftet Sex, objektiv betrachtet, sowohl ein irrational-nomisches als auch ein durchaus rational auszumachendes Gefährdungselement an.

Wir leben in einer Schuldkultur, und unsere Angst vor Sexualität ist stark religiös fundiert; andere Ethnien kennen sie so nicht.[4] Bis in dies

Jahrhundert hinein lehrte die katholische Kirche, daß sexuelle Sünden ‹Todsünden› seien und bei Unbußfertigkeit in der Hölle gesühnt werden müßten, und manch evangelikale Sekte predigt es bis heute. Für Menschen, die dies nomische ‹Wissen› übernommen haben, dürfte das bereits ein hinreichender Grund für Sexualangst sein, denn der soziale Raum, wo Sexualität überhaupt zulässig war, wurde mit dem Zeitablauf immer schmaler [5], so daß sich im Grunde genommen einfach jedermann und jede Frau sexuell irgendwie schuldig fühlen mußten. Wenn jedoch Angst vor Sexualität Angst vor Schuld ist und die Angst vor Schuld in Wahrheit Angst vor Höllenfeuer im Jenseits, dann ist damit faktisch eine Art ‹zweiter Tod› gegeben, und die Sexualangst ist in ihrem Kern als Todangst zu bezeichnen. Freilich ist sie das nur mittels einer komplizierten Verknüpfung nomischer Argumentationen [6] geworden, denn biologisch betrachtet sind ja Sex und Tod die polarsten aller Gegensätze.

Religiös gespeiste Sexualangst führt bei vielen Frommen (und ebenso bei vielen, die zwar nicht mehr fromm sind, aber die ihnen anerzogenen Ängste trotz ihres Atheismus oder Agnostizismus noch mitschleppen) zu jener schon mehrmals erwähnten, bezeichneten Identifizierung von ‹So-Sein› mit ‹Verhalten›, das Menschen schließlich dazu bringt, weniger die ‹Sünde› (möglicherweise in oder an sich selbst), sondern mehr die ‹Sünder› zu meiden – nämlich diejenigen, deren angenommen ‹sündhaftes› Verhalten sozial offen wahrnehmbar ist.

2. Aktives und passives Meideverhalten bei Tier und Mensch als Ausdruck von Angst vor Versehrung und Krankheiten

In den beiden vorigen Kapiteln wurde gezeigt, daß Vorurteile sich prinzipiell in Meideverhalten (Diskriminierung) manifestieren. Der Abbau vor Vorurteilen ist deshalb vom Abbau des Meideverhaltens untrennbar. Es äußert sich bei Tier und Mensch so gleichartig, daß es aus derselben Wurzel stammen muß.[7] Meideverhalten tritt sowohl passiv (Flucht) als auch aktiv (Drohen, Angriff) auf. Tiere ziehen die Flucht dem Angriff grundsätzlich vor [8]; die naturferne Situation in Zoos, wo Ausweichen oder Flucht unmöglich sind, verzerrt diesen Befund oft.

Menschen zeigen Meideverhalten auch gegenüber nomisch tabuisierten Wahrnehmungen[9] beziehungsweise Objekten.

Bei Tieren wird Meideverhalten meist unter Bezug auf seine härteste Form beschrieben, die man in der Ethologie ‹Ausstoßreaktion› nennt und die definiert wird als

«das gegen einen von der Norm (bezüglich Aussehen oder Verhalten) abweichenden Artgenossen gerichtete aggressive Verhalten der übrigen Verbandsmitglieder, das zum Ausschluß des ersten aus dem Verband führt»[10];

der abnorme Artgenosse kann auch unterdrückt oder getötet werden.

«Sicher sorgt die Ausstoßreaktion für die Absonderung kranker Tiere und für die Homogenität der Gruppe.»[11]

Schon kleinste Änderungen im Körperschema (zum Beispiel der künstlich angebrachte Farbtupfer auf dem Kamm eines Huhns oder die zufällig geknickte Feder einer Silbermöve in einer Brutkolonie genügen, um Angriffe und Vertreiben hervorzurufen. Dieses Verhalten wurde durch Rudolf Bilz unmißverständlich als eine Form der Aggressivität definiert, der Mißfallen der Tiere an ihren ‹anstößig› aussehenden Artgenossen zugrunde liegt[12], nämlich als ‹Anstoß-Aggressivität›. Das anstößige, nichtkonforme Aussehen erregt Angst, deren mildeste Form bei Tier und Mensch ein passives, dennoch effektives Nicht-Helfen ist, ein mitleidloses Seinlassen.

«Ausstoßreaktionen treffen aber nicht nur Einzelwesen, über deren Annahme oder Ablehnung noch vor Entstehung einer persönlichen Bindung entschieden wird, sondern auch Gruppenmitglieder, die nach einem Unfall, durch Krankheit oder Alter zu Außenseitern werden.»[13]

Am eindrucksvollsten und schon ähnlich breitgefächert wie bei uns zeigt Meideverhalten sich bei Schimpansen, worüber Jane van Lawick-Goodall sehr ausführlich berichtet hat.[14] In dem von ihr über Jahre beobachteten Trupp wilder Schimpansen, dessen einzelne Mitglieder sie genau kannte und die sie für die Niederschrift ihrer Beobachtungen mit Namen versehen hatte, war eine Polio-Epidemie ausgebrochen. Die Forscherin ließ Impfstoff aus England einfliegen und verfütterte ihn in Bananen. Fünfzehn der Tiere waren erkrankt, sechs davon starben.

Viele der Überlebenden zeigten unterschiedlich starke Lähmungen und ein dadurch ausgelöstes abnormes Bewegungsverhalten. Angesichts dessen benahmen sich die gesund gebliebenen Schimpansen auf eine Art, die Jane Goodall zum erstenmal während ihrer langen Beobachtungen dazu brachte, ‹ihre› Schimpansen geradezu zu hassen. Es ist höchst eindrucksvoll, nachzulesen, wie bei den Tieren das passive in aktives Meideverhalten überging und dieselben Abstufungen aufwies, die auch in vergleichbaren Situationen bei Menschen noch ansatzweise auftreten.

Beim ersten Anblick der durch die Lähmungen stark verkrüppelten Artgenossen reagierten die Schimpansen mit Angst: Sie umarmten einander schützend und verzogen ihre Gesichter zu einer Entsetzen ausdrückenden Grimasse, die in der Ethologie ‹Angstgrinsen› genannt wird. Dabei starrten sie den Krüppel unverwandt an, der selbst nicht wußte, daß er der Anlaß für die Aufregung war und seinerseits Gefahr vermutete. Er sah über seine Schulter zurück, um herauszufinden, was den anderen denn solche Angst einjagte. In der Folge wurden die Versehrten von den Gesunden gemieden. Als ein besonders schlimm verkrüppeltes, nämlich querschnittsgelähmtes Tier, das sich nur noch durch Stemmen mit den ungeheuer kräftigen Armen oder durch ein mühseliges, groteskes Purzelbaumschlagen fortbewegen konnte, dem Futterplatz nahekam, wurde es durch ‹Imponiergehabe› wie ein Feind bedroht, und die ausgewachsenen Männchen liefen, eines nach dem anderen, hinzu und starrten Gregor, wie Jane Goodall dieses Tier genannt hatte, mit gesträubtem Fell an. ‹Goliath›, das ranghöchste Tier der Gegend, griff schließlich den gequälten Gegner an, der weder die Kraft hatte zu fliehen, noch sich auf irgendeine Weise zu verteidigen, und es blieb ihm nichts anderes übrig, als sich mit angstverzerrtem Gesicht zu ducken, während Goliath auf ihn einzuschlagen begann. Als ein weiteres gesundes Männchen sich anschickte, über Gregor herzufallen und mit wild gesträubten Haaren einen gewaltigen Ast herumwirbelte, konnte nur durch das Dazwischentreten des Menschen das Schlimmste verhütet werden.

Mit der Zeit gewöhnten sich die gesund gebliebenen Tiere an den Anblick der Entstellten, aber sie duldeten sie nicht in der Nähe, schlossen sie von allen Sozialkontakten (Handberühren, Umarmen, Hautpflege und so weiter) strikt aus und flohen, sobald eines der versehrten Tiere sich ihnen näherte. Neben ihrer körperlichen Pein schienen die verkrüppelten Schimpansen unter diesem Wegfall der normalen Sozialkontakte zu leiden, deren Ursache ihnen rätselhaft bleiben mußte. Immer wieder machten sie Versuche, sich den Gesunden zu nähern, die aber mit Drohen und anschließender Flucht reagierten. Nur ein einziges männliches Tier, ‹Humphrey›, von dem die Forscherin schon früher vermutet hatte, es sei der jüngere Bruder von Gregor, zeigte ein wenigstens graduell abweichendes Verhalten, das sich nur mit dem Wort ‹Anhänglichkeit› charakterisieren läßt. Zwar mied Humphrey den direkten Körperkontakt mit Gregor und lauste ihn nicht, doch er entfernte sich nie sehr weit von ihm und saß nach Rückkehr von der Futtersuche in der Nähe seines gelähmten Gefährten. Aber was weit bemerkenswerter ist – Jane Goodall schreibt dazu, sie habe ihren Augen nicht getraut –, er verteidigte ihn sogar aktiv und erfolgreich gegen Goliath, den Ranghöchsten, vor dem er normalerweise großen Respekt hatte, als dieser Gregor wieder einmal aggressiv auf den Leib rückte. Er schlief auch in der Nähe des Kranken. Wenn der Trupp sich zum Weiterziehen anschickte, versuchte er, seinen Bruder durch bestimmte Gesten zum Mitkommen zu bewegen, wie sie üblicherweise Schimpansenmütter gegenüber ihren Kindern zeigen. Die Forscherin und ihr Mann erlösten den alten Gregor schließlich schmerzlos von seinen Leiden, als kein anderer Schimpanse in der Nähe war, und schafften seine Leiche fort. Humphrey jedoch kehrte fast sechs Monate lang immer wieder zu dem Platz zurück, wo sein Bruder die letzten Tage seines Lebens verbracht hatte, kletterte auf einen Baum, spähte umher, wartete und horchte:

«Während dieser Zeit schloß er sich nur selten anderen Schimpansen an, wenn sie sich auf den Weg zu irgendeinem abgelegenen Tal machten. Und wenn er gelegentlich mit ihnen ging, kam er gewöhnlich schon nach wenigen Stunden zurück und wartete wieder auf den alten Gregor und die tiefe, schallende Stimme des Gefährten, die seiner eigenen so ähnlich war.»

In diesem Bericht über tierisches Meideverhalten sind passives und aktives Meiden deutlich voneinander unterscheidbar: Die passive erste Phase umfaßt Angstgrinsen und das gleichfalls Angst signalisierende Fellsträuben. Mit gesträubter Rückenmähne sehen Schimpansen etwas größer aus als normal, und darin liegt der Zweck dieser ganz unwillkürlichen Reaktion. Denn schon ein paar Zentimeter mehr im wahrnehmbaren Körperschema könnten einen bedrohlichen Feind ja vielleicht vom Angriff abhalten.[15] Die erste Phase endet – je nachdem, ob

das Meideverhalten zeigende Tier rangniedriger oder ranghöher ist –
beim rangniedrigen in Weglaufen und anschließender strikter Meidung
jeglicher Sozialkontakte; beim hochrangigen Tier jedoch geht Fellsträuben mit Imponiergehabe einher und mündet rasch in unmittelbare
Aggression im Sinne von Ausstoßverhalten ein. Hätten die ‹anstößigen›
Tiere sofort schnell und weit genug fliehen können und hätten sie sich
später bei ihrem angestammten Trupp nicht mehr blicken lassen, wäre
(‹aus den Augen, aus dem Sinn›) damit der Fall wahrscheinlich erledigt
gewesen, doch Flucht war den Betroffenen eben gerade nicht möglich.
Der Anblick des entstellten Gregor reizte Goliath deshalb immer wieder zu neuen Attacken. Daß Humphrey seinen Bruder trotz dessen Ent-
stellung verteidigte und dabei sogar die normale Rangordnung ‹ver-
gaß›, ist ebenso bemerkenswert wie Goliaths Reaktion darauf, der, von
Humphreys Verve überrascht, wirklich für den Augenblick von seinem
aggressiven Verhalten abließ. Schon auf der Entwicklungsstufe der
Schimpansen kann solidarisches Verteidigen von persönlich Naheste-
henden gegenüber Aggressionen also wirksam sein, und lange Be-
kanntschaft (die Tiere waren Halbbrüder) kann die erschreckende
Wirkung des gestörten Körperschemas zwar nicht aufheben (auch
Humphrey ließ soziale Körperkontakte mit Gregor nach dessen Ent-
stellung bleiben), jedoch abmildern.

Beim Menschen kommt zum passiven und aktiven Meideverhalten
noch die zwar subtile, aber höchst wirksame verbale Diskriminierung
und Bedrohung, die häufig zwischen die passive und aktive Diskriminierung eingeschoben auftritt, ebensooft aber auch den übrigen voran-
geht. Seit Gordon Allports berühmtem Werk über Vorurteile von 1954
werden für diskriminierendes Verhalten bei Menschen fünf Stufen oder
Grade unterschieden: 1. Verbale Ablehnung (schlecht über die Diskriminierten sprechen beziehungsweise urteilen), 2. Kontaktvermeidung
(passive Diskriminierung), 3. aktive Diskriminierung (Ungleichbehandlung, Beschimpfung, Bedrohung, Entzug von Rechten), 4. körperliche Gewalttätigkeit, 5. körperliche Vernichtung.

Wolfgang Metzger[16] hat diese fünf Stufen analysiert und stellte fest,
daß in Stufe drei faktisch oft schon Ausschluß der Diskriminierten vorliegt,

«da die Zahl der Möglichkeiten für Entrechtung, von der in der Welt entweder durch
mündliche Absprachen oder auch durch stillschweigendes Einvernehmen Gebrauch
gemacht wird, unabsehbar ist. Hierher gehören unter anderem das ausdrückliche

oder stillschweigende Verbot von Wohngebieten, Berufen, Beschäftigungen, von Schulen, Erholungsstätten, Kirchen, Krankenhäusern, Verkehrsmitteln; die Verhinderung am beruflichen Aufstieg, an der Ausübung politischer Rechte und dergleichen mehr.»

Zu Stufe vier zählt Metzger neben der offenen Beschimpfung und der verbalen Bedrohung sowie ausgeübten körperlichen Bedrohung auch die mutwillige Zerstörung und Verwüstung von Eigentum, die Schändung von Grabstätten, das Vergnügen, einer unerwünschten Person die Möbel auf die Straße zu setzen sowie die Verweigerung von mitmenschlichem Beistand angesichts der Bedrohung.

Rudolf Bilz[17] beschreibt analoge fünf Stufen im Hinblick auf das äußerlich abweichende Einzelindividuum folgendermaßen: Auf Stufe eins wird der Abweichende bloß verstohlen gemustert, im übrigen noch normal-menschlich und gelegentlich überhöflich behandelt. Auf der zweiten wird der etwas auffallende ‹Sonderling› von oben herab mehr oder weniger boshaft belächelt. Die dritte Stufe ist gekennzeichnet durch Hohngelächter über die ‹komische Type›. Auf der vierten Stufe folgt – mit einfachem Herumschubsen beginnend – der körperliche Angriff auf das Opfer und dessen Eigentum. Auf Stufe fünf folgt die Ausstoßung mit Tötungsabsicht: Hexenverbrennung, Lynchen, Pogrom.[18]

Rüdiger Lautmann[19] unterscheidet die fünf Grade als: Mildes Vorurteil (kränkend), aggressives Vorurteil (verletzend und hetzend), aktive Diskriminierung, Verfolgung, Pogrom. Für alle fünf Stufen gilt,

«daß die höheren Intensitätsstufen die jeweils niederen praktisch miteinschließen: Wer so weit geht zu töten, ist erst recht bereit, weniger schwerwiegende Gewalttaten zu begehen und so weiter. Es wird gemeinhin als ein tröstliches Ergebnis der Vorurteilsforschung angesehen, daß dieser Zusammenhang in umgekehrter Richtung nicht gilt.»[20]

Wie diese Stufen sich in der Realität auswirken, hörte ich anläßlich einer AIDS-Aufklärungsveranstaltung im vorigen Jahr: Eine seropositive, alleinstehende Frau wurde, nachdem ihr Testergebnis durch eine Indiskretion bekanntgeworden war, von den Mitbewohnern des Mietshauses, in dem sie lebte, zuerst ‹geschnitten›: Nachbarliche Kontakte brachen ab, man grüßte sie nicht mehr. Als sie wohnen blieb, wurde sie verbal beschimpft und schließlich verbal bedroht. Nachdem sie auch dann nicht auszog, wurden die Drohungen ‹handgreiflich›, das heißt, man puffte und ohrfeigte sie, und schließlich taten sich die

Männer aus dem Haus zusammen und prügelten sie gemeinsam krankenhausreif. Eine Sozialarbeiterin mußte sich später dienstlich mit der Angelegenheit befassen. Sie stellte fest, daß die Hausbewohner in einem Boulevardblatt gelesen hatten, AIDS verbreite sich durch Husten, und deshalb davon ausgingen, daß ihre Kinder ansteckungsgefährdet seien, weil die Betreffende ja schließlich das gemeinsame Treppenhaus benutze und dort auch, wie Zeugen gehört haben wollten, gelegentlich gehustet habe.

Die Ähnlichkeit im Ablauf und der Eskalation dieses Falles von Meideverhalten mit den Vorfällen in Jane Goodalls Schimpansentrupp ist schlagend, weist aber eben natürlich auch einen menschentypischen Unterschied auf: Poliogeschädigte Schimpansen wirken vom Körperschema her ‹gestört› und sind wirklich ansteckend krank, während eine gelegentlich hustende seropositive Frau weder ein gestörtes Körper-Bewegungsschema hat noch durch Husten Leute anstecken kann. Dies wurde der unbedarften Haus‹gemeinschaft› durch das unseriös berichtende Massenblatt lediglich suggeriert; was vorlag, war ein Pseudo-Stigma. Mit anderen Worten: Das gemeinsame Grundmuster im Meideverhalten ist bei Tier und Mensch gleicherweise greifbar, wurde jedoch im Berichtsfall irrigerweise aktiviert, weil die Leute dem nomischen Wissen ihres Lieblingsblattes mehr glaubten als dem eigenen Augenschein.

3. ‹Entmenschlichen› als Mittel zur Legitimation von Ausgrenzung und Ausstoßung

So unterschiedliche Wissenschaftsbereiche vertretende Forscher wie Erich Fromm oder Irenäus Eibl-Eibesfeld halten es für möglich,

«daß der Mensch aufgrund seiner Fähigkeit zur Formulierung neuer, auch a-biologischer Weltbilder imstande ist, die feindliche Gruppe mit einer anderen Art zu identifizieren» [21].

Der Fachausdruck für diese Fähigkeit heißt ‹Pseudospeziation›. Durch religiöse, politische, ideologische, rassistische oder ähnliche Einflüsse bilden sich soziale Gruppierungen mit steigender Tendenz zur Abschottung gegen alle Außenstehenden. Als quasi ‹Scheinarten› sehen sie in den Angehörigen der feindlichen Partei nicht länger Wesen derselben

Art, die man nicht töten darf, sondern Artfeinde, die zu verfolgen, zu bekämpfen und zu töten ethisch erlaubt, ja sogar geboten erscheinen kann.[22] Wo Pseudospeziation wirksam wird, fängt man an, die Angehörigen der Fremdgruppe teils verbal, teils aber auch ganz handgreiflich zu entmenschlichen, nämlich mittels Beibringung künstlicher Stigmata. Als Rechtfertigung wird dabei stets das je dominierende nomische Wissen der Eigengruppe herangezogen. Es erfolgen Umdefinierungen des beziehungsweise der Gegner als ‹Nicht›-Menschen[23] entsprechend dem Körper-/Bewegungsschema, nämlich als ‹Tiere›, als ‹Bazillen›, als ‹dämonisch›, das heißt als Wesen, denen gegenüber das normale ethische Tötungsgebot nicht gilt.

Einige Beispiel sollen das veranschaulichen. Während der Kreuzzüge bezichtigten sich Moslems und Christen gegenseitig, ‹Hunde› beziehungsweise ‹Schweine› zu sein. In der mittelalterlichen Vorstellung waren Zauberer eigentlich Werwölfe. Bei uns zum Glück nicht mehr, in den USA in den fünfziger Jahren aber noch gelegentlich vorgekommen ist eine höchst grausame Form der künstlichen Stigmatisierung, das bei den Aktivitäten des Ku-Klux-Klan so beliebte ‹Teeren und Federn›. Das unglückliche Opfer wird vor seiner Hinrichtung durch Lynch‹justiz› zuerst mit Teer übergossen und dann mit Federn bedeckt, die auf dem Teer haften bleiben und dem Opfer das Aussehen eines dicken Federknäuels geben, das sich nicht mehr richtig fortbewegen kann, sondern blindlings taumelnd zur Richtstätte gestoßen wird: Sowohl Körper- als auch Bewegungsschema werden durch dieses unmenschliche Verfahren zerstört. In entlarvender Offenheit nannte die Psychiatrie der Jahrhundertwende Menschen mit abweichendem Sexualverhalten ‹entartet›; während des NS-Regimes wurde diese Bezeichnung zur stehenden Charakterisierung für alles, was die Machthaber diskriminierten.

«Vermutlich wäre selbst dem ‹völkischen› Antisemitismus – beim christlichen versteht es sich ohnehin – allerhand Prestige verlorengegangen, hätte er nicht den Schritt zu der Behauptung getan, der Antisemitismus ergebe sich zwingend aus einer wissenschaftlichen Rassenlehre, und diese Rassenlehre wiederum sei das alle Rätsel der Geschichte lösende Resultat einer Verbindung anthropologischer mit biologischer Erkenntnis.»[24]

Vordem hatte im Zeitalter der Inquisition Geschlechtsverkehr zwischen Christen und Juden als Sodomie gegolten und war durch Verbrennung gestraft worden, da Juden keine rechten Menschen seien: Der Verkehr mit ihnen sei genauso einzustufen wie etwa Sex mit einem Hund.[25] Noch Martin Luther hatte bekanntlich geglaubt, verkrüppelt geborene Kinder seien die Frucht einer sodomitischen Vermischung zwischen Frauen und Dämonen, und geboten, solche Kinder unbedenklich zu töten. Das dafür angewandte ‹Hintergrundwissen› besagt, daß alles, was dem gewohnten Bild des Menschen nicht entspricht, das Kranke, Versehrte oder einfach nur andere sei entweder tierischer oder teuflischer (dämonischer) Abkunft.

Im Verlauf der österreichischen und deutschen antisemitischen ‹Bewegung› wurde dieses alte nomische Wissen säkularisiert.

«Juden und angebliches ‹jüdisches Wesen› wurden, nachdem man sie der übrigen Menschheit als moralisch und biologisch minderwertig und gefährlich entgegengesetzt hatte, unweigerlich einem Prozeß der Enthumanisierung unterworfen und erschienen am Ende wiederum als Kreuzung zwischen Teufel und Ungeziefer.»[26]

In dem berüchtigten Propagandafilm ‹Jud Süß› wurden die Juden mit Ratten gleichgesetzt, die NS-Propaganda bezeichnete sie als ‹Raubtiere› oder ‹Vipern› und ähnliches; Neger galten als ‹Halbaffen›. Hitler bezeichnete ‹Minderrassige› als ‹Tiere›[27] und scheint allen Ernstes überzeugt gewesen zu sein, daß sie keine im biologischen Sinne echten Menschen seien. Er äußerte dazu:

«Ein völkischer Staat ... wird ... in erster Linie die Ehe aus dem Niveau der dauernden Rassenschande herauszuheben haben, um ihr die Weihe einer Institution zu geben, die berufen ist, Ebenbilder des Herrn zu zeugen und nicht Mißgeburten zwischen Mensch und Affe.»[28]

Für das NS-Regime war es unabdingbar, daß ihm die zur Legitimation der eigenen Aktivitäten nötigen Artfeinde nie ausgingen.

«Schon im vorhergehenden völkischen Schrifttum waren ‹Jude› und ‹Untermensch› teils identisch gesetzt, teils voneinander geschieden worden. Auf dem Weg zur ‹Endlösung› der Judenfrage mußte die gelegentliche Identifizierung notwendig fallen. Waren nämlich alle Juden der ‹Endlösung› überführt, dann konnte es auch keine ‹Untermenschen› mehr geben. Man hätte dann einen neuen grundsätzlichen ‹Feind› konstruieren müssen. Das wurde überflüssig, wenn die Juden die ‹Führer der Untermenschen› waren; denn mit der Liquidierung dieser ‹Führer› blieben noch genug ‹Untermenschen› übrig, die nicht Juden sein mußten. Und dazu gehörten bekanntlich auch die Ostvölker.»[29]

Das Herausdefinieren aus dem Kreis aller übrigen Menschen ist auch in der AIDS-Diskussion vorhanden und beruht auf der Praktik des Gleichsetzens von ‹Sein› mit ‹Verhalten›. Dafür zwei Beispiele (weitere werden uns noch begegnen). Das erste geht von nomischem Traditionswissen aus und greift rein verbal an (Diskriminierung in Höhe der Grade Stufe eins und zwei mit gelegentlichen Ausrutschern bis Stufe drei, zum Beispiel bei Verweigerung der Teilnahme am Abendmahl). Des weiteren richten sich schon ziemlich konkret gewordene Überlegungen zu einer Ausgrenzung im buchstäblichen Wortsinne um solche Seropositive oder AIDS-Kranke, die als ‹Uneinsichtige› bezeichnet werden. Tatsächlich weisen die Betreffenden uneinsichtiges Verhalten auf; ob sie aber ‹von Natur aus› uneinsichtig sind oder bloß temporär (Drogenabhängigkeit) und ob gezielte, konfliktorientierte Einzelfallhilfe dem uneinsichtigen Verhalten nicht eher abhelfen könnte als Verwahrung in einer geschlossenen Anstalt oder Deportation auf eine gutbewachte Insel, tritt alternativ gegenüber der Forderung nach strikter Ausgrenzung zurück. Uneinsichtiges Verhalten wird dabei – wohl weniger beabsichtigt denn unwillkürlich und traditionell – mit derselben ‹Unfähigkeit zur Einsicht› gleichgesetzt, die bei schwer geistig Behinderten zu beobachten ist – jener Gruppe von Menschen, die Träger eines der ärgsten natürlichen Stigmata sind, die es gibt.

4. Unterschiedliche Ängste führen zu unterschiedlich bedingten Vorurteilen

«Die Erörterung von Maßnahmen zum Abbau von Vorurteilen pflegt... in der Literatur regelmäßig mit dem Hinweis eingeleitet zu werden, daß es sich um ein komplexes Problem handelt, für dessen Lösung es keine einfache Formel und keine Patentrezepte gibt.»[30]

Am ehesten verspricht

«eine dauerhaft-mehrdimensionale Strategie Aussicht auf Erfolg, die Unterricht, die Mitwirkung der Medien sowie die Gesetzgebung einschließt».[31]

Als Bestandteile des in früher Kindheit angeeigneten Wissens über das eigene Umfeld sind Vorurteile vom allgemeinen Lebenszusammenhang sowohl ihrer Heger als ihrer Opfer nicht zu trennen und darum zeitlich sehr stabil[32], das Ansinnen, sie abzulegen, erregt Unruhe und Angst und folglich Widerstand.[33]

a) Nomisch bedingte Vorurteile verursachen Konformitätsdruck und Kritiklosigkeit

Das Gesagte gilt um so mehr, je größer der Anteil nomischen Wissens an den Inhalten der fraglichen Vorurteile ist. Nun sind wir freilich auf das Funktionieren verbindlich festgelegter sozialer und familiärer Beziehungen angewiesen, denn wenn diese relativiert werden und zerfallen (etwa in ‹unregierbar› gewordenen Mega-Städten, wo schließlich Kriminalität und Faustrecht mit den für Konfliktregelung legal bestimmten Instanzen ernsthaft zu konkurrieren vermögen), ist das letztlich für alle negativ. Nomisches Wissen ist also unabdingbar. Dennoch schafft es offenbar nicht selten mehr Probleme (oder läßt sie andauern), als es löst. Um zur Ursache dieser paradoxen Erscheinung vorzudringen, müssen wir von der Vorurteilsforschung im engeren Sinne einen kurzen Abstecher in die Wissenssoziologie machen.

Nomische Überzeugungen haben – gleichgültig, ob sie traditionell oder progressiv daherkommen, ob sie sich auf eine Religion beziehen oder auf irgendeine Ideologie – stets die Eigenschaft, hochgradig fiktiv zu sein. Bis zur Entwicklung der modernen Naturwissenschaften war schließlich niemand fähig, objektiv zu beurteilen, ob unser nomisch bedingtes Denken und Handeln wirklich die soziale Ordnung steuert oder aber ob es nicht etwa das endgültige soziale Chaos auf unserem Planeten eher befördert als verhindert. Und selbst heute, wo uns langsam aufgeht, was wir alles verkehrt machen, hindern uns nicht zuletzt die Hüter überkommener nomischer Weisheiten, die ihrerseits aus den verschiedensten weltanschaulichen Ecken kommen, an der schleunigen Umsetzung unseres besseren Wissens.

Denn nomisches Wissen umfaßt eben stets auch Werte, für deren Festlegung und Verteidigung bestimmte Personengruppen ein unabdingbares Mandat zu besitzen meinen. Da sie die betreffenden Werte normalerweise selbst internalisiert haben, empfinden sie deren Infragestellung nicht nur als gemeingefährlich, sondern auch als persönlichen Affront, weshalb strenge Bräuche oder strenge, geschriebene Gesetze solcher Unbotmäßigkeiten meist schon im öffentlichen Vorfeld steuern. Das Phänomen ist weltweit beobachtbar und uralt. Dem vorwissenschaftlichen Denken früherer Epochen gemäß waren Ordnungsbestrebungen in der Vergangenheit, deren Schatten auch uns noch berühren, meist ins Goldgewand der Religionen gekleidet. Doch säkulare Ideologien in Deutschland und Rußland beweisen, daß Horrorvorstellungen über das gemutmaßte drohende Ende aller menschenwürdigen Ordnung (‹am jüdischen Wesen ersticken›, ‹im kapitalistischen Sumpf versinken›) durchaus ohne Inpflichtnahme jenseitiger Hilfstruppen ihre Wirkung zu entfalten vermögen. In beiden Fällen allerdings gibt eine kleine Führungsschicht oder im Extremfall sogar nur ein einziger Mensch die nomischen Verhaltensgebote für alle übrigen heraus. Die Angst davor, sie zu übertreten, ist nur zu oft identisch mit der Angst ums nackte Leben gewesen.

Betrachten wir Vorurteile in ihrem kulturell-traditionellen Kontext, wird deutlich, daß sie lediglich einen kleinen Teilbereich der Gegenstände bilden, über die Menschen Urteile fällen, und insofern hat Heinz E. Wolf recht, wenn er betont[34], bei Vorurteilen handle es sich im Grunde um Probleme, die von der Philosophie schon seit langer Zeit diskutiert würden. Die eigentliche Problematik bei Vorurteilen besteht ja nicht bloß darin, daß ihretwegen unschuldig-unbeteiligte Opfer leiden müssen, sondern in der gesellschaftlich viel weitergehenden Gefahr, daß nomisches Wissen seine ‹Besitzer› leicht verführt, Anomie oder das, was dafür in einer bestimmten Epoche gehalten wird, durch Machtausübung zu verhindern. Wer glaubt, über nomisch zuverlässige Handlungsanweisungen zu verfügen, empfindet regelmäßig das dringende Bedürfnis, auf die Menschen in seinem Einflußbereich so einzuwirken, daß sie sich auch entsprechend seinen Ideen über das nomisch Richtige verhalten. Er macht es sich zur Aufgabe, die übrigen zu belehren, anzuleiten und bei Renitenz oder Mißerfolg zu tadeln, zu strafen und sogar blutig zu verfolgen. Nomisches Wissen ist – keineswegs immer, leider aber häufig – ‹ungeprüft› im Sinne der Vorurteilsforschung, weil es sich meist rational-objektiv überhaupt nicht überprüfen läßt, und wer durchzusetzen vermag, daß die von ihm vertretene Auffassung des nomisch Wichtigen Allgemeingültigkeit bekommt, dem verwandelt es sich unversehens in Herrschaftswissen. Dies jedoch braucht sich nicht mehr am Erfolg zu legitimieren; es genügt, den Beherrschten die Kompetenz abzusprechen, sich kritisch zu äußern. Gemeinhin ist schon der Versuch dazu heikel. Diese gegenseitige Abhängigkeit von nomisch orientiertem Dafürhalten und nackter Herrschaftsausübung läßt sich bis in die tiefste Vergangenheit zurückverfolgen und ist offenbar typisch für unsere Art.

Wer uns glaubhaft versichert, er wisse um Mittel, wie schwere Übel zu erleichtern oder zu vermeiden seien (Krankheiten, Naturkatastrophen, ungerechte Schicksalsschläge, Armut und Tod), dem hört unser Großhirn gerne zu – vor allem, wenn der Wissende seine Verhaltensvorschläge in ein unserem Verstand einleuchtendes logisches System einbindet. Wir fühlen unklar, daß alles irgendwie seine Ordnung haben muß, und wir sind dankbar, wenn man uns erklärt, wie diese Ordnung ausschaut und wie sie funktioniert. Zweifel daran, daß Antworten möglich seien, traten schon ziemlich früh auf (in der griechischen Philosophie[35]); persönlich freilich können wir uns Zweifel an dem, was man uns lehrt, während jener Zeit, in der wir am meisten lernen, nämlich in der frühen Kindheit, nicht leisten. Unser Verstand ist dafür noch nicht genug entwickelt, und unsere soziale Hilflosigkeit ist zu groß, als daß wir uns die Zuwendung unserer Bezugspersonen durch Aggression verscherzen dürften, kann sich doch kindlicher Widerspruch anders als durch Gehorsamsverweigerung nicht äußern. Die Durchsetzung von nomisch verbindlichem Traditionswissen und die Weitergabe der darauf beruhenden Vorurteile bedarf deshalb kaum einer kontrollierenden oder strafenden Instanz. Der jedem Menschen eingeborene Wunsch, in seiner Eigengruppe nicht zum Außenseiter zu werden und komplementär dazu die Angst, bei zuviel Kritik und zu wenig Konformität dennoch dieses Schicksal gewärtigen zu müssen, reichen dazu völlig hin. Das gilt für Erwachsene ebenso wie für Kinder. Stereotype helfen beim Lernen der jeweiligen Traditionen.

Der Abbau vorurteilsvollen Meideverhaltens, das auf Stereotypen beruht, ist möglich, klappt aber nur unter einer Vorbedingung: Sofern der Betreffende seine Vorurteile verlernen, das heißt, durch ‹richtigeres Wissen› ersetzen soll, muß er sicher sein können, daß ihn dies nicht von seiner Eigengruppe isoliert. (Wäre er auf ihren ständigen, Sicherheit vermittelnden Einfluß nicht psychisch angewiesen, praktizierte er ihre Vorurteile ohnehin nicht.)

Ein Beispiel: In einem bayerischen Dorf nimmt eine Familie zu ihren eigenen noch ein Pflegekind auf, das seropositiv ist. Daraufhin wird sie vom ganzen Dorf mit dem Pfarrer an der Spitze gemieden und diskriminiert. In diesem Ort könnte man die offenbar sehr großen Ängste bloß dann mit einiger Aussicht auf Erfolg abzubauen versuchen, wenn man mit dem Geistlichen anfinge, denn er als Hüter der nomischen Tradition (Stil: Wo kämen wir hin, wenn wir solche Leute in unserer Mitte dulden würden!) verfügt allein über genügend Einfluß, seiner Gemeinde ein Umlernen in Sachen ‹seropositive Pflegekinder› zu vermitteln – vorausgesetzt, er änderte seine eigenen Vorurteile als erster. Darauf einzuwirken, wäre allerdings vornehmlich Sache seiner geistlichen Oberen; ein Gesundheitsamt oder eine benachbarte AIDS-Hilfe wäre damit überfordert. Der einzelne Dorfbewohner könnte es sich sogar bei bereits vorhandenem ‹besserem Wissen› nicht leisten, aus dem allgemeinen Meideverhalten auszuscheren, sonst würde er umgehend ebenso isoliert dastehen wie die diskriminierte Familie.

b) Das Instrumentalisieren vorurteilshafter Ängste anderer zahlt sich meist aus

Starke Charaktere pflegen im allgemeinen weniger Vorurteile zu haben als schwächere, aber natürlich wissen auch sie über die in ihrem Umfeld vorhandenen ebenso Bescheid wie alle übrigen. Sofern ihr Selbstgefühl nicht nur stark, sondern außerdem auch egozentrisch ist, machen sie sich die nomisch bedingten Anfälligkeiten ihrer Mitmenschen gegenüber Vorurteilen gelegentlich zynisch zunutze. Der Unternehmer etwa, der persönlich keinerlei Vorbehalte gegen Farbige hat, da er überzeugt ist, das Konto mache den Mann, stellt vielleicht möglichst wenig Weiße ein, weil aufgrund des traditionell gehegten ‹Wissens› über die ‹naturgegebene Unterlegenheit› der Schwarzen (ein ‹falsches› natürliches Stigma) diese ihrerseits sozial so hilflos sind, daß sie bei ihm für einen weit geringeren Stundenlohn arbeiten, als er für Weiße veranschlagen müßte.

Oder, auf die Verhältnisse bei uns übertragen: Man braucht keine antifeministischen Vorurteile zu haben, um lieber Frauen als billigere denn Männer als teurere Arbeitnehmer einzustellen. Nutznießer der in beiden Fällen zugrundeliegenden und nomisch bedingten Vorurteile sind die Zyniker, die sie instrumentalisieren. Der nomische Gehalt im ersten Beispiel lautet etwa ‹Schwarze sind erfahrungsgemäß indolent und außerdem fauler als Weiße, also ist es nur gerecht, ihnen weniger Lohn zu zahlen – wo kämen wir sonst hin!› Der des zweiten, sexistischen Beispiels heißt: ‹Frauen sind weniger wert als Männer, darum kriegen sie weniger Geld – wo kämen wir sonst hin!› Erinnern wir uns an die Erkenntnis der älteren und neueren amerikanischen Vorurteils-

forschung: Sehr viele Vorurteile beruhen auf Neid und Gruppenkonflikten, nicht aber auf den Vorbehalten, die von ihren Vertretern behauptet werden; sobald Neid und Konflikte sich verringern, gehen
auch die ‹zugehörigen› Vorurteile zurück. Wenn keine gesamtgesellschaftlichen Änderungen eintreten, bleiben die Vorurteile erhalten
und sind weiterhin instrumentalisierbar. Bei objektiv vorhandenen
Interessenkonflikten zwischen wirtschaftlich oder politisch konkurrierenden Gruppen werden nomisch begründete Vorurteile beinahe
automatisch aktualisiert, um den Gegner zu diskriminieren und zu
diskreditieren.[36]

Wer aus den Vorurteilen seiner Umgebung nachhaltig Nutzen zieht,
pflegt bemüht zu sein, ihren Abbau zu hintertreiben, und wenn er das
gescheit anstellt, wird er viele naive Mitstreiter finden, die ihrerseits aus
nomischem Traditionalismus mitmachen. Häufig definiert der Instru-
mentalisierer für Übel, die er entweder selbst geschaffen hat oder die er
– etwa als Politiker – wirksam zu bekämpfen nicht in der Lage ist,
obgleich ‹Handlungsbedarf› vorliegt, als schuldige Verursacher im
Sinne von Sündenböcken oder Blitzableitern irgendwelche Gruppen,
die traditionell mit dem betreffenden Problemkreis verbunden sind.
Dadurch kann die Schuldzuweisung glaubhafter werden, und die Öffentlichkeit wendet sich den Sündenböcken zu, anstatt sich darum zu
kümmern, was eigentlich wirklich läuft. Darum empfiehlt es sich, bei
allen Strategien zum Vorurteilsabbau als erste Maßnahme die Frage zu
stellen, wem die betreffenen Vorurteile nützen (qui bono?). Lassen sich
Nutznießer ausmachen, muß man ihre Motive dingfest machen, um die
Vorurteile als solche bezeichnen zu können. Denn wer sich – aus
welchen Gründen auch immer – von den Instrumentalisierern hat überzeugen lassen, daß es sich bei den betreffenden Vorurteilen nicht um
solche, sondern um die Wahrheit handelt, wird sie selbstverständlich
verteidigen, bis man ihm die Täuschung glaubhaft gemacht hat, der er
aufgesessen ist. Mit anderen Worten: Hier müssen primär nicht die
Vorurteile entlarvt werden, sondern erst einmal deren Instrumentali-
sierer.

c) *Ängste vor Krankheit, Versehrung und Tod sind leicht*
aktualisierbar und manipulierbar

Die Angst vor Krankheit und Versehrung ist im Tiefsten kreatürliche
Angst ums liebe Leben und identisch mit der Scheu vor natürlichen

Stigmata. Sie eignet allen Menschen und dient darum leicht als Motor für Meideverhalten. Sofern man sich krankheitspräventive Wirkung davon verspricht, ist Meidung in solchen naturvölkischen Gesellschaften sinnvoll, die andere Gegenstrategien noch nicht entwickeln konnten.[37] Vor dem Aufkommen der modernen Medizin sind Krankheiten allgemein – wie andere Schicksalsschläge desgleichen – durchgängig auf die unerforschliche Einwirkung jenseitiger Mächte zurückgeführt worden, die man als Krankheitsdämonen oder spezielle Krankheitsgötter auffaßte und wo deshalb das einzige Gegenmittel in Opfern bestand, die jene Mächte besänftigen sollten. Auch der Fluch eines numinos wirkmächtigen Menschen (Schamane, Hohepriester) konnte Krankheiten verursachen. Daneben aber hat im Grunde schon immer die Vorstellung bestanden, Geister oder Götter oder ein Hochgott schickten Krankheiten, um Tabubrüche, kultische Unterlassungs‹sünden› und Verbotsübertretungen zu strafen oder vielmehr: zu rächen. Es handelt sich um ‹Tat-Folge›-Abhängigkeiten, wie sie im Alten Testament häufig berichtet werden.[38]

Warum Gott jeweils zürnt, wird unterschiedlich erklärt, und die Schuld daran wird manchmal speziellen Sündenböcken, manchmal auch dem Volk insgesamt zugewiesen.[39] Nachdem dies Erklärungsmuster mehr als zweitausend Jahre lang in unserer Kultur verwandt worden ist (obwohl den Leitgedanken des Evangeliums völlig entgegengesetzt, war es doch machtpolitisch höchst brauchbar), hat man es quasi automatisch auch dann weiterbenutzt, als die Berufung auf Gott als Strafinstanz dem Zeitgeist nicht länger entsprach. Ein Beispiel: Das Auftreten der Cholera im 19. Jahrhundert wurde wiederholt den Armen angelastet, vor allem den Arbeiterfrauen,

«deren angebliche Unfähigkeit zu ordentlicher und reinlicher Haushaltsführung von vielen mittelständischen Kommentatoren für die Ausbreitung der Cholera verantwortlich gemacht wurde».[40]

Bemerkenswerterweise wird selbst in diesem Beispiel noch der nomische Grundgedanke deutlich, daß Mangel an Ordnung – hier personifiziert in der nicht befriedigend putzenden Arbeiterin – zu chaotischen Zuständen führt, unter anderem eben zu Seuchen. Auch die gewählten ‹Verantwortlichen› passen ins Bild: Frauen, und zwar welche aus der Unterschicht, das heißt Menschen, die gleich zweifach sozial stigmatisiert sind.

Sobald die Ursache für eine Krankheit beziehungsweise Seuche wissenschaftlich erklärt werden kann, gehen Schuldzuweisungen an faktisch unbeteiligte Blitzableiter schlagartig zurück. Aber erst nach der Entdeckung von einigermaßen zuverlässigen Heilmitteln hört man auf, die tatsächlichen oder nur gemutmaßten Verbreiter der Krankheit mit Schuld zu belasten. Angst führt zu Aktionismus; je stärker die Angst, desto heftiger das Verlangen, irgendwen auszumachen, der zwar nicht an dem ganzen Elend selbst, aber immerhin daran schuld ist, daß es nicht aufhört:

Nachdem klargeworden war, daß AIDS nicht ursächlich durch homosexuelle Akte ‹entsteht›, entließ man Homosexuelle dennoch nicht aus der angelasteten Schuld, sondern machte sie nun dafür verantwortlich, daß die Infektion sich weiterhin verbreitete.

Solange das Christentum für die Mehrheit der Menschen im Abendland die Basis aller Erklärungsmuster gewesen ist, hat man Krankheiten und Ansteckungen immer sehr gefürchtet, jedoch – im Gegensatz zur Gegenwart – weniger den Tod als Lebensende. Denn das Leben ging als ‹ewiges Leben› dem Glauben nach ja hinterher für die Seele des Betreffenden weiter. Gefürchtet war vielmehr das Sterben, und zwar das ‹unbußfertige›, das ein jenseitiges Weiterleben im Himmel gefährden konnte – zum Beispiel sofern man gestorben war, ohne vorher gebeichtet zu haben. Darum sind Kirchenlieder voll von Bitten um einen ‹guten Tod›, womit eben nicht der schmerzlose (‹im Schlaf›, ‹plötzlich›) gemeint war, sondern im Gegenteil gerade ein bewußter, der dem Sterbenden noch ausreichend Zeit ließ, die Vorbereitungen seiner Seele für die Jenseitsreise zu treffen.

Menschen, die im Tod ‹das Aufhören aller Dinge› sehen, haben in dieser Situation sehr wenig, woran sie sich festhalten können. Da noch das schlichteste Naturvolk genaue eigene Vorstellungen darüber entwickelt hat, wie man sich beim Herannahen des Todes verhalten soll, steht der moderne Mensch dem Lebensende im Grunde hilfloser gegenüber als seit Jahrhunderten. Diese Hilflosigkeit führt bekanntlich dazu, Tod und Sterbenmüssen zu verdrängen, was nach dem uns nun schon bekannten Schema bewerkstelligt wird, indem man die Sterbenden ausgrenzt: Wenn man sie nicht wahrnehmen kann, kann man so tun, als gäbe es sie überhaupt nicht. Nicht Mitleidlosigkeit oder gedankenlose Grausamkeit führt zu diesem Verhalten (das in Wahrheit Meideverhalten ist), sondern die Scheu vor dem sich auflösenden Leben, das keinem Schema mehr entspricht.

Im Kontext mit der – noch – nicht heilbaren Krankheit AIDS bedeutet dies: Wer den Tod als schlimmstes aller Übel in sich trägt und weitergeben kann, den behandelt man erst einmal selbst als Übeltäter. Diese archaische Reaktion kann durch geschicktes Ansprechen traditioneller nomischer ‹Wahrheiten› überaus leicht bis hin zu schweren Mißhandlungen der Opfer aktiviert werden, und der zynischen Instrumentalisierung von Krankheits- und Todesangst ist nur schwer zu steuern. Zwar sind Angst vor Krankheit und Tod verständlich und jedermann geläufig, sie sind weder vorurteilshaft noch neurotisch. Aber sie werden, gerade weil sie unwillkürlichen Impulsen entspringen und oft völlig unbedacht-spontan, sozusagen ‹vernunftlos› auftreten, durch Dingfestmachung angeblich ‹Schuldiger› nicht geringer, sondern größer. Die kreatürliche Angst kann, wenn deutlich wird, daß gar keine Ursache dafür besteht, abgebaut werden, und der vordem Ängstliche ist dankbar, wenn er seine Angst nicht mehr zu haben braucht; sie ist weg, als habe es sie nie gegeben. Doch wenn sie ein Ziel vorgegeben bekommt, verschwindet die Angst keineswegs, sondern ihr Gegenstand wird nun das gewiesene Ziel. Im Fall von AIDS ist dies der Grund, warum so häufig statt der Krankheit die Kranken gemieden werden.

Am ehesten läßt sich Menschen mit dieser Art von archaischer Angst helfen, indem man ihnen klarmacht, daß Angst haben nichts Böses ist und zugelassen werden darf. Angesichts der teilweise abenteuerlichen ‹Informationen›, die in puncto AIDS nunmehr seit rund fünf Jahren auf den Laien einstürmen und ihn für die unterschiedlichsten Gegenstrategien einzuspannen suchen, ist sie ganz normal. Selbst wer einigermaßen kritisch auszuwählen vermag, kommt notwendig an den Punkt, sich einzugestehen: «Ich steige da nicht mehr durch. Was stimmt denn nun eigentlich wirklich?» Und manch einer glaubt schließlich, jetzt ganz gut informiert zu sein und hört deswegen mit der Informationssuche auf, obwohl er (oder sie) in Wahrheit gerade den falschen Informationen aufgesessen ist und jetzt mehr Angst hat als vorher. Sowohl falsches Wissen als totale Unwissenheit sind ein guter Nährboden für Angst, und wer von Angst geleitet ist, nimmt zudem Aufklärungsbotschaften selektiv auf und hört immer nur heraus, daß eben zu Angst Grund besteht. Wenn Menschen in dieser Lage eine unwahre, aber logisch plausibel klingende Tat-Folge-Abhängigkeit zwischen Krankheit und Kranken, zwischen ‹So-Sein› und ‹Verhalten› angedient wird, baut sich auf der kreatürlichen Angst, dem ‹Scheuen› vor Krankheit und Todesgefahr, ein Vorurteil auf, das nun nomisch gestützt ist (Tenor: Wo kämen wir hin, wenn…!), und dies ist ungleich schwerer abzubauen.

d) Zur Bedeutung von Erstinformationen für die Entstehung der AIDS-Angst

AIDS-Angst als Angst vor Versehrung und Tod ist nicht vorurteilshaft; wenn man sie so betrachtet, wird man ihr nicht gerecht. Der Unterschied zeigt sich bereits darin, wie anders die Ängstlichen sich im Vergleich zu den Vorurteilsvollen äußern: Letztere haben kaum Schwierigkeiten zu sagen, weshalb die Vorurteilsopfer an ihrer Diskriminierung selbst schuld sind und es überhaupt nicht besser verdienen. Die wahrhaft Ängstlichen erkennt man demgegenüber an ihrer Scheu, sich überhaupt zu äußern. Sie haben einen eigenartig starren Gesichtsausdruck, sie halten die Augen gesenkt, und wenn sie sprechen, dann leise. Wenn man einmal angefangen hat, darauf zu achten, erkennt man sie sozusagen schon an der Art, wie sie schweigen. Will man sie ermutigen, vom Informationsangebot einer Veranstaltung Gebrauch zu machen, muß man sie fragen, was sie fühlen, nicht aber, was sie denken. Die Antworten kommen stokkend, verhalten: Sie sprechen von der eigenen physischen – weniger psychischen! – Unmöglichkeit, den Betroffenen (oder solchen Menschen, die man bloß für betroffen hält) die Hand zu geben (‹kann nicht›), ihn anzublicken, in seiner Nähe zu bleiben (‹am liebsten weglaufen›).

Macht man sich klar, daß dies Scheuen sich im Grunde auf alles bezieht, was mit AIDS zusammenhängt, zeugt die Anwesenheit der Ängstlichen in einer AIDS-Informationsveranstaltung von ehrlichem Eigenbemühen um zumindest besseres Verstehen der eigenen Angst. Allerdings begegnen einem diese Ängstlichen viel häufiger zufällig, und man wird auf sie erst aufmerksam, wenn dann zufällig über AIDS gesprochen wird. Öfter trifft man sie im Rahmen von Veranstaltungen, die für bestimmte Gruppen insgesamt ausgerichtet sind, und wo sie teilnehmen, ohne es recht eigentlich selber zu wollen.

Wenn dennoch ein Gespräch mit ihnen in Gang kommt, fällt fast regelmäßig der Satz, der leicht für eine bloße Redensart gehalten werden kann. Er lautet etwa: ‹Bekomme davon eine Gänsehaut› oder ‹es lief mir so den Rücken runter› oder ‹ich hatte im Nacken ein Kribbeln›. Nachdem ich das einige Male erlebt hatte, ging mir auf, was sich da körperlich spürbar meldete (und Sie als Leser wissen es nach unserem Schimpansenbeispiel jetzt natürlich auch): Es war die beim Menschen nicht mehr vorhandene ‹Mähne›, die sich sträubt, um die Ängstlichen größer zu machen und so einen schrecklichen Feind vielleicht vom Angriff abzuhalten; eine inzwischen verschwundene Mähne, von der uns allerdings noch ein paar rudimentäre Nervenbahnen in Genick und Rücken überkommen sind. Wenn sie sich ‹melden›, ist das ein Symptom kreatürlicher Angst, die bis zur Todesangst gehen kann.

In Gesprächen mit Leuten, die von diesem Symptom erzählten, stellte sich stets heraus, daß sie irgendwann vorher eine oder auch ein ganzes Bündel von Informationen zu AIDS bekommen hatten, die das letzte Krankheitsstadium in den Mittelpunkt rückten: Filme, Dias, Fotos in Illustrierten und so weiter. Bilder dieser Art werden bevorzugt veröffentlicht, weil alles Sensationelle in unserer Medienwelt leider Priorität hat. Mir waren sie auch nicht unbekannt: Kranke mit zerfressenen oder durch Blutergüsse bis zur Unkenntlichkeit entstellten Gesichtern, zum Skelett abgemagerte Körper, von neurologischen Ausfällen verursachte abnorme Bewegungsabläufe. Über die Reaktion des Publikums, dem bei einem Informationsabend derlei vorgeführt worden war, berichtete mir die junge AIDS-Beraterin einer norddeutschen Kleinstadt. «Als es wieder hell wurde, hat der Arzt die Diskussion eröffnet, aber Fragen wurden überhaupt nicht gestellt, es hat sich keiner gemeldet. Die Leute gingen ganz still weg, die waren total zu.»

Wenn Erstinformationen zu AIDS gleichzeitig mit schockenden Bildern verabfolgt werden, bei denen die Zerstörung des Körper- und Bewegungsschemas unmittelbar ins Auge springt, kann bei einem Laienpublikum eine andere denn die spontane Angstreaktion kaum erwartet werden. Die schlimmem Bilder haben eine solch suggestive Kraft und vereinnahmen gerade die unvorbereiteten Teilnehmer so total, daß für realitätsbezogene Zusatzinformationen keine Aufnahmebereitschaft mehr übrigbleibt. Es setzt sich unwillkürlich-unabweisbar der Gedanke fest: ‹Das, das also ist AIDS, und AIDS ist der Tod.› Menschen mit einer solch unzutreffenden Erstinformation pflegen einem schwerlich zu glauben, wenn man von der langen symptomfreien Zeit des Seropositiven spricht, und sie können sich einfach nicht vorstellen, ‹daß man es ihm nicht ansehen können soll›. Zudem befestigen reißerische Berichte die Angst, und beim Lesen malt die Phantasie sich jene Schreckbilder aufs neue aus, die für den allerersten Eindruck konstitutiv waren. Der Vorgang ist als Ganzes einem konditionierten Reflex nicht unähnlich.

Die Therapie für diese kreatürliche Angst im Zusammenhang mit

AIDS ist einfach, erfordert aber ein gewisses Umdenken. Sie besteht darin, daß bei Aufklärungsveranstaltungen ein Betroffener mitmacht und auch als solcher vorgestellt wird. Die Teilnehmer sehen ihn; sie nehmen wahr, daß nichts an ihm dem Schreckbild entspricht, das in ihrem Mittelhirn aktiviert wurde, und das macht sie frei für weiterführende kognitive Informationen.

e) Die Lehren der California-Schule: Angst macht böse

Unabhängig von ihren methodischen Mängeln, ihren vorschnellen und oft fehlgehenden Schlüssen und blauäugigen politischen Idealen hat die California-Schule eine sehr wichtige Erkenntnis erstmals deutlich ausgesprochen: Erziehung durch Angstmachen ist falsch, denn Angst macht böse. Sie formt einen – meist lebenslang – durch Feindseligkeit, Rigidität und Liebesunfähigkeit gekennzeichneten Charakter.[41] Theodor Adorno und Max Horkheimer glaubten, geduldige psychotherapeutische Behandlung sei imstande, solchermaßen seelisch verkrüppelte Menschen umzuerziehen (was nicht klappte) und behaupteten sogar, geeignete Programme zu entwickeln sei nicht schwierig (was sich als frommer Wunsch erwies), und insofern haben sie geirrt. Doch ihre Diagnose über den Ursprung der Charakterverformung der autoritären Persönlichkeit hat sich als tragfähig erwiesen:

Sie entsteht durch Mangel an elterlicher Liebe – und zwar unabhängig von der psychoanalytischen Deutung dieser Tatsache, wie die beiden Autoren sie anbieten. Als Korrektiv zu ihrem Konzept mögen die Werke von Alice Miller genannt sein[42]; deren Haupteinwand lautet, daß seit Freuds Revision der Trauma-Theorie die Psychoanalytiker dem Erkennen dessen, was sich real zwischen Eltern und Kind abspielt, ausweichen. Miller sieht die Dinge im Grunde noch weit düsterer als Adorno und Horkheimer. Der Kernsatz im Theoriegebäude der California-Schule allerdings –

«Wichtig ist nur, daß Kinder aufrichtig geliebt und als individuelle Menschen behandelt werden» –

bleibt in all seiner Schlichtheit wahr.

Verfehlt ist hingegen die Behauptung, die frühkindliche Ausprägung des autoritären Charakters sei an ein bestimmtes politisches Weltbild geknüpft. Wie die Kritiker der California-Schule gezeigt haben, beschränkte sich das Vorkommen des fraglichen Typs ja beileibe nicht auf politisch rechts Stehende; viele der Menschen, die eindeutig Nazis gewesen sind, haben zudem offenkundig nicht zu diesem Persönlichkeitstyp gehört. (Man denke etwa an Albert Speer, der mitmachte, weil es sich so ergab und er dem Angebot staatlicher Förderung seiner beruflichen Pläne nicht widerstehen konnte.) Ein liebloser, ablehnender, vernachlässigender und wechselhafter Erziehungsstil wird vielmehr zwangsläufig unter jedem politischen Regime, im Bezugsrahmen jeder Religion und aller nur denkbaren Ideologien immer denselben rigiden Menschentyp hervorbringen, weil hier somatische Faktoren prägend sind.[43] Bei objektiver Betrachtung sind Chancen zur Heilung derart massiv gestörter Personen erfahrungsgemäß klein, zumal eine erfolgreiche tiefenpsychologische Behandlung sowohl Freiwilligkeit wie eine gewisse Intelligenz erfordert. Das eine oder andere aber mag bei einer autoritären Persönlichkeit oft fehlen (was die vielen therapeutischen Fehlschläge erklären dürfte).

Die besondere Vorurteilshaftigkeit der autoritären Persönlichkeit ist ein Faktum, aber das heißt nicht, daß Leute ohne zerstörte Kindheit gegen Vorurteile gefeit wären. Anders ausgedrückt: Alle Menschen mit der typischen ‹Einstellung› der autoritären Persönlichkeit hegen Vorurteile, aber nicht alle, die Vorurteile haben, gehören zum autoritären Persönlichkeitstyp. Diese Unterscheidung ist für die Vorurteilsforschung überaus wichtig. Gerade in der AIDS-Aufklärung wird häufig als Ziel angegeben, ‹die vorurteilsvollen Einstellungen› abbauen zu wollen. Das ist nun freilich beim besten Willen nicht möglich, sofern wir den Begriff ‹Einstellung› so anwenden, wie die Väter der California-Schule ihn gemeint haben, und da wir ihnen einiges schulden, sollten wir das immerhin tun. Menschen dieses Einstellungstyps sind außerdem nicht gar so häufig, wie gelegentlich deswegen gefürchtet wird, weil man irrtümlich alle überhaupt auftauchenden Vorurteile allein auf die Machenschaften solcher Persönlichkeiten zurückführt.

Es ist aber nicht zu übersehen, daß sich die autoritäre Persönlichkeit im ‹Kampf gegen AIDS› mit großem Geschick der allgemein vorhandenen AIDS-Ängste bedient, um ungestraft, ja oft sogar unter dem Beifall Gutgläubiger eigene Aggressionen gegen die Betroffenengruppen auszuleben, die ja ohnehin traditionelle Minderheiten unserer Gesellschaft sind. Dabei beruft sie sich selbstverständlich auf diejenigen nomischen Überzeugungen, die in der Existenz von Homosexuellen, Bisexuellen, promisk lebenden Heterosexuellen, Prostituierten und Drogenabhän-

gigen Gefahren für den Fortbestand der Gesellschaft wittern, und weil
Angst die Ursache für die Ausprägung ihres eigenen Wesens gewesen
ist, versteht sie es mit unübertrefflichem Geschick, Ängste anderer – die
bei jenen großenteils völlig andere Motive haben – entweder zu schüren oder überhaupt erst durch geschicktes Argumentieren hervorzurufen. Zu dem Zweck bezieht sie sich vorzugsweise auf wissenschaftliche
Koryphäen (und beim vorhandenen Pluralismus der Forschungsansätze findet sie stets Schulmeinungen und Theorien, die ein aggressives
Vorgehen in Sachen AIDS ‹vernunftgemäß› erscheinen lassen). Sie en-
gagiert sich ebenso total wie nur irgendein Betroffener und wirbt mit
größtem Einsatz um Mitstreiter – allerdings nur vorgeblich gegen die
Krankheit, vielmehr in Wahrheit gegen die betroffenen Minderheiten.

Die schreckliche Feindseligkeit, die für diesen Typ zum Lebens-
schicksal geworden ist und all seine Handlungen wie Gift durchdringt,
steht im Hintergrund vieler durchaus unsinniger geplanter oder schon
angelaufener Maßnahmen gegen AIDS, die zwar die Eindämmung der
Krankheit nicht gewährleisten, das ohnehin schon schwere Leid der
Betroffenen jedoch nachhaltig vermehren. (Statt einer Minderheit ist
aber auch ein anderer ‹Feind› – sofern weit genug weg – als Projektions-
‹schirm› für Feindseligkeit geeignet, vorausgesetzt, die traditionellen
Autoritäten des Betreffenden haben ihn zuvor als Feind definiert.)

Zum kennzeichnenden Verhalten der autoritären Persönlichkeit
zwei Beispiele.

Ein Jurist in hoher Position macht weit und breit Propaganda für
Massentestungen: Nur so könne ja herausgefunden werden, wo die
‹Gefahrenherde› lägen, und erst dann könne man gegen diese wirkungsvoll vorgehen. Es wird ihm entgegengehalten, das sei finanziell
nicht machbar – von allen übrigen Unzuträglichkeiten abgesehen. Der
sonst stockkonservative Mann entgegnet, dann müßten eben die Rü-
stungsausgaben drastisch gekürzt werden. Sein – ebenfalls konservati-
ves – Auditorium staunt: Das sagen ausgerechnet Sie! Und er gibt zurück, man müsse eben immer ‹den Feind bekämpfen, der einem am
nächsten ist›...: Autoritäre Persönlichkeiten können Feindbilder auch
auswechseln, sofern das persönlich unriskant scheint, weil es ihnen gar
nicht um Gefahrenabwehr geht, sondern um die Aggression als feindliche Einstellung generell. –

Beispiel zwei habe ich selbst erlebt. In einer Veranstaltung für Päd-
agogen gelang es drei Teilnehmern – einem Mann mittleren Alters und
zwei älteren Frauen – die ganze Gruppe von über sechzig Mitgliedern

in Grund und Boden zu reden, so daß schließlich niemand mehr antworten mochte; die Argumente entstammten dem evangelikalen Bezugsrahmen (AIDS als Strafe Gottes, als kulturelles Menetekel, Kondomwerbung ist Reklame für Unzucht, Gummimoral ersetzt Gottesfurcht). Hinterher sprach ich das Trio an und wiederholte meinen Einwand aus der Diskussion, daß doch sehr gewichtige Stimmen aus dem Protestantismus eine andere Problemsicht böten. Zu meiner Verblüffung erwiderte man mir nicht länger mit theologischen Gegenbeweisen, sondern mit der irgendwie flach herauskommenden Entgegnung (die eigentlich gar keine Antwort auf meine Bemerkung darstellte): «Haben wir früher auch nicht gedurft!» Unmittelbar danach folgte die nomische Begründung, die moderne Sexualität sei der Untergang der Familie und des Staates, «und schließlich bricht alles auseinander. Wollen Sie das?!»

Die autoritäre Persönlichkeit ist nicht nur feindselig, sie ist auch neidisch. Aber ihr Neid tritt beileibe nicht bloß als Sexualneid auf (obwohl der im Zusammenhang mit AIDS gelegentlich im Vordergrund steht), sondern er erstreckt sich auf alles, was Menschen augenscheinlich glücklich und vergnügt macht. Denn wessen tiefstes Innere von Angst geprägt wurde, der muß beim Anblick jedweden Glücks in nagenden Neid verfallen, weil Angst und Glücklichsein einander ausschließen.

Autoritäre Persönlichkeiten kann man nicht ‹bekehren›, trotzt ihr Zustand doch sogar häufig therapeutischen Bemühungen. Bleiben diese fruchtlos, gibt es nur noch zwei Möglichkeiten, sich dieses Typs zu erwehren. Erstens sollte man versuchen, den Betreffenden zu isolieren, denn wenn die autoritäre Persönlichkeit keine soziale Rückendekkung von Gruppen oder Institutionen mehr spürt, die im öffentlichen Leben etwas gelten, wird ihre angstbestimmte Grundstimmung aktiviert, und sie zieht sich zurück. Die zweite ist im Grunde bloß die Steigerung der ersten: Wenn den vorurteilshaften Aktivitäten der autoritären Persönlichkeit gesetzliche Riegel vorgeschoben werden, wird sie zwar zuerst murren und viele nomisch einleuchtende Gründe vorschieben, weshalb ihr bitter Unrecht geschehe (weil jeder Mensch eine gewisse Zeitspanne braucht, um sich auf neue Situationen umzustellen), dann aber klein beigeben und das Feindbild wechseln.

Für die AIDS-Diskussion lehrt das zweierlei. Einmal ist es fruchtlos, ja sogar kontraproduktiv, bei allen in diesem Zusammenhang auftretenden Vorurteilen anzunehmen, sie seien auf ‹Einstellungen› im Sinne der California-Schule zurückzuführen. Tut man das, redet man an den

Problemen der meisten Menschen, mit denen man es zu tun bekommt, vorbei. Des weiteren bringt es für den Laien nichts, sich an der feindseligen Einstellung der autoritären Persönlichkeit abzuarbeiten (Laie ist hier jeder Nicht-Therapeut). Handelt es sich um einzelne, nützt zuweilen Ignorieren. Hat man es hingegen mit einem Meinungsführer dieses Typs zu tun, ist allerhöchste Vorsicht geboten. Nur Gesetze können ihn stoppen.

5. Welche Strategien helfen gegen welche Vorurteile?

Nach dem bisher Ausgeführten ist deutlich geworden, daß es eine einheitliche Strategie gegen alle auftretenden Vorurteile nicht geben kann, weil die abschätzigen Beurteilungen, die wir umgangssprachlich schon seit langer Zeit als Vorurteile bezeichnen, keineswegs alle den gleichen Ursprung haben. Schlichtes intellektuelles Beharrungsvermögen, naiver Glaube an das bessere Wissen von Meinungsführern, Angst vor gesellschaftlicher Isolierung, Panik angesichts von Krankheit und Tod, zynische Instrumentalisierung vorhandener Normen und Traditionen zum eigenen Nutzen und endlich die primär krankhafte, feindselig-vorurteilshafte ‹Einstellung› der autoritären Persönlichkeit – all diese menschlich-allzumenschlichen Reaktionen auf ganz unterschiedliche Lebenslagen können Vorurteile verstärken oder heraufbeschwören. Welche Gegenstrategien angebracht sind, hängt davon ab, aus welchen Quellen die fraglichen Vorurteile stammen.

a) Hilft das kognitive Lernen ‹besseren Wissens›?

Seit die Vorurteilsforschung weiß, daß Vorurteile nicht angeboren sind, sondern gelernt werden, setzt man große Hoffnungen auf eine bessere Schulbildung:

«Nach amerikanischen Untersuchungen ist eine Person um so vorurteilsfreier, je länger ihre Schulausbildung ist.»[44]

Allerdings bemerkte schon Allport, daß man niemand unterrichten kann, der sich durch die neuvermittelten Inhalte angegriffen fühlt, und da bekanntlich schon Kinder Vorurteile haben, weil sie ihnen lange vor der Einschulung in Form von Stereotypen zugeflossen sind, werden sie unter Umständen dem Lehrer als Vermittler besseren Wissens nicht glauben.[45] Was man schon länger weiß, ‹sitzt› besser als neue Informationen, und das gilt auch für Erwachsene. Solange es Vorurteile erleichtern, sich an bestimmte Lerninhalte zu erinnern, die mit ihnen übereinzustimmen scheinen und die eine Speicherung abweichender Angaben erschweren, werden die Betreffenden nicht aufhören, diese irrigen Vorstellungen mit der Realität zu verwechseln.[46] Zudem faßt man Menschen und Umstände oft nicht so auf, wie sie wirklich sind, sondern der Eindruck wird zwecks Bestätigung der eigenen Meinung gefiltert. Darüber hinaus tendieren wir alle zu einer gewissen persönlichen Primitiv-Statistik: Haben wir dreimal in vergleichbaren Situationen mit vergleichbaren Leuten Vergleichbares erlebt, dann glauben wir, einer Art Gesetzmäßigkeit auf der Spur zu sein und verhalten uns in Zukunft entsprechend.[47] Das gilt auch schon, sofern es sich nur um das Vermeiden von als unangenehm erlebten Situationen dreht.

Ein wesentlicher Aspekt beim Vorurteilsabbau auf erkenntnismäßiger Basis wird häufig übersehen: Weil das objektiv vorhandene Wissen sich immer weiter vom persönlichen Wissensstand entfernt, begeben sich viele Leute auf die Suche nach Quasi-Wissen – eine Folge persönlich erlebten Nichtwissens und fühlbarer Informationsdefizite, denen man im Grunde ratlos gegenübersteht. Die Welt wird immer komplexer und für den einzelnen undurchschaubarer. Der Rückzug auf Vorurteile erfolgt darum manchmal, weil man irgendwelche Vorstellungen von Dritten übernimmt (meistens nomische), um überhaupt Antworten zu haben und sich auf die Dinge einen Vers machen zu können. Wenn Vorurteile auf einer solchen Orientierungslosigkeit beruhen, kann erkenntnismäßig einsehbares ‹richtigeres Wissen›, emotionslos und geduldig angeboten, selbst scheinbar sehr verhärtete Vorurteile erfolgreich in Frage stellen.[48]

Für die AIDS-Problematik stimmt dieser Befund zuversichtlich, weil das Gefühl, persönlich ohne Orientierung einem Wust widersprechenden Informationen darüber ausgesetzt zu sein, für eine sehr große Zahl von Menschen typisch ist, die dann schließlich und eher hilflos mit der Übernahme gängiger Vorurteile reagieren, zum Beispiel gegen Randgruppen. Die autoritäre Persönlichkeit spricht hingegen auf das Angebot besseren kognitiven Wissens erfahrungsgemäß nie an:

«Jedes neue Argument, jede neue Tatsache wird in das vorhandene Schema eingefügt und entsprechend gedeutet.» [49]

Es ist zum Beispiel völlig fruchtlos, sich auf eine Diskussion des berüchtigten ‹Restrisikos› (einem Lieblingsthema der autoritären Persönlichkeit) bei der AIDS-Prävention einzulassen, weil man sich damit – wie es Adorno seinerzeit für die Antisemitismus-Diskussion aufgezeigt hat – bloß den Spielregeln des autoritären Typs unterwerfen würde.[50]

b) Kann soziale Nähe Vorurteile korrigieren?

Vorurteile führen zu Diskriminierungen, und wer diskriminiert wird, ist Opfer aktiven oder passiven Meideverhaltens mit dem Effekt, daß selbst im Fall des passiven Meidens gerade die Situation eben nicht hergestellt wird, die einzig geeignet wäre, das Vorurteil je in Frage zu stellen, nämlich persönlicher Kontakt. Wen man meidet, den wird man schwerlich kennenlernen, und die allgegenwärtige Tendenz, Gruppen zu meiden, denen gegenüber man ein Vorurteil hegt, erweist sich als sehr hinderlich für alle Versuche, es abzubauen.[51] Viele amerikanische Untersuchungen haben gezeigt, daß fremde Gruppen zwar nicht unbedingt angefeindet werden, aber eben gemieden, weil ‹weniger gut›; es handelt sich um eine reflexhafte Präferenz für das Vertraute.[52] Deshalb erhoffte sich die neuere Vorurteilsforschung viel von einem Mehr an sozialer Nähe zwischen Vorurteilshegern und -opfern.
Aber leider erwies sich die Annahme als irrig,

«Begegnungen... und Kontakte zwischen Menschen allein genügten, um... einen Abbau von vorgefaßten Meinungen herbeizuführen... Derartige Versuche haben sogar sehr oft die entgegengesetzte Wirkung: Nämlich eine zunehmende Abneigung gegenüber dem anderen oder dessen ‹Verurteilung›»[53],

weil die Erlebnisse mit den Fremden selektiv wahrgenommen und im Sinne einer Verstärkung des bestehenden Vorurteils aufgefaßt werden. Besonders häufig passiert das, wenn die Betreffenden auf den Fremdgruppenkontakt nicht oder unzureichend vorbereitet sind oder die Objekte ihrer Vorurteile als persönlich bedrohlich empfinden.[54]
Bloße soziale Nähe führt also nicht sicher zum Abbau von Meidever-

halten und Mißtrauen, kann sie ja sowohl in unbeteiligtem Nebenein-
anderherleben bestehen als auch in ständiger gewohnheitsmäßiger Aggression (man hat sich auf das Vorurteilsopfer ‹eingeschossen›, das
stets ‹zur Hand› ist). Zum Kontakt muß vielmehr etwas nicht immer
Voraussetzbares und keineswegs Selbstverständliches hinzutreten,
nämlich Kooperation.

Wenn Mitglieder aus unterschiedlichen Gruppen miteinander Kontakt aufnehmen, um Ziele zu erreichen, die für alle Beteiligten wünschenswert und wichtig sind, aber von keiner davon ohne Mitwirkung
der anderen erreichbar sind, entsteht ein Klima, in dem Meideverhalten
keinen Sinn mehr hätte.

«Nach den vorliegenden Befunden sind Maßnahmen immer dann am ehesten aus-
sichtsreich, wenn es gelingt, die Personen oder Parteien einer vorurteilshaften Beziehung über einen gewissen Zeitraum zu kooperativem Verhalten zu bewegen»[55];

wobei das Vorhaben so strukturiert werden muß, daß echt gemischte
Arbeitsgruppen entstehen.[56] Im Rahmen der Zusammenarbeit für das
allseitig angestrebte Ziel bilden sich schließlich neue Gruppennormen,
und aus der vormaligen Eigen- bzw. Fremdgruppe werden nach einiger
Zeit ‹wir, die wir es gemeinsam schaffen›.[57]

Welch enormer Stellenwert der Kooperation beim Vorurteilsabbau
zukommt, zeigt sich beispielhaft in der Zusammenarbeit zwischen Betroffenen und Nichtbetroffenen in den mittlerweile zahlreich etablierten
AIDS-Hilfen. Solchen kooperativen Aktivitäten sollte weit mehr publizistische Aufmerksamkeit zufließen als bisher, um noch mehr Menschen
dafür zu gewinnen. Alle, die hier mitmachen, befördern den Vorurteilsabbau gegenüber den bisher so hart diskriminierten Randgruppen
(Schwule, Fixer, Prostituierte) durch ihr Beispiel nachhaltig.

c) Die Bedeutung von Meinungsführern beim
   Vorurteilsabbau – Besonderheiten der AIDS-Diskussion

Wie sich gezeigt hat, kommen Vorurteile vielfach dadurch zustande,

«daß an die Stelle einer objektiven Überprüfung der Urteile anhand der Realität
gleichsam die mittelbare Bestätigung durch eine sozial verankerte ‹Realität› tritt:
Man hält für wahr, was eine Mehrzahl von Personen, insbesondere die subjektiv
bedeutsamen Gruppen und Personen der eigenen sozialen Umwelt, für wahr halten
bzw. dafür erklären.»[58]

Die eigene Meinung speist sich also aus Vermutungen darüber, wie wichtige Bezugspersonen sich zu der Frage äußern würden.[59]

Zwischen Meinungsführern aus der Primärgruppe und dem üblichen sozialen Umfeld und solchen, die ihre Kompetenz daher beziehen, daß sie Repräsentanten von Institutionen, Behörden oder Medien sind, muß allerdings unterschieden werden: Orientiert man sich in nomischen Streitfragen eher an diesen, so wird fachliche Meinungsführung eher von jenen erwartet, wobei allerdings die allgegenwärtigen Medien mittlerweile sogar der Primärgruppe den Einfluß auf die Sozialisation streitig zu machen beginnen.[60]

Die bisherigen Erfahrungen der Vorurteilsforschung über den Einfluß von Meinungsführern müssen im Zusammenhang mit dem AIDS-Problem sehr differenziert gesehen werden, geht doch die Diskussion über die richtige Strategie gegen die Krankheit quer durch die Gesamtbevölkerung, da auch die Fachleute differenzierende Ansichten haben und heftig für die allgemeine Durchsetzung der jeweils eigenen streiten. Solch tiefreichende Meinungsverschiedenheiten auch innerhalb der mit Fachkompetenz ausgestatteten Instanzen hat es seit Aufgabe der Theorie von den ‹angeborenen› menschlichen Vorurteilen gegenüber fremden Rassen in den zwanziger Jahren nicht mehr gegeben.[61] Was die Vorurteilsforschung über die Bedeutung von Meinungsführern für die Ansichten des einzelnen erarbeitet hat, greift im Zusammenhang mit AIDS nur partiell, denn die Vorurteile, mit denen wir konfrontiert werden, sind zwar zum Teil traditionelle gegen Randgruppen und insofern eben nicht neu und den rassistischen vergleichbar (sogar bis in das Detail, daß es hier wie dort um ‹Reinheit› geht), aber außerdem ist AIDS eine schwere Krankheit und keineswegs ein Hirngespinst wie die phantasierten Gefahren, die angeblich von Negern oder Juden ausgehen. Für AIDS als Krankheit aber sind die zuständigen Meinungsführer meistens Mediziner, und die ihrerseits geben Antworten, wie die Medizin sie zur Verfügung stellt, und reden darum oft über die Köpfe der Menschen hinweg, die sich von der ärztlichen Kompetenz Hilfe zur Bildung einer belastungsfähigen eigenen Meinung erhoffen, wie es um AIDS denn nun wirklich bestellt sei. Der Arzt jedoch ist selbst auch nur ein Mensch und hat neben seiner medizinischen Kompetenz eine persönliche Problemauffassung, die selbstredend in all seine Äußerungen einfließt, und je nachdem, wie diese Ansicht zur Drogenfrage, zu abweichender Sexualität, zu einem wünschbaren oder abzulehnenden Eingriff von Staat beziehungsweise Behörden ins Leben von Infizierten und Kranken aussieht, so wird seine Darstellung des medizinischen Problemfeldes gefärbt sein. Der liberale Arzt schiebt die Diskussion des ‹Restrisikos› einer Ansteckung im Rahmen des normalen Alltags als unerheblich beiseite, der konservative betont sie und rät zu Monogamie oder Keuschheit. Der Verfechter der ‹harten Linie› in der Drogenpolitik wendet sich vehement gegen eine Ersatz-Therapie mit Methadon bei Heroinabhängigen, der liberale setzt sich für ebendiese ein und so weiter. Der Durchschnittsarzt, der verantwortungsbewußt alles lesen und sich aneignen möchte, was seine Fachzeitschriften und die Standesorganisationen zum AIDS-Thema veröffentlichen, fragt sich, woher er dazu die Zeit nehmen soll – vielleicht, indem er sie seinen Patienten entzieht? Die zuständigen Fachministerien in Bund und Ländern tun ihr Bestes, um eine sachgerechte AIDS-Aufklärung der Bürger zu gewährleisten, aber da wir in einer pluralistischen Gesellschaft leben und die verschiedenen politischen Parteien, die jene Ministerien jeweils besetzt haben, nicht in allen Punkten einer Meinung über eine effektive Anti-AIDS-Strategie sind, ist dies ‹Beste› eben nicht überall dasselbe. AIDS eignet sich nicht dafür, Politik damit zu machen, dennoch kann man vielerorts dieser Versuchung nicht widerstehen, und wer sich von hoher Fachkompetenz eindeutige Handlungsanweisungen erhofft, sieht sich angesichts der konkurrierenden Strategiekonzepte gegen AIDS schließlich doch wieder auf die Notwendigkeit verwiesen, sich seine Meinung selber zu bilden.

Die traditionellen Meinungsführer, die vor allem nomische Überzeugungen vertreten, etwa die Kirchen beider Konfessionen, geben im Hinblick auf die AIDS-Prävention selbstredend solche Handlungsanweisungen, wie es dem überwiegend verfolgten theologischen Einstellungsmuster jeweils entspricht. Ob ein Urteil also die Wahrheit darstellt oder aber ein Vorurteil, ist hier buchstäblich eine Frage des jeweiligen Glaubens.

Unterhalb von Ministerien und außerhalb der Kirchen ist die Tätigkeit von Behörden angesiedelt, die einfach aus Beharrungsvermögen, aber vielfach auch aus Ängstlichkeit vor Eigenentscheidungen (was mag die vorgesetzte Dienststelle denken?) dazu tendieren, bei neu auftauchenden Problemen zögerlich und einschränkend zu reagieren.[62] Das hat zwar nur mittelbar etwas mit Meinungsführung zu tun, wirkt sich aber auf das soziale Klima im allgemeinen aus, und zwar dahingehend, daß Leute anhand von Behördenentscheidungen zu entsprechenden persönlichen Urteilen kommen. So kann etwa ein Sozialamt, das ohne zusätzliches Wenn und Aber einem arbeitslosen Infizierten Hilfen zum Lebensunterhalt anhand der vorliegenden Richtlinien gewährt, Vorurteile abbauen helfen: Denn in den meisten Fällen ist der beziehungsweise die Betreffende Mitglied einer traditionell diskriminierten Randgruppe, und wenn ihm als solchem dennoch ohne bürokratische Schikanen geholfen wird, so zeigt das in aller Klarheit, daß das Amt diese Vorurteile bei seinem Tätigwerden gewissermaßen nicht in Rechnung stellt. Im umgekehrten Fall, das heißt, wenn das Amt Betroffene im Vergleich zu anderen Antragstellern merklich diskriminiert, oder wenn etwa AIDS-Hilfen durch behördliche oder gar polizeiliche Maßnahmen behindert werden, wachsen Vorurteilshaftigkeit und Verunsicherung allgemein.[63]

Im privaten Bereich (Bekannte, Verein, Nachbarn) und am Arbeitsplatz sind die Meinungsführer bezüglich der Krankheit AIDS auf das angewiesen, was die Fachleute darüber sagen (und das ist nicht eindeutig); was die Kranken beziehungsweise Infizierten betrifft, so teilen sie diese zumeist – einem bösen Beispiel der Medien folgend – in ‹schuldige› (die traditionell stigmatisierten Randgruppen) und ‹unschuldige› Opfer (zum Beispiel Bluter, Kleinkinder) ein. Mit anderen Worten: Sie haben die durchschnittlichen Vorurteile unserer Gesellschaft, weshalb von ihnen nicht zu erwarten ist, daß sie sich merklich bemühen würden, sie abzubauen. Gelegentlich, aber dann durch Zufall, geschieht es, daß solch ein Meinungsführer, etwa der Leiter eines Sportclubs, jemand kennt, der betroffen von AIDS ist und doch ein guter ‹Sportskamerad›. Dann wird er geneigt sein, mindestens diesem Menschen gegenüber weniger vorurteilshaft zu reagieren, und das mag auf andere positiv abfärben. Der Effekt ist aber nicht sehr tiefgehend; im Grunde handelt es sich um das aus den dreißiger Jahren bekannte Phänomen, daß jeder mindestens einen ‹guten Juden› gekannt haben wollte.

Weitreichende und anhaltende Verhaltensänderungen können aber dann durch das Beispiel von Meinungsführern hervorgerufen werden, wenn es sich dabei um Leute mit Medienwirkung handelt. Der Einfluß des Fernsehens ist in den letzten Jahren so stilbildend geworden, daß Menschen, die ‹Starqualität› besitzen, durch eine positive Geste (Kuß eines aidskranken Kleinkindes, Begrüßung eines Seropositiven mit Handschlag) mehr an Vorurteilsabbau leisten können als alle übrigen Bemühungen. Durch diese Gesten wird ja Empathie mitgeteilt, und alle Zuschauer haben es wahrgenommen. Nun wissen sie, daß Mitgefühl und Freundlichkeit diejenigen Verhaltensweisen sind, die AIDS-Betroffenen seitens weltberühmter Persönlichkeiten entgegengebracht werden, die sich offenbar vor jenen nicht fürchten. Im Tiefsten ist damit eine Art Entwarnungssignal verbunden, das signalisiert: ‹Meideverhalten unnötig, da keine Gefahr›.

d) Gesetzgebung und Vorurteilsabbau – Besonderheiten der AIDS-Diskussion

Vorurteile sind dort am stärksten ausgebildet, wo sie durch etablierte Normen begünstigt werden, welche diejenigen, die sich von den fraglichen Normen abheben, erst recht eigentlich zu ‹Außenseitern› machen.[64] Wenn Minderheiten individuelle Gleichheitsrechte institutionell und privat versagt werden, können deren Mitglieder als ‹Sonderrechts-Menschen› oder ‹Minderrechts-Menschen› kategorisiert werden.

«Die gesellschaftliche Mitgliedschaft dieser Gruppen beinhaltet letztlich... soziale Ausgliederung, weil rechtliche Ungleichbehandlung und soziale Diskriminierung (Vorurteile) durchaus als voneinander abhängig – sich gegenseitig bedingend – angesehen werden können»[65],

und die öffentlich-rechtlichen Vorgaben haben nicht nur Einfluß auf die Gruppennormen, sondern auch auf die individuelle Vorurteilsneigung. Als eine Anstrengung zur Etablierung unmittelbar nicht-diskriminierender Normen kommt darum der Gesetzgebung – neben den schon genannten Strategien von Aufklärung und Kooperation – erhebliche Bedeutung zu.[66]

Schon Gordon Allport hat erklärt, daß die Gesetzgebung eine der Hauptmethoden sei, um nicht nur die öffentliche Diskriminierung von Minderheiten, sondern auch das private Vorurteil zu verringern.[67]

«Das Instrument der Gesetzgebung ermöglicht bei konsequentem Gebrauch eine wirksame Unterstützung einschlägiger Bemühungen, da bestimmte diskriminierende Verhaltensweisen (öffentlichen Charakters) durch Rechtsnormen untersagt werden können»[68],

so daß niemand sich mehr darauf berufen kann, sein diskriminierendes Verhalten sei immerhin ‹erlaubt›. Auch die California-Schule ging davon aus, daß die aggressive Feindseligkeit der autoritären Persönlichkeit durch Kontrolleinflüsse gehemmt werden kann, weil dieser Typ dazu neigt, offene Aggressivität zu unterdrücken, sofern er mit Bestrafung dafür rechnen muß.

«Im Rahmen dieser Theorie wurde postuliert, daß die Hemmungsstärke positiv mit der Schwere der Bestrafung variiert, die für aggressives Verhalten antizipiert wird. Es gibt wesentliche Belege dafür..., daß Bestrafung in der Tat eine regulierende Funktion bezüglich aggressiven Verhaltens ausübt.»[69]

Positive Wirkungen für den Vorurteilsabbau sind gleichfalls zu erwarten, sobald man gesetzliche Regelungen abschafft, die Vorurteile begünstigen.[70]

Mit einer Aufweichung etablierter Vorurteile ist erst dann zu rechnen, wenn vorher eine Änderung der aktuellen Situation erfolgt ist, in der sie sich üblicherweise manifestieren[71]; das kann aber nichts anderes bedeuten, als daß die bisherige soziale Erlaubnis, bestimmte Minderheiten und Randgruppen zu diskriminieren, rechtlich abgestellt wird. Eine andere Methode, auch den ‹harten Kern› der Vorurteilsheger von seinen sozialschädlichen Aktivitäten abzuhalten, existiert in einem demokratisch organisierten Staatswesen nämlich nicht, wo jeder seine Meinung frei äußern kann.

Diese von der Vorurteilsforschung seit 1950 übereinstimmend festgestellten – zugegebenermaßen ernüchternden – Erkenntnisse gelten für die mit dem AIDS-Problem verknüpften Vorurteile in noch höherem Grade, als dies zum Beispiel bei Ressentiments gegen Türken, Asylanten oder Sinti gegeben ist, handelt es sich doch bei den – zufällig! – zuerst sichtbar gewordenen Opfern der neuen Krankheit um Mitglieder dreier schon von jeher diskriminierter Randgruppen, nämlich Homosexuelle, Fixer und Prostituierte. In Verbindung mit der exotischen Herkunft, der langen Lantenzzeit und dem unvorherzusehenden, aber mit Sicherheit tödlichen Ende von AIDS ist damit ein Ensemble versammelt,

«das in geradezu einmaliger Konstellation atavistische Ängste, Wünsche und Vorurteile mobilisieren kann: Es geht um die Verbindung von Sex, käuflichem Sex, Perversion, Orgien, Sucht, unsichtbaren Feinden und um den Tod in einem Thema.»[72]

Die traditionellen, meist nomisch determinierten Vorurteile gegen jede einzelne der drei Hauptbetroffenengruppen waren schon vor dem Auftreten von AIDS stark ausgrenzend und belastend; zueinander addiert, erscheinen sie so massiv, daß man zweifeln muß, ob wir allein durch ethische Appelle und an den nüchternen Verstand gerichtete Aufklärungsmaßnahmen damit zu Rande kommen werden. Zwar ist ‹verordnete› Sympathiewerbung gut gemeint und nicht sinnlos, sie wird aber vom Publikum oft ignoriert, und Programme, die auf soziale Nähe setzen, bauen Vorurteile nur ab, sofern die arrangierten Kontakte umfassend und eng sind, wenn vorurteilsfreie Leute daran mitwirken und wenn alle stereotypisierenden Merkmale attackiert werden.[73] Von diesen Voraussetzungen ist im Fall der AIDS-Vorurteile jedoch mit Sicherheit wenigstens die letzte zur Zeit bei uns nicht erfüllt, und viele Mitbürger halten wohl nicht einmal für wünschenswert, daß sie es würde. Um welche diskriminierenden normativen Regelungen geht es dabei?

Das in abschätziger Absicht geschehende Vorwerfen einer von der heterosexuellen Norm abweichenden sexuellen Präferenz ist bei uns nicht strafbar (und nach dem Volksmund ist das, was nicht verboten ist, erlaubt). Als 1969 der berüchtigte Paragraph 175 gestrichen wurde, führte ausgerechnet ein Abgeordneter der SPD (die sich seit Kaisers Zeiten um die Abschaffung dieses Verbots bemüht hatte) dazu aus, es sei

«übrigens ein Mißverständnis, das auch noch durch weitere Aufklärung zu bekämpfen ist, wenn man unterstellt, die Entkriminalisierung bestimmter Verhaltensweisen bedeute etwa eine moralische Billigung des nicht mehr strafbaren Verhaltens».[74]

Das Fortbestehen des ‹Rest›paragraphen, der homosexuelle Kontakte zwischen Erwachsenen und Jugendlichen unter Strafe stellt und somit einen Unterschied zwischen diesen und entsprechenden heterosexuellen Sexualbeziehungen macht, trägt bis heute nicht wenig dazu bei, daß jene von der SPD damals offenbar befürchtete ‹moralische Billigung› in weiten Kreisen eben keineswegs Realität wurde. Weil sexueller Mißbrauch und sexuelle Gewalt aber von anderen Strafrechtsbestimmungen ausreichend abgedeckt werden, ist nicht einzusehen, warum dieser Paragraphenrest, der die homosexuelle Sexualität eindeutig insgesamt diskriminiert, weiterhin bestehen bleiben müßte.

Beim Vorurteil gegen Fixer liegen die Dinge komplizierter, da der Konsum verbotener Drogen bei uns ein verhältnismäßig junges Delikt ist. Bis etwa zur Jahrhundertwende war derlei in das Belieben des einzelnen gestellt, und betrachtet man die sozialen Schäden, die aus dem verbotenen Drogenkonsum entstehen, so sind sie volkswirtschaftlich und individuell nicht schlimmer als jene, die die erlaubte Rauschdroge

Alkohol alljährlich fordert. Die neuen Drogen aber sind verboten und darum nur zu Schwarzmarktpreisen erhältlich; und die Folgen davon sind Beschaffungskriminalität und -prostitution. Letztere stellt nach Ansicht von Experten[75] das Haupteinfallstor für AIDS in die heterosexuelle ‹Normal›bevölkerung dar, doch die bisherige Drogenpolitik des Gesetzgebers ist offensichtlich ungeeignet, dies Einfallstor zu schließen. Genaugenommen richtet sich das soziale Vorurteil gegen die Fixer nicht an ihre Eigenschaft als Konsumenten verbotener Drogen, sondern es richtet sich gegen sie, weil sie zwecks Mittelbeschaffung zum Drogenkauf ihre Zuflucht zu Diebstahl, Raub und Prostitution nehmen, das heißt, man hält sie für Kriminelle. Soweit sie sich kriminell verhalten, ist das dann kein Vorurteil, sondern wahr. Die Frage ist nur, wer sie kriminell gemacht hat, die Droge oder die harten Gesetze dagegen; Gesetze, die – um es zu wiederholen – für die nicht minder gefährliche Rauschdroge Alkohol als überflüssig gelten. Welche nomischen Vorstellungen hierbei obwalten, harrt noch der Entschlüsselung.

Die Vorurteile gegen Prostituierte sind uralt und so bekannt, daß sie nicht näher erläutert werden müssen. Prostitution gilt nicht als Beruf (geschweige denn als ‹ehrlicher›), obwohl die Prostituierte Steuern zahlen muß, ist ihr der Eintritt in die Sozialversicherung verwehrt, und ihr Entgelt ist nicht einklagbar, weil sie es sich mittels ‹Unzucht› erwirbt. Strenge Auflagen wie Pflicht zu regelmäßiger Untersuchung auf Geschlechtskrankheiten regeln ihre Tätigkeit. Für die Prostituierte ist ihr Körper das Kapital, mit dem sie arbeitet, und deshalb ist sie an ihrer Gesundheit mindestens so interessiert wie irgend jemand sonst. Bereits der bloße Verdacht, seropositiv zu sein, würde eine Gefährdung ihrer Tätigkeit bedeuten. Prostituierte wollen in ihrem ureigenen Interesse mit Kondom arbeiten und geben sich Mühe, den Kunden, die auf Sex ohne Gummi bestehen, dies Vorhaben auszureden.[76] Massiv erschwert wird ihnen das jedoch durch die ‹Schmutzkonkurrenz› der nichtregistrierten Frauen, die Beschaffungsprostitution betreiben und Geld zum Heroinkauf so dringend brauchen, daß sie sich auf die Ansinnen der Freier einlassen, obwohl sie die Infektionsgefahr ungeschützten Sexualverkehrs kennen, die ja auch für die klassischen Geschlechtskrankheiten besteht. Statt also die registrierten Prostituierten, die ihren Beitrag zur AIDS-Prävention durchaus leisten, durch behördliche Schikanen in Schwierigkeiten zu bringen, wie es mancherorts geschieht, damit dem Bürger gegenüber nachgewiesen werden kann, daß man doch etwas gegen die von dorther angebliche drohende AIDS-

Gefahr unternehme, sollten sich Polizei und Behörden besser effektive Maßnahmen gegen die nichtregistrierte Beschaffungsprostitution einfallen lassen. Das aber stellt sie vor fast unüberwindliche Probleme, und also hält man sich an die Frauen, die infolge ihrer Registrierung greifbar sind. Deren schikanöse Belästigung ist aber nur möglich, weil das Moment der ‹Unzucht› ihrer Tätigkeit die Prostituierte im wahren Wortsinn diskriminiert, das heißt von Rechten ausschließt, die anderen Menschen fraglos zugebilligt werden – zum Beispiel dem Recht auf unbehelligte Berufsausübung.

Diese kurzen, schlaglichthaften Hinweise genügen, um darzustellen, daß bei allen drei Gruppen der Hauptbetroffenen von AIDS durchaus gesetzlicher Handlungsbedarf vorliegt, wenngleich recht unterschiedlicher Art. Um so eigenartiger ist, daß von politisch links bis rechts große Vorbehalte dagegen auszumachen sind. Verallgemeinert lautet das ‹linke› Argument etwa:

‹Nur nicht noch mehr Gesetze! Wir haben schon zuviel davon, und jedes neue Gesetz könnte irgendwie so hingebogen werden, daß es den Betroffenen schließlich mehr schadet als nützt.›

Demgegenüber lautet die ‹rechte› Ansicht: ‹Die vorhandenen Gesetze reichen aus, um Diskriminierungen vorzubeugen, ihr Schutz wird nur oft nicht in Anspruch genommen.›

Beide Ansichten sind ohne weiteres nicht widerlegbar und gehen dennoch am Kern des Problems vorbei: Denn der ‹Rest› des alten Paragraphen 175 diskriminiert wirklich, weil er unterschiedliche Maßstäbe bei homosexuellen und heterosexuellen Sexualkontakten anlegt; die harte Drogengesetzgebung schafft wirklich Beschaffungskriminalität und -prostitution, und die gesetzlich verankerte Diskriminierung der Prostitution ist ebenfalls eine Tatsache und keine Behauptung.

Es gehört nicht zum Bereich der Vorurteilsforschung, dem Gesetzgeber vorzuschlagen, wie er seine Aufgabe wahrzunehmen hat. Sie darf aber auch nicht schweigen, wenn deutlich auszumachende Mißstände, denen gesetzlich abgeholfen werden könnte, auf Dauer sozialschädliche und für die AIDS-Bekämpfung kontraproduktive Vorurteile zu verstärken drohen.

IV. AIDS-Angst und Ausgrenzungstendenzen

1. Zur Geschichte unserer Angst vor Infektionskrankheiten

Alle Krankheiten verursachen im Umfeld des Erkrankten Irritationen und Ängste. Das gilt natürlich ganz besonders für ansteckende, für ‹übertragbare› Krankheiten. Soziologisch interessant ist dabei nicht die wahre Natur des betreffenden Leidens, sondern seine jeweilige nomische Interpretation. Wenn jemals im Abendland soziale und jenen nachfolgend individuelle Anomie-Zustände (Anomie = Zustand mangelnder sozialer Ordnung) größten Umfanges aufgetreten sind, so war es während der großen mittelalterlichen Seuchen, doch gerade deren Wüten wurde, mit den entsprechenden traditionellen Erklärungsmustern im Tat-Folge-Stil ausgedeutet, als bestätigend für eben jene (religiösen) Traditionen aufgefaßt und ‹bewies› damit quasi die Ordnung Gottes im weltlichen Chaos. Denn Leben und Sterben ist

«ehemals nicht ohne Gottes Hilfe möglich. Die Kosten der damit gegebenen Sicherheit sind, daß Katastrophen nur Strafen oder Prüfungen sein können, wie immer man sie sonst noch erklärt.»[1]

Auch die häufig vorkommenden Schuldzuweisungen an (in Wahrheit selbstredend gänzlich unschuldige) ‹Verursacher› der Epidemien erfolgen in einem Kontext, der von den zeitgemäß-nomischen Weltdeutungsmustern konstituiert und deshalb nicht zu trennen ist.

Die auf Gottesstrafe im Sinne eines simplen Tat-Folge-Mechanismus basierende nomische Erklärung von Aussatz, Pest und Syphilis (um nur die größten hochinfektiösen ‹Plagen› zu erwähnen) hat ihren wichtigsten Beleg in der schon genannten Stelle im Alten Testament[2], wo Anweisungen stehen, wie mit Aussätzigen umgegangen werden muß. Die Lepra war eine schon im Alten Orient (Ägypten, China, Indien) bekannte Krankheit, sie trat in Griechenland vereinzelt zur Zeit des Hippokrates auf, wurde aber erst im Zusammenhang mit der Ausbreitung des Imperium Romanum nach der Zeitenwende in Europa endemisch.[3]

Schon damals wußte man, daß die Krankheit ansteckend ist, weshalb man die davon Befallenen in sogenannten ‹Leprosorien› lebenslang absonderte. Aussatz verbreitet sich durch Schmierinfektion, zeigt verschiedene Ausprägungen und war bis zur Entdeckung des Medikaments Dapson unheilbar. Am meisten ansteckungsgefährdet sind Kinder. Schon bei durchschnittlich befriedigenden sanitären Verhältnissen ist die Infektionsgefahr jedoch gering (das Risiko ist kleiner als eins zu hundert).[4] Die nomische Deutung der Lepra ist ambivalent: Einerseits mutmaßte man Gottes Zorn, andererseits hatte Jesus selbst einen Aussätzigen erwählt, um an ihm ein Heilungswunder zu vollbringen. Gütige Gesunde, wie zum Beispiel die heilige Elisabeth, nahmen sich der Leidenden auch in persönlicher Pflege an; der Orden vom Heiligen Lazarus wurde eigens gegründet, um die Aussätzigen zu umsorgen.

Unabhängig vom nomischen Glauben, die Lepra sei eine göttliche Schickung, hat man schon im ersten nachchristlichen Jahrhundert über die möglichen natürlichen Ursachen dieser Krankheit nachgedacht und sie im Rahmen der damals modernen ‹Säftelehre› zu verstehen gesucht: Bei Gefährdeten wird ein Übermaß an ‹schwarzer Galle› vermutet, daneben schlechte Luft, schlechtes Essen und – wie immer schon – sexueller beziehungsweise sozialer Kontakt mit bereits Erkrankten. Solche Spekulationen wurden allerdings von gebildeten Ärzten angestellt und waren wenig geeignet, dem einfachen Volk, das sich ständig von Ansteckungsgefahr umgeben sah, eine einleuchtende Erklärung zu liefern. Mancherorts griff man aus nackter Angst zu unmenschlichen Methoden, um die Leprösen – und damit die Angst vor der Krankheit – loszuwerden, wobei man sich daran orientierte, wie offiziell mit Zauberern und Hexen umgegangen wurde, die der Volksglaube schon seit eh und je und die Inquisition seit dem 13. Jahrhundert für die Verbreitung rätselhafter Krankheiten verantwortlich zu machen pflegte. In Südfrankreich, wo Hexen- und Zaubererverbrennungen um jene Zeit höchst verbreitet gewesen sind, wollte man Aussätzige bei lebendigem Leibe verbrennen. Jene dachten sich in ihrer Todesangst ein Greuelmärchen aus, um von sich abzulenken. Sie behaupteten nämlich, von Juden dafür bestochen worden zu sein, die Brunnen zu vergiften, aus denen das Gift der Krankheit dann aufsteige, und so wandte sich das Volk gegen die Juden und schlug sie in Massen tot. Juden- und Hexenverfolgung ihrerseits standen stets in deutlichem Verhältnis zueinander: Wo die einen abnahmen, nahmen die anderen zu.[5]

Seit dem 14. Jahrhundert ging der Aussatz in Europa zurück, wahrscheinlich durch den Einbruch der Pestepidemien, denen die Kranken noch weniger Widerstand entgegenzusetzen vermochten als die Gesunden.

«Mit dem ersten Pestzug 1347–51 ersetzt die Pest die Lepra, zwar nicht als Symbol des Abscheulichen, aber als Leit-Katastrophe, als wirkliches göttliches Gericht.» [6]

Wann sie erstmals auftrat, ist unbekannt; für Europa wichtig wurde, zumal wegen der damals erfundenen Stigmatisierung Homosexueller als ‹Sündenböcke› und ‹Blitzableiter› dafür, die sogenannte Pest von Justinian [7] im sechsten Jahrhundert. Hatte die Lepra sozialen Tod und langes körperliches Siechtum bedeutet, so tötete die Pest oft buchstäblich über Nacht, so daß praktisch kaum Zeit zur Absonderung der Erkrankten blieb.

«Wenn die Pest von Anfang an für ‹ansteckend› gehalten wird, dann im Sinne der traditionellen Vorstellung von vergifteter Luft... Durchblättert man die Flut der Pesttraktate, gewinnt man den Eindruck einer kollektiven Giftphobie. Es wird eine überall gegenwärtige Vergiftungsgefahr beschworen, die ‹in der Luft› liegt, es ist ein Synonym für das Schlechte, Fremde, Asoziale allgemein... Dieser Personifizierung in den Pesttraktaten entspricht in Pestzeiten die Verfolgung von ‹Fremden› als ‹Giftträgern›, im 14. Jahrhundert vor allem von Juden und Aussätzigen.» [8]

Nun sind Giftmischerei und Zauberei seit dem ersten Tätigwerden der Inquisition in Südfrankreich in einen konstitutiven Zusammenhang mit der Ketzerei gestellt worden [9], deshalb schien es dem Volk einleuchtend, als angebliche Verbreiter des ‹Pestgiftes› eine Gruppe von Menschen dingfest zu machen, die von der Kirche als ‹Gottesmörder» angeprangert wurden und jedenfalls keine Christenleute waren, nämlich die Juden. Diese Denkfigur dürfte auch bereits im Fall der Schuldzuweisung für den Aussatz maßgeblich gewesen sein. Die Juden hatten Christus gekreuzigt, ihnen traute man jede Schlechtigkeit zu und also auch die gezielte Verbreitung der tödlichen Plage.

«Im Herbst 1348 lieferte ein Foltergericht in Savoyen endlich den vorgeblichen Beweis, den es noch zum Massenmord brauchte. Nachdem man ihnen die Glieder gebrochen und die Hände zerquetscht hatte, gestanden elf angeklagte Juden, Brunnen und Quellen mit einem Gift verdorben zu haben, das ihnen in Ledertaschen von Boten des maurischen Königs in Granada überbracht worden sei. Die Ungläubigen hätten es dort aus Spinnen, Kröten, Schlangen und dem Blut von Christenherzen gemischt.» [10]

Es handelt sich hier bis ins Detail um dieselben ‹Verbrechen›, die man auch den Hexen derselben Region andichtete und deren Geständnis jenen unglücklichen Frauen gleichfalls durch die Folter abgepreßt wurde. Und so, wie Hexen und Zauberer als Untertanen und Handlanger Satans aufgefaßt wurden, so verstand man nun die Juden als quasi Agenten des weltlichen politischen Feindes, das heißt der spanischen Mauren. Brunnenvergiften galt als typisch jüdisch.

Dies nomische Erklärungsmuster eroberte bald ganz Europa, und die aus ihm resultierende Judenverfolgung dauerte hundert Jahre an. In ihrem Verlauf wurden fast sämtliche jüdische Gemeinden in Deutschland vernichtet. In Speyer warf man Juden, in Weinfässer gestopft, in den Rhein; dies Versenken war der Rückgriff auf eine alte Strafart für Schadenszauberer.[11]

Beim Auftreten der dritten großen Seuche in Europa, der Syphilis, erübrigte sich die Suche nach Schuldigen, weil diese eindeutig feststanden: Es waren die Matrosen des Kolumbus, die die Krankheit aus Amerika eingeschleppt und bald in europäischen Hafenstädten, insbesondere in Neapel, verbreitet hatten; erste Hinweise stammen (1493) aus Barcelona. Als die Syphilis sich unter den Söldnern König Karls VIII. nach der Belagerung von Neapel 1494 ausbreitete, geschah das durchaus epidemieartig.[12] Anfangs scheint man das Leiden für ein neues Aufflackern des im Erlöschen begriffenen Aussatzes gehalten zu haben: Beide Erkrankungen verursachten eitrige Geschwüre, brandige Glieder, Sehstörungen, vor allem aber Gesichtsverstümmelungen. Inzwischen wissen wir, daß Syphilis nicht nur durch Sexualverkehr, sondern auch durch Schmierinfektionen ansteckt[13], für die Menschen des Mittelalters aber konnte bei objektiver Beobachtung des neuen Leidens nur eine Tatsache greifbar werden, nämlich daß jeder Infizierte ziemlich kurz vor Ausbruch der Krankheit Sex mit jemand gehabt hatte, der oder die schon erkrankt war oder fast gleichzeitig mit dem Betreffenden erkrankte. Damit wurde zum erstenmal unwiderleglich bewiesen, daß Sexualität wirklich jene bösen Folgen haben kann, vor denen die Geistlichkeit schon immer gewarnt hatte – jene Warnungen waren allerdings anders gemeint gewesen, aber darüber dachte niemand nach, und die Kirche am wenigsten.

Die lange Erfahrung mit der Lepra hatte gezeigt, daß Isolation ein zwar trauriges, aber das einzige Gegenmittel war, über das man damals verfügte. Hatte man jedoch beim Aussatz stets den ganzen Menschen isoliert, schien es bei der neuen Krankheit anfangs zu genügen, wenn man nur einen Teilbereich der Kranken gegenüber den Gesunden abschottete, nämlich ihre Sexualität. Die sogenannten Frauen- oder Freudenhäuser, im 13. Jahrhundert noch als ‹ehrlich› angesehen und ins Zunftwesen eingegliedert[14], wurden ebenso geschlossen oder blieben fortan übel beleumundet wie die öffentlichen Badestuben, deren vordem erhebliche Zahl in den größeren Städten nun eklatant zurückgeht, wenn sie nicht sogar ganz verschwinden.[15] Diese Maßnahmen sollten Sex mit solchen Personen verhindern, von denen nicht eindeutig feststehen konnte, daß sie von der Krankheit noch frei waren, insofern waren sie sinnvoll. Außerdem weicht das bei Nichtverheirateten damals noch oft unbefangen-promiskuitive Sexualverhalten nun einem eher ängstlich-selektiven, was ebenfalls wegen des völligen Fehlens an irgendwelchen Vorbeugungsmaßnahmen begreiflich ist. Man beginnt, mehr auf die Keuschheit junger Mädchen zu achten, da sie jetzt begehrtere Bräute sind als solche, die schon Liebhaber gehabt hatten: Die reine, keusche Jungfrau war mit hoher Wahrscheinlichkeit von der neuen Krankheit frei. Männer, die dem neuen Wert der Keuschheit wenig abzugewinnen wissen, suchen sich mit den abenteuerlichsten Quacksalbermittelchen gegen Infektionen zu schützen. Um den als hochinfektiös begriffenen direkten Hautkontakt zu vermeiden, wird das Kondom erfunden (aus Tierdärmen hergestellt), doch die Kirche wettert dagegen: Nicht allerdings, wie späterhin, weil durch Kondome Schwangerschaften vermieden werden würden (dieser zusätzliche Effekt des Kondoms stand damals nicht zur Diskussion), sondern weil damit die Bestrafung des Sünders an dem Gliede verhindert werde, mit dem er Unzucht getrieben habe.[16]

Vor Beginn der Neuzeit ist die Medizin zu einem kleinen Teil Erfahrungswissenschaft, zum weitaus größeren aber ein Tummelplatz teils auf antiken, teils auf biblischen Quellen beruhender Spekulation gewesen. Über den Aussatz nun hatte man in der Heiligen Schrift viel Lehrreiches gefunden – zum Beispiel das Gebot strikter Absonderung. So zog man auch jetzt die Bibel zu Rate, um festzustellen, ob man darin einen Hinweis auf die neue Krankheit und mögliche Gegenmittel bis dato etwa übersehen habe. Das Ergebnis dieser Suche verunsicherte die gläubigen Menschen der damaligen Zeit zutiefst. Denn in der Paulus-Stelle, wo es heißt: «Der Tod ist der Sünde Lohn!» (Röm. 5,12) vermeinte man schließlich die gesuchte Erklärung gefunden zu haben, und es waren Geistliche und ebenso Wundärzte, die sie von der Kanzel und in den Medizin-Buden der großen Märkte verbreiteten.[17] War nicht, wie die Lehre von der Erbsünde besagte, Sexualverkehr schlechthin die Ursache für sämtliche Leiden der Menschheit als Folge des Sündenfalles im Paradies, wo es bekanntlich weder Gebrechlichkeit noch Tod gegeben hatte? Natürlich stellt diese Schlußfolgerung ein entsetzliches, krudes Mißverständnis der Paulusworte dar, im Grunde ist sie geradezu blasphemisch. Aber auch Unfug kann ja, wenn in nomisch einleuchtender Form angeboten, mangels besseren Wissens akzeptabel werden. Syphiliskranke wurden daraufhin zunehmend weniger behandelt denn bestraft, sogar mit Gefängnis.[18]

Zu Beginn der neuen Krankheit waren die Krankheitssymptome derart schwer gewesen, daß viele Menschen im ersten Jahr nach der Infektion starben. Später trat die Syphilis weniger verheerend auf, so daß Kranke das zweite Stadium überlebten, sich wieder gesund wähnen konnten und Kinder in die Welt setzten, die allerdings zumeist durch Siechtum und frühen Tod hingerafft wurden: Die ‹Lustseuche› erwies sich als erblich. Damit geriet allerdings das nomische gestützte ‹Wissen›, der (krankheitsbedingte) Tod sei eben der (sexuellen) Sünde Lohn, nicht wenig ins Wanken. Konnten schon winzige Babies, unschuldige Kleinkinder ‹Sünder› sein? Das erschien sowohl theologisch unlogisch als auch ungerecht schlechthin. So begann man aufs neue, die Bibel zu durchforschen, um herauszubekommen, ob es etwa dort auch für die neuerkannte Situation eine Erklärung gäbe – und wurde wiederum fündig: Stand da doch, der Herr räche die Sünden der Väter noch an den Kindern und Kindeskindern «bis ins dritte und vierte Glied!» Derlei wurde noch in unserem Jahrhundert verbreitet, ehe der deutsche Arzt Paul Ehrlich das Heilmittel gegen die Syphilis (‹Salvarsan› = ‹heilendes Arsen›) entdeckte, und hat wesentlichen Anteil an der geradezu epochalen Mystifizierung der Krankheit gehabt.[19]

Einmal als ‹Sünder› schlechthin stigmatisiert, fanden die Syphilitiker keinen barmherzigen Heiligen, der sich ihrer speziellen Probleme annahm, und wenn die Armen unter ihnen im Endzustand der Krankheit in den zu diesem Zweck wiedereröffneten Lepra-Stationen Aufnahme fanden, erwiesen sich diese nun nicht mehr, wie ehedem, als Hospitäler, sondern als Gefängnisse. Die unsinnige Perhorreszierung der Syphilis als «Sündenlohn» hatte nämlich inzwischen dazu geführt, daß sie in den verschiedenen sozialen Schichten unterschiedlich aufgefaßt und wahrgenommen wurde.

Die vornehme Welt spricht auf einmal von der Lues bloß noch als der ‹galanten Krankheit›, deren äußerliche Anzeichen möglichst – im buch-

stäblichen Wortsinne – ‹vertuscht› werden: Die Schönheitspfläster-
chen des Rokoko, anfangs echte Pflaster für die typischen syphilitischen Gesichtspapeln, sind plötzlich große Mode. Die dicke
Schminkschicht auf den Gesichtern der Damen und Herren der ‹galanten Epoche› diente demselben Zweck, verbarg auch die typischen
abgeheilten Narben. Die wallenden weißen Perücken kaschieren den
durch Syphilis verursachten Haarausfall. Handschuhe tarnen die
Schwären an den Händen, schützen andererseits aber auch vor
Schmierinfektionen oder Infektionen beim Handgeben. Spitzenkra-
gen und Jabots verbergen den syphilitischen Ausschlag an der Hals-
region und so weiter.[20]

Wandelte sich so die Einstellung der Oberschicht zu einer fast frivolen Auffassung der Krankheit, die offen zu erwähnen schlicht als Mangel an ‹Contenance› galt, nahm sich das Bürgertum dies Verschweigen
zwar zum Vorbild, doch eher mit dem ängstlichen Ziel des ‹Totschwei-
gens›. Kranke Angehörige wurden entweder brutal aus dem Familien-
verband ausgestoßen oder vegetierten in abgelegenen Hinterzimmern
ihrem Ende entgegen, selbstredend entmündigt. Im Unterschied dazu
konnten Angehörige der Unterschicht nicht verhindern, daß die Lues-
Stigmata an ihnen oder ihren Angehörigen wahrgenommen wurden:
Sie besaßen weder genug Geld, um die aufwendigen Vertuschungs-
praktiken des Adels nachzumachen, noch genug Muße und Wohnraum, um die Kranken oder sich selbst vor der Öffentlichkeit zu ver-
stecken, zudem mußten sie arbeiten und wurden dabei natürlich von
ihrer Umwelt gesehen. So kommt es, daß die Krankheit, weil in den
gehobeneren Schichten erfolgreich unsichtbar gemacht, fast unmerklich im Verlauf der 400 Jahre ihrer Dauer zum Stigma der notorisch
Besitzlosen gerät, obwohl faktisch im Jahr 1900 jeder vierte erwachsene Mann Syphilitiker war, und zwar ohne Ansehen seiner Herkunft.

Die Ähnlichkeiten der alten Lues-Stigmata mit den neuerlich an
AIDS-Kranke gerichteten diversen Schuldzuweisungen ist nicht zufällig. Wie einst beim Aussatz und später bei der Syphilis war zu Beginn
von AIDS die Ursache des Leidens unbekannt, weshalb die Herkunft
der neuen Gefährdung im moralischen statt im medizinischen Bereich
gesucht wurde. Und in allen drei Fällen hat man nomische Begründungen angeführt, die stets irgendwie auf ‹Reinheit› abzielten, wobei
freilich die Begriffe einer ‹Reinheit der Sitten› und von Sauberkeit im
hygienischen Sinne ständig undifferenziert gebraucht oder aber in eins
gesetzt wurden.

Dies Durcheinander rührt daher, daß unsere europäischen Sprachen zwar beide Begriffe an sich gut auseinanderzuhalten wissen, aber ursprünglich damit andere Vorstellungen verbanden als die hellenistisch-orientalische Antike, wo die Heimat des Christentums liegt. Schon Tacitus hatte berichtet, daß die Germanen oft und gern badeten und ohne Arg nackt schwimmen gingen, doch er hat nicht behauptet, daß sie sich dadurch besonders ‹rein› vorgekommen wären. Hätte man einen mitteleuropäischen Menschen jener Epoche gefragt, wann man ‹sauber› sei, so hätte er, genau wie wir noch heute, sicher geantwortet, sauber sei man, wenn man sich gewaschen habe. Auf die Frage, wann man ‹rein› sei, hätte er hingegen sinngemäß (und unterschiedlich akzentuiert je nach Geschlecht und Stand) gesagt, man sei rein, sofern man eine unversehrte Ehre besäße. Wie anders steht es hingegen um jene ‹Reinheit›, die durch die christliche Taufe vermittelt wird. Täufersekten stammten aus dem Orient, wahrscheinlich letztlich aus Indien, und ‹taufen› heißt, wortwörtlich übersetzt, nichts anderes als ‹sie waschen sich›. Schon daraus läßt sich ersehen, daß die Menschen, die im spätantiken Mesopotamien zuerst mit Täufern in Verbindung kamen, dies neue Ritual nicht kannten, denn sie verstanden es zunächst naiv dem Augenschein nach. Erst später lernte man zu glauben, daß jemand durch bestimmte rituelle Waschungen (oder dadurch, daß jemand anderes sie symbolisch bei ihm vollzog, denn nichts anderes ist die Taufe) von Sünden ‹rein› werden könne – egal, ob er im übrigen vor Dreck starrte und außerdem im damals landläufigen Sinne ‹ehrlos›, zum Beispiel ein Sklave war.[21]

Ein Beispiel ist die umgangssprachlich noch heute bekannte ‹reine Jungfrau›. Sie wurde von keinem unkeuschen Gedanken je auch nur gestreift, möglicherweise wusch sie sich jedoch selten oder sogar absichtsvoll nie (zum Beispiel im Mittelalter als Teil bußfertiger Askese, die nicht bloß Abstinenz von Sex, Wein und Fleisch, sondern auch von Wasser und Seife bedeuten konnte, hatten doch die bösen Heiden im berüchtigten alten Rom ihrerzeit das Baden sozusagen zum Lebensinhalt gemacht). Vielleicht küßte sie gar die Wunden Aussätziger, um damit darzutun, wie wenig sie sich ihrer seelischen Reinheit wegen um körperlich Ekelhaftes scherte. Die reine Jungfrau war also nicht unbedingt auch ‹sauber›. – Was ist mit den beiden fraglichen Begriffen hier eigentlich unter der Hand passiert?

Seit Paulus besitzt der Reinheitsbegriff einen speziellen Bezug: Gottwidriges Tun, insbesondere aber Unkeuschheit, ist gleichbedeutend mit Unreinheit. Jesus selbst hatte allerdings die kultische Reinheit der jüdischen Orthodoxie verworfen; er verstand Herzensreinheit auch nicht als sittliche Reinheit, sondern als Hingabe an Gott. Doch in den Spuren des Apostels Paulus interpretierten schon die Kirchenschriftsteller des ersten nachchristlichen Jahrhunderts ‹Herzensreinheit› als sexuelle Reinheit:

«So wurde die Ethik aufrichtiger Gottesliebe mehr und mehr zu einer mit Angstgefühlen gespeisten Sexualmoral. Und als schlimme Folge davon rückte das später erweiterte 6. Gebot [22] als Forderung geschlechtlicher Enthaltsamkeit außerhalb der Ehe, auf weite Strecken aber auch in der Ehe selbst erhoben, in das Zentrum der christlichen Sittlichkeit.» [23]

Hier liegt die Quelle der inzwischen schon öfter erwähnten nomischen Überzeugung, daß Sexualität für die Seele gefährlich und fast immer sittlich schlecht sei.

Diese theologische Tradition ist in unserem nicht mit frommen Predigten, sondern mit Feuer und Schwert missionierten Mitteleuropa nie wirklich eingesehen und verstanden worden, sondern der nunmehr sexuell bestimmte Reinheitsbegriff hat sich vielmehr unglücklicherweise an die Scheu vor natürlichen Stigmata gekoppelt. Deshalb wird bei entstellenden, versehrenden Krankheiten, die natürlich nicht ‹sauber› sind, gleichzeitig immer auch und beinahe blindlings eine religiös-sittliche ‹Unreinheit› des Betroffenen unterstellt, das heißt Sündhaftigkeit. Einschreiten gegen Sünden artete so folgerichtig und meist rasch in Maßnahmen gegen (echte oder bloß gemutmaßte) Sünder aus. In der Angst vor Berührung der ‹Unreinen› liegt das – heute sehr verborgene – Motiv der Angst vor Strafe für Sexualität:

«Krankheiten, die geschlechtlich übertragbar sind, bieten für abendländische Menschen eben eine vorzügliche Möglichkeit, über die eigene ‹Schuld› nachzudenken.» [24]

«Wenn Kulturwissenschaftler behaupten, wir lebten in einer ‹Schuldkultur›, dann können sie sich auf diese Prozesse der Einfügung von Krankheit in ein Angstszenario zur Bekehrung der Menschen berufen. Die Tatsache, daß AIDS und Syphilis geschlechtlich übertragbare Krankheiten sind, verbindet die historisch gewachsene Abneigung gegen sexuelle Lust und Ungeregeltheit mit dieser Suche nach Schuld.» [25]

Aus diesen Zusammenhängen ergeben sich einige ungute, pseudologische Schlüsse entsprechend dem Tat-Folge-Schema, sofern man ehrlich genug ist, die Dinge ungeschönt zu analysieren. Der hier wichtigste

Schluß ist folgender: Wenn man einerseits unter ‹Reinheit› entweder totale Keuschheit oder lebenslange Monogamie verstehen will und andererseits beim Nichtvorliegen dieser speziellen ‹Reinheit› chaotische Zustände hereinbrechen befürchten zu müssen glaubt, muß mit einer gewissen Selbstverständlichkeit eben alles getan werden, damit die fragliche ‹Reinheit› bei möglichst vielen Menschen garantiert bleibt. Dafür waren den nomischen Autoritäten der Vergangenheit viele Mittel zur Hand. Freilich hatten sie mehrheitlich einen wesentlichen und total un-evangelischen Nebeneffekt:

«Alle, die auf Biegen und Brechen Hygiene, Sauberkeit und Reinheit durchsetzen wollten, haben sich mit Blut befleckt. Das dürfen wir nicht vergessen.» [26]

2. AIDS ist keine Seuche

Die vielen in den Medien verbreiteten Gleichsetzungen von ADS mit den im vorigen Abschnitt behandelten großen Seuchen (‹Schwulen-Pest›, ‹AIDS-Aussatz›) suggerieren, daß die neue Krankheit sich ‹seuchenhaft verbreite› und behaupten mit dieser Charakterisierung faktisch, daß AIDS im normalen Alltagskontakt anstecke – was nicht stimmt. Unter ‹Seuche› wird unserem durchschnittlichen Sprachgefühl nach eben eine Infektion verstanden, die einem völlig ohne eigenes Zutun übertragen wird, die man sich also nicht ‹holt›, sondern die man ‹kriegt›. Außerdem muß eine Seuche nach stattgehabter Infektion in einem regelhaft vorhersagbaren Zeitraum ausbrechen. Wie steht es damit bei HIV beziehungsweise AIDS?

Beim Aussatz beträgt die Zeitspanne zwischen Infektion und Erkrankung zwischen zehn bis dreißig Jahren, bei der Pest häufig bloß Stunden, bei der Syphilis zwei bis drei Wochen, bei der Cholera meist nur einen Tag. Zwei Krankheiten können hier ausgespart bleiben: Die Pocken, weil sie durch einen Impfstoff so gut wie ausgerottet sind, und die – früher gelegentlich als ‹Volksseuche› bezeichnete – Tuberkulose, weil sie eben nicht seuchenhaft vorkommt, sondern bestimmte soziale, diätetische und sonstige Umstände gegeben sein müssen, damit man sich mit ihr infiziert.[27] Wie lautet die Antwort auf unsere Frage nun für AIDS? Die Frist zwischen der sogenannten ‹Serokonversion›, das heißt dem Zeitpunkt, an dem die Bildung von HIV-Antikörpern im Blut feststellbar ist, und dem Auftreten jener Symptome, die das Manifestwerden der Krankheit anzeigen, beträgt zwischen sechs Monaten und fünfzehn oder mehr Jahren.[28] Das bedeutet: Die Erkrankten von heute sind die Infizierten von vor einem Dutzend Jahren oder mehr.

Vergleichen wir die Übertragungswege der als Seuchen bezeichneten Krankheiten, so zeigt sich: Aussatz steckt im normalen Alltag und selbstverständlich auch über enge Körperkontakte an, die Ansteckungsgefahr wächst, je schlechter die hygienischen Verhältnisse sind. Die Pest wird durch Flohstiche übertragen, vor denen einen höchstens schleunige Flucht oder einfach Glück schützen. Mit Syphilis steckt man sich durch Sexualkontakt oder Schmierinfektion an; der Eiter syphilitischer Pusteln oder das Ekzemsekret syphilitischer Ausschläge sind hochinfektiös. Der Choleraerreger entstammt schlecht geklärtem Wasser, dessen Genuß unfehlbar krank werden läßt. Bei AIDS sind die Infektionswege der ungeschützte Sexualverkehr mit Infizierten, Blut-zu-Blut-Kontakte (zum Beispiel Spritzentausch beim intravenösen Drogengebrauch) und die Weitergabe von der Mutter auf ihr Kind.[29]

AIDS steckt also im normalen Alltagsleben nicht an; darüber hinaus gilt zudem: Nicht jeder Mensch, der mit einem Träger der HIV-Infektion ungeschützten Sexualverkehr hat, steckt sich dadurch zwangsläufig und regelhaft auch an. Wie hoch das Risiko einer möglichen Ansteckung ist, weiß man nicht genau; Infektion durch einen einzigen ungeschützten Sexualkontakt ist belegt[30], aber auch Nichtinfektion trotz mehrerer hundert ungeschützter.[31]

Der stigmatisierende Vorwurf an HIV-Infizierte oder AIDS-Kranke, ‹Seuchen-Träger» zu sein, ist also sachlich nicht haltbar – und zwar unabhängig davon, ob irgendein Gremium mit so oder anders zustande gekommenen Mehrheiten beschließt, die neue Krankheit ‹Seuche› zu nennen oder das doch lieber nicht zu tun. Was für ein hanebüchener Unfug mit dem Wort ‹Seuche› im Zusammenhang mit HIV getrieben wird, dafür ein kürzlich selbsterlebtes Beispiel.

Ein Unternehmen mit vielen hundert Mitarbeitern veranstaltet für diese eine wohlvorbereitete AIDS-Aufklärungsveranstaltung. Rechts und links neben dem Podium befindet sich je eine große Stellwand, die beide über und über mit vergrößerten Zeitungsausschnitten der Boulevardblätter beklebt sind: ‹AIDS durch Husten›, ‹Immer mehr Opfer der Seuche!›, ‹Zweitausend neu infiziert› und was dergleichen Horror-Meldungen mehr sind. Während der Diskussion und der Beantwortung der Zuhörerfragen weisen wir vom Podium aus mehrfach darauf hin, daß AIDS beziehungsweise HIV im normalen Alltagsleben nicht ansteckt; ein Referent, Medizinprofessor der nahen Universität, erklärt ausführlich, wieso nicht. Am Ende der Veranstaltung hoffen wir, daß unsere Bemühungen manche Unklarheit beseitigt und Ängste abgebaut haben. – Während des allgemeinen Aufbruchs wendet sich ein Herr an mich und sagt: «Das kann ich so nicht im Raum stehenlassen, was Sie vorhin behauptet haben, daß AIDS keine Seuche ist! Selbstverständlich ist AIDS eine Seuche, es fällt ja unter das Bundesseuchenrecht!» Ich gebe zurück, daß nach allgemeinem Sprachverständnis Seuchen im Alltagskontakt anstecken, was HIV nicht tut. «Doch!» gibt mein Gegenüber zurück, «sonst fiele es ja nicht unter das Seuchenrecht! Ich bin Arzt und Beamter am Gesundheitsamt in X, ich muß es ja schließlich wissen!» Inzwischen werden Umstehende aufmerksam und beginnen die Ohren zu spitzen; ich gebe zurück: «Haben Sie denn nicht gehört, was Professor Sowieso vorhin ausdrücklich gesagt hat? Der behandelt täglich HIV-Infizierte und ist genauso Arzt wie Sie!» «Es ist aber trotzdem falsch!» antwortet der Herr vom Gesundheitsamt ungerührt. «Sie haben hier heute abend alles verharmlost!» «Lieber Himmel», sagt eine junge Frau aus dem Kreis, der sich inzwischen um uns gebildet hat, «was sollen wir denn nun glauben!?» – und mir wird klar, daß der Herr, der sich zwar als Beamter, aber nicht namentlich vorgestellt hat, eine autoritäre Persönlichkeit ist. «Die Veranstaltung ist vorbei», sage ich deshalb, «und ich bin übrigens der falsche Ansprechpartner; Sie hätten das vorhin dem Professor sagen sollen. Die Diskussion war ja lang genug, aber da haben Sie sich nicht zu Wort gemeldet!» Und zu den Umstehenden sage ich, daß ich ihnen rate und sie bitte, auch zu der nächsten Informationsveranstaltung des Unternehmens zu kommen, da es ja eine Wiederholung der heutigen geben wird, und sich da ruhig noch einmal ausführlich beraten zu lassen. Außerdem weise ich darauf hin, daß die Leiterin des Sozialreferates der Firma jederzeit zu Auskünften zur Verfügung stehe. Der Herr vom Gesundheitsamt murrt weiter, aber wir lassen ihn mit seinem Groll allein.

Wenn autoritäre Persönlichkeiten versuchen, ihre Mitwelt zu überzeugen, daß HIV im normalen Alltag sehr wohl anstecken könne, dann tun sie das, weil sich bloß unter dieser Bedingung harte Maßnahmen wie ‹Durchgreifen›, Isolieren, Diskriminieren und so weiter als ‹vernunftgemäß› hinstellen lassen. Um eine echte Eindämmung der HIV-Infektion geht es ihnen höchstens vordergründig. Widerlegen Fachleute (im obigen Beispiel der Medizinprofessor) die Theorie der angeblichen Ansteckungsgefahr im Alltag, ist die Anschuldigung, ‹man wolle verharmlosen›, recht geeignet, um wohlfundierte Aufklärung bei Laien zu diskreditieren und sie aufs neue zu verunsichern. Denn die Angst, HIV könne womöglich im Alltag doch anstecken, haben eben infolge der unverantwortlichen Desinformationen durch die Medien auch Menschen, die ihrerseits keineswegs autoritäre Persönlichkeiten sind.

3. Zum Wunsch nach hundertprozentiger Sicherheit vor AIDS

Daß auf AIDS, obgleich es keine Seuche ist, oft so reagiert wird, als ob die neue Krankheit eine wäre, liegt an der irrigen, aber inzwischen eingebürgerten Auffassung des Namens ‹AIDS› im Sinne eines Code-Wortes, bei dessen Klang die Vorstellung eines spontan gestörten Körper-/ Bewegungsschemas aufscheint. Es handelt sich um eine jener Kongruenz-Konstellationen, die im II. Kapitel beschrieben wurden und deren vergleichbarer Vorläufer zu AIDS in ‹Pest = Brunnenvergiftung = Juden› gegeben ist. Schon das reine Nennen des Wortes ‹AIDS› im gleichen Atemzug mit ‹Seuche› reicht für viele Leute hin, um in ihnen angsterregende Folge-Vorstellungen aufkommen zu lassen, die mit der realen Infektionsgefahr unvereinbar sind: «AIDS = Seuche (‹Pandemie›) = (vorzeitiger) Tod.»

   Doch

«gemessen an den jährlichen Todesopfern des Straßenverkehrs in der Bundesrepublik Deutschland, an der Anzahl der Krebstoten und der Todesfälle durch Herzinfarkt ist – zumindest bisher und in absehbarer Zeit – die statistische Wahrscheinlichkeit, an AIDS zu sterben, relativ gering. Dennoch weckt und bündelt AIDS mehr Ängste als die genannten Bedrohungen und als die Bedrohungen durch das atomare Ende dieser Welt oder die Zerstörung der Schöpfung durch den Raubbau der Natur durch den Menschen.» [32]

«Diese Ängste führen dazu, daß wir – anders als in unserem übrigen Leben, wo wir wissen, daß bestimmte Unschärfen, Restrisiken vorhanden sind und daß es keine hundertprozentige Sicherheit geben kann – bei AIDS eine hundertprozentige Sicherheit verlangen.» [33]

«Ein Null-Risiko gibt es aber im Leben nie. Weil die ganze Menschheit oder die Politiker oder sonst eine Gruppe ein Null-Risiko will, verhindert man damit, daß das Risiko zu 99,9 Prozent vermindert wird.»[34]

Wenn man nämlich versucht, das Null-Risiko zu erreichen, tappt man in die ‹Zero-Risk-Trap›, wie diese Gefahr in den USA heißt: Indem man den Faktor ‹Risiko› auf Null schraubt und die gesamte Welt auf dies Ziel hin ausrichtet, bekommt man ein Resultat, das die Zahl der Opfer nicht minimiert, sondern im Gegenteil opfervermehrende Ergebnisse zeitigt.[35] Denn wer ernstlich das Null-Risiko ansteuert, kommt dabei um behördliche beziehungsweise staatliche Zwangsmaßregeln nicht herum, die ihrerseits wiederum Betroffene zum ‹Abtauchen› in die Anonymität veranlassen, womit das Risiko, statt auf Null zu sinken, auf eine nicht berechenbare Größe anwächst.

Dabei ist das ‹Restrisiko›, sich außerhalb der bekannten Übertragungswege der Krankheit mit AIDS zu infizieren, derart klein, daß es als ‹nicht mehr quantifizierbar› eingestuft werden kann, und die Angst davor wirkt um so befremdlicher, als wir in anderen Lebensbereichen akzeptieren, mit einem wesentlich höheren Restrisiko zu leben. Ein Beispiel: Jeder Teilnehmer am Straßenverkehr hat zu Beginn jeden Jahres ein Risiko von eins zu sechstausend zu gewärtigen, daß er am Ende des Jahres zu den Verkehrstoten der vergangenen zwölf Monate zählen wird; dies Risiko ist also durchaus quantifizierbar und nicht eigentlich ‹klein›, was natürlich niemanden hindert, auf die Straße zu gehen oder sich ins Autos zu setzen.[36]

Auf zwei Bereichen wird die Forderung nach totaler Sicherheit vor AIDS besonders häufig und heftig erhoben, nämlich hinsichtlich der möglichen Gefährdung von Kindern sowie der von Menschen in pflegerischen Berufen.

a) Angst um Kinder

Sie richtet sich naheliegenderweise auf Risiken einer Ansteckung auf dem Spielplatz, im Kindergarten und später in der Schule. Anzumerken ist hierbei, daß in den Köpfen vieler Eltern (und auch Kindergärtnerinnen) das Gefahr signalisierende Wort ‹AIDS› in eine Kongruenz-Konstellation mit dem Begriff ‹Bluter› geraten ist, so daß bei Bluter-Kindern nicht selten beinahe automatisch eine AIDS-Infektion vermutet und gegen diese Kinder darum Meideverhalten praktiziert wird. Auch bei

Kindern, von deren Eltern man weiß oder zu wissen vermeint, daß sie drogenabhängig sind oder waren, hegt man mancherorts Verdacht auf HIV-Infektion. Mangel an Information kann dafür kaum verantwortlich gemacht werden, da die tatsächlichen Infektionswege inzwischen bekannt sind und sich durchaus auch bis ins letzte Dorf herumgesprochen haben müßten; konstitutiv ist hier vielmehr die – irrige – Kongruenz-Konstellation der Begriffe ‹AIDS›, ‹Bluter› und ‹Drogen› zu Beginn der AIDS-Diskussion in den Medien. Das einmal im Zusammenhang Gelernte bleibt als Ensemble miteinander verknüpfter Stereotypien haften und widersteht deshalb hartnäckig einer Korrektur. Hinzu tritt, daß das Wort ‹Blut› ein altes Code-Wort ist und in der Vergangenheit mit verschiedenen schreckenerregenden Begriffen verbunden war, zum Beispiel ‹Blutgericht›, ‹Bluthochzeit›, ‹Blutrache›. Es wird durch den unglückseligen Bezug zu ‹Bluter› und ‹Blutkontakte› wiedererweckt.

Resultat dieser sich addierenden Vorstellungen ist eine permanente elterliche Angst vor einem unkalkulierbaren ‹Restrisiko›, die zu Panikreaktionen führt und auf unsinnigen ‹Schutz›maßnahmen besteht. Es muß darum immer wieder verdeutlicht werden,

«daß ein Übertragungsrisiko im Kindergarten nach menschlichem Ermessen… nicht existiert» [37];

«es besteht bei Kindern kein relevantes Risiko, daß sie die HIV-Infektion in einer irgendwie gearteten Gemeinschaft weitergeben. Wenn aber immer wieder Hilfskonstruktionen herhalten müssen oder gar nichts gesagt wird, dann muß die Allgemeinbevölkerung den Eindruck gewinnen: Hier werden Informationen vorenthalten.» [38]

Nach wie vor besteht also Bedarf an faktengerechter Aufklärung. Im Kindergarten kommt es relativ selten vor, daß ein Kind sich so verletzt, daß es blutet; gleichwohl müssen Kindergärtnerinnen über die nötigen Hygienemaßnahmen informiert sein beziehungsweise werden. [39]

«Alle haben sich so zu verhalten, daß sie sich nicht infizieren können. Das gilt im Kindergarten wie in der Schule. Wie infiziert man sich? Geschlechtsverkehr, Blut. Sie nehmen, wenn sich ein Kind verwundet hat oder blutet, Handschuhe, ganz gleich, welches Kind es ist, und auch dann, wenn sich die Kollegen oder der Direktor der Schule oder der Pedell verletzten.» [40]

Angesichts von weltweit rund zehn Fällen ungeklärter Infektion[41] werden besondere Schutzvorkehrungen im Umgang mit Kindern im Kindergarten und in der Schule für überflüssig gehalten, wenn die üblichen Hygienevorschriften befolgt werden, die normalerweise für den Umgang mit jeglicher Verletzung geboten sind, aber meistens nur lax gehandhabt werden. Wenn immer wieder irgendwelche Möglichkeiten der Übertragung konstruiert werden (etwa durch die in den Medien so beliebten beißenden Kleinkinder; Übertragung auf diesem ‹Wege› ist freilich der Wissenschaft bloß durch einen einzigen Fall weltweit kund geworden), so ist das wahre Problem nicht die Infektion, sondern die Gefahr,

«daß einem nicht geglaubt wird, weil man nicht glauben will».[42]

Die elterliche Angst vor einer HIV-Infektion ihrer Kinder, bei der die Krankheit als eine im Alltagskontakt ansteckende Seuche aufgefaßt wird, entstand durch anfängliche Fehlinformationen[43]; realitätsentsprechend ist sie nicht. Vielmehr fürchten Eltern hier Risiken, die keine sind, während sie erschreckend häufig wirklich bestehende nicht einmal zur Kenntnis nehmen, weil die Medien davon schweigen. Was soll man etwa dazu sagen, daß Eltern ihren drei- und vierjährigen Kindern Fahrräder schenken und ihnen erlauben, damit am Straßenverkehr teilzunehmen! Hinter der Zahl von 17 000 verunglückten Radfahrern unter 15 Jahren pro Jahr verbirgt sich

«die Tatsache, daß Eltern für ihre kleinen Kinder in Rasierklingen und Viren, in Nachbars Hund und in jeder Steckdose eine Gefährdung sehen, nicht aber ausgerechnet in der Situation, die nach der Unfallstatistik die bedrohlichste ist: allein mit dem Fahrrad im Straßenverkehr. Was fehlt, ist das rechte Bewußtsein der objektiven Lebensrisiken, das zu einer angemessenen, ausgewogenen Verteilung von Bewahrung und Bewährung in der Erziehung führen könnte.»[44]

b) Ängste im Pflegebereich

«Das Infektionsrisiko des mit der Pflege und Therapie von HIV-Patienten befaßten medizinischen Personals ist nach bisherigem Kenntnisstand – selbst nach Nadelstichverletzungen und parenteralem Kontakt mit HIV-positivem Blut – als gering anzusehen. Infektionen bei medizinischem Personal zeigen jedoch, daß ein derartiges Risiko nicht auszuschließen ist; in diesen Fällen waren allerdings anerkannte Hygienemaßnahmen nicht beachtet worden.»[45]

Doch selbst dort, wo solche Verletzungen, etwa durch Nadelstiche, passiert waren, das heißt, wo tatsächlich Kontakt mit infiziertem Blut bestanden hatte, zeigte nur ein (!) Prozent der davon Betroffenen eine spätere Serokonversion.[46] Die häufig zu hörende und zu lesende Forderung, alle im Pflegebereich Tätigen vom Chefarzt bis zur Putzfrau müßten sich regelmäßig einem HIV-Test unterziehen, geht an den wirklich bestehenden Alltagsproblemen im Krankenhausbetrieb vorbei[47], wo immer noch gegen die Einhaltung der an sich normalen Schutzmaßnahmen (nicht selten aus Zeitmangel und infolge Überlastung) gesündigt wird.

Dafür ein Beispiel: Vor zweieinhalb Jahren wurde einer Frau im Zusammenhang mit einer schweren Operation mehrfach Blut abgenommen, doch nur einmal trug eine der befaßten Schwestern dabei Handschuhe. Auf die Frage, warum sie es täte, die anderen aber nicht, antwortete die Schwester, es sei so Vorschrift, und sie halte sich daran, um korrekt zu sein. Die Kranke erkundigt sich nach dem Grund für den Leichtsinn der Unkorrekten, die Schwester lächelt und antwortet: «Die anderen denken eben, sie könnten es jemandem ansehen, ob er oder sie zu einer Risikogruppe gehört!» Nun spielt dies Beispiel in der Vergangenheit, und inzwischen wurde die AIDS-Aufklärung überall intensiviert. Um herauszufinden, wie die Situation gegenwärtig ist, startete ich kürzlich eine Telefonaktion bei Bekannten: Ist jemand in letzter Zeit Blut abgenommen worden, und wie ging es dabei zu? Ergebnis: Zwei Bekannten war Blut abgenommen worden, beide Male ohne Handschuhe, einmal im Krankenhaus, einmal beim Hausarzt. Warum ohne Handschuhe? Die eine meiner Bekannten hatte sich über diesen Punkt nie Gedanken gemacht, die andere, die beim Hausarzt gewesen war, sagte verdutzt: «Das würde ich mir verbitten, daß mein langjähriger Hausarzt mich plötzlich mit Handschuhen anfaßt! Der weiß doch, daß ich nicht betroffen sein kann und überhaupt mit AIDS nichts zu tun habe!» – Die Aufklärung über die Notwendigkeit, existierende Vorschriften zur Hygiene auch zu beachten, ist also wohl noch nicht Allgemeingut geworden.

Jener Irrglaube, einem ‹ansehen› zu können, ob er oder sie ‹mit AIDS zu tun hat›, erinnert an den schon einmal erwähnten Märchenglauben, daß das Böse häßlich sei und das Häßliche böse…: Wo wir kein ‹warnendes› natürliches Stigma wahrzunehmen vermögen, neigen wir eben zu der Annahme, es sei wohl alles ‹in Ordnung›. Wo die Stigmatisierung aber sozusagen verbürgt ist (definierte Betroffenengruppen), möchten sogar Krankenschwestern und Pfleger «zum Teil Garantien haben, daß sie nicht mit der Pflege von AIDS-Patienten oder HIV-Infizierten betraut werden».[48]

c) Kondome und ‹Restrisiko›

Der Aspekt eines bedrohlichen Restrisikos wird übrigens nicht nur dann in die Debatte gebracht, wenn es um kaum mehr quantifizierbare und im Grunde bloß theoretisch denkbare Infektionsmöglichkeiten geht, sondern auch in bezug auf die Sicherheit von Kondomen als Ansteckungsschutz. Erinnern wir uns: Das Kondom wurde nicht erfunden, um vor ungewollten Schwangerschaften zu schützen, sondern vor Syphilis, und diesen Zweck vermochte es durchaus zu erfüllen, obwohl es natürlich gegen Berührungsinfektionen (etwa Küssen) nichts half. Dies Moment einer Ansteckung durch Berührung oder Schmierinfektionen entfällt nun bei AIDS, und weil Geschlechtsverkehr dafür – neben dem Spritzentausch bei Fixern – die Hauptansteckungsquelle ist, kommt heute dem Kondom eine beträchtliche Schutzfunktion zu. Sie wird nichtsdestoweniger – wenngleich meist aus durchsichtig-nomischen Gründen – oft bezweifelt oder direkt abgestritten.

Dabei hebt man gern auf die bekannte Tatsache ab, daß immer einmal wieder trotz Kondomgebrauchs unerwünschte Schwangerschaften zustande kommen. Der sogenannte Pearl-Index, der die Zahl ungewollter Schwangerschaften in ‹Frauenjahren› mißt, weist für Kondome eine bis drei auf hundert Benutzer-Jahre aus[49]; es ist jedoch wissenschaftlich nicht unproblematisch, den Pearl-Index zum Vergleich heranzuziehen,

«und zwar hauptsächlich deshalb, weil die meisten Paare, die mit Kondomen Empfängnisverhütung machen, dies während der Tage tun, an denen eine Empfängnis passieren kann, nicht aber kontinuierlich».[50]

Viel zu den Bedenken gegenüber Kondombenutzung zur AIDS-Verhütung hat die Qualitätsuntersuchung einer Verbraucherzeitschrift beigetragen[51], die 1987 feststellen mußte, daß fast ein Drittel der getesteten Marken-Kondome die Note ‹Mangelhaft› verdiente und bloß vier der gleichen Gruppe als ‹Sehr gut› eingestuft werden konnten. Dies Ergebnis beweist faktisch allerdings, daß nicht etwa generell ‹Kondome nicht sicher sind›, sondern daß vielmehr – was ja wohl für alle Konsumartikel zutreffen dürfte – bloß sehr gute Kondome das Vertrauen rechtfertigen, das man in sie setzt. Damit Schutz durch Kondome effektiv ist, müssen allerdings Qualitätsmängel einerseits und Anwendungsfehler andererseits ausgeschlossen werden; als zusätzlicher Schutz gegen HIV-Infektion hat sich die spermizide Beschichtung der Kondome erwiesen. [52]

«Untersuchungen haben gezeigt, daß Kondome bei richtigem Gebrauch und einwandfreier Qualität eine hohe Sicherheit bieten. Bisher ist nicht nachgewiesen, daß sich jemand trotz Anwendung eines Kondoms beim Geschlechtsverkehr mit HIV infiziert hat.» [53]

Deshalb wäre es hilfreicher, für eine Verbesserung der Kondomqualität Sorge zu tragen und über ihre richtige Handhabung aufzuklären, statt immer nur ihre Sicherheit in Zweifel zu ziehen. [54] Ganz simpel gesagt, sind nicht Kondome unsicher, sondern der Umgang der Verbraucher mit ihnen. [55]

«Es gibt genug Untersuchungen, die im Labor gemacht worden sind, die zeigen, daß Kondome, wenn sie gut sind, sicher sind. Es gibt auch genügend epidemiologische Untersuchungen, die zeigen, daß die guten Kondome, wenn sie richtig angewendet werden, sicher sind»,

erklärte Dr. Somaini, Vizedirektor des Schweizer Bundesamtes für Gesundheitswesen, anläßlich einer Sachverständigen-Anhörung der Enquete-Kommission ‹AIDS› des Deutschen Bundestages [56], und er fügte hinzu:

«Ich habe manchmal das Gefühl, daß man das aus ganz anderen Gründen nicht empfehlen will. Ich persönlich bin vollkommen davon überzeugt, daß die Kondome meistens so sicher sind wie ein sehr guter Impfstoff. Einen sehr guten Impfstoff würde aber jeder empfehlen.»

Dem erfahrenen Sachverständigen wird man dies erprobte Urteil kaum widerlegen können. Das ‹Restrisiko» ist, sofern ein qualitativ hochwertiges Kondom benutzt wird, tatsächlich der ungeübte Verbraucher selbst, der Fehler beim Auspacken oder Anlegen oder Abziehen macht, die das Kondom als Schutzmittel im Wert zwar beeinträchtigen, aber eben aus Gründen, die zu vermeiden jeder lernen kann. Übrigens war schon zu Casanovas Zeiten bekannt, daß es einen noch besseren Schutz gibt als ein Kondom, nämlich zwei übereinander. Das gilt für die HIV-Prävention auch heute als empfehlenswert. [57]

Weil AIDS im alltäglichen Leben nicht ansteckt, ist es Sache des einzelnen, sich dagegen wirksam zu schützen. Wer hundertprozentigen

Schutz will, muß seine sexuellen Gewohnheiten auf dies Ziel einrichten. Dazu brauchen wir eine neue Vorsicht für uns selbst und eine neue Rücksicht auf andere, denn Selbst- und Partnerschutz sind hier identisch.[58]

4. Der Ruf nach dem starken Staat

Der Psychologe Paul Cameron aus Omaha, Nebraska, hat im New Yorker Programm des Kabelfernsehens ‹Crossfire› geäußert, daß die Vereinigten Staaten in einigen Jahren möglicherweise darüber nachdenken müßten, alle Homosexuellen auszurotten, um AIDS unter Kontrolle zu bringen.[59] Solche Stimmen gibt es bei uns nicht, aber welche, die strenges Durchgreifen des Staates der eigenverantwortlichen Praktizierung von Selbst- und Partnerschutz vor AIDS vorziehen möchten, finden sich sehr wohl. Problematisch und selbstredend ungelöst ist in dem Zusammenhang die Frage, unter welchen Voraussetzungen und wie die Gesundheitsbehörden denn wann gegen wen vorgehen könnten. Infizierte sind weder lückenlos noch lebenslang ‹erfaßbar›, und darum dürfen die Gesundheitsbehörden nicht den Eindruck erwecken, als könnten sie die Allgemeinheit durch derartige Maßnahmen wirkungsvoll schützen.[60] Zudem ist nach Meinung nicht weniger Fachleute der absolute Schutz Gesunder vor Infizierten verfassungsrechtlich nicht geboten, weil es bekanntermaßen auch auf anderen Bereichen wie zum Beispiel Umwelt- oder Atomrecht üblich ist, daß ‹Restrisiken› hingenommen werden. Schutz ist überdies nur nach Maßgabe des Grundsatzes der Verhältnismäßigkeit geboten.[61]

Man muß sich deutlich vor Augen stellen, welche Einbußen an – für sämtliche übrigen (nichtinfizierten) Bürger selbstverständlichen – Freiheiten die totale ‹Erfassung› wohlgemerkt aller Fälle von HIV, nicht bloß der des Vollbildes von AIDS, für die Betroffenen zur Folge haben würde, um die Propagierung, der Staat könne den einzelnen durch seine Maßnahmen von der Verantwortung davor befreien, wie dieser mit der eigenen Sexualität angesichts der neuen Krankheit umgeht, als reine Illusion zu erkennen. Programmatische Vorschläge und Vorstellungen in jene Richtung des totalen staatlich-behördlichen Schutzes nämlich lauten etwa wie folgt:

«Durch regelmäßig wiederholte serologische Reihenuntersuchungen der gesamten erwachsenen Bevölkerung sollen alle Infizierten und eventuelle Nachrücker identifiziert werden. Die Infizierten sollen gesetzlich zur Informationspflicht gegenüber dem Intimpartner und zur Verwendung von Kondomen angehalten werden. Zuwiderhandlungen würden dadurch erkennbar, daß Intimpartner serokonvertieren würden. Diese unterlägen einer Auskunftspflicht gegenüber der Gesundheitsbehörde über die Infektionsquelle. Die infizierende Person sei dann wegen erwiesener mangelnder Einsicht gesetzlichen Maßnahmen im Sinne des § 70 des Bundes-Seuchengesetzes zu unterwerfen (Freiheitsstrafe bis zu fünf Jahren oder Geldstrafe).» [62]

Wie wohl könnte die dabei unumgängliche Schlafzimmerschnüffelei faktisch gewährleistet sein? Tun sich da neue Berufsfelder auf? Und wie soll hier die Beweislast und -pflicht in Anbetracht der medizinischen Tatsache verteilt werden, daß einerseits manche Infizierte ihre Partner offenbar nicht anstecken, andererseits aber durchaus falsch-negative Testungen vorkommen können, so daß seitens Menschen mit nicht-monogamem Sexualleben sachlich unzutreffende Auskünfte sogar guten Glaubens zu gewärtigen sind? Ob diejenigen, die nach dem starken Staat rufen, statt sich um ihren AIDS-Schutz selbst zu kümmern, eigentlich wissen, was sie da in Gang zu setzen suchen? Und warum vor allem geben sie dieser Alternative den Vorzug? Dafür dürften eine Reihe unklarer und miteinander verknüpfter Motive ausschlaggebend sein, von denen im folgenden – obwohl man der Vermischtheit der fraglichen Strebungen damit im Grunde nicht gerecht wird – einige in voneinander abgehobener Form dargelegt werden.

a) Traditionelle Autoritätsergebenheit

Fragt man bei seinen Mitmenschen herum, sprechen sich nur die mit deutlich autoritären Charakterzügen offen für wirklich harte Maßnahmen im oben dargestellten Stil aus. Bei den meisten äußert sich der Wunsch, vom Staat beschützt zu werden, mehr mittelbar.

«Man kann zum Beispiel im Fragebogen dafür sein, daß man sich um Infizierte mehr kümmern solle, solange man nicht persönlich praktisch auf die Probe gestellt wird... Man kann seine prinzipielle Hilfsbereitschaft gegenüber Infizierten erklären, aber sich gleichzeitig wünschen, daß der Staat strenger mit Kontrollen und disziplinierenden Maßnahmen durchgreift. Damit wird häufig der uneingestandene eigene Anteil an negativen Tendenzen auf die Behörden verschoben.» [63]

«Mancher drängt darauf, daß sein Schutz vom Staat zweifelsfrei gewährleistet wird. Vorgeschlagen werden: Tätowierung der AIDS-Infizierten und Erkrankten, Vermerk in den Personalausweisen oder gesonderte Gesundheitsausweise. Aber damit würde eine Sicherheit vorgetäuscht, die nicht gegeben ist. Ganz abgesehen davon, daß derartige Pläne in einem Land, in dem schon einmal Menschen öffentlich gekennzeichnet wurden, schlimme Erinnerungen wecken...»[64]

Doch

«traditionelle Autoritätsergebenheit nährt das stereotype Verlangen, der Staat möge das Übel durch energisches Vorgehen eliminieren, man möge von oben doch endlich entschlossener durchgreifen. Dieser Tendenz nachzugeben, mag Verantwortlichen vorübergehend Beliebtheit eintragen, aber es gibt nun einmal keine gesundheitspolitischen Kampfmaßnahmen, mit denen man AIDS wie anderen Seuchen beikommen könnte, die etwa auf Impfung oder Therapie ansprechen.»[65]

Verzicht auf Selbstschutz ist unvertretbar.

«Wer immer nur nach dem Staat ruft und von ihm als Gesunder durch rechtliche Maßnahmen Hilfe erwartet oder wer alle nur erdenklichen Anstrengungen als Schutz vor einer Ansteckung auf neue medizinische Maßnahmen wie Impfstoffe und dergleichen verlegt, muß sich die Frage gefallen lassen, ob er seinerseits nur als Konsument in einer Anspruchshaltung vom Staat Hilfe erwartet, zu einer Infragestellung oder gar Korrektur seines eigenen Verhaltens aber überhaupt nicht bereit ist.»[66]

Geben Politiker der Versuchung nach, sich protektiven Forderungen zu beugen, wie sie seitens mancher Wähler an sie herangetragen werden, können sie sich unversehens in moralischen Kreuzfahrerbewegungen wiederfinden, wo einfache Zurechnungen gelten und radikale Ursachenbekämpfungen verlangt werden im Stil von: Würden etwa AIDS-‹Desperados›, ‹Uneinsichtige› und ähnliche Übeltäter einfach als Verbrecher bezeichnet, dann eröffneten sich schon die adäquaten Möglichkeiten, ihrer Herr zu werden.[67] Dies zwar gelegentlich publikumswirksame, bei logischer Betrachtung allerdings nicht einsichtige Konzept geht davon aus, daß die Furcht vor staatlicher Bestrafung als wirksamer angesehen wird denn die vor einer Infektion mit möglicherweise tödlichem Ausgang[68], der man durch Selbstschutz sicherer steuern könnte. Käme es in größerem Umfange zum Zuge, bestünde zudem die Gefahr, «daß wir in unserer Gesellschaft bezüglich AIDS wieder eine Ausgrenzungsmentalität entwickeln könnten, die für unsere Demokratie bedenklich wäre».[69]

Denn nur zu leicht vermögen sich Demagogen in der politischen Arena unsere menschliche Tendenz des Denkens in den Kategorien von Eigen- und Fremdgruppe zunutze zu machen, indem sie auf ‹Schuldige› verweisen, die für die auftretenden Mißgeschicke und Frustrationen verantwortlich sein sollen.[70]

b) Schuldzuweisung an ‹Sündenböcke› und ‹Blitzableiter›

Im Fall AIDS nun entstammen diese den Kategorien der Randgruppen, auf die sich schon immer feindselige Aggressionen gerichtet haben. Wer beim Staat Schutz vor ihnen verlangt, kann auf diese Art mit eigenen diffusen, unguten Gefühlen fertig werden, und das ist zweifellos ein Grund, um diesen Schutz zu fordern. Es muß sich bei Menschen, die das tun, nicht zwangsläufig um autoritäre Persönlichkeiten handeln, obwohl sie, wie schon erwähnt, bei Aktivitäten in der Öffentlichkeit oft Anführer oder jedenfalls Wortführer sind. Das Hegen von negativen Gefühlen gegenüber Menschen, die man eben schon als Kind als ‹Nichtmitglieder› der Eigengruppen aufzufassen gelernt hat, geschieht beim keineswegs pathologisch feindseligen Durchschnittsmenschen eher fast reflexhaft. Bestimmte, im Sinne von Code-Wörtern gelernte Begriffe, die für Abwehr und Ausgrenzung stehen (Laster, Unzucht, Seuche) haben an diesen Reaktionen hohen Anteil.[71] So geht unsere Gesellschaft häufig mit Konflikten um:

«Zunächst wird Angst geschürt; eine Panik entsteht. Dann aber werden bestehende Probleme verdrängt oder auf Randgruppen abgeschoben.»[72]

Alle möglichen eigenen Probleme werden durch die Projektion auf andere leichter erträglich.

«AIDS wird zum Stigma der Sünde und zur ‹gerechten› Strafe für verbotene Laster»[73],

und während laut der Ruf nach Zucht und Ordnung erschallt, wird das persönliche innere Chaos auf Gesellschaftliches übertragen: Man wünscht feste Prinzipien regieren zu sehen und fordert ‹gerechte› Sanktionen.

Konstituierend für diese Haltung ist meines Erachtens in erster Linie ein seltsames Trugbild, das in der AIDS-Diskussion trotz seiner großen Verbreitung übersehen zu werden pflegt: Nämlich die Illusion, die Welt sei im Tiefsten gerecht.

«Es darf einfach nicht wahr sein, daß guten Leuten schlechte Dinge geschehen (und umgekehrt). Das würde nämlich heißen, daß auch wir, gute Leute, die wir nun einmal sind, jederzeit mit dem Schlimmsten rechnen müssen.» [74]

Eine starke, nichtbewußte Tendenz treibt uns darum zu glauben, daß Menschen, denen Übles zustößt, daran irgendwie selbst schuld seien. Denn wenn das zutrifft, brauchen wir, die wir uns nichts haben zuschulden kommen lassen, ja auch keine Angst zu haben. Mit Hilfe derartiger atavistischer Gedankengänge wird AIDS als Krankheit individuell zurechenbar: Das Verhalten der Betroffenen ist die eigentliche Ursache ihrer (insofern gerechten) Leiden – das Virus bloß die Strafe dafür. Schlußfolgerung ängstlicher Durchschnittsmenschen: Da wir keine ‹Randständigen› sind, darf AIDS uns nicht treffen, und der Staat muß dafür sorgen, daß es nicht aus Versehen doch passiert! Indem wir uns von Betroffenen abgrenzen, wehren wir gleichsam die verstörende Einsicht ab, daß auch wir selbst durchaus einmal ‹betroffen› sein könnten...

c) Angst vor ‹Desperados›

Diese Einstellung erfährt ihre scheinbare Bestätigung dadurch, daß immer wieder von ‹Desperados› die Rede ist,

«die das Virus bewußt ‹aus Rache an der Gesellschaft› weitergeben oder Aufklärungsgesprächen über richtiges Verhalten nicht mehr zugänglich sind. Tatsache ist aber, daß niemand angesteckt werden kann, der sich richtig schützt.» [75]

Genaugenommen können einem also diese Desperados Ihrer Unansprechbarkeit für jegliche Beratung wegen bloß leid tun, hingegen können sie einem nichts antun, nämlich sofern man selbst vernünftig handelt und Selbst- und Partnerschutz praktiziert. Diese ‹Desperados› existieren als kleine Gruppe, die ihr Verhalten aus einer bewußten oder unbewußten Oppositionshaltung heraus nicht ändert, weil das Gefährliche an Sexualität überhaupt auch schon vor AIDS für sie von speziellem Reiz war.[76] Es handelt sich bei dieser Gruppe aber um Ausnahmen, deren Umfang überschätzt zu werden pflegt.[77] Denn erfahrungsgemäß verzichten Testpositive aus Schock über ihr Ergebnis erst einmal für längere Zeit auf jeglichen Sex überhaupt.[78] Durch den häufig wiederholten Vorwurf des Desperado-Verhaltens fühlen sich Homosexuelle als Gesamtkategorie zu Recht diskriminiert.[79] Der Vorwurf wird eben nicht selten allzu offensichtlich bloß als Vorwand gebraucht, um ‹Maßnahmen› gegen Infizierte oder gar nur potentielle beziehungsweise mutmaßlich Infizierte zu fordern. Dabei ist es ohnehin ineffektiv, zum Schutz vor AIDS staatlicherseits

»eine Reihe von renitenten Infektionsquellen ‹aus dem Verkehr zu ziehen›»[80],

weil sich die Krankheit inzwischen längst verselbständigt hat, und zwar ohne Ansehen der sexuellen Präferenz ihrer Opfer. Die Dunkelziffer derjenigen davon, die aus Angst vor Reaktionen ihrer Umwelt, vor politisch-administrativen Maßnahmen und ‹bürgerlichem Tod› lange vor dem leiblichen in Verzweiflung geraten und deshalb schließlich ‹untertauchen›, steigt zwangsläufig im gleichen Grade an, wie solche Maßnahmen durchgeführt werden.[81] Wenn gesellschaftlichen Internierungs- und Bestrafungsbedürfnissen gegenüber Verzweifelten (nichts anderes heißt ‹Desperados›) im Ruf nach dem starken Staat stattgegeben und Forderungen nach ‹Ausdünnen›, ‹Ausmerzen›, ‹Aus-dem-Verkehr-Ziehen› und so weiter entsprochen werden würde, wären tiefe Einbrüche in unsere Kultur der rechtsstaatlich-humanitären Strafrechtspflege zu befürchten.[82] Ängstliche verlieren nur zu leicht aus den Augen, daß man die Freiheit noch besitzen muß, um sie mißbrauchen zu können und daß als Preis für Freiheit und Verantwortung der Mißbrauch beider in Kauf genommen werden muß.[83]

Wer aus der Angst der Ängstlichen Nutzen zieht – zum Beispiel der demagogische Politiker –, muß selbst nicht die Spur von Bedenken gegenüber den gefürchteten Gruppen haben,

«er ist lediglich dabei, anderen Vorurteile beizubringen, wenn es auch... nie ausgeschlossen ist, daß er, was er oft genug erzählt hat, zuletzt selbst glaubt».[84]

d) Abenteuerliche Hochrechnungen

Bezeichnend dafür, wie man durch Ungleichbehandlung von AIDS im Vergleich zu anderen Krankheiten (und Ungleichbehandlung bedeutet auch hier Diskriminierung) Horrorvorstellungen im Stil von ‹Wir sterben alle an AIDS!› erzeugen kann, sind die abenteuerlichen Hochrechnungen über den mutmaßlichen weiteren Verlauf der Krankheit und die Anzahl ihrer Opfer. Rolf Rosenbrock spricht in diesem Zusammenhang von der

«weit verbreiteten Sucht, stets alle Opferzahlen zu kumulieren, mit einem gewaltigen Sicherheitszuschlag zu multiplizieren und das Ganze dann als Untergrenze realistischer Schätzungen zu verkaufen».[85]

Hochrechnungen, die von einer AIDS-Ausbreitung im bisherigen Umfang ausgehen, machen dies stets unter der – viel zu selten deutlich genannten – Bedingung, daß sich die Krankheit weiterhin so ausbreite, wie sie das tat, als noch niemand von ihrer Existenz wußte, das heißt, sie behaupten damit gleichsam verdeckt, aber an ihren Prognosen ablesbar, daß all unsere gegenwärtigen Bemühungen um die Eindämmung von Neuinfektionen unwirksam bleiben würden.[86] Diese stillschweigende Vorannahme ist deutlich ein Vorurteil. In einem solchen Kontext liest dann der geschockte Laie etwa:

«Es ist zu spät, wenn sich die Politiker erst dann zu drastischen aber notwendigen Maßnahmen entschließen, wenn die Mehrzahl der Wähler bereits weggestorben ist.»[87]

Die erwähnte befremdliche und bei keiner anderen Krankheit statistisch angewandte Methode, in der kumulativen Gesamtzahl auch die schon Verstorbenen mitzurechnen, führt zu absurden Resultaten. Stellen wir uns das Verfahren einmal angewandt auf die jährlichen Neuerkrankungen an Krebs – etwa 300 000 Fälle – vor, dann kommen wir bereits nach knapp vier Jahren auf eine Million, und da Krebs bei uns schon immer gehäuft auftrat, braucht man keinen Taschenrechner, um dahinterzukommen, daß es uns alle inzwischen gar nicht mehr geben würde, wäre diese verquere Sicht richtig.[88]

e) Aufklärung muß up to date sein

Mancher Grund, weshalb selbst didaktisch perfekt dargebotenes, angstabbauendes Wissen über AIDS beim Publikum nicht recht ankommt, ist so banal, daß hochkarätige Wissenschaftler, die AIDS-Aufklärung konturieren, nicht darauf kommen, daß derlei relevant sein könnte. Da gibt es zum Beispiel nicht wenige Bücher zum Thema, deren Aussagen zum Zeitpunkt ihrer Niederschrift allgemein als faktenentsprechend beurteilt werden durften. Doch mittlerweile wissen wir mehr, und mancher Irrtum ist revidiert, manches soziale Verdikt (‹nicht küssen!›) korrigiert worden. Die Bücher aber existieren nach wie vor, sie werden angeboten und verkauft, sogar in hohen Auflagen. Die Verlage ziehen sie nicht zurück wie etwa ein Automobilhersteller irgendein Zubehörteil, das sich als nicht betriebssicher erwiesen hat. Und also wird das überholte, falsche Wissen weiterhin verbreitet. Große Unsicherheit ist die Folge: Welchen Botschaften soll man jetzt glauben? Hinzu kommt, daß gerade in den älteren Veröffentlichungen zu AIDS viele Gefahr signalisierende Code-Worte vorkommen (‹heimtückisch›, ‹diabolisch›, ‹AIDS droht überall›). Ausgerechnet in einer Zeitschrift, die Materialien für Schulen anbietet, fand ich eine schematische Darstellung des Eindringens von AIDS-Viren in eine menschliche T-Zelle, bei der die Viren als bös dreinschauende Teufelchen mit Hörnern und Ziegenbärten figurierten![89] Dabei sollte doch alles Dämonisierende bei diesem Thema tunlichst vermieden werden.

Schlimm sind auch einander widersprechende Informationen in ein und demselben Buch. Da liest man zum Beispiel, daß die HIV-Infektion eines Familienmitgliedes im üblichen sozialen Kontakt nicht ansteckt, eine Seite später wird vom gemeinschaftlichen Baden abgeraten, aber nach zwei weiteren der gemeinsame Schwimmbad- oder Saunabesuch als risikolos bezeichnet. Und was mag mit dem vieldeutigen Rat gemeint sein, daß Präventivmaßnahmen zur Vorbeugung gegen AIDS im häuslichen Bereich unter anderem notwendig sind, wenn ‹Fremde› zu Besuch kommen?[90] Zuweilen stößt man sogar auf ausgesprochen lebensgefährliche Fehlinformationen wie zum Beispiel die, daß an AIDS Erkrankte nicht mehr ansteckten.[91] Notorisch verunsichernd ist das immer wieder zu registrierende Beharren auf und Warnen vor Ansteckungswegen, die keine sind, etwa Kontakt der gesunden Haut mit kontaminiertem Blut[92], welche angebliche Infektionsmöglichkeit eine Lieblingsvorstellung autoritärer Persönlichkeiten und moralischer

Kreuzfahrer darstellt. Daß Mücken AIDS übertragen können sollen, ist inzwischen fast schon zum Volksglauben geworden, mit dem Fachleute sich nur mehr seufzend zu befassen vermögen.[93] Erst ein Jahr alt ist die Theorie einer groß herausgebrachten ‹neuen Gefährdung durch AIDS› in Form eines vermuteten urplötzlichen, unvorsehbaren geistigen ‹blackouts› bei Jet-Piloten, Lufthansa-Kapitänen und Lokführern[94], gegen die sich allerdings die Lufthansa umgehend zur Wehr setzte; sie betonte, daß Leistungsabfälle nie derart spontan aufträten, ihre Piloten ohnehin regelmäßig getestet würden und zudem bei jedem Flug ein kompetenter Copilot anwesend sei.[95] Eine Stimme aus Bayern forderte dennoch ausdrücklich Maßnahmen, berief sich auf das ominöse ‹Restrisiko› und schob den Einwand auf die auch nicht gerade ungefährlichen Autobahnen mit dem bei solchen Gelegenheiten beliebten Argument beiseite: «Das ist doch etwas ganz anderes!»

Politische Entscheidungsträger wähnen sich eben allzu oft in stetigem Handlungsdruck, wobei sich dann

«viele wegen fehlenden eigenen Sachverstands auf wissenschaftliche Berater und Experten berufen müssen. Dabei sind ihnen zwangsläufig eine Bewertung unterschiedlicher wissenschaftlicher Standpunkte und die gewichtende Beurteilung differierender Argumentationen kaum möglich. Das Ergebnis ist gelegentlich leider eine unselige Verquickung politischer Programmatik mit wissenschaftlichen Teilmeinungen. Das wird dem HIV-/AIDS-Problem nun einmal nicht annähend gerecht, dessen epidemiologische Wesensmerkmale einer tagespolitischen Erfolgserwartungshaltung entgegenstehen.»[96]

Der Ruf nach dem starken Staat zum Schutz vor AIDS richtet sich so an die falsche Adresse, und die Heftigkeit der Diskussion steht in keinem Verhältnis zum Ausmaß der Gefahr. Harte Maßnahmen ergreifen müßten Behörden und Staat nur dann, wenn AIDS wirklich eine Seuche wäre und im normalen Alltag ansteckte.[97] AIDS ist aber nur in wenigen, klar beschriebenen Situationen übertragbar und durch eigenverantwortliches Handeln vermeidbar.[98]

V. Ängste und Vorurteile in Beratungssituationen

1. Irrationale Ängste und heilsame Vorsicht

In den Humanwissenschaften werden die beiden Begriffe ‹Angst› und ‹Furcht› häufig als zwei unterschiedliche Gefühle verstanden. Psychologen definieren Furcht als adäquate Reaktion auf eine reale oder vorgestellte Bedrohung, gleichsinnig spricht man auch von Realangst im Gegensatz zu neurotischer [1], die als unangepaßt gilt und dadurch gekennzeichnet ist, daß sie ohne ersichtliches Objekt auftaucht. [2] In der Ethologie gilt das gleiche Einteilungsschema [3], auch in der Soziologie wird es zuweilen angewandt. [4] Die Enquete-Kommission ‹AIDS› des Deutschen Bundestages entschied sich nach längeren Überlegungen für die Wortwahl ‹irreale Ängste› versus ‹berechtigte Furcht vor realen Gefahren›. [5] Rita Süssmuth spricht von

«Angst um das eigene Leben sowie das Leben vertrauter und geliebter Mitmenschen» [6]

und meint dabei dasselbe, was ich in den vorangegangenen Kapiteln mit der Angst vor dem gestörten Körper-/Bewegungsschema oder – verkürzend – mit kreatürlicher oder atavistischer oder einfach Krankheitsangst bezeichnet habe. Es gibt jedoch auch soziologische Stimmen, die eine Aufspaltung, wie sie mit den beiden Begriffen geschehen ist, nicht für notwendig halten, da sie nicht weiterführe und Angst jedenfalls der übergreifendere von ihnen sei.[7]

Trotz sonstiger Vorliebe für genaue begriffliche Trennungen schließe ich mich dem an, denn gerade bei AIDS habe ich Bedenken, Furcht und Angst zu konsequent voneinander abzugrenzen. Das Problem bei AIDS-Ängsten ist ja, daß viele Menschen sie haben, weil sie objektiv überzeugt sind, daß sie begründet seien. Wem zu wenig oder irreführende Informationen zugeflossen sind, der ängstigt sich sozusagen guten Glaubens und nach bestem Wissen. Von seinem Standpunkt aus handelt es sich um ‹realitätsangepaßte› Furcht. Wem man zum Beispiel eingeredet hat, AIDS sei auch bei intakter Haut durch Kontakt mit kontaminiertem Blut übertragbar, der müßte sich selbst für verantwortungslos halten, wenn er angesichts dieses Wissens nicht in allen Fällen striktes Meideverhalten übte, wo ein derartiger Kontakt unter Umständen gegeben sein könnte. Jemand nun, der weiß, daß es sich hier um einen jener Übertragungswege handelt, die keine sind, wird seinerseits vielleicht annehmen, der andere müsse irgendwie gestört sein, weil er Angst bezeugt, obwohl sie überflüssig ist, und er wird vielleicht vermuten, jener habe irgendwelche eigenen Sexprobleme, die er auf AIDS verschiebe, das heißt, er benutze AIDS im Sinne von ‹Stellvertreter›-Ängsten.[8] In Wahrheit hängt es hier zwar nicht allein, aber doch weitgehend von der Validität der übermittelten Informationen ab, ob auftretende Ängste als begründet oder lediglich vorgeschoben verstanden werden müssen.

Praktisch wird die Abgrenzung zwischen berechtigter Krankheitsangst und anderen – neurotischen – Emotionen, die sich als jene lediglich gleichsam tarnen, durch das unübersehbar ‹auffällige› Verhalten der betreffenden Menschen erleichtert, die – zumeist nach einigen Irrfahrten – schließlich in therapeutische Behandlung kommen, weshalb ihre Reaktionen zumeist von Psychiatern dokumentiert werden.

a) Neurotische AIDS-Ängste

Die ersten Fälle unzweifelhaft neurotischer Reaktionen wurden im März 1987 bekannt: Menschen, die durchaus gesund waren und zudem bereits ein negatives Testergebnis besaßen, entwickelten aus schierer Angst diffuse Symptome und glaubten schon aufgrund banaler Beschwerden, von AIDS befallen zu sein, ohne allerdings auch nur zu einer Hauptbetroffenengruppe zu gehören.[9] Die Ursache für das Umsichgreifen der neuen Neurose wird in einer «seuchenartig verbreiteten Desinformation» gesehen[10]; wellenförmiges Ansteigen dieses Syndroms geht konform mit gehäufter AIDS-Berichterstattung in den Medien.[11] Mittlerweile nehmen AIDS-Phobie und AIDS-Hypochondrie[12] in der Bevölkerung

«ein immer größeres und ernster zu bewertendes Ausmaß an. Es handelt sich um eine psychische Krankheitssymptomatik, die auf dem Boden einer meist neurotischen Persönlichkeitsstruktur entstehen kann und durch ‹Medienorkane›, die in keiner Relation zur tatsächlichen aktuellen Gefahr für die breite Bevölkerung stehen, induziert und unterhalten werden.»

Der Anteil von Beratungsfällen mit offensichtlich übersteigerter Ängstlichkeit bei Menschen, die sich in der Vergangenheit nicht in irgendwelchen Risikosituationen befunden hatten, die eventuell zu einer Anstekkung hätten führen können, wurde seitens Gesundheitsämtern mit 50 bis sogar über 75 Prozent beziffert.[13]

Menschen mit dieser hysterischen Angst haben unerfüllbare Sicherheitswünsche und suchen nach jeder Horrormeldung in den Medien AIDS-Hilfen, Beratungsstellen, Gesundheitsämter und Arztpraxen heim. Manchmal ist ihnen mit einem negativ ausfallenden Testergebnis zu helfen, manchmal glauben sie einem solchen aber auch nicht; es sind Fälle bekannt, in denen diese Opfer der AIDS-Berichterstattung sich bei verschiedenen Institutionen insgesamt über zehnmal haben testen lassen.[14]

Man unterscheidet heute drei Stärkegrade solcher neurotischen Ängste: AIDS-Phobie, AIDS-Hypochondrie und AIDS-Paranoia.

Unter AIDS-Phobie ist die erwähnte irrationale Ansteckungsfurcht zu verstehen, die sich als Produkt einer neurotischen Verarbeitung desinformierender Berichterstattung durch bloße Aufklärung nur mehr kaum beseitigen läßt. AIDS-Phobiker praktizieren passives Meideverhalten. Phobische AIDS-Angst veranlaßt Familien, sich von ihren infizierten Angehörigen zu trennen, und bewegt Eltern, ihren Kindern jeglichen Kontakt mit infizierten Kindern zu verbieten. Selbst bei voll aufgeklärten Mitgliedern von Gesundheitsberufen tritt sie gelegentlich auf, sogar bei Ärzten, die genau wissen, wie man sich anstecken kann und wie nicht, und auch bei Schwestern und Pflegern.[15]

Wenn trotz eines oder gar mehrerer negativen Tests immer neue Wünsche nach weiterer Testung geäußert werden, hat die AIDS-Phobie sich zur AIDS-Hypochondrie fortentwickelt. So nennt man die real unbegründete, zwanghafte Vorstellung, mit AIDS tatsächlich infiziert zu sein. Deshalb fürchten AIDS-Hypochonder bei der geringsten Unpäßlichkeit den unmittelbar bevorstehenden Ausbruch der Krankheit. Sie neigen zu zwanghaften Grübeleien, und ihre gedrückte Grundstimmung kann bis zur Arbeitsunfähigkeit führen. Im klinischen Bereich findet man eine relativ hohe Zahl dieser Patienten.[16]

Die stärkste Ausprägung der HIV-Angst führt zur AIDS-Paranoia. Hier vermischen sich die Ansteckungsängste mit Haßgefühlen gegenüber Virusträgern, vor allem den Mitgliedern von Hauptbetroffenengruppen, die man als eine Art Verfolger erlebt und als solche bekämpft zu sehen wünscht; die Angst schlägt in aggressive Abwehr um.[17] Der

AIDS-Paranoiker weist die typischen Züge der autoritären Persönlichkeit auf. Begünstigt wird das paranoide Denkmuster durch die traditionellen sozialen Vorurteile gegenüber diskriminierten Minderheiten, die als ‹Virusträger› gelten. AIDS-Paranoiker betreiben aktiv-aggressives Meideverhalten oder begünstigen es tendenziell.

Nach klassisch-psychiatrischer Definition bedeutet ‹paranoid› eine spezifische Ausformung des irrationalen Denkens«[18]:

«Es gibt in der Tat Personen, die durch keine Einwände von ihrem Standpunkt (und Vorurteil) abzubringen sind. Dies gilt für viele klinische Fälle.»[19]

Paranoide Einstellungen führen zu Schuldzuweisungen für eigene echte oder eingebildete Probleme an unbeteiligte Dritte. Zwar ist AIDS an sich eine Krankheit wie jede andere. Aber die Verfolgungsstimmung gegenüber den angeblich an ihr Schuldigen, die mit Panik gemischte Aggression darin suggeriert, daß man in AIDS etwas Teuflisches bekämpfen müsse und erinnert an die Hexenverfolgungen, deren Erben wir sind.[20] Urängste werden wach und zum Teil ganz bewußt geschürt.[21] Die Dämonisierung resultiert natürlich aus der Angst, womit jene Bereiche irrational-magisch besetzt sind, die infolge der spezifischen Übertragungswege mit AIDS verquickt werden. Das Virus, das man als ‹diabolisch› und ‹teuflisch› apostrophiert[22], wird zum angreifenden Feind stilisiert (daher der oft unerträglich martialische AIDS-Jargon); die Betroffenengruppen erscheinen dabei als seine Verbündeten.[23]

Ein schreckliches Beispiel für AIDS-Paranoia im Endstadium: 1987 erschoß ein Bordellkunde eine Prostituierte und einen der dortigen Angestellten, anschließend sich selbst. In einem Abschiedsbrief legte er dar, er habe sich bei einer Prostituierten mit AIDS infiziert, und wenn er schon sterben müsse, dann wolle er eine solche Frau mitnehmen. Irgendeine, denn die Ermordete war ihm völlig unbekannt und außerdem gesund (also keine ‹Desperada›); auch er selbst war, wie sich später herausgestellt hat, nicht infiziert, er hatte sich das lediglich wahnhaft eingebildet.[24]

b) Ängste um Krankheit, Tod und Sterben

Die sämtlichen AIDS-Ängsten – den normalen wie den neurotischen, den realen wie den irrealen – gemeinsame Grundangst ist selbstverständlich die vor Vernichtung und Tod.[25] Wir leben in einer Kultur, die uns an den Glauben gewöhnt hat, wir könnten mehr und mehr Krankheiten zurückdrängen und sie schließlich durch neue Behandlungen oder durch vorbeugende Maßnahmen eliminieren.[26] AIDS hat für uns sowohl etwas Unheimliches als auch irgendwie Unzeitgemäßes: Unheilbare Krankheiten gehören ins Mittelalter oder in die Dritte und Vierte Welt. Wir mögen uns nicht mehr eingestehen, daß der Tod auch für uns etwas höchst Reales und der natürliche Abschluß des Lebens ist.

«War das Sterben früher Bestandteil des Zusammenlebens, so ist es heute für die meisten Menschen eher etwas Abstraktes. Der Tod kommt via Fernsehen und Zeitungen zu uns. Der Tod ist ausgelagert.»[27]

«Wir sperren den Tod in Pflegeheime, Kliniken, Sanitätswagen. Wir sehen weg. Wir verabschieden uns nicht von unseren sterbenen Mitmenschen, sondern überlassen sie den Apparaten der Intensivstationen. Wir wissen um den Tod, aber wir tun so, als seien wir unsterblich.»[28]

Wenn wir den Tod überhaupt akzeptieren, dann nur bei alten, lebensgesättigten Menschen. Doch AIDS betrifft zumeist jüngere Jahrgänge, und das konfrontiert uns mit der Einsicht, daß auch wir, die wir diesen noch altersmäßig nahestehen, nicht sicher sein dürfen, daß uns der Tod erst im hohen Alter trifft.[29] Deshalb kommen Gefühle der Hilflosigkeit, Ohnmacht und Resignation auch bei Ärzten und Pflegekräften, die AIDS-Patienten betreuen, viel häufiger als sonst zum Durchbruch; sichere Heilmittel stehen nicht zur Verfügung, der ‹Kampf› gegen die Krankheit wirkt von vornherein aussichtslos, und das wiederum verstärkt den Eindruck des Unheimlichen.[30] Tod ist auf einmal wieder etwas, womit man sich beschäftigen muß. Vom Grundsatz her ist das durchaus sinnvoll:

«Denn im Angesicht unserer Sterblichkeit werden wir uns wieder – oder erstmals – unserer Freiheit bewußt, unserer Einmaligkeit und unserer Unabhängigkeit von sozialen Wohlverhaltenserwartungen.»[31]

In dem Kontext darf aber ein Faktum nicht vernachlässigt werden, das vielleicht geeignet ist, die Ängste vor AIDS auf weniger irreale Dimensionen der Gefährdung zu bringen. Wegen der von den Medien eingehämmerten Kongruenz-Konstellation ‹AIDS = Seuche = (vorzeitiger) Tod› assoziieren viele Menschen mit dem AIDS-Begriff spontan: ‹Tod›. Objektiv ist diese Assoziation aber bloß insofern zutreffend, als nach bisherigen Erfahrungen jeder schließlich an AIDS stirbt, wenn er einmal das Vollbild der Krankheit entwickelt hat. Der Begriff ‹AIDS› jedoch schließt – auch dies infolge falscher oder unvollständiger Informationen durch die Medien – stets die Vorstellung mit ein, daß schon die HIV-Infektion baldigen, sicheren Tod bedeute (‹jetzt ist alles aus!›). Glücklicherweise trifft das mit dieser Unbedingtheit wahrhaftig nicht zu: Nicht nur sind symptomlos Infizierte arbeitsfähig und stecken im normalen Alltagskontakt niemand an[33], sondern es gibt auch einzelne Positive,

«die seit Jahren positiv, aber in ihrem Beruf und in ihrem Umfeld voll akzeptiert sind und bleiben und... nach Aussage von Medizinern wahrscheinlich auch an anderen Dingen sterben werden».[34]

Niemand weiß bis heute, warum dies so ist: Warum es Seropositive gibt, die gesund bleiben, obwohl sie das Virus in sich tragen, und andere, deren Zukunft weniger günstig ist. Die Medizin vermutet, daß irgendwelche Ko-Faktoren dafür verantwortlich sein könnten, aber gesicherte Hinweise fehlen noch. Wie robust muß man sein, um gesund und arbeitsfähig zu bleiben, trotz HIV-Infektion? Und in welcher Beziehung robust? Ist die persönliche psychische Stabilität ausschlaggebend? Die Ernährung? Die Umwelt? Das sind zur Zeit Fragen ohne Antworten, aber das muß ja nicht so bleiben. Überall in der Welt wird mit großem Engagement danach geforscht. Jedenfalls darf, ohne daß dabei die Schwere der Gefahr heruntergespielt beziehungsweise verharmlost würde, festgehalten werden: Die HIV-Infektion als solche ist kein Todesurteil.[35]

Selbstverständlich darf die Bedrohung nicht bagatellisiert werden, indem man eine Strategie der persönlichen Risikoleugnung betreibt; damit läge übrigens eine weitere neurotische Verarbeitung des AIDS-Problems vor.[36] Auch Gewöhnung an die Gefahr macht diese bloß subjektiv geringer und ist darum keineswegs hilfreich. Ebenso darf das eigene rationale Praktizieren von Selbst- und Partnerschutz in Risikosituationen nicht davon beeinflußt werden, ob die Medien das Thema gerade wieder einmal hochspielen. Eine an den wirklich vorhandenen Übertragungswegen orientierte Vorsicht hilft dagegen, effektive Schutzvorkehrungen zu treffen. Sie bedarf allerdings regelmäßiger ‹Erinnerungshilfen›, denn aller Voraussicht nach werden wir mit AIDS noch viele Jahre zu leben haben, und sexuell aktive Menschen, die nicht in beiderseits streng monogamen Partnerschaften leben, müssen sich an die erforderlichen Schutzmaßnahmen so gewöhnen, daß sie selbstverständlich werden. Das aber ist ein langwieriger Prozeß, der ständiger Unterstützung bedarf, die die nötige Vorsicht wachhält.

Diskriminierung und Vorurteile gegenüber Menschen, die ‹mit AIDS zu tun haben› wären weit geringer, wenn die Horror-Nachrichten darüber aus den USA nicht so blindlings geglaubt worden wären. Die ersten, recht moderaten Aufklärungskampagnen der Bundeszentrale für gesundheitliche Aufklärung Anfang 1987 lösten panikartige Reaktionen aus, da man von den Vorstellungsbildern ausging, die die Medien in sensationeller Aufmachung über die neue Krankheit verbreitet hatten; die erfolgte offizielle Maßnahme wurde als Beweis gewertet, daß wir demnächst dasselbe zu gewärtigen hätten, was uns die Medien aus dem Ausland in schockenden Bildern berichtet hatten. Da sich AIDS angeblich ‹seuchenhaft› ausbreitete und ‹alle anging›, hatten von jenen ‹allen› natürlich die meisten verständlicherweise wirklich große Angst und fühlten sich hilflos. Das mag vielleicht die Ursache dafür sein, daß die öffentliche Diskussion um die richtige Strategie bei der Infektionsvermeidung weniger mit sozial-medizinischen als mit juristischen Argumenten bestritten wurde.[37]

In dem Zusammenhang dürfte es von Bedeutung sein, sich einmal vor Augen zu führen, wie viele ‹Seuchen›opfer wir durch AIDS bei einer Bevölkerungsgröße von rund sechzig Millionen in der Bundesrepublik eigentlich bislang zu beklagen haben:

Bis Ende 1988 sind bei uns (einschließlich Berlin) 1146 Menschen an AIDS verstorben. Erkrankt am Vollbild AIDS waren zu diesem Zeitpunkt 1633 Personen. Die Zahl der – anonym – gemeldeten HIV-Infektionen wurde zum 30. November 1988 mit 27703 angegeben.[38]

Bezeichnenderweise werden einem diese Zahlen, wenn man sie in Diskussionen anführt, immer nur mit großer Skepsis abgenommen. Die erwähnten abenteuerlichen Hochrechnungen, wo mit Hunderttausenden jongliert wird, haben die Öffentlichkeit gründlich desinformiert. Die unbezweifelbare Tatsache, daß AIDS-Ängste sich leicht aufgrund der spezifischen Übertragungswege an latent-unbewußten, nomisch gespeisten Sexual- beziehungsweise Schuldängsten festmachen, darf nicht darüber hinwegtäuschen, daß es dem Publikum wegen der zahlreichen, einander widersprechenden, einander überbietenden Angaben nicht leichtgemacht wird, sich ein zutreffendes Urteil über das Ausmaß der Gefährdung selbst zu bilden. Die echten Zahlen stehen selbstredend in der Zeitung, aber als seriöse Meldungen sind sie ohne publizistischen Aplomb aufgemacht, fallen kaum ins Auge und können darum die jahrelang vorgekauten falschen nur schwer korrigieren.

c) Beratung muß für alle dasein

Das Bedürfnis nach Aufklärung ist groß und anhaltend. Die deutschen AIDS-Hilfen bekommen im Durchschnitt täglich mehr als dreitausend telefonische Anfragen, und es sind überwiegend Durchschnittsbürger, die anrufen, das heißt keine Mitglieder von Hauptbetroffenengruppen.[39] Zwischen Januar und Mitte Oktober 1988 führte die Bundeszentrale für gesundheitliche Aufklärung rund 50 000 telefonische AIDS-Beratungen durch. Sechzig Prozent der Anrufer waren ‹Bürger wie du und ich› und hatten keine risikobedingten Informationsbedürfnisse. Etwa zwanzig Prozent aller Anrufer machten sich Sorgen, ob vielleicht eine Ansteckung vorläge; das in den telefonischen Beratungsgesprächen erkennbare Risiko war allerdings geringer als diese zwanzig Prozent, das heißt, es gab unbegründete Ängste. Ungefähr ein Drittel der Anrufer repräsentierte die heterosexuelle Bevölkerung. Von der Gesamtzahl der Anrufer waren nur 379 Personen infiziert oder krank[40]; jeder der zwanzig Telefonberater der Bundeszentrale hatte im Berichtszeitraum etwa fünfzig Gespräche mit Anrufern dieser Kategorie geführt. In rund tausend Gesprächen ging es um die Beratung von Testinteressierten. Insgesamt ist weiterhin eine erhebliche Nachfrage an telefonischer Beratung zu verzeichnen. Weil das Telefon die Anonymität zuverlässig gewährleistet, wird diese Form der Beratung als niedrigschwellige Anlaufstelle für alle Arten von Betroffenheit gut angenommen.[41]

Diese Beliebtheit der Anonymität beweist, wieviel Ängste vor Diskriminierung schon bei der Wahl der beratenden Stelle aufzutreten vermögen. Auch Menschen, die keineswegs zu den definierten Betroffenengruppen gehören, fürchten sich, ihre Probleme offen darzulegen, wenn eventuell danach ‹Erfassung› drohen könnte.[42] Den Ängsten in Beratungssituationen liegen eben stets zwei voneinander abhängige Ursachen zugrunde: Einmal die Angst davor, womöglich wirklich infiziert zu sein und das im Zusammenhang mit der Beratung schließlich bestätigt zu bekommen, außerdem aber die Angst vor vorurteilshafter Diskriminierung, die drohen könnte, sofern man sich als Mitglied einer Hauptbetroffenengruppe oder als sonstwie gefährdet offenbart.

Die Struktur der Beratungsstellen muß der Vielfalt der anzusprechenden Zielgruppen gerecht werden. Vor allem müssen die Berater fachkundig sein, wofür ein entsprechendes Fortbildungs- und Qualifikationsangebot (Supervision) wichtig ist. Für manche Ratsuchende sind die Gesundheitsämter der adäquate Ansprechpartner. Für andere sind es die Hausärzte, die Beratungsstellen der Kirchen und freien Wohlfahrtsträger, die Drogenberatungen und die AIDS-Hilfen. In deren Beratungen beträgt der Anteil Ratsuchender ohne spezielle Risikofaktoren über die Hälfte; mehr als ein Drittel gehören zu Hauptbetroffenengruppen, wovon ein Großteil Homosexuelle sind. Doch auch Drogenabhängige kommen zur Beratung dorthin, vermutlich, weil sie aufgrund ihrer besonderen Lebensumstände kaum eigene Selbsthilfeorganisationen aufbauen können und hoffen, dort in ihrem Außenseiter-Status eher akzeptiert zu werden als bei Ämtern oder der Drogenhilfe, wo nicht selten noch das rigide ‹Clean-sein-Ideal› vorherrscht. Neuerdings gibt es außerdem Angebote eher informeller Beratung, wo man in einer Atmosphäre informierter Solidarität diskutieren und mehr Sicherheit gewinnen kann.[43]

Die Frage, ob die Beratung wichtiger sei als der Test beziehungsweise ob Beratung überhaupt nur dann als effektiv zu betrachten sei, sofern sie letztlich zum Test führe, hat bei uns inzwischen die Ausmaße eines Glaubenskrieges angenommen. Doch die vorliegenden Vergleichsstudien lassen keine eindeutige Aussage darüber zu, was für eine erfolgreiche AIDS-Eindämmung wichtiger sei, Beratung oder Test[44]; fest steht allerdings, daß vor jedem Test ein intensives Beratungsgespräch stehen muß. Jemandem einen Fragebogen zum Ankreuzen von stattgehabten Risikosituationen hinzulegen, genügt nicht. Es ist zu fragen, ob ein Test ohne vorhergegangenes, ausführliches Beratungsgespräch nicht im Grunde genommen als medizinischer Kunstfehler angesprochen werden muß. Daß Beratung nach Erhalt eines positiven Testergebnisses nötig ist, wird nirgendwo bestritten, daß sie auch nach einem negativen sinnvoll und nützlich sein könnte, scheint noch nicht Allgemeingut der beratenden Institutionen geworden zu sein.[45] Wer in Risikosituationen lebt, den könnte ein negatives Ergebnis zu falscher Sicherheit verleiten, und wer eigentlich nie irgendwelche Ansteckungsrisiken gehabt hat (dessen Test also, genaugenommen, überflüssig war), der bedarf ausführlicher Information darüber, welche Ansteckungswege ‹keine sind›: Hätte er das gewußt, hätte er den Test kaum durchführen lassen. Testwilligkeit und -bereitschaft bedeuten eben häufig entweder neurotische Angst oder massive Desinformiertheit; die erstere bedarf therapeutischer Hilfe, die zweite faktengerechter Darbietung ‹richtigeren Wissens›.[46] In einer guten Beratung müssen Angstabbau und Bemühungen um Prävention sinnvoll aufeinander bezogen sein, Prävention mittels Angstmachen ist inhuman und bringt keine dauerhaften Erfolge.[47]

2. Um den Test zentrierte Ängste und Vorurteile

Wenn man das Risiko, sich mit AIDS anzustecken, mit anderen gegebenen Lebensrisiken vergleicht, zeigt sich, daß eine objektiv abwägende Relation auf diesem Gebiet weithin nicht gegeben ist. Darum erscheint es als

«ein derzeit meist zum Scheitern verurteiltes Unterfangen, über den Einsatz des HIV-Antikörpertests (im folgenden einfach: ‹der Test›) eine rationale Diskussion führen zu wollen. Zu viele – meist verbrämte – Interessen, zu viele – meist uneingestandene – Ängste versperren den Zugang. Sozial- und medizinwissenschaftliche Wissenslücken geben Raum für argumentativ meist fruchtlose Spekulationen. Besonders beliebt ist die Verwechslung der Ebenen des individuellen Schutzverhaltens und der staatlich-medizinpolitisch betriebenen Präventionspolitik mit ihrer je eigenen Logik.»[48]

Hinzu kommt eine häufig zu konstatierende ärztliche Testfreudigkeit. Für die Medizin stellt es offenbar generell eine schwierige Lernaufgabe dar, auf einen medizintechnisch erhebbaren Befund deshalb zu verzichten, weil durch diesen im Ergebnis mehr gesundheitlicher Schaden als gesundheitlicher Nutzen entsteht.[49]

Aufgrund der zahlreichen mit dem Test verbundenen psychischen Unabwägbarkeiten und sozialen Implikationen ist es außerordentlich wichtig, in Beratungssituationen nicht als Autorität aufzutreten, die den Test lobt, sondern dem Betreffenden sozusagen ‹auf gleicher

Augenhöhe› zu vermitteln, was der Test bedeutet, und den Ratsuchenden genau zu informieren, was er aussagen und nicht aussagen
kann. Dem Betreffenden muß deutlich gemacht werden, was auf ihn
unter Umständen an psychischer Belastung zukommt, so daß er sich
gut überlegt, ob er den Test machen lassen möchte, und sich dazu nicht
kurzschlüssig entscheidet.

«Dabei empfiehlt es sich vielfach, dem Betreffenden Zeit zu geben und zu sagen:
‹Gehen Sie erst mal nach Hause und überlegen Sie sich das sehr genau.›»[50]

a) Was der Test kann und nicht kann

Sehen wir zu, was der Test vermag, so treffen wir auf sieben Situationen, bei denen er nützlich bis unabdingbar ist. Zwingend geboten
erscheint er zum Ausschluß von Infektionen durch Bluttransfusionen,
Blutprodukte, Transplantationen und durch Samenspenden, angebracht ist er bei Schwangeren aus Hauptbetroffenengruppen sowie
zum Zweck der Differentialdiagnostik und oft erwünscht als ‹Bilanz-
test› dann, wenn ein Paar eine feste Partnerschaft beginnen möchte und
beide wissen wollen, ob sie nach stattgehabten Risikokontakten in der
Vergangenheit nun in Zukunft mit oder ohne Kondom verkehren sollten.[51]

Gehen wir dazu über, was der Test nicht vermag, erweisen sich die
Dinge als komplizierter.

Vor allem ist der Test keine Impfung, was erstaunlicherweise manchmal geglaubt wird.[52]

Und selbstverständlich ist seine Vornahme auch keine ‹Behandlung›
im kurativen, sondern höchstens im Sinne eines ‹ut aliquid fiat› (lateinisch = ‹irgend etwas sollte gemacht werden›), wenn nämlich der
Wunsch, gegen eine diffuse Bedrohung wenigstens irgend etwas zu unternehmen, übermächtig wird, was sowohl bei Arzt wie Patient vorkommen kann. Dabei ist der Test wegen seiner psychischen ‹Nebenwirkungen› ein keineswegs harmloses Instrument in ärztlicher Hand; der
Verzicht auf seine Anwendung kommt allerdings für viele Mediziner
dem Abschied von identitätsstiftenden kurativen Allmachtsvorstellun-
gen gleich. Als ein Argument für die Notwendigkeit einer Testung wird
ärztlicherseits gelegentlich angeführt, der Test diene der Früherkennung. Doch eine medizinische Indikation zur Früherkennungsunter-
suchung auf nicht behandelbare Krankheiten existiert nach den Regeln

der ärztlichen Kunst nicht.[53] Weit relevanter als die Ungeeignetheit des Tests als ‹Impfung›, als ‹Behandlung› und zur Früherkennung eines nichtbehandelbaren Leidens erscheint, daß der Test nicht einmal das absolut fehlerfrei zu leisten vermag, was seine eigentliche Aufgabe ist: Selbst bei optimaler Handhabung von Test und zuzüglichem Bestätigungstest können falsch-positive und falsch-negative Ergebnisse vorkommen.[54] Unabhängig davon läßt sich per Test auch keine mit Sicherheit das Verhalten steuernde Wirkung hervorbringen, wie sie von manchen juristischen Stimmen gegen die empirische Evidenz behauptet wird[55]:

«Versuche, über die Mitteilung des Test-Ergebnisses Verhalten zu steuern, kollidieren mit essentiellen Normen ärztlicher Ethik, sind überwiegend erfolglos und in vielen Fällen kontraproduktiv. Sinnvolle und spezifische Verhaltenskonsequenzen folgen aus dem Testergebnis nicht.»[56]

Zur Feststellung des ‹Durchseuchungsgrades› der Gesamtbevölkerung mittels Massentestung oder einer ‹repräsentativen Stichprobe› bei Gesunden ist der Test aus sozialpolitischen Gründen ungeeignet, auf die in den vorangegangenen Kapiteln schon eingegangen wurde[57]; zudem kann es eine wirklich repräsentative Bevölkerungsstichprobe in bezug auf die HIV-Ansteckung nicht geben, weil die ‹repräsentative› Risikoverteilung aufgrund vieler offener Forschungsfragen (Übertragungsmechanismus, Ko-Faktoren, Latenzzeiten, Ausbruchswahrscheinlichkeit) gar nicht ermittelt werden kann.[58]

b) Wer sollte sich testen lassen?

Vergleicht man, was der Test leisten und was er nicht leisten kann, ist die Antwort auf die Frage, wer sich sinnvollerweise testen lassen sollte und aus welchen Gründen, offensichtlich gänzlich vom jeweiligen Einzelfall abhängig. Unabdingbar bis nützlich ist es, sich im Zusammenhang mit den vorstehend genannten sieben Situationen testen zu lassen; hinzu kommen solche rein sachlicher Art, zum Beispiel wenn man für die Einreise in ein bestimmtes Land ein negatives Testergebnis vorweisen muß. In Anbetracht vieler individueller gesundheitlicher, sozialer und psychologischer Gesichtspunkte sollte sich jedenfalls nur jemand testen lassen, der sich nach einer ausgiebigen fachkompetenten Beratung in Selbstverantwortung und Eigenkompetenz dazu entschlossen hat.[59] Ein negatives Ergebnis kann, sofern man es nicht als ‹Freibrief› verkennt und als falsche Sicherheit mißdeutet, durchaus befreiend wirken.[60] «Das Leben in Unsicherheit ist schwer auszuhalten. Die individuelle Hoffnung auf ein negatives Testergebnis läßt die Gegenargumente klein werden.»[61] Die allermeisten, die sich einem Test unterziehen, tun das jedoch nicht, um Sicherheit zu gewinnen;

«es geht eben keiner hin, weil er denkt, dann weiß ich endlich, daß ich HIV-positiv bin, sondern eben in der Hoffnung, sich ein negatives Ergebnis abholen zu können».[62]

Allerdings sind viele, die auf ein negatives Ergebnis hoffen, dennoch bereit und auch fähig, sich mit dem Test auseinanderzusetzen und die Konsequenzen zu tragen.[63] Doch die AIDS-Bedrohung vor dem Test ist an sich schon so gravierend, daß der Betroffene

«sich berechtigterweise fragen muß, ob er sie überhaupt mit den ihm zur Verfügung stehenden Möglichkeiten bewältigen kann».[64]

Ausschlaggebend für Annahme oder Ablehnung eines Testangebots ist darum stets der eigene freie Entschluß eines Menschen, da er es ja schließlich ist, der mit dem Ergebnis später leben muß, nicht aber der Berater.[65]

Jene gelegentlich zu hörende Ansicht, der Test sei verantwortlichkeitsfördernd, denn nur der könne seine Partner vor einer Infektion schützen, der um die eigene wisse[66], geht an den Realitäten des Lebens vorbei: Durch Kondombenutzung oder andere Methoden von ‹Safe Sex› kann jeder jeden sicher schützen, und zwar unabhängig davon, ob er oder der/die Partner/in infiziert ist oder nicht beziehungsweise darüber Gewißheit hat oder nicht. Wer in Risikosituationen gewesen ist oder ständig lebt, muß damit rechnen, infiziert sein zu können. Von einer wie auch immer ‹unbeabsichtigten› Weitergabe der Infektion infolge ‹Unwissenheit› kann dann aber nicht die Rede sein. Das Schutz-Argument ist keines für den Test, sondern eines für strikte Kondombenutzung in Risikosituationen[67]; gleichsinnig gilt dasselbe für die Vermeidung des gemeinsamen Spritzbesteck-Gebrauchs bei Drogenabhängigen.

«Die Figur des ‹ahnungslos andere Menschen ansteckenden Infizierten› ist ein gesundheitspolitisches Phantom aus der Trickkiste der Apokalyptiker.» [68]

«Weltweit liegen über 40 Studien vor, die – meist am Rande anderer Fragestellungen – die Fragen behandeln: Entschluß zum Test, Vornahme des Tests, Mitteilung des Testergebnisses, Reaktion auf positive wie negative Testergebnisse... Aus dem vorliegenden Material läßt sich nicht belegen, daß Test und Ergebnismitteilung eine nachhaltig positive Wirkung auf das präventionsrelevante Verhalten ausüben. Die durch Test und Ergebnismitteilung erzielbaren (zeitstabilen?) Verhaltensänderungen liegen nicht höher als diejenigen, die durch eine professionell gestaltete und betroffenennah durchgeführte Strategie der Verhaltensbeeinflussung (Aufklärung und Beratung) zu erzielen sind.» [69]

Die negativen Folgen eines positiv ausgegangenen Tests können für die Betroffenen erheblich sein. Zu der natürlichen Angst vor möglicher Verschlechterung ihres Gesundheitszustandes in der Zukunft tritt die Sorge, bei Bekanntwerden ihres Serostatus diskriminiert zu werden; man fürchtet die Reaktionen des sozialen Umfeldes, zumal nicht selten erst bei dieser Gelegenheit offenbar wird, daß der Betreffende zu einer der Hauptbetroffenengruppen gehört. [70]

«Diese Ängste werden zusätzlich verstärkt, wenn die Gesundheitspolitik Tendenzen zur Stigmatisierung von Testpositiven fördert.» [71]

Bei bis zu fünfzig Prozent von ihnen treten nach der Mitteilung des Ergebnisses schwere psychische Störungen und Depressionen auf, es kommt zu individueller Anomie, Hysterie, Verlust der rationalen Handlungskontrolle und Panik; Experten schätzen, daß jeder Tausendste Selbstmord begeht. [72] AIDS-Hilfen haben die Erfahrung gemacht, daß Fälle von Selbstmord nach Erfahren des positiven Testergebnisses im Hinblick auf Angehörige, Freunde und Umgebung bewußt vertuscht werden, wobei Ärzte aus der ‹Szene› helfen, indem sie den Leichenschein ‹unverdächtig› ausfüllen. Dergestalt mögen viele faktische Selbstmorde statistisch unerkannt bleiben. [73] Außerdem gibt es Frühsuizide aus echter Not – die Menschen kommen mit ihren Sozialbelangen nicht mehr klar –[74]; die häufig festzustellenden depressiven Reaktionen und präsuizidalen Stimmungen dürfen keinesfalls bagatellisiert werden. [75] Negative psychische Einflüsse auf das Immunsystem, bedingt durch die Stress-Situation, über den eigenen positiven Serostatus informiert zu sein, sind nicht auszuschließen. [76] Insofern vermag ein positiver Test aus sonst symptomlos Infizierten behandlungsbedürftige Patienten zu machen. [77]

Wie Betroffene auf die Mitteilung eines positiven Ergebnisses reagieren, das ja schließlich einen bedeutenden Lebensabschnitt darstellt[78], hängt stark von der Art ab, wie man es ihnen sagt: Benachrichtigung per Telefon, womöglich noch durch eine Sprechstundenhilfe oder die unbekannte Mitarbeiterin eines Amtes oder ähnliches läßt die so Informierten mit einem neuen Wissen allein, das sie nur unter überdurchschnittlich glücklichen Umständen in nicht-traumatisierender Form zu verarbeiten fähig sein dürften.[79]

Weil das Testergebnis der gegenwärtigen Situation eines Menschen immer mit einem – unterschiedlich langen und nicht genau zu fixierenden – ‹time-lag› hinterherhinkt, ist es nicht sinnvoll, den Test solchen Menschen zu empfehlen, die es gewohnt sind, mit wechselnden unbekannten Partnern Sex zu haben: Sie müssen vielmehr in der Beratung auf die lebenswichtige Bedeutung von Kondombenutzung und Safe Sex hin orientiert werden.[80] In den Niederlanden hat man sich für promisk lebende Homo- und Heterosexuelle darum zu einer ‹Testentmutigungspolitik› entschlossen.[81] Während die deutschen AIDS-Hilfen bis Ende 1988 eine differenzierende Haltung zum Test eingenommen hatten, indem sie vor seinem Mißverstehen als Gesundheitsvorsorgeinstitut oder pädagogischer Maßnahme oder seinem Mißbrauch als Mittel zur Absonderung warnten[82], raten sie neuerdings insofern von ihm ab, als durch kürzliche Gerichtsentscheidungen die Gefahr ersichtlich wurde, daß jemand aus dem Wissen um seinen positiven Serostatus rechtliche Nachteile im Vergleich zu anderen erwachsen können, die ihren Status nicht kennen.[83] In der Öffentlichkeit scheint dies als eine Art ‹Votieren gegen den Test zum speziellen Schutz von Uneinsichtigen› mißverstanden zu werden[84], obwohl bekanntlich niemand Gesunde hindert, sich ‹gegen› unbekannte Sexpartner/innen, seien diese nun seropositiv oder -negativ, selbst mittels Safe Sex oder Kondomen zu schützen. Wer den absoluten Schutz Gesunder vor Infizierten will, versucht die Quadratur des Kreises, denn niemand, dessen Testergebnis ‹negativ› lautet, muß das zum Zeitpunkt des sexuellen Kontaktes auch wirklich sein.

Die gebotene Zurückhaltung bei der Anwendung des Tests wäre selbstredend dann zu ändern, wenn in Zukunft medizinische Mittel entdeckt würden, mit denen man den Betroffenen schon in der Zeit zwischen latenter Infektion und Ausbruch der Krankheit zuverlässig wirksame Hilfen bieten könnte.[85] Bis dahin stellt sich ernstlich die Frage, ob einem an einer im Endzustand tödlichen Krankheit Infizierten wirklich unbedingt sein positives Testergebnis mitgeteilt werden muß, unabhängig davon, ob und inwieweit er zur Aufnahme einer solch niederschlagenden Nachricht befähigt ist oder nicht.[86] Ein Fachmann äußerte dazu,

> «daß sich derjenige, der erst mit der Vollbilddiagnose mit diesem Problem konfrontiert wird, dadurch durchaus ein Stück Lebensqualität bewahrt hat, auf das er auch ein Recht hat».[87]

Die wesentliche persönliche Auseinandersetzung mit AIDS findet nämlich sehr wahrscheinlich zum Zeitpunkt der Mitteilung des positiven Testergebnisses statt und nicht erst später, wenn Krankheitssymptome manifest werden, und das häufigste Gefühl bei Betroffenen in dieser Situation ist überwältigende Angst.[88]

c) Angst vor Liebesverlust

Neben den bisher erwähnten Gründen zur Angst gibt es noch einen weiteren, dem wir uns zuwenden müssen: Gemeint ist die Angst vor der Krankheit als einem Spezialfall des Glücksverlustes. Die Betroffenen fürchten den Verlust von Glücksempfindungen und Glückssituationen.[89] Infolge der sexuellen Übertragungswege der HIV-Infektion ist die Angst dort eingekehrt, wo man üblicherweise

> «gute, beglückende, schöne und befreiende Erfahrungen macht. Es ist der Lebensbereich, in dem der Mensch besonders empfindlich, angewiesen und verletzlich ist»[90],

es betrifft den Verlust an Liebe durch Verweigerung der sexuellen Begegnung. Je drastischer und dramatischer die Gefahren einer Ansteckung trotz strikter Einhaltung aller nötigen Schutzmaßnahmen ausgemalt werden,

> «desto eher werden natürlich potentielle Partnerinnen oder Partner vor einer intimen sexuellen Begegnung mit Infizierten zurückschrecken».[91]

Die Gesunden verstehen aufgrund unserer nomischen abendländischen Vorstellungen über Sexualität die Krankheit oft als numinose Strafe für verbotenen Sex und scheuen darum vor den Krankheitsopfern als Stigmatisierte zurück. Diese ihrerseits empfinden oft genauso:

«Gerade aus Begegnungen mit AIDS-Kranken berichten viele Fachleute, wie häufig diese sich selber wegen ihrer angeblichen sexuellen Verfehlungen anklagen: So wird dann im seelischen Prozeß aus dem Ansteckungsverursacher Virus die Ansteckungsursache ‹falsche Sexualität›. Was kulturell als unmoralisch gilt – Homosexualität, sexuelle Beziehungen mit mehreren Personen, Sexualkontakte ohne längere Bindungen usw. –, wird in den Phantasieaugen Kranker wie Gesunder leicht zum Fundament einer Krankheit, die dann doch irgendwie als Zuchtrute Gottes, des Schicksals, der Geschichte, der Natur (oder wie die numinosen Vorstellungen immer lauten) gedeutet wird.» [92]

Ein Krankenhausseelsorger berichtet:

«Ich habe sehr häufig in Krisensituationen erlebt – die Mitteilung des positiven Testergebnisses hat ja sicher etwas mit einer Krisensituation zu tun –, daß die Patienten Aggressionen gegen Gott herauslassen wollen.» [93]

‹Warum ich?› wird gefragt.

Die sogenannte ‹Sexuelle Revolution› der sechziger und frühen siebziger Jahre ist offenbar weitgehend ein bloßes Medienereignis gewesen.

«Es darf vermutet werden, daß die Liberalisierung längst nicht immer einer echten Befreiung entsprach, daß der Umbruch in vielen Stücken innerlich nicht nachvollzogen wurde, daß die tradierten Normen eher verdrängt denn aufgegeben wurden.» [94]

Durch diese Haltung haben sich vielfach latente Spannungen, uneingestandene Schuldgefühle, unterschwellige Ängste angestaut.

«Der Bereich des sexuellen Verhaltens wird von Mutmaßungen und Phantasien überlagert; er zieht die Neugier ebenso an wie die Sensationslust, aber selten die Nüchternheit. Nüchternes Wissen kann jedoch ermitteln, daß die oft beschworene oder sogar beklagte sexuelle Revolution nicht stattgefunden hat.» [95]

Deshalb hilft das nur angelesene, nicht aber internalisierte ‹bessere Wissen› nicht weiter; in Krisenfällen werden die alten Vorurteile wieder wach, und das Ergebnis sind Selbstzweifel und Schuldzuweisungen an sich und andere.

Bemerkenswerterweise reagieren Homosexuelle, Heterosexuelle und Drogenabhängige auf ein positives Testergebnis unterschiedlich, bewältigen die Situation unterschiedlich und haben unterschiedliche psychosoziale Kompensationsmöglichkeiten. [96] In einer Untersuchung von 1987 wurde festgestellt, wie 50 HIV-positive Homosexuelle,

20 drogenabhängige, gleichfalls positive Heterosexuelle sowie zehn testnegative, nicht drogenabhängige Heterosexuelle auf die Mitteilung ihrer Testresultate reagierten. Die sehr professionelle Studie kann hier aus Raumgründen nicht ausführlich referiert werden, ihre Lektüre ist höchst aufschlußreich und sollte für Berater ein ‹Muß› darstellen.[97] Knapp zusammengefaßt, ergab sich folgendes Bild: Homosexuelle hatten es am schwersten, ihre Reaktionen waren durch Hilf- und Hoffnungslosigkeit und aggressive Impulse gekennzeichnet; sie fanden kaum oder keine Hilfe bei ihren Familien, und die Infektion brachte ihnen Partnerschaftsprobleme. Einige aus der Gruppe, die sich nicht mit ihrer sexuellen Präferenz zu identifizieren vermochten, glaubten mit dem positiven Test jetzt die ‹Quittung› für ihre ‹Abweichung› zu erhalten. Ein sehr junger Klient, der seinen Eltern gleichzeitig sowohl seine Homosexualität als auch seine HIV-Infektion hätte offenbaren müssen, beging trotz Beratungsgesprächen schließlich Selbstmord. – Die zehn testnegativen Heterosexuellen hatten eindeutig AIDS-Phobie oder AIDS-Hypochondrie (fünf der zehn Leute hatten den Test bereits dreimal durchführen lassen!); allesamt erlebten sie den Sexualkontakt in moralisierender Weise als schuldhaft und erkannten sich dafür – weitgehend unbewußt – eine entsprechende Strafe zu.[98] – Für die untersuchten Drogenbenutzer war die Infektion eher ein ‹Betriebsunfall›, eben die notwendige Konsequenz unsauberer Spritzen. Die Gespräche mit ihnen waren von einer fatalistisch-depressiv-resignativen Grundstimmung geprägt: Jetzt habe es sowieso keinen Sinn mehr, ‹clean› zu werden oder sich um bessere soziale Eingliederung (Arbeit) zu bemühen. – Insgesamt macht die Studie deutlich, was auch Atteslander/Bender bei ihren Fall-Auswertungen gefunden haben:

«Die Angst vor einem tödlichen Ausgang der Infizierung und die Angst vor der ablehnenden Haltung der Umwelt lassen sich im Bewußtsein und in der Einstellung der Betroffenen nicht voneinander lösen.»[99]

Darum kann man nachvollziehen, daß bei manchen Menschen die Angst zunächst einmal dazu führt, sich dem positiven Testergebnis gegenüber à la ‹Vogel Strauß› zu verhalten: Es gibt Betroffene, die über ein halbes Jahr lang strikt ableugnen, sich in irgendeiner Weise infektionsriskant verhalten zu haben, bis sie schließlich sich selbst und den Beratenden einzugestehen vermögen: Doch, ich habe es gemacht. Damit ist der erste Schritt zu einer Auseinandersetzung mit der neuen Situation getan.[100]

VI. Echte, zugeschriebene und eingebildete Infektionsgefahren

Die Öffentlichkeit würde sicher anders auf AIDS reagieren und von Anfang an reagiert haben [1], wenn die Krankheit zufällig vor allem Golf- und Tennisspieler beträfe anstatt jene Randgruppen,[2] die bei uns seit eh und je diskriminiert zu werden pflegen.[3] Während Schwule, Fixer und Prostituierte im Hinblick auf AIDS als ‹Risikogruppen› bezeichnet wurden, formte sich unter der Hand und sehr rasch dieser eigentlich aus der Medizin stammende Begriff dergestalt um, daß man darunter nicht mehr speziell gefährdete Menschen sah, sondern solche, die durch ihre bloße Existenz für die Gesunden (und notabene ihrerseits nicht ‹Randständigen›) ein ‹Risiko› darstellten. Seit man sie insgesamt als risikoträchtig verstand, wurden die vordem unterschiedlich stark und aus unterschiedlichen Gründen diskriminierten Gruppen jetzt zu einer einzigen, vorurteilshaft stigmatisierten ‹Gefahrenquelle› zusammengefaßt – ein Vorgang, wie er ähnlich von der Vorurteilsforschung schon häufiger beobachtet und beschrieben worden ist.[4]

Viele Vorbehalte gegen die Hauptbetroffenengruppen beruhen nach wie vor stärker auf deren Randgruppenzugehörigkeit als auf der Tatsache, daß sie häufiger als andere zu Opfern der neuen Krankheit werden.[5] Im Stil einer ‹Tat-Folge›-Abhängigkeit wird ihr ‹Sein› (das Krank- oder Gefährdetsein nämlich) mit ihrem ‹Verhalten› (abweichender Sex, Promiskuität, Drogengebrauch) in einer negativen Stereotypisierung zusammengefaßt, die sie nicht als Opfer, sondern als verantwortungslose Schuldige versteht. Damit wird aus einem epidemiologisch-medizinischen Problem eine Frage der Einhaltung oder Vernachlässigung von sozialen Regeln; nicht mehr aus Gesunden und Infizierten bzw. Kranken setzt die Bevölkerung sich zusammen, sondern aus ‹Helden› und ‹Schurken›.[6] Doch was geschieht, sobald auch Menschen erkranken, die selbst bei Anlegung strengster nomischer Vorschriften weder ‹randständig› noch ‹sexuell von der Norm abweichend› sind?

Die Einteilung in ‹Gute› und ‹Böse› hört notwendig auf, wenn zu den ‹schuldigen› definierten Hauptbetroffenengruppen eine Kategorie von

Menschen hinzukommt, die nomisch als ‹unschuldig› eingestuft werden: nämlich etwa Bluter, Transfusionsempfänger, Babies und so weiter.[7] Man sollte nun meinen, diese ‹unschuldigen› Hauptbetroffenen fielen unter das mit AIDS verknüpfte, ursprünglich ja traditionell-nomisch motivierte Vorurteil nicht. Doch das Gegenteil ist der Fall, und zwar weltweit. Denn hier manifestiert sich außer und neben und im Grunde unabhängig von den sonst geäußerten nomischen Vorbehalten die ganz kreatürliche Angst vor Ansteckung ebenso stark wie bei den traditionell diskriminierten Menschenkategorien aufgrund des nomisch aspektierten Tat-Folge-Schemas. Wo man Mitleid mit Kranken und kleinen Kindern erwartet, stößt man auf Ab-scheu, das heißt auf passives, manchmal aber auch aggressives Meideverhalten. Hierfür ein Beispiel: 1987

«war in den Zeitungen von einer Familie in Florida mit drei bluterkranken, HIV-infizierten Kindern zu lesen, denen man als Höhepunkt einer gnadenlosen Verfolgungsjagd durch Wohnort, Schule und Betrieb das Haus über dem Kopf anzündete und die nunmehr die Flucht in die Anonymität eines anderen Staates antreten mußte.»[8]

In ihrer Angst vor versehrenden Krankheiten vereinfacht die Durchschnittsbevölkerung geradezu extrem: Nicht nur ‹haben› Schwule nun eben AIDS, auch Kinder von Drogenabhängigen ‹haben› es; Bluter als Kategorie ‹haben es›. ‹Bluter sein› ist mittlerweile schon fast ein volksetymologisches Synonym für ‹infiziert sein› geworden... Selten zeigt sich so deutlich wie hier, daß die tiefste Ursache von Vorurteilen stets Angst ist.

1. Angehörige definierter Hauptbetroffenen-Gruppen

a) Homosexuelle

Die Psychoanalyse lehrt und die Ethnologie beweist, daß die in unserem Kulturraum vorherrschende Exklusivität der Heterosexualität kein von der Natur verursachtes Phänomen ist: Zu anderen Zeiten und in anderen Kulturen haben Menschen Sex mit dem anderen und dem eigenen Geschlecht und mit Tieren gehabt (inklusive Vögeln und Fischen) und mit Dämonen, Geistern und Göttern jederlei Geschlechts. Sexualität in ihrer jeweiligen Ausformung ist eben ein Produkt sozialen Lernens;

> «in seinem innersten Wesen ist der Mensch von Grund auf offen für alle sexuellen Modelle. Unser archaischer Triebkern enthält unterschiedliche Anteile vielfältiger sexueller Ausrichtungen. In Kindheit und Jugend lernen wir nach und nach, ‹abwegige› Objekte und Modi zu unterdrücken... Etwa fünf Prozent aller Erwachsenen in unseren Ländern sind homosexuell ausgerichtet. Allerdings liegt die Zahl derer, die irgendwann in ihrem Leben oder gelegentlich homosexuelle Erfahrungen machen, wesentlich höher.» [9]

Siegfried R. Dunde hat in seinem auf knappem Raum höchst gründlichen und instruktiven Handbuchartikel [10] einen Abriß der wichtigsten Fakten speziell über die männliche Homosexualität sowie die fünf wichtigsten Theorien dazu dargelegt. Für unsere Überlegungen, die sich ja um Vorurteile drehen, sind die zwei soziologischen davon wichtig: die des schon besprochenen ‹Etikettierungs-Ansatzes› (‹labelling approach›) und die Identitätstheorie.

Erst wenn jemand aufgrund seines Verhaltens das Etikett ‹homosexuell› angehängt wird, gelangt er dahin, sich entsprechend zu fühlen und eine entsprechende Identität zu entwickeln. Unsere abendländische Gesellschaftsstruktur bietet einem Homosexuellen kaum Identifikationsmöglichkeiten; in der sozialen Wirklichkeit, die ihn umgibt, findet er sich nicht wieder. Allein in einer einzigen Situation erfahren sich zwei Männer als schwul, und zwar im sexuellen Akt:

> «Die Situation ist eindeutig und einmalig, mit nichts zu vergleichen. Diese Erfahrung des Identisch-Seins ist für das schwule Selbstbildnis von großer Bedeutung. Solange der Schwule als Randfigur der Gesellschaft fremd bleibt, findet er hauptsächlich in der Sexualität eine Bestätigung seiner Existenz. Jeder Orgasmus setzt ein Ausrufezeichen hinter sein Dasein; er ist nicht pervers, er lebt, fühlt, liebt – und hat alles Recht der Welt dazu. Ich glaube, daß diese Identitätsfindung neben den fehlenden institutionalisierten Bindungen einen Hauptgrund für die weitverbreitete Promiskuität unter Schwulen darstellt.» [11]

Diese Interpretation ist einleuchtend.

Promiskuität nun, hört man allenthalben, sei ‹der Motor für AIDS›. Doch das trifft so nicht zu. In einer geschlossenen, aber in sich promisken Ethnie würde sich AIDS bzw. die HIV-Infektion zwar langfristig bis zum Sättigungsgrad ausbreiten – gegebenenfalls bis die gesamte Population tot wäre –, dann aber notwendig mit dieser verschwunden sein. Der eigentliche ‹Motor› von AIDS ist daher nicht die Promiskuität, sondern die Mobilität, und zwar die von Leuten mit promiskem oder auch nicht-promiskem Sexualverhalten. Zur Weitergabe der Infektion bedarf es eben keiner zehn oder hundert oder tausend Sexualkontakte; ein einziger mit einem Infizierten (‹the one wrong fuck›) genügt durchaus.

Zu Beginn der AIDS-Diskussion sah man in der neuen Krankheit, insbesondere in den USA,

«weithin nur das Resultat jenes homosexuellen ‹Draufloslebens› mit häufigen und wechselnden Sexualkontakten, wie es sich während der siebziger Jahre… entwickelt hat. Dieses Weltbild vermittelte der heterosexuellen Mehrheitsgesellschaft ein Gefühl der Sicherheit und fügte sich gleichzeitig reibungslos in den vorgestanzten moralischen Diskurs, der innerhalb der religiösen und politischen Rechten gepflegt wurde. Danach war AIDS eben ‹die Schwulenseuche›: Ein Akt göttlicher Vergeltung, eine extreme Form der Bestrafung für Leute, die gegen den sexuellen ‹Moralkodex› der Mehrheit verstoßen, die bürgerliche Tugend der Selbstbeherrschung ablehnen und die bürgerliche Institution der Familie mißachten.»[12]

Analog dem geschilderten Schuldzuweisungs-Muster bei den großen – echten – Seuchen der Vergangenheit wurde versucht, notorisch Randständige als nicht bloß Betroffene, sondern direkt als Ursache für die neue Krankheit auszumachen, und die Homosexualität der Infizierten rückte immer mehr in den Mittelpunkt des Interesses: Sie selbst und ihr Lebensstil galten als Verbreiter von AIDS[13] – gleichsam als ob durch sie das Virus erst bösartig und virulent geworden wäre. Es kommt zu der – mittlerweile fest etablierten – Kongruenz-Konstellation ‹AIDS = Homosexualität = Tod›.

«In einem im April 1986 erschienenen Ratgeber konnte man – fünf Jahre nach Entdeckung der Krankheit – entgegen allen Erkenntnissen der medizinischen Forschung immer noch lesen: ‹Es ist inzwischen eindeutig geklärt, daß allein die Lebensumstände bestimmter Gruppen mit außergewöhnlichen sexuellen Betätigungen dazu beigetragen haben, daß das AIDS-erregende Virus so aggressiv werden konnte.›»[14]

Doch AIDS wurde von niemandem absichtsvoll herbeigeführt oder verursacht. Die Erkrankten sind Opfer, keine Täter.[15] In Deutschland haben sie womöglich noch mehr Angst vor sozialer Ausgrenzung, Erfassung, vor ‹Maßnahmen› und so weiter als in anderen Ländern, weil Homosexuelle während der Naziherrschaft in Konzentrationslagern litten und starben.[16] Bezeichnenderweise läßt sich hier noch eine weitere Kongruenz-Konstellation ausmachen, nämlich zwischen ‹Seuche› und ‹Homosexualität›: Denn für Himmler und seine Schergen galt Homosexualität tatsächlich als ‹Seuche› im Sinne eines übertragbaren Übels und wird so apostrophiert. Offenbar hat man sich auch gescheut, das verpönte Wort ‹Homosexualität› zu benutzen[17]; hier liegt eine sozusagen verbale Berührungsangst vor. Man könnte sie als Nachhall der mittelalterlichen Angst auffassen, das Wort ‹Sodomie› zu schreiben oder zu nennen, weshalb in jener Epoche Sodomie zur ‹stummen Sünd› geworden war.[18]

Dort, wo in der Welt der Begriffe die Etikettierungstheorie und die Identitätstheorie Berührungen haben, befindet sich im täglichen Leben die schwule Subkultur:

«In der Identitätstheorie wird deutlich, daß ein sozial geformter Lebensstil durch die Vermittlung einer bestimmten Subkultur ein Angebot für die Errichtung einer Identität darstellt. Erst durch die Existenz einer homosexuellen Lebenswelt können Menschen sich selbst als ‹Schwule› begreifen.»[19]

Die gemeinsame ‹Abweichung› kann aus den isolierten Einzelnen eine organisierte Gruppe machen.

«Aus dem Gefühl des gemeinsamen Schicksals, des Zwanges, sich mit den gleichen Problemen auseinanderzusetzen, erwächst die abweichende Subkultur: ein Katalog von Einstellungen und Verständigungen über die Auffassung von und den Umgang mit der Welt und ein Katalog von Gewohnheitshandlungen, die auf diesen Einstellungen beruhen. Mitgliedschaft in solch einer Gruppe befestigt eine abweichende Identität.»[20]

Die – bei uns seit 1969 – gewachsene homosexuelle Subkultur ist für Informationen über AIDS und die Auseinandersetzung mit der Bedrohung außerordentlich wichtig geworden. Vergleichbare Kommunikationsebenen im heterosexuellen Bereich fehlen völlig.[21]

«Wenn also die promiske Lebensweise vieler homosexueller Männer als Risikoverhalten in bezug auf eine HIV-Infektion beschrieben wird, so muß man heute hinzufügen, daß die subkulturell akzeptierte Promiskuität gerade auch die Chance der AIDS-Prävention ist, insofern sie auch eine präventivorientierte Sexualmoral tragen kann.»[22]

«Die Prävention bei den Homosexuellen wird von den AIDS-Hilfen und den homosexuellen Selbsthilfegruppen getragen, die für ihre Präventionsarbeit die homosexuelle Subkultur als informelle Struktur nutzen können. Ihre Präventionsarbeit wird allgemein als gut und erfolgreich beurteilt. Allerdings handelt es sich bei den homosexuellen Selbsthilfegruppen und bei der homosexuellen Subkultur um Strukturen, die durch Kontrollen, Razzien und schikanöse Auflagen besonders leicht verunsichert und gestört werden können. Das mag sittenpolitisch erwünscht sein, ist aber für die AIDS-Prävention außerordentlich nachteilig. Statt dessen sollte man die meist mit großen privaten Opfern finanzierte Arbeit der Selbsthilfegruppen dadurch anerkennen, daß man ihnen die Gemeinnützigkeit zubilligt.» [23]

In dem Bemühen, eine heraufziehende Pogrom-Stimmung gegen HIV-infizierte Homosexuelle zu verhindern, hat Meinrad Koch, Leiter des Nationalen AIDS-Zentrums in Berlin, seinerzeit den Slogan ‹AIDS geht alle an!› propagiert, den er heute für irreführend hält. Denn AIDS gehe nicht ‹alle› an, sondern einige Gruppen, die ein erhöhtes Risiko hätten, sich anzustecken: Jugendliche, Homosexuelle, Drogenabhängige. Um sie zu schützen, müsse gezielt aufgeklärt werden, statt allen Angst vor der Sexualität einzujagen. AIDS breite sich nicht schneller aus als befürchtet, sondern die Zahl der Neuerkrankungen sei weit niedriger als erwartet. Der engagierte Fachmann empfiehlt Selbst- und Partnerschutz durch Kondome in allen Risikosituationen und die Vermeidung gemeinsamer Spritzbestecke bei Drogenabhängigen. [24]

Gewiß sind Homosexuelle als Kategorie durch AIDS besonders gefährdet. Aber: Daß dem so ist, beruht auf Zufall. [25] In Afrika etwa ist die Hauptbetroffenengruppe identisch mit der sexuell aktiven Durchschnittsbevölkerung, und in Brasilien entwickeln die Verhältnisse sich offenbar in dieselbe Richtung. Das hat einen sehr einfachen Grund, den wir Abendländer aber nur schwer einzusehen vermögen. Menschen überhaupt, das heißt als Art betrachtet, sind von ihrer anthropologischen Ausstattung her zu weit mehr sexuellen Aktivitäten disponiert, als unsere rigide Kultur und Sozialisation uns wahrhaben lassen will. In Ländern, die unsere Sexualmoral nicht oder bloß ganz oberflächlich internalisiert haben, werden sehr viel mehr Sexualkontakte erlebt, auch sehr viel mehr außerhalb der sozialen Institution Ehe. [26] Diese anthropologische Disposition [27] ist – in Verbindung mit dem Erleben von Promiskuität als einem Wert, der immer aufs neue Selbstidentifikation konstituiert – für Schwule die natürliche Basis, um weit mehr Sexualkontakte zu haben als die hiesige heterosexuelle Bevölkerung, die selbstredend genauso viele haben könnte, wenn man ihr die Lust darauf nicht sehr früh sehr gründlich ausgetrieben haben würde. Hat jemand allerdings erst einmal sein homosexuelles ‹coming out› hinter sich, dann hat er damit ein solch gerütteltes Maß an anerzogenem sexuellen ‹Wohlverhalten› abgeschüttelt, daß im gleichen Zuge auch die sozialen Hemmungen gegenüber jenem Sexualverhalten über Bord gegangen sind, das wir ‹promisk› nennen (ohne im übrigen zu definieren, ab wann man es ist, weil die Ansichten darüber schichtspezifisch verschieden sind). In der schwulen Subkultur verschränken sich schließlich selbstidentifikatorische, soziale und sexuelle Bedürfnisse auf eine Art, die dort, wo es bei uns gelegentliche heterosexuelle Promiskuität gibt, nicht anzutreffen ist.

b) I.v.-Drogenbenutzer

Die Zahl der HIV-positiven Heterosexuellen ist überall zur Zeit noch gering. Heterosexuelle sind in erster Linie bei intravenöser Drogenbenutzung gefährdet, weil sie sich durch den Austausch kontaminierter Spritzen die Krankheit von bereits Infizierten holen können, außerdem selbstredend durch Sexualkontakte mit infizierten Partnern aus der Drogenszene und außerdem im Fall von Beschaffungsprostitution durch Ansteckung seitens infizierter Freier.[28] Über den Prozentsatz der infizierten intravenös-Drogenabhängigen gibt es keine zuverlässigen Zahlen;[29] frühere Erwartungen hinsichtlich der Progression der Infektion unter Drogenbenutzern können wahrscheinlich deutlich nach unten korrigiert werden. Die Abhängigen haben inzwischen gelernt, daß Spritzentausch der häufigste Infektionsweg ist, und machen vom Angebot der freien Abgabe von Einmalspritzen zunehmend Gebrauch.[30] Die Deutsche AIDS-Hilfe e. V., an die sich, wie erwähnt, Fixer häufig wenden, betont, daß Drogenabhängige entgegen vieler entgegenstehender Vorurteile in unserer Gesellschaft im Zusammenhang mit AIDS durchaus für die Abschätzung und Bewältigung von Infektionsgefahren zugänglich sind.[31] Weil es keine eigene Interessenvertretung der intravenös-Drogenabhängigen gibt, muß der Überlebensanspruch der Betroffenen zunächst von AIDS- und Drogenhilfen stellvertretend formuliert werden. Es gilt, die Drogenabhängigen

«die Zeit der Abhängigkeit gesund überleben zu lassen».[32]

Diese positive Entwicklung könnte noch vorangetrieben werden, wenn vermehrt Spritzenaustauschprogramme initiiert und gefördert und darüber hinaus die Kondomwerbung intensiviert würde.[33] Die Verwendung von kontaminierten Spritzbestecken würde sich verringern, wenn der Besitz von Spritzbestecken entkriminalisiert werden würde, das heißt, wenn sowohl der Besitz von Spritzen als auch ihre Abgabe an Betäubungsmittelabhängige nicht länger rechtswidrig und damit strafbar wären; auch ein ‹Beweisverwertungsverbot› in dem Sinne könnte hilfreich sein, daß in Ermittlungs- und Strafverfahren nach dem Betäubungsmittelgesetz einem Beschuldigten der Besitz von Spritzen nicht vorgehalten und nicht zu seinem Nachteil verwendet werden darf.[34]

Generell könnte sich der gesamte Problemkreis erheblich verkleinern, wenn die Drogenfrage selbst sachlicher als bisher angegangen würde. Wer intravenös-drogenabhängig ist, frönt keinem Laster, sondern er ist krank[35]; die bisherige Drogenpolitik bei uns stellt das aber nicht konsequent genug in Rechnung. Ihre Ziele lauten derzeit: erstens Freiheit von Drogen, zweitens soziale Integration, drittens berufliche Rehabilitation. Diese Ziele werden auch in der genannten Reihenfolge angegangen: Der Entzug des Opiats steht am Anfang, während therapeutische Bemühungen um Integration und Rehabilitation folgen. Allerdings setzt sich in der Praxis langsam die Erkenntnis durch, daß sich alle drei Ziele gegenseitig bedingen, weshalb sich die sogenannte nachgehende akzeptierende Drogenarbeit vor Ort immer mehr um konkrete Hilfen auch für solche Abhängige bemüht, die zu einer Entwöhnung nicht bereit oder nicht in der Lage sind. Diesen Bemühungen setzen freilich die betäubungsmittelrechtliche Strafandrohung für den Drogengebrauch sowie der damit zusammenhängende hohe Preis der Suchtmittel enge Grenzen, weil sie zwangsläufig zur Folge haben, daß die Abhängigen verelenden und straffällig werden. Dies wird von der bisherigen Drogenpolitik hingenommen, weil die Überzeugung besteht, daß die Abhängigen nur durch einen ausreichenden ‹Leidensdruck› zu einer Therapie motiviert werden könnten.[36] Während man sich bei anderen Krankheiten manchmal notgedrungen damit abfinden muß, daß die Medizin sie bloß lindern, nicht aber heilen kann, verlangt unsere Drogenpolitik die Heilung praktisch unter Ausschluß der Linderung. In die Langzeittherapien, wo Freiheit von Drogen oberstes Ziel ist, gelangen Abhängige heute meist unfreiwillig, nämlich durch Therapieauflagen im Rahmen des Strafvollzuges.[37] Dies dürfte eine ‹Motivation› sein, die für das Erreichen eines so schwierigen Zieles denkbar ungeeignet ist.[38]

Die häufig asoziale und chaotische Lebensweise der Heroin-Abhängigen nebst ihrer gesundheitlichen Verelendung wird von der Öffentlichkeit aufgrund von Vorurteilen, die seit den sechziger Jahren durch die Medien verbreitet worden sind, auf den Drogengebrauch selbst zurückgeführt, aber das ist unzutreffend:

> «Alle Symptome der Verelendung bis hin zu Verwahrlosung und allgemeiner Schwächung der Abwehrkraft gegen Infekte und eine Reihe von sekundären Krankheitssymptomen… sind ursächlich mit jenen Lebensverhältnissen, dem Lebensstil und der restriktiven Drogenpolitik der Bundesregierung und der Länder verknüpft.» [39]

Dies Buch ist nicht der Ort, um die zahlreichen nomischen, zu Vorurteilen geronnenen ‹Mythen› zu analysieren, die das Drogen‹problem› überhaupt erst bei uns geschaffen haben[40]; nur einem Aspekt davon – dem Ideal der totalen Drogenfreiheit, des ‹clean›-Seins› als erstem und oberstem Ziel jeder Therapie – müssen wir uns zuwenden. Wie das Wort bereits ausreichend deutlich besagt (‹clean› = engl. ‹rein›), handelt es sich um die Wiederaufnahme alter nomischer Ideen, die uns im Zusammenhang mit der Gleichsetzung von sittlicher ‹Reinheit› mit sexueller Askese schon begegnet sind.

Am Anfang der frühen Drogendiskussion während der zwanziger Jahre in den USA stand nämlich die nomische Vorstellung, daß Drogengebrauch (wobei es sich sehr lange ausschließlich um Hanfrauchen gehandelt hat) sexualisierend wirke, vor allem von ‹Niggern› kultiviert werde und deshalb geeignet sei, die Tugend weißer Mädchen zu bedrohen. ‹Frei von Drogen sein› hieß damit im Grunde ‹sich von sexuellen Ausschweifungen, möglicherweise auch noch mit Farbigen, gänzlich fernzuhalten›. Was die männliche Seite der Menschheit betraf, so wurde ‹Rauchen› als Inklination für Liebe zum Jazz (den die ‹Nigger› machten) interpretiert; diese Liebe war geeignet, die ihnen Verfallenen von ordentlicher Arbeit abzuhalten. Soweit die nomischen Begründungen für die Anfänge des Mißtrauens gegen Drogen; tatsächlich hat die arme Bevölkerung in den USA (und zwar je ärmer, je eher; am ärmsten aber waren die Schwarzen aus den Südstaaten) mit dem Hanfrauchen angefangen, weil man während der Prohibition vom teuer gewordenen illegalen Alkohol auf das – damals sehr billige – ‹Marihuana› (= Hanf) auswich. Auf höchst verschlungenen Wegen gelangten immer restriktiver werdende

Anti-Drogen-Gesetze über den Völkerbund nach Deutschland, führten in Verfolgung des ‹Fang›-Prinzips zur Inhaftierung von Abhängigen in psychiatrischen Anstalten und entfernten sich dabei von dem vorgeblichen Ziel, der ‹Volksgesundheit› zu dienen, immer mehr.

In den sechziger Jahren stieß das ‹Fang›-Prinzip an seine Grenzen, weil man nicht Tausende von jugendlichen Haschprobierern jahrelang in psychiatrischen Kliniken isolieren konnte, wie vordem renitente Morphinisten. Es wandelte sich darum in der Folge zum ‹Komm›-Prinzip um:[41] Die Drogenhilfen warteten nun ab, bis der ominöse ‹Leidensdruck› der Abhängigen stark genug war, um sie in die Beratung zu treiben und eventuell eine Therapie mit dem Ziel sofortiger, totaler Abstinenz anzufangen. So lautete jedenfalls das theoretische Konzept der meist mit großem persönlichem Einsatz arbeitenden Organisationen; praktisch kamen aber eben mehrheitlich nicht solche Abhängige zu ihnen, deren Leidensdruck groß war, sondern jene, die von den Gerichten nach dem nunmehr entwickelten Prinzip ‹Therapie statt Strafe› dort eingewiesen wurden. (Wegen manch schlimmer Erfahrungen mit bewußt und betont rigide arbeitenden Drogenstationen machten die Abhängigen daraus die bitterböse Version ‹Therapie als Strafe›.) Doch die bisherige Drogenpolitik, wie auch immer, hat bei uns das Ansteigen der intravenös-Abhängigen, besonders die Zahl der jährlich an Drogenmißbrauch Sterbenden, nicht senken, sondern lediglich in Grenzen halten können. Die vielfältigen Anstrengungen der letzten Jahre, die niedrigschwellige, mehr ‹offene›, auch ambulante Drogenarbeit zu intensivieren, führten kaum zum Erfolg.[42] Da schon seit den zwanziger Jahren in England und seit Mitte der sechziger in den USA gute Erfolge mit der Substitutionstherapie gemacht worden sind[43], mehrten sich angesichts der Gefahren von AIDS, denen intravenös-Drogenbenutzer besonders ausgesetzt sind, die Stimmen, die auch für Deutschland diese Methode empfahlen. Nordrhein-Westfalen hat inzwischen mit einem kleinen Methadon-Programm gute Erfahrungen gemacht, auch Niedersachsen und Hamburg erwärmen sich für solche Modelle.[44]

‹Substitution› meint Ersatz von Heroin durch Gaben von Methadon oder Codein, die beide den bei Abhängigen vorhandenen Heroin‹hunger› stillen, so daß auf Heroin verzichtet werden kann, womit sowohl das intravenöse Spritzen als auch die Beschaffungsprostitution entfallen können. Leider glich die Behandlung der Substitutions-Frage von Anfang an bei uns eher einem ‹Glaubenskrieg› denn einer wissenschaftlichen Kontroverse:

«Während die eine Seite in der Einführung von Methadon-Programmen eine staatliche Anerkennung der Sucht sieht und Zweifel am Erfolg solcher Programme äußert, allenfalls die Anwendung in Einzelfällen nur unter strenger ärztlicher Aufsicht zulassen will, ist man auf der anderen Seite bereit, zum Zwecke der Stabilisierung eine kontrollierte Abhängigkeit auf Zeit hinzunehmen, um auf diese Weise der unkontrollierten Folgekriminalität vorzubeugen. Hinzu kommt, daß hierdurch auch der Ausbreitung der HIV-Infektion entgegengewirkt werden könnte. Eine Substitution mit Methadon setzt zunächst auf die soziale Integration.» [45]

Betrachtet man das Pro und Contra objektiv, schält sich als Haupteinwand der Substitutions-Gegner heraus, daß Abhängige, die substituiert wurden, währenddessen zwar ziemlich häufig gute Erfolge hinsichtlich ihrer sozialen Integration und beruflichen Rehabilitation vorweisen konnten, nach Ende der Substitution jedoch wieder mit dem Heroinspritzen begannen und deshalb rasch all dessen verlustig gingen, was sie sich im Verlauf der Substitution mühsam aufgebaut hatten. Dieser Einwand ist tatsächlich in vielen Fällen wirklich wahr. Trotzdem ist er ungeachtet seines Wahrheitsgehalts im Kern unzutreffend. Denn Heroinabhängigkeit ist kein Laster, das man sich abgewöhnen kann, wenn man das aufrichtig will, sondern eine Krankheit, über deren mögliche Ursache(n) wir bisher erst ziemlich wenig wissen.

Diese Verwechslung einer Krankheit mit einem Laster hat offenbar ihre Ursache in der unverantwortlichen Berichterstattung der Medien über das Thema, wobei immer wieder Drogen, die nicht abhängig machen (wie etwa Hanf = ‹Marihuana›) mit anderen, die rasch und extrem abhängig machen (wie Heroin), im gleichen Zuge abgehandelt werden. Nun mag Hanfrauchen durchaus als ‹Laster› qualifiziert werden, denn Laster sind bekanntlich das, was die betreffende Kultur entsprechend definiert. Und vom Laster des Hanfrauchens können die Betreffenen, die es pflegen, durchaus ablassen, und zwar ohne irgendwelche gesundheitlichen oder anderweitigen Schwierigkeiten. Beim intravenösen Heroingebrauch ist die Situation aber völlig anders: Was auch immer die Motivation für das anfängliche Ausprobieren gewesen sein mag, das darauf folgende ‹Hängenbleiben an der Nadel› ist keine Frage mangelnder Willenskraft, sondern es hat somatische Ursachen, weil es nicht im Belieben des einzelnen liegt, wie er auf Opiate reagiert. Die Fachliteratur — erste Berichte gab es schon vor etwa hundert Jahren — spricht von sehr unterschiedlichen Reaktionen: Manchen Leuten wird von Opiaten einfach nur übel. Andere verspüren zwar eine gewisse

Euphorie, aber auch unangenehme Nebenwirkungen. Einige empfinden die Euphorie eher als irgendwie unheimlich und wollen sie kein zweites Mal absichtlich herbeiführen. Es gibt jedoch auch Menschen, die ganz rasch davon abhängig werden. Ist diese letzte Gruppe deshalb wirklich als moralisch schlechter einzustufen als die übrigen, die körperlich anders auf die Droge reagieren? Das geht wohl schlechterdings nur dann, wenn man den faktisch ausschlaggebenden somatischen Effekt eben leugnet. Tut man dies jedoch nicht und bleibt die Stellungnahme ‹Drogenabhängige sind Kranke› nicht bloß ein billiges Lippenbekenntnis, so ist nicht einzusehen, warum den Drogenkranken nicht ebenso medizinisch geholfen werden dürfte wie anderen körperlich Leidenden auch. Wenn es zutrifft, daß einige der körperlich besonders stark auf Opiate Reagierende und darum davon Abhängige durch Substitution mit Methadon oder dem viel schwächeren Codein aus dem Teufelskreis von Beschaffungsnot, Kriminalität und Prostitution herausfinden können – und die medizinische Literatur beweist, daß die Substitution sehr oft solch positive Ergebnisse bringt –, dann sollte man dies Vorgehen vielleicht besser als Medikation bezeichnen, um das Mißverständnis zu vermeiden, hier werde lediglich ‹ein Gift durch das andere ausgetauscht›.

Definiert man die Substitution als Medikation, ist es jedoch unwissenschaftlich, dem betreffenden Medikament vorzuwerfen, daß es nicht mehr wirkt, sobald man es abgesetzt hat (womit wir zum Ausgangspunkt unserer Überlegungen zurückgekehrt sind).

«Um es an Parallelfällen deutlich zu machen: Was würde es für den Wert eines Contrazeptivums beweisen, wenn eine Frau nach Beendigung der Einnahme von Verhütungspillen schwanger wird? Was würde es für die Wirksamkeit von Dopamin bei Parkinson oder von Lithium bei Schizophrenie beweisen, wenn der Patient nach Beendigung der Einnahme des Medikaments wieder in seine alten Symptome verfällt? Genauso müßte man voller Verachtung alle Mittel gegen zu hohen Blutdruck ablehnen, wenn sie nach Beendigung des Gebrauchs keine fortdauernde Wirkung mehr zeitigen. Und doch hat man gerade an die Behandlung der Drogensucht diesen unlogischen Maßstab angelegt... Wir Experten – mit unserer langjährigen Ausbildung, Erfahrung, Kenntnis, wir mit der gesamten internationalen Fachliteratur Vertrauten – sind bereit, eine derartige Unlogik hinzunehmen, die einen bewiesenen Erfolg als Mißerfolg dastehen läßt.» [46]

c) Prostituierte

Neben Homosexuellen und intravenös-Drogenabhängigen gelten bei uns als dritte Hauptbetroffenengruppe die Prostituierten, welcher ‹Kategorie› nicht ausschließlich, aber in der Mehrzahl Frauen angehören. Denn es gibt sehr viel weniger homosexuelle als heterosexuelle Männer, und insofern sind Frauen als sexuelle Wunschobjekte gefragter. Folglich gehen aber auch weit mehr Frauen als Männer ihrer Drogenabhängigkeit wegen der Beschaffungsprostitution nach. Zudem halten drogenabhängige Männer die Selbstprostitution häufig für keine akzeptable Geldquelle, eher begehen sie Eigentumsdelikte, Betrug oder Raub.[47] Die Einstufung professioneller weiblicher Prostituierter als ‹hauptbetroffen› ist allerdings falsch.

«Es ist schon gesagt worden, daß Prostituierte auf Grund wissenschaftlicher Untersuchungen epidemiologisch nicht zu der Hauptbetroffenengruppe von AIDS gehören, und trotzdem werden sie immer als eine der Hauptrisikogruppen dargestellt. Von den Betroffenen selbst, also von den Frauen, wird gesagt, daß die Haupt- oder eigentliche Risikogruppe ihre Freier sind. In Dortmund werden die registrierten Prostituierten, zirka tausend, alle drei Monate auf freiwilliger Basis HIV-getestet, und das Testergebnis muß in vielen Arbeitsbereichen der Prostitution, vor allem bei Ein- und Umstieg, vorgezeigt werden und ist inzwischen obligatorisch. Es gibt dann Schlagzeilen in der örtlichen Dortmunder Tagespresse wie: ‹Alle Prostituierten in der Linienstraße AIDS-Test negativ!›»[48]

Gerade ein solcher Hinweis aber ist für die betreffenden Frauen problematisch, weil nach derartigen Meldungen die Freier glauben, auf Verkehr ohne Kondom bestehen zu können. Bei der ‹Schmutzkonkurrenz› der nichtregistrierten Prostitution ist die Situation abweichend.

«Der Anteil der weiblichen Infizierten zeigt deutlich ansteigende Tendenz. Die zur Zeit unkontrollierte Beschaffungsprostitution in all ihren Varianten wird für die Zukunft der Verteiler des HIV in der heterosexuellen Bevölkerung sein.»[49]

Wir wissen heute,

«daß der alte Vorwurf, der von professionellen Prostituierten gegen die drogenabhängigen Frauen erhoben wird, daß diese ohne Kondom arbeiteten und damit auch die Preise verderben würden, immer noch zutrifft, daß aber von sich aus auch die drogenabhängigen Frauen natürlich liebend gern mit Kondom arbeiten würden, aber auf Grund ihrer Drogenabhängigkeit häufig gar nicht in der Lage sind, diesen Grundsatz in jeder Situation strikt einzuhalten. Drogenabhängige Frauen arbeiten auf dem Strich, weil sie unmittelbar das Geld für ihre Sucht brauchen, das heißt, sie können es sich nicht aussuchen, ob sie heute oder morgen das Geld für ihren Lebensunterhalt verdienen. Sie brauchen ihren täglichen Geldbedarf, und den müssen sie heranschaffen. Dieser unmittelbare Geldbedarf zwingt sie auch letztlich zu Konzessionen an ihre Kunden.»[50]

Der Hebel ist also nicht am HIV-Problem, sondern am Drogenproblem anzusetzen.[51]

«Drogenabhängige Frauen, die sich prostituieren, dürfen nicht ausgegrenzt und zum Aufhänger ordnungs- und sicherheitspolitischer Maßnahmen gemacht werden.»[52]

In Großstädten wie Frankfurt und Düsseldorf sind zur Zeit etwa fünfzehnhundert bis zweitausend Prostituierte registriert; man schätzt, daß außerdem noch einmal doppelt soviel unkontrolliert der Prostitution nachgehen. Der Umfang der HIV-Infektionen bei den gewerblichen Prostituierten ist offenbar kaum größer als in der Allgemeinbevölkerung, wenn man die drogenabhängigen Prostituierten außer Betracht läßt.[53] Weil aber die Zahl der drogenabhängigen Frauen in den letzten beiden Jahrzehnten bei uns – ebenso wie in anderen hochindustrialisierten Ländern – drastisch gestiegen ist, muß mit Blick auf die weibliche Beschaffungsprostitution befürchtet werden, daß dort auch der Anteil von Frauen steigt, der infiziert ist; die Beschaffungsprostitution ist eben bei Frauen die gängigste Form der Drogenfinanzierung.[54]

Bedenkt man, daß nach allgemeinem Dafürhalten drogenabhängige Frauen, sofern sie der Beschaffungsprostitution nachgehen, das ‹Haupteinfallstor› für AIDS in die Bevölkerung darstellen, sollte man eigentlich meinen, das spezielle Augenmerk und die gezielte Fürsorge von Drogenhilfen und so weiter müsse sich besonders auf sie richten. Davon kann jedoch keine Rede sein.

«Die besondere Problematik drogenabhängiger Frauen wird von der Öffentlichkeit weitgehend vernachlässigt... Auch die Drogenberatung wird der besonderen Situation abhängiger Frauen nicht gerecht. Was sich nicht zuletzt darin zeigt, daß die bestehenden stationären Therapieangebote in weitaus größerem Ausmaß von Männern in Anspruch genommen werden. Formell steht drogenabhängigen Frauen zwar die gleiche psychosoziale Versorgung zur Verfügung wie drogenabhängigen Männern. Nur: Die Versorgung ist für die Probleme und Bedürfnisse männlicher Abhängiger entwickelt worden.»[55]

Orientiert am Patriarchat, wie unsere Kultur ist, hat man zuerst auch bei den Hilfen für HIV-Infizierte bzw. AIDS-Erkrankte die Frauen schlicht vergessen.

«Das bisher in der Bundesrepublik Deutschland entwickelte Hilfssystem für HIV-Infizierte und AIDS-Erkrankte ist männerzentriert: Viele der Angebote Freier Träger richten sich ausschließlich oder überwiegend an homosexuelle Männer. Frauenspezifische Ansätze zur Beratung gefährdeter oder infizierter Frauen existieren nur im Ausnahmefall. Hilfsangebote für Prostituierte, Ausstiegsprogramme oder ähnliches existieren erst als experimentelle Einrichtungen, das heißt, sie unterliegen keiner Regelfinanzierung und sind davon bedroht, daß nach dem Ende der Projektphase nicht klar ist, ob sie weitergeführt werden können... Drogenabhängige Frauen fühlen sich daher mit ihrer spezifischen Suchtproblematik häufig alleingelassen.» [56]

Wenden sich Frauen an AIDS-Hilfen, kann es ohne weiteres vorkommen, daß der zuständige Berater ein Schwuler ist; speziell drogenabhängige junge Frauen, die Beschaffungsprostitution machen, finden es dann oft schwierig, sich auszusprechen. Im umgekehrten Fall würde der Schwule wohl genauso reagieren.

Nach der Einschätzung von Fachleuten ist damit zu rechnen, daß zwischen 35 und 50 Prozent der weiblichen Abhängigen HIV-infiziert sind. Kommt eine Schwangerschaft hinzu, verschlechtert sich ihr Zustand oft rapide. HIV-Infektion ist dementsprechend ein Grund, um die Schwangerschaft abzubrechen. Doch gerade abhängige Schwangere wünschen oft sehnlichst, ihr Baby zu behalten, auch wenn sie mit einer fünfzigprozentigen Wahrscheinlichkeit fürchten müssen, daß es infiziert zur Welt kommt, ziemlich bald krank werden und kaum lange leben wird. Ein Kind als Verdoppelung des eigenen Ichs und Inhalt eines bislang als leer und öde erlebten bloßen Existierens kann Eigenkräfte zur Entfaltung bringen, von deren potentiellem Besitz die Betreffende vorher keine Vorstellung hatte. Nicht selten ist Schwangerschaft ein Anlaß, vom Heroinspritzen abzulassen; dann sollte mit Methadon substituiert werden [57], da harter Entzug jetzt schädigen würde. Nach der Entbindung allerdings muß nach heutigem Recht die Substitution sofort aufhören, was zwangsläufig dazu führt, daß die betreffenden Frauen in ihr vormaliges Suchtverhalten zurückfallen, deshalb Beschaffungsprostitution machen und aus dem Grund wiederum nicht in der Lage sind, sich ausreichend um ihre Babies zu kümmern, die ihnen seitens der Behörde dann sogar weggenommen werden können. [58]

Bei Behandlung der Problembereiche Prostitution, Beschaffungsprostitution und HIV-Infektion wird gelegentlich übersehen, daß hier selbstverständlich auch Stricher, das heißt männliche Prostituierte, in die Überlegungen einbezogen werden müssen. Ihre Zahl ist viel schwieriger zu schätzen (von Genauigkeit kann ohnehin keine Rede sein) als im Fall weiblicher Prostituierter. Teils aus männlichem Unabhängigkeitswillen, teils aus Scham über den eigenen Gelderwerb suchen weniger männliche Prostituierte die Gesundheitsämter auf beziehungsweise sind dort registriert als weibliche. Ihre Gruppe ist jedoch ebenso heterogen zusammengesetzt. Es gibt homosexuelle und bisexuelle und (von der eigenen Präferenz her) heterosexuelle Stricher, es gibt volljährige und halbe Kinder, Drogenabhängige und nicht Abhängige, HIV-Positive und Gesunde. Auch ist ihre Situation hinsichtlich einer Gefährdung durch HIV-Infektion im Vergleich zur Lage weiblicher Prostituierter gleich prekär, allerdings wegen der nomischen Vorurteile unserer Gesellschaft gegenüber allen Formen der männlichen Homosexualität zum Teil noch belastender und chaotischer. Stricher können gesund sein, sich die Infektion jedoch beim ungeschützten Verkehr mit homosexuellen oder bisexuellen Kunden holen. Umgekehrt können sie – entweder, weil sie sich bei Freiern angesteckt oder im Fall eigener Drogenabhängigkeit durch kontaminierte Spritzen infiziert haben – die Infektion an gesunde Freier weitergeben. Weil viele Stricher ihrer persönlichen Präferenz nach heterosexuell sind (oder weil sie sich die eigentlich dominierende eigene Homosexualität nicht eingestehen mögen), haben sie außerberuflich Sexualkontakte mit Frauen. Selbst gesund, können sie sich bei drogenabhängigen Mädchen infizieren oder an jungen Frauen, die sich durch Beschaffungsprostitution infiziert haben. Anschließend können sie die Infektion sowohl an ihre Kunden als auch an gesunde Freundinnen weitergeben. Drogenabhängige Stricher sind gelegentlich verheiratet und können eine gefangene Infektion an Frau und Kind übertragen. Insofern gilt für Stricher in ebenso hohem Grade wie für weibliche Prostituierte, daß sie bei allen Sexualkontakten unbedingt Kondome benutzen sowie im Fall von Abhängigkeit keinen Spritzentausch machen sollen. Behördliche Maßnahmen sind bei Strichern womöglich noch weniger effektiv als bei weiblichen Prostituierten:

«Die Praxis bestätigt immer wieder, daß nicht hartes Durchgreifen, sondern verständnisvolle Zuwendung am sinnvollsten ist. So hat zum Beispiel das Kölner Gesundheitsamt bewußt auf Kontrollmaßnahmen im Strichermilieu verzichtet und statt dessen die nachgehende Betreuung der Stricher durch Streetworker intensiviert. Dadurch ist es gelungen, den betreuenden Kontakt zu den Strichern erheblich auszuweiten. Während sich dort 1985 zwei bis drei Stricher regelmäßig untersuchen ließen, hat sich diese Zahl jetzt auf sechzig bis achtzig Stricher erhöht. Insgesamt hat das Kölner Gesundheitsamt inzwischen zu rund hundert Strichern Kontakt. Das Münchener Gesundheitsamt hat sich dagegen auf die herkömmliche Überwachung der Stricher nach dem Geschlechtskrankengesetz beschränkt. Dort werden zur Zeit nur fünf Stricher regelmäßig kontrolliert.»[59]

2. Gruppen mit verstecktem Infektionsrisiko

Viele staatliche Stellen haben in der Vergangenheit nicht konkret genug gesagt, welche die wirklich gefährlichen Situationen sind, in denen man sich ‹AIDS holen› kann[60]; der angesichts der neuen Krankheit lebenswichtige Versuch, Kondome gesellschaftsfähig zu machen, wurde mancherorts als ‹Spektakel› und ‹Scheinaktivität› abqualifiziert.[61] Die alleinige Propagierung von Treue oder gar Enthaltsamkeit als Infektionsschutz ist jedoch für einen nicht geringen Anteil der Bevölkerung lebensfern. Auch kann die Maxime ‹Treue ist der beste Schutz› selbstverständlich nur dann gelten, wenn beide Partner erwiesenermaßen treu sind.[62] Risikoärmeres Verhalten scheitert übrigens oft nicht an mangelndem guten Willen, sondern an der Umsetzung in der konkreten Situation, wo zum Beispiel die Angst eine Rolle spielen kann, daß der Partner oder die Partnerin Kondombenutzung beziehungsweise ‹Safer Sex› als Eingeständnis einer Untreue oder gar einer festgestellten Infektion deuten könne.[63] Mittlerweile hat die HIV-Infektion die im Anfang so stark betroffenen drei Kategorien von Männern (Schwule, Fixer, Bluter) verlassen. Immer mehr Infizierte sind weder intravenös-drogenabhängig noch schwul[64], und der weibliche Anteil darunter steigt merklich. Wir müssen demnach davon ausgehen, daß

«die Frau bei der weiteren Ausbreitung der HIV-Infektion auch in unseren Breiten eine zunehmende Rolle spielen wird. Zunächst einmal wird sie verstärkt das Opfer sein und später, mit Fortschreiten der Infektion und steigender Infektiosität, wird sie zunehmend die Infektion auf ihre Kinder und Sexualpartner übertragen. Gerade die Übertragung bei heterosexuellen Sexualkontakten birgt die große Gefahr der weiteren und unkontrollierbaren Ausbreitung dieser Infektion.»[65]

Tourismus und allgemeine, oft berufsbedingte Mobilität verstärken diesen Trend. Daß zunehmend Jugendliche einem verstärkten Risiko ausgesetzt sind, scheint mir persönlich unwahrscheinlich, es ist bei ihnen aber dann zu gewärtigen, wenn sie Sexualkontakte mit Hauptbetroffenen eingehen, was rein zufällig geschehen kann.[66] Die Divergenz zwischen eigener Moral und Selbstbild einerseits und dem konkreten Sexualverhalten andererseits hat bei Menschen, die sich selbst gegenüber nicht ehrlich sein können und weite Teilbereiche ihres Sexuallebens darum ‹ausblenden›, zur Folge, daß sie glauben, keineswegs einer Gruppe mit HIV-Infektionsrisiko anzugehören und deshalb wirksame Maßnahmen zum Selbst- und Partnerschutz für überflüssig halten. Zu dieser Gruppe zählen vor allem verheiratete Männer mit Doppelmoral, die gelegentlich Prostituierte aufsuchen oder Gelegenheiten zu Seitensprüngen wahrnehmen.[67] Achtzig Prozent der Kunden von Prostituierten – gleichgültig, ob verheiratet oder nicht – verlangen Verkehr ohne Kondome[68], glauben, sie könnten sich mit Geld von jeder Verantwortung loskaufen[69] und bilden sich mancherorts allen Ernstes ein, es sei die Pflicht der Obrigkeit, für ‹AIDS-freie Prostituierte› zu sorgen. Darum tut weiterhin Aufklärung not, daß weder die Gesundheitsbehörden noch irgend jemand sonst derartiges garantieren kann. Eine Totalkontrolle aller Prostituierten einschließlich derjenigen, die Beschaffungsprostitution betreiben, ist eben unmöglich, weil die letzteren sich schon aus Angst vor Strafverfolgung jeglicher Kontrolle möglichst entziehen. ‹AIDS-frei›-Bescheinigungen wiederum bieten keinerlei Sicherheit, weil sie wegen der langen Inkubationszeit der Krankheit nichts über den gegenwärtigen Zustand der betreffenden Frau aussagen können.[70] Männer, die kondomfrei mit Prostituierten verkehren, gefährden nicht bloß sich selber oder vielleicht vorhandene ahnungslose Ehefrauen, sondern natürlich auch die Prostituierten. Aus diesem Grund fordern deren Selbsthilfegruppen, wie zum Beispiel die Berliner ‹Hydra› oder die Frankfurter ‹HWG› (‹Huren wehren sich gemeinsam›), mittlerweile die Einführung von Attesten für Freier.

«Sie wollen nicht länger die Verantwortung auf sich abgeschoben sehen, sondern betonen die Verantwortlichkeit der Männer. In der Tat muß man nach dem Sinn fragen, wenn einige Saubermänner zwar die AIDS-Angst zur Hatz auf Prostituierte nutzen, es jedoch versäumen, die Kunden der Frauen zur Benutzung von Präservativen anzuhalten oder positiven Prostituierten beim Ausstieg aus dem Milieu zu helfen.»[71]

Jene Männer, die speziell junge Frauen vom ‹Drogenstrich› mit Gewalt zum Verkehr ohne Kondom zwingen, weil sie wissen, wie hilflos ihre Opfer sind, handeln nicht nur brutal, sondern auch abenteuerlich leichtsinnig.[72]

Eine andere ‹versteckte› Gruppe mit hohem Risikoverhalten und daraus herrührender Gefährdung sind sozial gut angepaßte, meist verheiratete bisexuelle Männer, die heimlich Stricher frequentieren, wenn der Leidensdruck der homosexuellen Wesenskomponente zu groß wird.[73] Ein Mann, der sich bei außerehelichen Stricherkontakten die Infektion geholt hatte, berichtete nach dem Ausbruch von AIDS:

«Ich bin mir selbst gegenüber nicht immer ehrlich gewesen. Innerlich habe ich mich immer verurteilt, daß ich homosexuell bin.»[74]

Eine weitere Gruppe, mit der sich die Sexualwissenschaft bisher so gut wie nicht befaßt hat, sind homosexuelle Männer, die ihrem persönlichen Selbstverständnis nach ‹stockschwul› sind, nichtsdestoweniger aber trotzdem gelegentlich heterosexuelle Kontakte haben, nicht selten mit Lesben. Aus derlei Kontakten dürften die bis vor kurzem schlicht geleugneten Fälle von AIDS bzw. der HIV-Infektion bei Frauen stammen, die sich selbst als lesbisch einstufen.[75] Lesben sind nicht gegen AIDS gefeit!

Bedingt durch den Rückgang der klassischen Geschlechtskrankheiten und infolge verbesserter Verhütung mit Kontrazeptiva haben sich die früher eindrucksvollen Unterschiede im Sexualverhalten der Geschlechter seit den letzten zwanzig Jahren insgesamt verringert, das heißt, die sexuellen Erfahrungen von Frauen haben erheblich zugenommen.[76] Nicht wenige jüngere Frauen wechseln zwischen Phasen mit häufigem Partnerwechsel und solchen mit monogamer Sexualität[77] und empfinden ihre eigenständige, selbstverantwortete Sexualität als wichtigen Wert.[78] Sie müssen sich selbstverständlich ebenso vor einer möglichen Infektion schützen, das heißt auf Kondomgebrauch bestehen, wie ihre Partner es sollten.

Fast unerforscht und mit Sicherheit überaus schwer erreichbar[79], dabei von AIDS hochgefährdet sind Personen, die Partnertausch machen. Es muß sich hier um eine beträchtliche Dunkelziffer handeln; man rechnet mit einer Viertelmillion bis 300 000 ‹Swingern› in der Bundesrepublik Deutschland. Boulevardblätter und manchmal auch seriöse Tageszeitungen bringen Anzeigen in verschlüsselter, aber jedem Insider problemlos verständlicher Diktion, etwa im Stil von ‹aufgeschlossenes, modern denkendes Ehepaar sucht andere Paare, damit die Freizeit noch schöner wird. Ruft einfach an!› Besondere ‹Swinger›-Clubs stellen die – individuell-nomisch bedingte – schwule Überzeugung von der prinzipiell höheren Inklination der eigenen ‹Kategorie› zur Promiskuität massiv in Frage. Es gibt eine nicht gerade auf öffentliche Bekanntheit erpichte, aber für ihre Belange recht aktive Gruppensex-Bewegung mit eigenem Magazin, das vierzehntäglich erscheint, eine geschätzte Auflage von 100 000 Exemplaren und einen Jahresumsatz von ca. 40 Millionen DM hat. Von der Definition her verstehen sich die Swinger-Clubs als Vergnügungszentren für Paare (‹Pärchenclubs›), das heißt, es wird üblicherweise niemand ohne weibliche Begleitung eingelassen. Ob das aber die eigene Frau ist oder nicht etwa irgendeine unbekannte Prostituierte (von spezialisierten ‹Begleit›-Agenturen vermittelt, die es in den meisten Großstädten gibt), überprüft niemand. Deshalb ist hier ein weiteres ‹Einfallstor› für AIDS in die sich ganz normal fühlenden Durchschnittsfamilien. Swinger leben in der Illusion, keiner ‹Risikogruppe› anzugehören und also auch nicht gefährdet zu sein.[80]

Die genannten versteckten Risiken, sich eine Infektion zu ‹holen›, sind insgesamt – wenn man sie mit der Situation bei Homosexuellen und intravenös-Drogenabhängigen vergleicht – geringer als dort. Es wäre aber verhängnisvoll, sie ganz zu vernachlässigen.[81] Ausschlaggebend ist hier eben keine irgendwie statistisch faßbare Risikogröße, sondern hier kommt etwas noch viel weniger statistisch Greifbares ins Kalkül, nämlich persönliches ‹Glück› oder ‹Pech›. Die aufgeschlossene Frau eines Mittelstandsgatten, die ab und zu durch Besuch eines ‹Pärchenclubs› Pfeffer in den ehelichen Alltag streut (gemeinsam mit dem eigenen Mann oder dem einer anderen Frau) – sie mag riesengroßes Pech haben und auf der ‹Matte› des Klubs neben jemand zu liegen kommen, der vor ein paar Monaten in einer Bar ein so nettes Mädchen kennenlernte, das gerade dringend Geld brauchte, und so weiter. Der auf Geschäftsreise ‹ausgerutschte›, im übrigen treusorgende Ehemann mochte sich von der angetrunkenen Runde seiner Kollegen nicht ausschließen und hatte Sex mit einer der attraktiven Unbekannten, die irgendwer irgendwoher ‹besorgt› hatte. Und so weiter. Der Fall des ‹one wrong fick› ist kein Greuelmärchen, sondern belegte Realität. Das Problem bei Jugendlichen besteht darin, daß jemand hellsehen können muß, um festzustellen, ob ein charmanter Jemand, eine schöne Jemandin am Strand, in der Disco, ‹on the road› irgendwann in der Vergangenheit mal Kontakte zur Drogenszene gehabt hat, die ja gar nicht im eigenen i.v.-Konsum bestanden haben müssen, sondern in Sexualität begründet gewesen sein können. Und der erwähnte charmante Jemand kann hinsichtlich seiner persönlichen sexuellen Präferenz noch im Probier-Stadium sein und vordem risikoreiche homosexuelle Praktiken mitgemacht haben.

Doch derartige Fälle und ähnliche bedeuten kein ‹Restrisiko› wie das, wovon im Zusammenhang mit den Ansteckungsängsten im Pflegebereich, bei nichtsexuellen Alltagskontakten und so weiter gesprochen wurde: Das Risiko, das hier gemeint ist, ist identisch mit dem Lebensrisiko schlechthin, das wir alle eingehen, sofern wir uns nicht total isolieren. Bei Risiken wie in den erwähnten oder in vergleichbaren Situationen kann jedermann und jedefrau sich genauso verhalten wie immer – aber nun kondomgeschützt. Erinnern wir uns an die Worte des Schweizer AIDS-Spezialisten: Das Kondom schützt so gut wie eine gute Impfung. Falsch sind also überzogene Ängste, richtig sind eine neue Vorsicht und eine neue Rücksicht.

3. Angehörige ‹unschuldiger› Hauptbetroffenengruppen: Bluter und Kinder

«Die in fast allen Medien überzeichnete und emotionalisierte Darstellung über das quantitative Ausmaß der HIV-Infektion und AIDS-Erkrankung bei Kindern, die unrichtigen Darstellungen über unversorgte Kinder in Krankenhäusern oder abgeschobene Kinder in Heimen und die verbreitete Tendenz, HIV-positive und AIDS-kranke Menschen in ‹unschuldige AIDS-Kinder› und ‹schuldige Erwachsene› einzuteilen, bereiten den Boden für Diskriminierung und repressive Maßnahmen und verhindern Integration und gesellschaftliche Akzeptanz der betroffenen Familien.» [82]

Es kommt zu einer politisch und moralisch zentralen Unterscheidung zwischen ‹HIV-Tätern› und ‹HIV-Opfern› [83]; Vorurteile richten sich darüber hinaus auch an die Mitglieder des sozialen und familiären Umfeldes der Betroffenen. [84] Schuld kann aber nur dort bestehen, wo Absicht vorliegt, vielleicht noch Leichtfertigkeit. [85] Bei den als ‹unschuldig› definierten beiden Hauptbetroffenengruppen – Blutern und Kindern – kann zwar noch weniger von beiden die Rede sein als bei Homosexuellen, Fixern und Prostituierten, aber dennoch sind auch sie Gegenstand erheblicher Diskriminierung und Ausgrenzung. Gelegentlich wird die bei kleinen Kindern nicht wohl stellbare Schuldfrage eine Generation rückwärts delegiert: «Was hat denn die Mutter gemacht, daß das Kind AIDS hat?» fragt man.[86]

In schätzungsweise zwei Dritteln der Fälle hat die Mutter gar nichts ‹gemacht›, sondern ihr Kind wurde als Bluter mit kontaminierten Blutpräparaten versorgt oder erhielt eine kontaminierte Blutspende.[87]

«Realistische Schätzungen gehen davon aus, daß zirka die Hälfte der in der Bundesrepublik lebenden Bluterkranken bis zu dem Zeitpunkt im Jahre 1985, ab dem durch ein Erhitzungsverfahren das HIV im Spenderblut für das blutgerinnungsfördernden Faktor-VIII-Präparat inaktiviert wurde, bereits infiziert waren. Man geht auch davon aus, daß zirka 400 bluterkranke Kinder und Jugendliche bei uns das AIDS-Virus, mindestens aber Antikörper gegen es, in sich tragen.» [88]

Es gibt tragische Fälle von Familien, deren Söhne alle Bluter und alle HIV-infiziert sind; es gibt Fälle, in denen ein Junge gesund ist und der Bruder infiziert. Das offene Sprechen über die eigene Bluterkrankheit oder die eines Kindes ist infolge der massiven Diskriminierungen von Blutern heute nicht mehr ratsam.

«In der Phase der notwendigen jugendlichen Ablösung vom Elternhaus und in der Entwicklung der sexuellen Identität wirkend Grunderkrankung und HIV-Infektion geradezu gegenläufig. Durch die Bekanntgabe ihrer Infektion befürchten die Betroffenen und ihre Familien Stigmatisierung, soziale Isolierung, staatliche Kontrolle mit dem Verlust des Selbstbestimmungsrechts und existenzielle Gefährdungen. Ein wesentlicher Teil ihres Lebens muß verschwiegen werden, selbst im Krankenhaus können die Betroffenen nicht genauso wie andere über ihre Krankheit sprechen, ganz ‹normale› Patienten und Eltern sein.» [89]

Unter diesen Umständen hilft es erkrankten Blutern nichts, wenn sie in den Medien in entsprechend grellen Darstellungen als Opfer homosexueller Blut- und Plasmaspender präsentiert werden, denn sie werden ja im gleichen Grad wie jene ausgegrenzt, die ihrerseits freilich auch keine ‹Täter› waren, weil sie zur Zeit der Blutspende von der Infektion nichts wußten. Infizierte Bluter, die alt genug sind, um beurteilen zu können, wie verheerend eine bekannt gewordene Infektion auf ihre Umgebung wirkt, entwickeln Rückzugsverhalten, Ängstlichkeit, Mißtrauen und oft Resignation. Mediziner raten ihnen, die Infektion zu verschweigen beziehungsweise bei direkten ‹Nachfragen›, die bei als Bluter bekannten Personen vorkommen, ausweichend zu antworten.[90]

«Wir hatten bei den Blutern früher die Situation, daß die Familie auch wegen der Verletzungsgefahr aus Sicherheitsgründen Wert darauf gelegt hat, daß es dem Lehrer gesagt wird. Auch hatten die Bluter im Regelfall einen Aufkleber auf dem Auto: ‹Ich bin Bluter›, um in Notfällen tatsächlich Hilfe zu gewährleisten. Wir haben natürlich auf Grund der Diskriminierung jetzt die Situation, daß die Bluter die Plaketten mit den Fingernägeln wieder abgekratzt haben, weil sie Angst vor Ausgrenzung und Verfolgung haben.» [91]

Seit 1985 ist zwar weltweit keine Neuinfektion durch Blutpräparate mehr gemeldet worden [92], aber vorher wurden zwischen fünfzig und achtzig Prozent der Bluterkranken durch HIV infiziert, und der Tod an AIDS ist inzwischen zu ihrer Haupttodesart geworden. [93]

Im Januar 1988 waren bei uns fünfundzwanzig Kinder manifest an AIDS erkrankt, etwa zwei- bis dreihundert sollen sich wegen HIV-Infektionen in Behandlung befinden. Bei denjenigen Kindern, die nach 1985 geboren worden sind, hat die Übertragung schon im Mutterleib stattgefunden, weil die Mutter intravenös-drogenabhängig gewesen war oder mit einem Infizierten Sexualkontakte gehabt hatte. [94] Die Zahl der infizierten Kinder dürfte in Zukunft steigen, weil auch die Zahl der infizierten Frauen steigt. Die ältesten von Geburt an infizierten Kinder leben in New York und sind inzwischen sieben bis acht Jahre alt. Doch sie sind Ausnahmen, denn bei den meisten Kindern muß man mit einem frühen Todeseintritt rechnen. Gegenwärtig stellen Bluterkinder noch die größte Gruppe HIV-infizierter Kinder dar. [95] Es wäre ungerecht, bei den übrigen deren serepositive Mütter als ‹Täterinnen› zu bezeichnen: Ebenso wie bei infizierten Blutspendern ist vielen die Infektion unbekannt gewesen; bei manchen Müttern wurde sie erst durch Testung während der Schwangerschaft offenbar. Es scheint auch absurd, einer Mutter, die trotz Wissens um die eigene Infektion ihr Kind nicht abtreibt, später vorzuwerfen, sie sei für dessen Leiden verantwortlich, weil sie eben die Schwangerschaft nicht abgebrochen habe.

Die tatsächlichen Probleme der Kinder und Mütter stellen sich nicht durch die HIV-Infektion, sondern sie entstehen eher durch die verzerrte Berichterstattung in den Medien. [96]

«Eltern, die offen damit umgehen, erleben immer wieder Ablehnung, Kinder werden nicht in den Kindergarten aufgenommen oder nur unter der Bedingung, daß sie eine eigene Betreuungsperson mitbringen. Ärzte lehnen die Behandlung, Personal von ambulanten Sozialdiensten lehnt die Betreuung ab. Selbst Helfer sehen sich Diskriminierungen ausgesetzt, wenn bekannt wird, was sie machen.» [97]

Die von den Medien geschürten Ängste vor Ansteckungswegen, die keine sind, haben sich auch auf die Reaktionen von Behörden gegenüber infizierten oder infektionsgefährdeten Kindern ausgewirkt.[98]

«Trotz intensiver, umfassender Informationsarbeit lassen sich panische und irrationale Ängste über theoretische Ansteckungsrisiken oftmals nicht beeinflussen.» [99]

Man erlebt zögerndes oder fehlerhaftes Verwaltungshandeln aufgrund von Mangel an Erfahrung, fehlender Regelungen und diffuser Ängste.[100] Müttern und Kindern entstehen sozial nur Nachteile, sofern das ‹Positiv-Sein› bekannt wird; ob HIV-exponierte beziehungsweise infizierte Kinder ‹krankheits- oder ansteckungsverdächtig› sind, ist bis jetzt nicht zugunsten der Kinder entschieden, so daß die Isolation vorprogrammiert ist.[101] Weil AIDS im Alltagskontakt nicht ansteckt, halten Fachleute die Auflage, etwa den Besuch eines Kindergartens oder einer Kindertagesstätte von der Vorlage einer Test-Bescheinigung abhängig zu machen, für rechtswidrig.[102]

Die Diskriminierung wirkt sich auch auf die finanzielle Lage aus. Eltern oder betreuende Verwandte verzichten oft freiwillig darauf, Rechte wahrzunehmen, die ihnen zustehen, zum Beispiel Sozialhilfe oder Pflegegeld zu beantragen, weil sie Angst haben, die Wahrheit zu sagen. Die Pflegegeldregelung für AIDS-gefährdete Kinder ist nicht einheitlich und liegt im Ermessen des Jugendamtes.[103]

«Besondere Hilfen werden oft nur gewährt, wenn das Kind zuvor zum ‹Behinderten› nach § 39 Bundessozialhilfegesetz erklärt wurde, was unter Umständen eine zusätzliche Diskriminierung bedeutet. Zur Begründung für besondere Leistungen werden Aktenvermerke über die HIV-Infektion gefertigt, die jahrelang erhalten bleiben... und gegebenenfalls an andere Leistungsträger weitergegeben werden.» [104]

Leibliche Eltern beziehungsweise alleinerziehende Mütter, die die Pflege ihrer erkrankten Kinder übernehmen, müssen in aller Regel mit dem Sozialhilfesatz leben und erhalten vielleicht zusätzlich eine Unterstützung in der Pflege, nichtverwandte Pflegepersonen dagegen bekommen für die Pflege eines infizierten Kindes einen Monatssatz von bis zu 1600 DM, und falls das Kind bereits krank ist, sogar 3000 DM.

4. Wodurch sich niemand AIDS holt

«Stärker als Angst bzw. Risikonähe sorgt der Bildungsgrad dafür, daß das Allgemeinwissen über AIDS genauer und differenzierter wird: Während fast alle wissen, wie AIDS übertragen wird, wissen die höher Gebildeten auch, wie es nicht übertragen wird. Mehr Wissen bedeutet also in diesem Falle entwarnendes Wissen.» [106]

Die entwarnende Botschaft lautet in aller Schlichtheit: Niemand kann sich bei normalen Alltagskontakten anstecken. Nicht durch Zusammenleben mit Infizierten in der gleichen Wohnung oder im gleichen Haus, nicht durch Händeschütteln, nicht beim gemeinsamen Schwimmen oder Baden oder Duschen, nicht bei gemeinsamer WC-Benutzung, nicht durch gemeinsames Arbeiten, nicht durch Trinken aus demselben Glas, nicht bei Sport und Spiel.[107] Aber auch nicht durch Anhusten, Insektenstiche und Blutspenden.[108] Es gibt keine gesicherten Fälle von Übertragung durch Speichel, Tränenflüssigkeit, Schweiß, Urin und Darminhalt.[109] Wenn der Mensch tot ist, sterben auch die Viren in seinen Zellen, man muß also beim Umgang mit Leichen (wer außer einigen Berufsgruppen hat den schon!) keine andere Vorsicht walten lassen als die, die man wegen der extremen Giftigkeit von Leichensekret ohnehin beobachten würde. Keineswegs kann ein AIDS-Toter die Erde ‹verseuchen›[110], in die man ihn zur letzten Ruhe bettet, das Virus hält sich außerhalb des lebenden Organismus nur sehr kurz.[111]

Die falsche Vorstellung, man könne sich vielleicht doch durch bloßen Körperkontakt mit Infizierten anstecken, ist noch immer verbreitet und beruht auf einer – in manchen Publikationen vielleicht sogar absichtlich hergestellten – Verwechslung oder Gleichsetzung von Schleimhaut mit Haut schlechthin. Zutreffend ist: Unser aller normale Körperhülle ist da, wo sie intakt und Oberhaut – also nicht Schleimhaut! – ist, gegen AIDS-Viren sicher abgeschottet.[112]

Unbedenklich ist trotzdem aber auch das Küssen, wonach man so oft gefragt wird. HIV ist zwar gelegentlich im Speichel nachgewiesen worden, aber in so geringer Konzentration, daß eine Ansteckung auf diesem Wege nicht zu gewärtigen ist; Speichel scheint für das Virus kein lebensförderndes Umfeld zu sein.[113] Dennoch lesen wir in einer Information des Gesundheitsministeriums[114], daß eine Infektion durch ‹intensives Küssen› nicht grundsätzlich auszuschließen sei – andererseits allerdings im direkt darauf folgenden Satz dann, daß eine Ansteckung ‹durch das Küssen› praktisch auszuschließen sei. Armer Bundesbürger,

was soll er daraus folgern? Der ‹grundsätzliche Ausschluß›, der seinerseits nicht garantiert werden kann, ist natürlich nichts anderes als das
berüchtigte ‹Restrisiko›; daß man es aber getrost vernachlässigen
könne, besagt anschließend, wenn auch verblümt, der ‹entwarnende›
Nachsatz:

«Bisher wurde weltweit kein Fall einer derartigen Übertragung des Virus nachgewiesen.»

Die ganz große Angst von Ämtern und Behörden, aber auch von Wissenschaftlern und Politikern, nur ja nichts zu sagen, woraus Dumme
oder Böswillige ihnen einen Strick drehen könnten, gerät, wie dies Beispiel zeigt, im Endeffekt zur Desinformation.
    Der Bürger reagiert dann so:

«Mal höre ich, aus dem gleichen Glas trinken sei ungefährlich. Gut, denke ich. Aber
dann höre ich wieder, Zungenkuß ist gefährlich. Und gleich will ich nicht mehr aus
demselben Glas trinken.» [115]

In letzter Zeit werden gelegentlich und vereinzelt Stimmen laut, die auf
‹Gefahren› beim Kontakt mit Ausländern abheben, besonders, wenn es
sich um Farbige und Schwarzafrikaner handelt; wahrscheinlich zeich-
nen sich hier erste Symptome eines weiteren eingebildeten Infektions-
‹risikos› ab, die dann im Sinne von Diskriminierung aufgrund eines
falschen natürlichen Stigmas zu verstehen sind. Betroffene sprechen
von merklichen Ausgrenzungen bereits in normalen Alltagssituatio-
nen, von unsinnigem Mißtrauen und behördlichen Schikanen. [116] Deshalb muß festgehalten werden: Schwarzafrikaner ‹haben› nicht HIV
oder AIDS, ebensowenig wie Bluter ‹es haben› oder Schwule etc.
Afrika ist groß, und wenn es auch zutrifft, daß dort AIDS verbreiteter
ist als in Mitteleuropa, so bedeutet dies selbstredend nicht, daß nun
jeder Afrikaner quasi ‹von Natur aus› infiziert oder krank wäre. Es gilt
ja auch nicht für die bei uns definierten Hauptbetroffenen als Kategorien: Ein Schwuler, der nie Risikokontakte gehabt hat, ist nicht dispo-
nierter für eine Gefährdung als irgendein Heterosexueller, der auch
keine Risikokontakte hat. Mit anderen Worten: Menschen als Kategorie (Schwule, Afrikaner) und Menschen, die wir als Individuen treffen,
sind nicht über denselben Leisten zu schlagen. Bei dieser von englischen
und französischen Medien ‹entdeckten› und bei uns bloß dorther als
Horrormeldung rezipierten ‹Gefahr› handelt es sich um verhüllten Ras-

sismus, der die allgemeinen Ängste vor AIDS lediglich als Vorwand benutzt, denn bekanntlich ist es leicht, Vorurteile unterschiedlicher Herkunft zu bündeln.

Zum Schluß noch eine eigentlich selbstverständliche Information zum Thema ‹Ansteckungsmöglichkeiten, die keine sind›: Man kann sich natürlich nur bei jemand anstecken, wenn der oder die andere selbst infiziert ist.

«Wir müssen wirklich aufpassen, daß wir nicht bei vielen Leuten, die seit Jahren in einer festen Beziehung leben, die Angst erzeugen, sie könnten sich bei ihrem Partner, der ebenso treu ist, anstecken. Das ist völliger Quatsch.» [117]

Alle sachlichen und faktengerechten Aufklärungsbotschaften werden im übrigen zunichte gemacht, wenn ein beigefügtes Bild das genaue Gegenteil des im Text Gesagten vermittelt. Hierfür zwei typische Beispiele: In einer Frauenbroschüre des Schweizer Bundesamtes für Gesundheit wird eine HIV-positive Mutter mit Mundschutz über ihr Baby gebeugt abgebildet [118], obwohl die Broschüre selbst korrekt darlegt, daß normale Alltagskontakte nicht ansteckend sind. Und das Frontblatt des inhaltlich so empfehlenswerten, humanen Buches von Mill Majerus, dessen Titel lautet «AIDS – unsere Verantwortung» zeigt zwei beim Händedruck vereinte Hände, die eine davon im Einmal-Handschuh, obwohl der Autor eindeutig hervorhebt, daß AIDS-Viren im gesamten Alltagsgeschehen nicht übertragen werden können! [119]

VII. Die Rolle der Medien

1. ‹Bad news is good news›

Die Vorurteilsforschung hat schon vor einem Vierteljahrhundert darauf hingewiesen, daß Stereotype vor allem in den Massenmedien verbreitet werden[1], und in nicht geringem Grade ist dafür ein gewisser, vom Metier her vorgegebener Zwang zu Fixigkeit, ja Flüchtigkeit verantwortlich: Die meisten Nachrichten sind an sich komplexer, als die Berichterstattung deutlich zu machen vermag (für jeden Print-Beitrag gibt es nur eine begrenzte Menge an Zeilen, für jede TV-Nachricht nur eine begrenzte Anzahl von Minuten), also muß gerafft, gekürzt werden.[2] Doch wer das tut, vereinfacht gleichzeitig. Wer aber unter diesem Zwang arbeitet, greift fast unwillkürlich auf Strukturen zurück, von denen er weiß, daß sie jedermann kennt, und dazu gehören eben unter anderem auch die gängigen Vorurteile. Der Berichterstatter strukturiert seine Information auf einen gewissen Effekt hin und umgibt diese Struktur, das Gerüst seines Artikels, mit dem ‹Fleisch› der Fakten, und

«das Fleisch des Berichtes vergißt man langsam, während das Gerippe – stark vereinfacht – erhalten bleibt...»[3]

Diese grundsätzlichen Überlegungen zu der Beziehung zwischen Vorurteilen und Publizistik finden in der internationalen Medien-Berichterstattung zum Thema AIDS ihre eindrucksvolle Bestätigung: Das Gerüst oder ‹Gerippe‹ der Berichte in Form alter, je nach Landestradition verschiedener Vorurteile läßt sich überall ausmachen. Außerdem gelten dafür selbstverständlich dieselben Voraussetzungen wie für alle anderen Geschehnisse in der Welt, die sich dazu eignen, als ‹Medien-Ereignisse› herausgestellt zu werden. Oberstes Auswahlkriterium dabei ist seit eh und je der publizistische Grundsatz: «Bad news is good news». Denn das Publikum erwartet von den Medien, daß sie gleichzeitig zwei eigentlich völlig verschiedene Bedürfnisse befriedigen (weshalb das Ergebnis notwendig oft so krude ist), nämlich vor Gefahren schlechthin zu warnen, andererseits aber auch zu unterhalten – und am liebsten beides in einem Atemzug. Um dies Ziel zu erreichen, folgt die Aufbereitung des Stoffes einem ursprünglich von den amerikanischen Massenblättern eingeführten Schema. Ein neues Thema taucht entweder wirklich auf oder wird ‹gemacht›, kommt groß heraus, die Berichterstattung weitet sich aus, andere Blätter steigen ein, es erfolgt Leserbrief-Politik, auch das Fernsehen macht mit, schließlich konstatieren selbsternannte[4] sowie gewählte Meinungsführer ‹Handlungsbedarf›, es gibt parlamentarische Anfragen, Arbeitskreise werden gebildet – kurz, wie Konrad Adenauer zu sagen pflegte: ‹Die Situation ist da.›

So ging es bei den verschiedenen bundesrepublikanischen ‹Affären› der jüngeren Vergangenheit (Flick, Kießling); so war es beim Wald- und Robbensterben, beim Ozonloch, und mittlerweile ist es so bei AIDS. Das Fatale an dieser Handhabung: Die Probleme sind real und die Affären skandalös – die Problemaufbereitung jedoch reduziert alles auf die Bedarfsstruktur der eigentlichen Medienträger. Und diese haben weder die Zeit noch die Kompetenz – und faktisch auch keineswegs die Aufgabe! –, für die angeschnittenen Fragen echte Lösungen anzubieten; ihr ureigenes Interesse liegt woanders, und zwar schlicht in der Auflagenhöhe des Blattes oder der Sehbeteiligung der Zuschauer.[5] Sobald dem Publikum die Sache langweilig wird, sehen sich die Medien gezwungenermaßen nach dem nächsten Knüller um, vorher aber muß die Sensation von gestern noch fix abgeräumt werden. Also äußern sich jetzt ein paar Leute kritisch-zusammenfassend dazu, plötzlich hört man auch vom bisherigen Tenor abweichende Ansichten, noch ein wenig Nachkarten, und schon geht die Jagd auf das nächste Thema los. Und die Politiker lassen sich vor diesen Karren spannen...

Dementsprechend werden bei uns Probleme weder in der Reihenfolge ihres Auftauchens noch entsprechend ihrer Dringlichkeit oder ihres Schweregrades aufgegriffen, sondern vornehmlich mit Blick auf eine Handvoll Star-Blätter und die Fernsehkanäle. Politiker verwechseln das, was sie dort lesen oder sehen, allzu leicht mit dem eigentlichen Wählerwillen. Bei AIDS allerdings ist dies speziell prekär. Obwohl es keinem Zweifel unterliegen kann, daß AIDS, wie die Krankheit heute allgemein verstanden wird, tatsächlich vorwiegend ein Medienereignis ist, so steht fatalerweise genauso fest, daß man AIDS schlechterdings nicht (wie Waldsterben und Ozonloch und die Robben) nach einiger Zeit geschärfter Aufmerksamkeit wieder sich selbst überlassen kann, ohne daß sich im sozialen Umfeld merklich etwas ändert: Waldsterben und Ozonloch sind Probleme, die man der Nachwelt zuschiebt, und der

Robbenbestand erholt sich offenbar irgendwie aus eigener Kraft – AIDS aber läßt sich nicht verdrängen oder vergessen. Wir alle könnten weniger verkrampft mit der neuen Krankheit umgehen, wenn sie nicht in ‹mediengerechter› Form vermarktet worden wäre, das heißt sensationell, polemisch, vorurteilsvoll. Zwar ist das faktenmäßige Gedächtnis des Publikums bekanntermaßen schwach[6], doch das ‹Gerippe› der Medienbotschaft, die seit 1982 verkündet wird, erhielt sich und suggeriert AIDS als eine Krankheit traditioneller Randgruppen, gegen die Vorbehalte und Vorurteile zu haben verständlich, wenn nicht sogar geboten erscheint. Die Verfahren, mit deren Hilfe statt Information Desinformation, statt Aufklärung Panikmache, statt Empathie mit den Betroffenen Schuldzuweisungen gegen sie verbreitet werden, sind weltweit identisch; unsere Presse hat sie nicht erfunden, sondern das Vorhandene lediglich kolportiert. Vermutungen oder Theorien werden als Wahrheiten ausgegeben[7], Teilwahrheiten nicht als solche gekennzeichnet[8], moralische und medizinische Ziele – zum Teil absichtsvoll – vermischt[9], Rassismus und Fremdenhaß und uralte sexistische Vorurteile wiederbelebt.[10] Obgleich seit spätestens 1982 jeder, der sich wirklich für Fakten interessierte, hätte wissen können, daß AIDS weder allgemein eine ‹Randgruppen›- noch speziell eine ‹Schwulen›-Krankheit ist[11], rangen die englischsprachigen Medien sich erst im Frühjahr 1985 dazu durch, von dem neu gebildeten Stereotyp ‹AIDS = Schwule = Sünde = Tod› abzurücken. Es wurde zwar immer einmal wieder erfolgreich ausgegraben, und zwar wegen des Bezugs zur Promiskuität, aber das Publikum hatte sich mittlerweile daran gewöhnt, AIDS für nicht so wichtig zu erachten, da es sich davon ja offenbar nicht tangiert zu fühlen brauchte, und die AIDS-Stories kamen nicht mehr gut an. Das Thema ließ sich aber neuerlich und hochdramatisch aufbereiten, indem man die Erkenntnisse der Wissenschaft jetzt zwar aufgriff, jedoch wiederum übertrieb und in der Folge massenhaft angeblich Gefährdete sozusagen aus dem Ärmel schüttelte. AIDS bedrohte nun auf einmal:[12] Kinder, Embryos, Prostituierte, ‹normale Heterosexuelle›, Männer und Frauen, jung und alt. Nachdem die Behandlung des Themas als ‹Schwulenpest› ausgereizt war, benötigte man eben Neues: anregend, tragisch, bedrohlich, persönlich. Dieserart ließen sich AIDS neue Seiten und neue dramatische Geschichten abgewinnen, nunmehr ‹Geschichten über Menschen wie du und ich›. Jetzt legte man die Betonung auf die Möglichkeit, sich bei jedwedem ‹normalen› Geschlechtsverkehr anzustecken, ja sogar im ganz normalen Alltagskontakt.

2. Das Märchen vom ‹Schwarzen AIDS›

Französische und deutsche[13], aber auch die spanisch geschriebenen Blätter nahmen auf und druckten nach, was zuerst in den USA und in England publiziert worden war, sie reicherten das ‹Material› analog zu den Ängsten und Vorlieben ihrer jeweiligen Leserschaft an und spannen den AIDS-Mythos entsprechend den regionalen Vorurteilen weiter. Sogar die längst unabhängig gewordenen einstigen Kolonialländer gerieten in den Sog. Hierfür ein Beispiel.[14]

Ende 1986 brachte der englische ‹Sunday Telegraph› eine großaufgemachte Story über Schwarzafrika als Herkunftsland von AIDS und die hochgradige Gefährdung, die britische Reisende und Residenten dort zu gewärtigen hätten, auch wurde vor einreisenden Schwarzafrikanern als ‹Infektionsrisiken› gewarnt. Sechs Monate später schwappte die letzte von diesem Sturm im Blätterwald aufgewühlte Woge zwei Kontinente weiter an die Klippen von Madras: Schwarzafrikanische Studenten in Südindien fanden sich unversehens einer massiven Zwangstest-Kampagne indischer Behörden ausgesetzt, die den Zeitungen Kenntnisse über ‹Schwarzes AIDS› entnommen hatten, wie die britischen Blätter neuerdings die Krankheit zu nennen begannen. Was lag da näher, als sämtliche afrikanischen Studenten zu testen! Regionale Behörden gingen so weit, einem davon, der angeblich infiziert sein sollte, kurzerhand die persönlichen Habseligkeiten zu verbrennen, da man von der Ansteckungsmöglichkeit des Leidens im Alltagskontakt gelesen hatte. Die Studenten protestierten, der Konflikt eskalierte. In Bombay weigerten sich fünfhundert von ihnen aus Protest, ihre Examina abzulegen. In der Hauptstadt gab es Demonstrationen und auf diplomatischer Ebene Verstimmungen. In dem fraglichen Artikel des Sonntagsblattes hatte der verführerische Satz gestanden, daß es ‹monströs› sei, wenn Politiker sich bloß deshalb von harten Maßnahmen zurückhielten, weil diese als rassistisch und diskriminierend angesehen werden könnten, denn im vorliegenden Fall sei die Diskriminierung eindeutig Pflicht. Kenia, Tansania, Uganda und Sambia verzeichneten aufgrund dieses einen sensationellen Artikels namhafte Einbußen auf dem Touristiksektor, die bis heute nicht wieder ausgeglichen sind. Es nützte nichts, daß das Foreign Office sich von dem Machwerk distanzierte und außerdem bestritt, daß irgendwelche Sofortmaßnahmen gegen schwarze Einreisende geplant seien.

Das Schlagwort vom ‹Afrikanischen AIDS› war ursprünglich nichts als der denkbar unglücklich gewählte Kongreß-Name für eine internationale Konferenz, die sich mit AIDS in Afrika befaßte und 1985 in Brüssel stattfand; der Protest nigerianischer Wissenschaftler gegen diese Wortwahl verhallte ungehört, vermutlich nicht einmal begriffen. Die von Wissenschaftlern vermutete ‹Heimat› von AIDS in Schwarzafrika wurde von der internationalen Presse so umgehend mit Schuldzuweisungen an die Afrikaner vermischt, daß diese anfingen zu glauben, es handle sich um eine rassistische Verschwörung. Von da an gab es in einigen betroffenen Ländern für Jahre die Tendenz, neue Fälle von AIDS geheimzuhalten und die Krankheit offiziell als nicht vorhanden beziehungsweise Produkt ‹westlicher Propaganda› zu bezeichnen.[15] Obwohl die Führer dieser Länder ihren Nationen damit keinen Gefallen getan haben, kann man sie verstehen, denn das Gerede vom ‹Schwarzen AIDS› hörte, einmal in die (Medien-)Welt gesetzt, so bald nicht auf. Als Belgien 1987 Zwangstests für alle Studenten mit staatlichem Stipendium einführte, von denen viele aus der ehemaligen Kolonie Kongo stammten, dem heutigen Zaire, mußte als notwendiger Grund der Maßnahme wieder ‹Schwarzes AIDS› herhalten. Es fand ebenfalls Widerhall in Südafrika. Dort las man, die Schwarzen aus dem Norden seien für das ‹Afrikanische AIDS› verantwortlich zu machen. Es wurde als ‹heterosexuelle Variante› bezeichnet und vom sozusagen ‹normalen AIDS› grundsätzlich unterschieden, das vornehmlich weiße Homosexuelle befalle. Zwar wandte sich der Südafrikanische Gesundheitsdienst gegen diesen Unfug, einige Zeitungen ließen aber nicht davon ab.[16] Für die gegen Ende des vorigen Kapitels erwähnten Ängste vor Farbigen auch bei uns als ‹AIDS-Risiken› dürfte die Medienchimäre des ‹Schwarzen AIDS› desgleichen verantwortlich sein.

3. Andere Länder – andere AIDS-Vorurteile

Welche Aspekte sich die jeweilige Landespresse bei der AIDS-Berichterstattung aussucht, ist maßgeblich von den historischen Erfahrungen der betreffenden Staaten abhängig. So glaubt man auf den ehemals spanischen (und deshalb noch heute mehrheitlich katholischen) und später amerikanischen (und deshalb heute anglophonen) Philippinen, AIDS komme von demjenigen Sex, dessen Art und Umfang ‹Gott verboten hat›[17], macht jedoch auch die amerikanischen GIs verantwortlich. Länder der Dritten Welt gehen von dem Stereotyp aus, AIDS entstamme dem ‹degenerierten Westen›, eine Stimme aus der Türkei gibt ein im Mittleren Osten weitverbreitetes Gerücht wieder: amerikanische Soldaten hätten in Vietnam Geschlechtsverkehr mit Affen gehabt, sich dabei die Krankheit geholt und später in Nordamerika verbreitet. In Japan brandete aufgrund von AIDS der seit hundertfünfzig Jahren schlummernde Fremdenhaß wieder auf: AIDS kriegt, wer sich einer unseligen Leidenschaft für Europa hingegeben hat, was man buchstäblich, aber auch metaphorisch verstehen darf; jedenfalls erschienen im Vergnügungsviertel von Tokio 1987 an Lokalen Schilder mit der Aufschrift: «Gaijin off limits» (‹Gaijin› ist eine abwertende Bezeichnung für Weiße).

Sowohl die türkisch-islamische Stimme als auch die japanische Sicht demonstrieren, daß dort jeweils eine ausgrenzende Pseudospezifikation stattfindet: Wer mit Tieren Geschlechtsverkehr hat, beweist damit, daß er selbst kein ‹richtiger Mensch› ist; wer den – wie auch immer gearteten – ‹Verlockungen› Europas verfällt, ist zweifelsfrei kein Japaner von echtem Schrot und Korn und deshalb – höchst ethnozentrisch gedacht – kein Mensch im eigentlichen Sinne. Daß hier nicht bloß Angst vor AIDS vorliegt, sondern auch latenter Fremdenhaß aktualisiert wird, erweist sich durch das völlige Fehlen irgendwelcher Bedenken, daß Japaner sich die Krankheit etwa im Ausland holen und so nach Japan importieren könnten. Es zeigt sich auch im Praktizieren von – wenngleich passivem – Meideverhalten: Obwohl in einer Untersuchung festgestellt wurde, daß 85 Prozent befragter japanischer Lehrkräfte sehr wohl wußten, daß man sich AIDS beim Benutzen von Schwimmbädern, wo auch Weiße baden, oder auf ‹westlich› konstruierten WC-Sitzen nicht holen kann, entschied sich die Hälfte davon, künftig solche Orte lieber nicht mehr aufzusuchen…[18]

In den USA und bei uns stand aufgrund der starken nomischen Vorbehalte lange unangefochten die Kongruenz-Konstellation ‹AIDS = Homosexualität = Sünde = Tod› im Vordergrund von Medienberichten. Interessanterweise trat in den USA die rassistische Version darum anfangs überhaupt nicht auf, während England wegen der traditionellen Verbindungen mit seinen früheren Kolonien zu den ersten Warnern vor einem phantasierten ‹schwarzen AIDS› gehörte. Konstitutiv für die massenhafte Übernahme bevorzugt amerikanischer Berichte gerade bei uns dürfte gewesen sein, daß seit 1945 für Ärzte aus der Bundesrepublik die USA als Hort aller wissenschaftlichen Errungenschaften gelten.

Zu den rassistischen, religiösen und ethnozentrischen Vorurteilen, die durch AIDS aktualisiert werden, treten selbstredend noch die politischen. 1986 veröffentlichte ein Wissenschaftlerteam aus der DDR die These, AIDS entstamme einem US-Genlabor, wo man zum Zwecke der virologischen Kriegsführung damit experimentiert habe; diese Überlegungen wurden von dem Ostberliner Schriftsteller Stefan Heym zustimmend weiterverbreitet, sind jedoch unrichtig.[19] Das hinderte Amerika-Gegner natürlich nicht, sie gerne aufzugreifen: Am 30. Oktober 1986 veröffentlichte die PRAWDA eine Karikatur, auf der ein Mann im Chemiker-Kittel einem General ein Glas mit Viren gibt und dafür Dollarnoten bekommt. Ein Jahr später distanzierten sich Sprecher der Sowjetischen Akademie der Wissenschaften von der ‹Labor›-Theorie und erklärten, kein Akademie-Mitglied habe mit solchen Anschuldigungen je zu tun gehabt oder einen entsprechenden Verdacht gehegt. Am gleichen Tag stand in der ISWESTIJA der Beitrag zweier Wissenschaftler, in dem sie die Verbreitung der Theorie in der UdSSR als ‹falsch› kritisierten.[20] Obwohl unhaltbar, ist sie nichtsdestoweniger höchst bemerkenswert, nämlich insofern, als sie überall dort aufgegriffen und mit Emphase vertreten wurde, wo man entweder politischen Ärger mit den USA hatte (einige Staaten in Mittel- und Südamerika) oder da, wo man sich mit den Auswirkungen der ‹Schwarzes AIDS›-Kampagne herumschlug, nämlich in Afrika.[21]

Die französische Presse setzte bei der AIDS-Berichterstattung etwas andere Akzente als diejenigen Länder, die sich an anglophonen Medien-Neuigkeiten orientierten. Zuerst berichtete man in Frankreich über die neue Krankheit als medizinisches Problem, dann richtete die Aufmerksamkeit sich auf die Kontroverse zwischen dem Franzosen Luc Montagnier und dem Amerikaner Robert Gallo[22] über die Priorität der Entdeckung des AIDS-Virus, zumal die Wissenschaftler von sich aus mit Stellungnahmen und Erklärungen in die Medien drängten. Als die Begriffe ‹Risikofaktor› und ‹Risikogruppen› publik wurden, fing man an, auch über die ‹moralischen› und sozialen Seiten von AIDS zu schreiben, und wie in den USA wurde gelegentlich auf den ‹ausschweifenden› Lebensstil der homosexuellen Minderheit als ‹Ursache› abgehoben. Über die Ansichten der amerikanischen Fundamentalisten jedoch berichteten die französischen Blätter ziemlich distanziert. Das hinderte aber nicht das Aufkommen eines Gebrauchs des AIDS-Begriffs im Sinne einer Metapher für alle möglichen Bedrohungen; so sah der konservative ‹Figaro› protestierende Studenten als ‹von geistigem

AIDS befallen›. Die Politiker richteten – hier eine deutliche Parallele zur Situation bei uns[23] – ihre Maßnahmen zur AIDS-Bekämpfung an dem zu erwartenden Medienecho aus, so daß die Presse in die dominierende Lage derjenigen Instanz kam, die Handlungsbedarf benennt und einfordert.[24]

4. Medien konstruieren die Realität

Insgesamt betrachtet, hat die Presse die Panik um AIDS im Stil einer fortwährenden, in ihrer Richtung aber variierenden Bedrohung der sozialen Ordnung geschildert. Galt das Leiden anfangs ausschließlich als ‹Schwulenpest›, entwickelte es sich während eines gewissen Abstumpfungsprozesses beim Publikum zu anderen, immer umfassenderen Bedrohungen weiter. Zuerst durch eine Schar neu entdeckter, zum Teil jedoch auch neu hinzuphantasierter Übertragungsmöglichkeiten: Blut, Blutprodukte, Mücken und andere ‹blutsaugende Insekten›, Speichel, Tränen, Sperma, Orgien, Promiskuität, Kinder, schließlich den ganz normalen Heterosex; dann von schwulen Männern als angeschuldigten Weiterträgern der Infektion zu Bisexuellen, Fixern, afrikanischen Heterosexuellen, Prostituierten, ‹unschuldigen› Partnern und ‹unschuldigen Sexualkontakten› und endlich dem normalen Alltagskontakt. Und je weiter die Ängste sich ausbreiteten, desto stärker empfand die Gesellschaft sich schließlich wie im Belagerungszustand.[25]

Während die Medien über die Realität berichten, konstruieren sie sie. Bei uns mag die verbreitete allgemeine Wissenschaftsgläubigkeit dazu geführt haben, daß jede neue Nachricht über AIDS aus dem Medizinbereich unbesehen als bewiesene Wahrheit gilt.

«Durchgängig fehlt es der bundesdeutschen Presse dabei an kritischer Distanz gegenüber der Art und Weise medizinischer Veröffentlichungen und Empfehlungen. So bezog denn auch … die Presse nicht nur Veröffentlichungen von Ärzten und Publikationen der internationalen und seriösen medizinischen Fachzeitschriften in ihre Berichterstattung ein, sondern auch den breiten Markt der populärwissenschaftlichen Zeitungen für Ärzte und Pflegepersonal. Diese Zeitschriften gelten der Presse als durchaus seriös und zitierfähig; ein Umstand, der auch darauf zurückzuführen sein mag, daß sie Artikel in den internationalen Fachzeitschriften in populärer Form zusammenfassen und spektakulär aufbereiten.»[26]

Das tun sie, weil sie ihrerseits unter Konkurrenzdruck stehen und den Gesetzen des Marktes folgen, es setzt freilich Leser voraus, die kritisch urteilen und nicht alles vorbehaltlos glauben, was man ihnen vorsetzt. Kritisch lesen kann aber nur, wer die Zeit hat, unterschiedliche Meinungen auch zu Detailfragen und zum Theorienstreit durchzugehen und sich daraufhin ein eigenes Urteil zu bilden. Diese Zeit haben aber Menschen in Pflegeberufen oft nicht, und präzis-eindeutige Informationen werden bei uns durch die notorisch ausufernde ‹Restrisiko›-Diskussion einerseits und andererseits mit Schuldzuschreibungen an Randgruppen verhindert. Hier ein Beispiel, wie die Dinge nicht laufen sollten:

Im Gesundheitsamt einer mittleren Großstadt ist unter anderen eine Frau von Mitte Fünfzig beschäftigt, zu deren Aufgaben es gehört, häufig Blut abzunehmen. Eine Ärztin, die gleichfalls dort tätig ist, bittet sie immer wieder, dabei Einmalhandschuhe anzulegen, was die Betreffende aber ablehnt. Offenbar empfindet sie sich nicht als gefährdet und die neue Auflage als lästig. Schließlich weist sie darauf hin, daß seitens der Behörde, des gemeinsamen Arbeitgebers, ja überhaupt keine zwingende Weisung dazu vorliege. Die Ärztin traut ihren Ohren nicht und geht der Sache nach: Und in der Tat, eine derartige Weisung existiert nicht... Ausreden läßt sich die leichtsinnige Mitarbeiterin ihr falsches Wissen nicht: Sie gehört keiner Randgruppe an und ist nicht gefährdet, punktum!

Es wäre allerdings sachlich nicht gerechtfertigt, den Medien durch die Bank jeden guten Willen zu einer faktengerechten AIDS-Information abzusprechen. Gegen das ‹schwarze› beziehungsweise ‹afrikanische› AIDS wandten sich in Indien seriöse Journalisten in seriösen Zeitungen (‹Times of India›, ‹Hindustan Times›), auch die kleineren Provinzblätter machten den Horror-Rummel nicht alle mit.[27] Der britische ‹Observer› kritisierte 1985 die allgemeine Hysterie und erklärte, AIDS sei mit Sicherheit keine Seuche – obwohl das Blatt diese objektive Sicht nicht lange durchhielt.[28] Bei den großen deutschen Tageszeitungen wird die Berichterstattung über AIDS genauso gehandhabt wie bei anderen Themen auch, das heißt, sie erfolgt entsprechend der politischen Tendenz des betreffenden Blattes. In der Vergangenheit sind zwar auch bei seriösen deutschen Blättern ‹Ausrutscher› in der AIDS-Berichterstattung vorgekommen, aber im Grunde eher als Ausnahmen[29], und nicht selten gab man sich Mühe, als solche erkannte Vorurteile in der Bevölkerung mit Hilfe eigener Recherchen abzubauen.[30]

Ganz anders steht es um die Boulevardpresse, so gut wie alle Illustrierten, viele der kleineren Tageszeitungen und merkwürdigerweise den sonst so für Aufklärung engagierten ‹SPIEGEL›, über dessen AIDS-Berichterstattung viele Schwule zutiefst enttäuscht und verbittert sind.[31] Was insbesondere die auflagenstarken Massenblätter hinsichtlich einer faktengerechten AIDS-Information von Anfang an versäumt haben, um statt dessen durch Horror-Meldungen und der Verbreitung von Greuelmärchen ihre Auflagenhöhe zu steigern, hat Frank Rühmann 1985 dankenswerterweise ausführlich dargestellt. In den folgenden Jahren ist die Berichterstattung insgesamt weniger emotionsgeladen und sensationslüstern geworden, aber ‹Rückfälle› kommen nichtsdestoweniger vor. Sie drehen sich überwiegend um ‹neuentdeckte› Ansteckungswege, von denen sich bisher immer rasch herausgestellt hat, daß es keine waren, sowie um anderweitige, schlichtweg neuerfundene AIDS-‹Gefährdungen› wie den schon erwähnten, womöglich mitten über dem Atlantik ‹durchdrehenden› Jumbopiloten.

Eigenständig, aber nicht unbeeinflußt von alledem, hat sich ein verquaster, pseudo-kritischer, halb literarischer und halb makabrer Diskurs an dem neuen Thema festgemacht, der anscheinend hofft, mit AIDS nun endlich «das zustande zu bringen, was '68 ff mal so schön begonnen hatte: die kollektive, gesamtgesellschaftliche Veränderung. Manch einen ehemaligen Revolutionär muß grüner Reformismus so frustriert haben, daß ihm jede Katastrophe lieb ist. Nur einschneidend genug muß sie sein!»[32] Diese neuen Apokalyptiker von links verwechseln den Diskurs mit der Realität, während die alten Apokalyptiker von rechts die Realität mit den Phantasmagorien der eigenen Panikmache in eins setzen.

Kein Blatt hat es bisher fertigbekommen, für wenigstens einige der vordem mit soviel publizistischem Tamtam beschworenen Gefahren deutlich und ausdrücklich ‹Entwarnung› zu signalisieren, etwa für das Küssen[33], obwohl eine solche angstabbauende Information inzwischen wirklich sachlich zu rechtfertigen ist. Und immer noch wird der hohen Bedeutung, die das Drogenproblem für die AIDS-Verbreitung darstellt, in den Medien nicht entfernt genug Aufmerksamkeit zuteil: Man redet über das falsche und schweigt über das falsche...

Daß objektive Berichte auch ein objektives Publikum finden, zeigte eine Fernsehsendung bereits im Herbst 1987, in der Betroffene über ihr

Schicksal und ein Geistlicher über seine seelsorgerlichen Erfahrungen mit insbesondere erkrankten Homosexuellen berichtete: Als Publikumsreaktion gab es zwar mehrere hundert empörte Rückmeldungen, offenbar größtenteils aus dem evangelikalen Raum, aber mehrere tausend Briefe und Anrufe, in welchen Zuschauer die Sendung lobten und sich dafür bedankten.[34]

Eines der frühesten Beispiele, das im Jahr 1983 in den USA sehr typisch den bewußten Einsatz der angstauslösenden, schockhaften Wirkung des versehrten Körperschemas zeigte, hat Frank Rühmann berichtet.[35] Im Mittelpunkt dieses Falles stand Kenneth Ramsauer, ein schwer an AIDS erkrankter Homosexueller, der schlimme Gesichtsentstellungen aufwies. Gerade deswegen wurde er für zwei Folgen einer Fernsehsendung ausgesucht, nachdem alle anderen Betroffenen, die vorher für jene Sendung vorgesehen gewesen waren, dem zuständigen (und selbst homosexuellen) Redakteur «nicht krank genug aussahen, um publikumswirksam ins Bild gesetzt zu werden». Die Sendung löste in den USA, wo sie natürlich im Kontext mit dem verbalen Kommentar beurteilt wurde, ambivalente Reaktionen aus, das heißt, sie verursachte nicht ausschließlich, aber immerhin auch mitfühlende Identifikation. Als die betreffenden Bilder aber nachher um die Welt gingen, und zwar meist ohne die zugehörige persönliche Geschichte des Kranken, der dramatischerweise zwischen der Ausstrahlung der ersten und zweiten Folge starb, entfiel diese Möglichkeit zur Empathie, die ja nur zustande kommen kann, wenn die Wirkung des gestörten Körper-/Bewegungsschemas durch zusätzliche Informationen abgemildert oder neutralisiert wird. Was übrigblieb, waren allein Schrecken und Schock. Aus der individuellen Lebens- und Krankheitsgeschichte wurde ‹der› AIDS-Patient, dessen Bild zum Symbol der Krankheit. Häufig wurde es zusammen mit anderen Fotos von Ramsauer veröffentlicht, die ein Jahr zuvor aufgenommen worden waren und einen gutaussehenden jungen Mann zeigten, der äußerlich keine Ähnlichkeiten mit dem Erkrankten aufwies.

Diese Pressefotos haben außerhalb der USA einen wesentlichen Anteil an der Verbreitung der AIDS-Hysterie gehabt, während die Reaktionen in den Vereinigten Staaten durchaus ambivalent waren. Ähnlich negativ für eine faktengerechte AIDS-Aufklärung, aber graduell noch wesentlich verhängnisvoller dürfte sich die Ausstrahlung des Films ‹Sehnsucht nach Sodom› im Zweiten Deutschen Fernsehen am 22. März 1989 auswirken. Hauptdarsteller des Streifens ist der inzwischen verstorbene, damals schon auf den Tod an AIDS erkrankte Schauspieler Kurt Raab. Die Dreharbeiten haben seinem Selbstbehauptungswillen gewiß geholfen, dem ‹besseren Wissen über Betroffene› seitens der Allgemeinheit aber ganz sicher nicht, weil der Film die verbreitete falsche Kongruenz-Konstellation AIDS = Homosexualität = (vorzeitiger) Tod› zu bestätigen scheint. Die Einblendung jener Sequenzen, die Raab

«als den gesunden, gotteslästerlichen, frivolen Schwulen Kurt Raab in schwarzen Dessous, mit Songs und Rezitationen sich räkeln und sich genießen lassen»[36],

verschrecken die durch desinformierende Vorurteile ‹vorbelasteten› Zuschauer, wenn dann, gewissermaßen als Fortsetzung eines solchen Lebens, derselbe Mensch als lebender Leichnam auftritt. Die eigentliche Botschaft des Films hat zweifellos gelautet: «Ich habe gelebt, seht ihr, und so und so habe ich gelebt, und nun werde ich sterben, voilà!» Doch obwohl man schwul sein, schwarze Dessous tragen und sich gotteslästerlich-frivol räkeln kann, ohne AIDS zu haben oder zu kriegen, suggerieren die Bilder als Botschaften der Wahrnehmung, und zwar der des entsetzlich versehrten Körper-/Bewegungsschemas, dem Zuschauer hier einen Tat-Folge-Zusammenhang, der eben eine Suggestion ist, nicht aber Realität.

VIII. Um- und Neulernen von Sexualität angesichts von AIDS

Seit die Medienberichterstattung zu AIDS insgesamt etwas objektiver geworden ist, verringert sie sich auch vom Umfang her, was viele Menschen zu dem Trugschluß verleitet, man brauche dem Thema nun keine weitere Aufmerksamkeit mehr zu schenken. Doch AIDS ist kein ‹Medienereignis› und verbreitet sich unabhängig davon, daß man das Thema inzwischen vielfach langweilig findet und es ‹nicht mehr hören kann›. Die Hoffnung, AIDS möge auf jene ‹Randgruppen› beschränkt bleiben, wo es zuerst auftrat, hat sich als Illusion erwiesen. Und obwohl die meisten Leute, mit denen man spricht, mittlerweile ziemlich gut Bescheid wissen, wobei man sich AIDS ‹holen› und nicht holen kann, hapert es mit der Umsetzung dieses offenbar vorwiegend kognitiven Wissens im persönlichen Leben noch sehr. Diese Umsetzung ist aber unabdingbar, denn ein Impfstoff oder eine zuverlässig wirkende Therapie sind auf Jahre hinaus nicht zu erwarten. AIDS-Bekämpfung ist also vorderhand identisch mit HIV-Infektionsverhütung.

Darum müssen alle, die nicht lebenslang in beiderseitiger Monogamie oder aber sexuell abstinent leben, für die nächsten Jahre ihr Sexualverhalten so einrichten, daß sie die vorhandenen Risiken möglichst klein halten. Der dafür nötige Lernprozeß ist an sich schon schwierig und wird noch dadurch kompliziert, daß die Botschaften, was eigentlich zu verändern sei, widersprüchlich sind, weil sie unterschiedliche Absender haben, die ihrerseits zum Teil die AIDS-Prävention zur Propagierung nomischer Vorstellungen benutzen, wie sie sie verstehen. Anomische Zustände drohen zwar mit Sicherheit dann, wenn AIDS nicht gestoppt wird, aber es scheint mehr als fraglich, ob die alten nomischen Rezepte im Stil von ‹Treue ist der beste Schutz!› für das Zurückdrängen der Krankheit ausreichen, sofern gleichzeitig weiter gegen Schutzmöglichkeiten für Menschen, die diesen Rat nicht akzeptieren können, auf nomisch-ideologischer Basis polemisiert wird.

Läßt man nomische Vorgaben außer acht, lauten die nötigen Informationen zur Vermeidung einer sexuellen Übertragung von HIV: Bei Vaginal- und Analverkehr Kondome benutzen, außerdem Sexpraktiken vermeiden, wobei es zu Beschädigungen blutführender Gefäße im Körperinnern oder an der Körperoberfläche kommen kann, sofern anschließend Blut oder Sperma oder Vaginalsekret in die Wunden gelangen könnte (das heißt sado-masochistische Techniken, Faust-Fick und ähnliches), ferner sogenannte ‹Sex-Spielsachen› (Dildos und so weiter) nicht gemeinsam gebrauchen.[1] Das sind die zentralen Regeln, wovon für die meisten Menschen wohl vor allem die erste wichtig sein dürfte. Alles über diese Regeln hinaus Empfohlene bzw. Verbotene bezieht seine Daseinsberechtigung aus der ‹Restrisiko›-Diskussion und existiert eigentlich bloß im Konjunktiv.[2]

1. Probleme mit Kondomen

Wer sich nach gründlicher Erwägung dieser Fakten entschlossen hat, sein zukünftiges Sexualleben mit Hilfe von Kondomen sicherer zu machen[3], findet sich vor vier Problemen, von denen jedes einzelne schwierig ist. Gehen wir sie kurz durch.

a) Kondome sind nötig, aber nicht natürlich

Problem eins ist die Unnatürlichkeit eines Verkehrs mit Kondom: Kondome kommen gewissermaßen ‹in der Natur nicht vor›, sie beeinträchtigen das Gefühl, das Anlegen in romantischen Situationen stört oder zerstört die erotische Stimmung – kurzum, das Kondom ist ein Schutzmittel, aber kein Vergnügen. Beide Partner werden durch das Kondom daran erinnert, daß es vorher andere Kontakte gegeben hat (sonst wäre kein Kondom erforderlich), ein Gedanke, den man im Augenblick sexueller Gestimmtheit eher beiseite schiebt, und in das Liebesspiel kommt ein ‹technischer› Zug, der dort unserem Empfinden nach absolut nicht hingehört. Schwule hatten anfangs beim Kondom schwere Hemmungen, weil es als typisches Mittel zur Empfängnisverhütung in einer Bedeutungskorrelation zu heterosexuellem Sex steht, und sowohl Homo- und Heterosexuelle mißverstanden den Rat zur Kondombenutzung als Rücknahme sexueller Freiheit.[4] Beide Kategorien von Benutzern mußten und müssen außerdem zu akzeptieren lernen, daß Kondomgebrauch weder eine Mißtrauenserklärung noch ein AIDS-Bekenntnis ist, sondern eine schlichte Selbstverständlichkeit.[5] Wie lassen sich diese begreiflichen psychischen Widerstände überwinden oder jedenfalls verringern?

Es gibt die Möglichkeit der Selbstüberredung: «Besser mit Kondom weiter wie bisher, als auf alles verzichten!» Wer sich die existierenden HIV-Risiken klarmacht, wird kaum umhinkönnen, sich diese Sicht zu eigen zu machen – sofern er seine sexuellen Gewohnheiten nicht völlig umkrempeln will. Ein Trost ist die menschliche Erfahrung, daß feste Gewohnheiten das halbe Leben bedeuten. Sobald der Begriff ‹Sex› in eine feste Bedeutungskorrelation mit ‹Kondom = Schutz› gelangt, wird sich der – objektiv unzweifelhaft zutreffende – Eindruck des ‹Unnatürlichen› dabei langsam verflüchtigen. Wir Menschen tun in unserer hochentwickelten Zivilisation, die sich vom Leben unserer Vorfahren in den afrikanischen Urwäldern äonenweit entfernt hat, ohnehin vieles, was nicht ‹natürlich› ist. Zudem handelt es sich beim Kondomgebrauch auch gar nicht um eine absolute Novität, sondern in Wirklichkeit um eine Renaissance, denn in den Zeiten der Syphilis und vor der Entdeckung des Salvarsans waren Kondome (‹Präservative›) höchst populär, obwohl ihre Erwähnung wegen der herrschenden Doppelmoral tabuisiert gewesen ist. Schließlich kann der Kondomgebrauch als Bestandteil einer verfeinerten Sexualkultur aufgefaßt werden, etwa indem man ihn zu kultivierten Eßgewohnheiten in Beziehung setzt: Wir essen nicht mehr mit den Händen (was zwei Millionen Jahre lang für uns natürlich war), sondern mit Messer, Gabel und Löffel, und richtig feine Leute haben noch eine Menge Bestecke außerdem: Löffel für Eis und für Kaviar, Fischgabeln, Kuchengabeln, Schneckengabeln...[6]

Vor einiger Zeit hatte ich Gelegenheit, mit einer hoch in den Achtzigern stehenden Freundin über das Kondom-Problem zu sprechen; ich fragte sie, wie sie und ihre Altersgenossen früher damit klargekommen wären. Sie antwortete, eigentlich verstehe sie die ganze derzeitige Aufregung nicht. Damals sei es eben, weil man sich anders nicht vor Gonorrhö und unerwünschten Schwangerschaften habe schützen können, ohne Kondome nicht gegangen:

«Sicher, am Anfang fanden wir es irgendwie genant, aber schließlich taten es alle, es war ganz normal. Es war irgendwie ein Zeichen, daß man modern war. Damals in den zwanziger Jahren... wenn ein Mann sich dabei dumm anstellte, galt er als verklemmt.»[7]

b) Kondombenutzung muß gelernt werden

Das zweite Problem hängt mit dem ersten zusammen, ohne mit ihm identisch zu sein, es bezieht sich auf die rein technische Handhabung des Kondoms. Wer damit erst einmal gar nicht zurechtkommt, hat Mutter Natur durchaus auf seiner Seite. Das Anlegen fällt anfangs schwer, aber hier helfen Geduld und Übung. Warum übrigens aus dem Üben keinen Spaß machen? ‹Berührungsängste› bei Kondomen, bei beiden Geschlechtern auftretend, obwohl häufiger beim weiblichen, lassen sich durch Herumspielen mit diesem ominösen Gegenstand am besten abbauen. Gerade das ist hilfreich, was von moralischen Kreuzfahrern immer befürchtet und als irgendwie grenzenlos unsittlich angeprangert wird, nämlich das spielerische Ausprobieren der Möglichkeiten des Kondoms: Wir groß läßt es sich aufblasen? Bleibt Wasser wirklich drin? Wie stark kann es belastet werden, ohne zu reißen? (Gute Kondome halten es aus, daß jemand sie nicht bloß über den Fuß zieht, sondern sogar über den Schuh!) Wenn speziell Jugendliche mit dem Kondom erst mal ‹Quatsch machen›, ist das genau die richtige Strategie, um mit den ihnen anerzogenen, unbewußt wirkenden Berührungsängsten davor fertig zu werden. Diese beruhen auf der selbstredend unabweisbaren Bedeutungskorrelation ‹Kondom = Penis›, weshalb sich Mädchen ohne Sexerfahrung manchmal vor Kondomen ‹ekeln›, ohne selbst je eines auch bloß gesehen zu haben.[8] Bei Aufklärungsveranstaltungen sollte man deshalb das Kondom ‹entmystifizieren›, als simplen Gegenstand vorführen (‹Beißt nicht!›). Erwachsene beiderlei Geschlechts ohne Kondomerfahrung kommen sich, sobald man ihnen zum Kondom rät, mangels kompetenter Handhabung, die sie ungern eingestehen möchten, unbedarft vor. Informationen über die besten, das heißt reißfestesten Kondome, über ihre richtige technische Handhabung und so weiter bieten AIDS-Hilfen, die pro-familia-Beratungsstellen und ähnliche Organisationen, und niemand sollte Hemmungen haben, da hinzugehen und sich alles erklären zu lassen. Nach über einem Jahrzehnt Empfängnisverhütung ohne Kondom ist es ganz normal, daß kaum mehr jemand weiß, wie man mit den Dingern umgeht.

c) Kondombenutzung ist nicht unmoralisch!

Wer mit den beiden ersten Problemen erfolgreich fertig geworden ist, das heißt mit dem psychischen und technischen, kapituliert womöglich vor dem dritten, nämlich dem ‹moralischen›, da es auf einem mindestens zwei Jahrhunderte lang sorgsam gepflegten nomischen Vorurteil basiert. Nomisch insofern, als Kondome, wenngleich zur Syphilisprävention erfunden, bald ein Synonym für ‹Empfängnisverhütung› wurden; diese jedoch ist von der katholischen Kirche verboten und war bei vielen protestantischen Richtungen früherer Zeiten gleichfalls verpönt. Deshalb sind Kondome, lehrt das Vorurteil, ‹unsittlich›, ‹unmoralisch› und so weiter. In Wahrheit ist das Kondom ein etwas fader Gegenstand, der aber hier wie mit magischen Eigenkräften ausgestattet erscheint. Seine Anwendung ist mit unguten Gefühlen verbunden, wie sie zum Beispiel bei der Empfängnisverhütung mittels ‹Pille› so nicht auftreten (Pillen nimmt man schließlich seit eh und je gegen so manches Übel). In der Vergangenheit stellte der erste selbständige Kauf von Kondomen für einen jungen Mann so etwas wie eine Mutprobe dar. Der Erwerb spielte sich nicht selten in eher sinistrer Umgebung ab: Kondomautomaten hingen versteckt in Herrentoiletten; wer sich daraus bediente, mußte mit ‹verständnisvollen› Blicken von Beobachtern rechnen. Im Rahmen von AIDS-Aufklärungsseminaren für Jugendliche haben wir die Erfahrung gemacht, daß junge Mädchen, die Test-Käufe tätigten, sich fragen lassen mußten, ob sie ‹für so was› nicht eigentlich noch zu jung wären. Einmal wurde der Verkauf an sie sogar abgelehnt! Moralische Kreuzfahrer und autoritäre Persönlichkeiten tun alles Menschenmögliche, um das Vorurteil gegen Kondome lebendig zu erhalten; sie interpretieren den Rat, sich durch Kondome vor HIV-Infektion zu schützen, als Aufforderung zu regelloser Promiskuität, zum Sexualverkehr von ‹Kindern›, zu Ehebruch und zu ‹Perversitäten›.[9] Und obwohl ihr Verhalten angesichts der AIDS-Gefahr verantwortungslos ist und sich deshalb eigentlich selbst ad absurdum führt (was anomische Zustände verhindern soll, ist im Gegenteil geeignet, sie herbeizuführen), verhallt ihre Anti-Kondom-Propaganda nicht gänzlich ungehört, weil eben sehr viele von uns in der frühen Kindheit ein Stereotyp ‹Kondome = Unmoral› internalisiert haben: Ein Gegenstand, um den soviel Geheimnistuerei gemacht wird, ist wohl nicht ganz geheuer ...

d) Frauenspezifische Probleme beim Kondomgebrauch

Zu den drei genannten Problemen tritt noch ein viertes: das frauenspezifische. Seit Aufkommen der Kontrazeptiva ist die Verhütung unerwünschter Schwangerschaften total in die Verantwortung der Frau abgeschoben worden, und in bezug auf HIV zeichnet sich heute ähnliches ab, denn Empfängnis und Infektion sind auf dieser Ebene äquivalent. Vielen scheint gar nicht bewußt zu sein, wie grotesk es ist, daß Frauen nun auch noch lernen sollen, Kondome über einen Penis zu rollen, obwohl sie selbst bekanntlich keinen haben – ist frau verpflichtet, so lange am Phantom-Penis zu üben, bis wenigstens sie im ‹Ernstfall› aushelfen kann, weil er sich hier unzuständig fühlt? Was sollen Frauen mit dem Rat anfangen, ‹sich› durch Kondome zu schützen? Oft können sie diese Vorbedingung für Sexualkontakt aus Hilflosigkeit, falscher Scham, aus Scheu, der Partner könne dies für Mißtrauen halten, nicht durchsetzen. Viele Frauen haben ohnehin Angst, in einer Partnerschaft überhaupt irgendwelche Bedingungen zu stellen. Natürlich haben Frauen dieselben psychischen und moralischen Hemmungen wie Männer – sogar eher stärker als jene –, und auch sie finden Kondome nicht vergnüglich, sondern schon der Gedanke daran erweckt Mißmut. Falls der Partner ‹nein› zum Kondom sagt, wird manche Frau eher zulassen, daß der Verkehr trotzdem zustande kommt, als auf Kondomschutz zu bestehen, weil sie fürchtet, den Partner sonst zu verlieren:[10] In Aufklärungsveranstaltungen hört man gelegentlich, daß Männer von ihren Partnerinnen kondomfreien Sex als ‹Liebesbeweis› fordern... Welch Durcheinander der Gefühle und Tatsachen! Falls beide Partner wissen, daß sie nie einer Gefährdung ausgesetzt gewesen sind, ist kondomloser Sex kein Liebesbeweis, sondern selbstverständlich, wenn aber nicht, zeugt er keineswegs von Liebe, sondern entweder von beiderseitiger Verantwortungslosigkeit oder aber von grenzenloser Roheit des einen Partners – in unserem Beispiel des männlichen.

2. Begriffsverwirrung um ‹Sicheren Sex›

Um die drei Begriffe ‹Safer Sex›, ‹Safe Sex› und ‹Petting› herrscht beträchtliche Verwirrung. Festgehalten werden muß als erstes: Alles, was darunter gerechnet wird, dreht sich um nicht-penetrierende Sexualakte. Dies bedeutet, daß eigentlicher Geschlechtsverkehr (vaginal oder anal) faktisch nicht stattfindet. Und insofern liegt hier ein Etikettenschwindel vor, sind wir doch gewohnt, unter Sex nicht ausschließlich, aber eben auch genitalen Verkehr zu verstehen.

a) ‹Safer Sex›

Die Praktiken des sogenannten ‹Safer Sex› sind mehrheitlich Anleitungen zu – manchmal gegenseitiger – Masturbation, und wo gar kein genitaler Kontakt da ist, kann natürlich auch keine HIV-Infektion übertragen werden. ‹Safer›, das heißt ‹sicherer› als genital-penetrierender Verkehr ohne Kondom, sind derlei Techniken demgemäß bestimmt allemal, aber viel mehr läßt sich zu ihren Gunsten beim besten Willen nicht sagen.

«Die frühen ‹Safer-Sex›-Kampagnen sind uns aus den USA aufgedrängt worden. Propagiert wurden unter dieser Chiffre – um nicht zu sagen unter diesem Zauberwort – pseudo-perverse Praktiken, Onanierclubs, Telefonsex, mit einem Wort Pornographisierung, Technisierung und Isolation, die in unserer Kultur für die Sumpfblüten zerstörter Sinnlichkeit geradezu charakteristisch sind. Und das noch mit der ungeheuerlichen Parole, dieser kurzgeschorene Sex… sei der ‹bessere›, sei ‹clean and healthy›, wie es in Amerika heißt…» [11]

In den importierten ‹Safer Sex›-Merkblättern

«wird ein Szenario aller auch nur theoretischen Infektionsmöglichkeiten entwickelt und umfangreiche Restriktionen im sexuellen Umgang nahegelegt… Angesichts solcher Darstellungen darf man sich nicht wundern, wenn Menschen zusehends verunsichert werden und selbst soziale Kontakte für risikoreich halten… Die Safer-Sex-Kampagne beschränkt sich aber nicht darauf, sexuelle Restriktionen anzuraten, sondern propagiert eine anderen Erlebnisweise von Sexualität. Voyeuristische und exhibitionistische Rituale sind es, die jetzt die sexuelle Befriedigung bringen sollen. Sexuelle Verhaltensweisen werden vollständig umbewertet. Das, was eine Nähe von Menschen untereinander zum Ausdruck bringt, gilt jetzt als gefährlich, während das, was bis hinein in die psychoanalytische Literatur einst als Perversion galt, jetzt positiv besetzt werden soll…» [12]

Liest man die ‹Safer-Sex›-Ratschläge objektiv, ist der Eindruck unabweislich, hier propagierten ein paar Leute das, was vordem ihre ganz persönlich-privaten, vor der Umwelt schamhaft verborgenen sexuellen Vorlieben ausmachte, nun einer staunenden, verschreckten Öffentlichkeit als die einzig menschenwürdige Form von Sexualität überhaupt. Für das Ausleben von Voyeurismus, Exhibitionismus und so weiter haben entsprechend interessierte Männer bis vor kurzem in Bordellen viel Geld ausgeben müssen. Daß derartigen ‹Merkblättern› vornehmlich in den prüden USA solche Erfolge zuteil wurden, hängt zweifellos mit ihrer offensichtlichen Eigenschaft zusammen, als Pornographie-Ersatz geeignet zu sein. Hinsichtlich der AIDS-Aufklärung sind die Ratschläge dieser ‹Bewegung› kontraproduktiv, da sie Risiken suggerieren, wo keine sind, und um ihres Lieblingszieles willen – Masturbation sozusagen in jeder Lebenslage – Kondome als unsicher bezeichnen. Insbesondere die Frau wird bei diesen Kampagnen zum reinen Auslöse-Mechanismus männlicher Phantasien dehumanisiert.

b) ‹Safe Sex›

Neben diesem ‹Safer Sex› gibt es etwas davon sinngemäß ziemlich entferntes, das ‹Safe Sex› genannt wird. Man versteht darunter die Vermeidung bestimmter Formen penetrierender Sexualität, sofern sie ohne Kondom erfolgen: Vor allem das Vermeiden kondomlosen Analverkehrs und des Oralverkehrs mit Ejakulation in den Mund. Ohne Zweifel wird das HIV-Infektionsrisiko wesentlich gemindert, sofern auf kondomlosen Analverkehr verzichtet wird, weshalb die Schweiz und die Niederlande diesen ‹Safe Sex› anraten. Der Rat wendet sich vornehmlich an Homosexuelle. Es wäre jedoch verfehlt, darum zu glauben, daß kondomloser Vaginalverkehr weniger infektionsgefährdend sei als kondomloser Analverkehr. ‹Safe Sex› meint also, genaugenommen: Wer Kondome ablehnt und sich doch gut gegen HIV schützen will, muß eben Vaginal- und Analkontakt vermeiden, denn dies sind naturgemäß die beiden Hauptwege der sexuellen Ansteckung.

Mundverkehr wird übereinstimmend als risikolos angesehen, sofern man dabei ‹Koitus interruptus› praktiziert. Diese Einschränkung ist aber im Grunde eine Konzession an das ‹Restrisiko›-Denken, «weil komplexe und mit Mitteln der modernsten Biostatistik ausgewertete epidemiologische Studien bei Homosexuellen nicht einmal statistisch signifikant ein Übertragungsrisiko für oralen Sex nachweisen konnten».[13]

Dies Risiko liegt unterhalb der allgemeinen Lebensrisiken, wie sie etwa bei jedem Menschen im Straßenverkehr, am Arbeitsplatz und so weiter gegeben sind – nicht zu reden vom Rauchen, erhöhtem Zucker- oder Speisesalzkonsum, Bewegungsarmut und ähnlichem.[14] Wenn dennoch vor dem Ejakulieren in den Mundraum als möglichem Risiko gewarnt wird, so ist daran sicherlich die uralte Verpöntheit dieser Form des Verkehrs nicht unbeteiligt, die ja eine zwar primitive, aber hundertprozentige Methode zur Verhütung unerwünschter Schwangerschaften ist, ebenso wie der anale Verkehr. Das alte Sodomie-Tabu, womit lange alle beide belegt waren, manifestiert sich hier als mentales Residuum: Analer Sex darf sein, aber nur mit Kondom. Oraler Sex sollte (darum!) eigentlich auch bloß mit Kondom ‹erlaubt› sein... Aber schließlich bleibt es allen unbenommen, bei oralen Sexkontakten darauf zu achten, daß kein Sperma in den Mund gelangt, wenn sie sich dabei besser abgesichert fühlen. Und wer ganz vorsichtig sein will, benutzt auch beim Oralverkehr ein Kondom. Für den Prozeß des Um- und Neulernens von Sexualität scheint es wichtig, darauf zu verweisen, daß der Oralverkehr als eine Form des ‹penetrierenden› Sexualkontaktes immerhin erheblich risikoärmer als Vaginal- oder Analverkehr ist. Gewarnt werden muß vor vaginal-oralem Verkehr während der Menstruation.

Die Begriffsverwirrung um ‹Safe Sex› steigert sich noch, wenn darunter, ohne es ausdrücklich zu erwähnen, verstanden wird, daß man den Verkehr sicherer machen soll, indem man sich nur Partner auswählt, die keiner Risikogruppe angehören, oder daß man ‹Risikosituationen meidet›. Solche sind etwa dann gegeben, wenn man von seinem Partner zu ‹risikoreichen› Formen von Sexualität ermuntert oder aufgefordert wird. Diese Umschreibung wird gern gebraucht, wenn rezeptiver Analverkehr gemeint ist.[15]

‹Safe Sex› und ‹Safer Sex› sind also nicht dasselbe, aber auch dann, wenn bloß von ‹Safe Sex› die Rede ist, ist das leider nicht eindeutig: Das Reden über Sex ist aufgrund der langen Tabuisierung alles Geschlechtlichen eben trotz der Notwendigkeit klarer Präventionsbotschaften angesichts von AIDS häufig ein ‹Drumherumreden›.

c) ‹Petting›

Total ungefährlich bezüglich HIV sind zahlreiche Formen von Sex, die den Orgasmus einschließen, aber seltsamerweise so gut wie nie unter dem Schlagwort ‹Safe Sex› erwähnt werden: Das sogenannte ‹Petting›[16], dessen schwule Variante im Amerika der fünfziger Jahre ‹horseplay› geheißen hat. Es ist eine spielerische Balgerei mit viel Anfassen und Drücken, Schmusen und Streicheln (‹Knutschen›), schließt in der sozusagen ‹klassischen› Spielart Mund-, Schenkel- und ‹Busen›-Verkehr ein und galt vor Erfindung der chemischen Kontrazeptiva als typischer Teenager-Sex. Nach Einführung der ‹Pille› wurde das Petting als ‹kindisch› beziehungsweise ‹unreif› so abgewertet, daß heutzutage viele Menschen, denen die chemischen Verhütungsmittel selbstverständlich wurden, vor Petting geradezu Ekel empfinden: Die zahllosen Anzeigen der Pharma-Konzerne während mehr als zehn Jahren haben beiden Geschlechtern eingebläut, daß es bloß eine einzige ‹reife› Form von Sexualität gibt, nämlich eben diejenige, wodurch Babies entstehen, was aber dank der ‹Pille› glücklich verhindert werden kann. Mancherorts gilt Petting inzwischen als geradezu ‹pervers›.[17] Dabei konnte ein neues Vorurteil an ein altes anknüpfen, denn die frühmittelalterlichen Beichtspiegel prangerten viele der beim Petting geübten Praktiken als ‹naturwidrig› beziehungsweise ‹sodomitisch›[18] an.

3. Zum Ratschlag,
Treue sei der beste Schutz

Bringt man alle bisher genannten Möglichkeiten zur Reduzierung des Risikos einer HIV-Infektion auf den kleinsten gemeinsamen Nenner, ergeben sich drei: erstens lebenslange, beiderseitige Monogamie, zweitens Kondomschutz im nicht-monogamen Sexualleben bei penetrierenden Sexualakten, drittens Vermeidung sämtlicher Blutkontakte, besonders des Nadel- und Spritzentausches. Das bisher beste Plakat zur AIDS-Bekämpfung stammt aus der Schweiz und zeigt die drei angesprochenen Regeln sehr einprägsam: Auf der einen Seite einen goldenen Trauring, der treue Monogamie symbolisiert, auf der anderen ein unaufgerolltes Kondom, dazwischen eine benutzte Spritze, von deren

Nadel Blut tropft und die dick durchgestrichen ist. Das Plakat spiegelt die Erkenntnis der schweizerischen Gesundheitsbehörden wider, daß AIDS-Bekämpfung beziehungsweise HIV-Verhütung nicht durch Zwang, sondern ausschließlich durch Empfehlungen zu bewerkstelligen sind. Aufklärung, die mit Zwangsmaßnahmen, Drohungen und Ausgrenzung arbeitet, kann höchstens kurzfristige Verhaltensänderungen bewirken[19], außerdem läßt sich der Intimbereich weder staatlich reglementieren und kontrollieren, noch wäre dies in einem freiheitlich-demokratischen Rechtsstaat hinnehmbar.[20] AIDS-Verhütung durch Aufklärung und Empfehlungen setzt freilich unvoreingenommenes Sprechen über Sexualität voraus[21]; wenn Kondome als gesellschaftlich akzeptabler Schutz propagiert werden, bedeutet das gleichzeitig, daß sexuelle Freizügigkeit nicht verteufelt und auf moralisches ‹Missionieren› verzichtet wird:[22]

«Dagegen wird bei uns zwar nicht offen, wohl aber versteckt verstoßen, indem die Treue als sicherer Schutz herausgestellt und das Kondom als unsicherer abgewertet werden; das ist unter Präventionsgesichtspunkten verfehlt. Zwar werden durch diese Art der Aufklärung in Zukunft mehr Leute aus Angst treu sein als bisher. Aber der auf diese Weise zu erzielende Präventionserfolg ist mit Sicherheit geringer, als wenn man versuchen würde, die Akzeptanz des Kondoms zu steigern. Denn es ist eine Binsenwahrheit, daß ein erheblicher Prozentsatz unserer Mitbürger es nicht fertigbringt, lebenslang einem einzigen Partner treu zu sein.»[23]

Das Schweizer AIDS-Plakat weist Treue als gute Möglichkeit aus, um AIDS zu stoppen. Diese Möglichkeit ist aber eine Alternative, sie zwingt nicht. Dagegen werden in der bei uns aufgrund nomischer Motive so penetrant unsachlichen Diskussion der Alternativen ‹Treue oder Kondomschutz› stets zwei Dinge vermischt, die überhaupt nichts miteinander zu tun haben, nämlich Treue einerseits und Sex mit verschiedenen Partnern andererseits. Denn wer unverheiratet oder geschieden oder verwitwet ist (ein bisher ja immerhin bürgerlich nicht mit Strafe belegter Zustand!) – wem sollte er oder sie denn treu sein? Es ist ja gar kein Dauerpartner da! Wenn ein Single Sexualität mit wechselnden Partnern hat, wem ist sie oder er dann ‹untreu›? Insofern handelt es sich bei der Versicherung, Treue sei der beste Schutz, eigentlich um den Rat, jedermann und jedefrau sollten schleunigst heiraten und dann lebenslang monogam leben, und sicherlich kommt das nomischem Missionieren nicht nur nahe, sondern läßt sich kaum mehr davon unterscheiden. Der ständige Bezug auf ‹Werte› in diesem Zusammenhang greift aber nicht: Sexuelle Treue ist kein Wert an sich, sondern wird zum Wert erst innerhalb der Ehe oder einer adäquaten Partnerschaft. Auch die Freiheit, ehelos und ungebunden leben zu können, ist per se ein Wert [24], den Menschen, die ein solches Leben gewählt haben, sehr lebhaft als solchen empfinden und auf den sie deshalb nicht verzichten wollen. Innerhalb der Grenzen, die Sozialschädlichkeit ausschließen, können Menschen in pluralistischen Gesellschaften über die Werte, denen sie sich persönlich verpflichtet fühlen, selber bestimmen. Insofern ist es begrüßenswert, daß unser Bundesgesundheitsministerium im Rahmen der Aufklärungsbotschaften über AIDS den einzelnen anregen möchte, sich an Werten zu orientieren, ohne

«abschließende, allgemein gültige Regeln für das Sexualverhalten zu entwerfen». [25]

Wer Treue und Monogamie als wichtigen Wert empfindet und entsprechend zu leben strebt, ist dennoch nicht gefeit, dabei gelegentlich zu straucheln: Hier manifestiert sich der alte Konflikt zwischen Bindungswunsch einerseits und Freiheitsdrang andererseits. Er sollte in der AIDS-Aufklärung offen angesprochen und die Treue insofern hinterfragt werden, als ja immer zwei Leute in einer Partnerschaft treu sein müssen, wenn die Botschaft ‹Treue ist der beste Schutz!› greifen soll.

«Muß man nicht beispielsweise die Ratsuchenden fähig machen, über Unsicherheiten im Hinblick auf den Partner zu sprechen, etwa bei der Frau, deren Mann Geschäftsreisender und die ganze Woche unterwegs ist?» [26]

«Seitensprünge, vor AIDS für viele kein Anlaß zu einem Drama, werden wieder zum ‹Fehltritt›... Skeptiker halten es für unmöglich, daß die Menschen ihr Sexualleben total verändern. Sie verweisen zurück auf Jahrhunderte, in denen weder das Steinigen von Ehebrecherinnen noch die Ächtung lediger Kindsmütter verhindern konnte, daß es sie gab.» [27]

Und weder öffentliche Auspeitschung noch Stehen am Pranger noch Geschlossenwerden in den ‹Block› und zusätzlich zu alledem noch empfindliche Geldbußen haben ehebrecherische Männer und Jungfrauenverführer abzuschrecken vermocht. Sogar die Syphilis, deren sexuelle Übertragbarkeit rasch bekannt geworden war und die im unbehandelten Endstadium nicht weniger schrecklich als der Tod an AIDS ist, hat die Menschen nicht zum Verzicht auf vor- und außereheliche Abenteuer veranlaßt. Warum in aller Welt vermutet man diesen Effekt jetzt bei AIDS oder unterstellt ihn gar? Das ist völlig lebensfremd, und so trifft die Botschaft, Treue sei der beste Schutz, bloß bei denjenigen auf Resonanz, die ihrer nicht bedürfen, weil sie ohnehin treu sind und das auch zu bleiben gedenken. Wer hingegen nicht treu ist oder war, fühlt sich verunsichert.

Zwar hat die Partnerfluktuation bei der heterosexuellen Bevölkerungsmehrheit seit der ‹sexuellen Revolution› erheblich weniger zugenommen, als allgemein vermutet wird[28], aber eine gewisse doppelbödige Einstellung gegenüber ‹Seitensprüngen› – bei Wahrung größtmöglicher Diskretion – ist unverkennbar. Man findet sozial folgenlose ‹Ausrutscher› (‹Eheurlaub› während der Kur, flüchtige Zufallskontakte im Berufsleben und so weiter) verzeihlich, obwohl sie je nach Anzahl bereits eine – allerdings milde – Form von Promiskuität sein können.[29]

Nichtsdestoweniger ist die Toleranz beziehungsweise soziale Billigung gegenüber außerpartnerschaftlichen oder außerehelichen Sexualbeziehungen doch nach wie vor begrenzt, und so kommt jenes Element von Unaufrichtigkeit und schlechtem Gewissen in viele Beziehungen, die mehrheitlich wohl anfangs von beiden Partnern am Ideal der Treue orientiert gewesen waren.

«Eine Erkrankung könnte nämlich an den Tag bringen, was hinter einer kunstvollen Fassade verborgen liegt. Dabei ist in den allermeisten Fällen eine Ansteckungsgefahr real gar nicht gegeben. Die sogenannten Seitensprünge liegen oft Jahre zurück, also in einer Zeit, in der die Krankheit in unseren Breiten noch gar nicht oder höchst selten existierte.»[30]

Für die letzten zirka sieben Jahre allerdings gilt,

«daß wechselnde Sexualkontakte, vor allem ohne genaue Kenntnis der Vergangenheit des Partners, ein erhöhtes Risiko bedeuten. Die Gefahr steigt also nicht nur mit der Zahl der eigenen Sexualpartner, sondern auch mit der Zahl der Partner, die der andere in der Vergangenheit gehabt hat.»[31]

Dabei ist entscheidend, an welche Partner man gerät: Hat jemand zum Beispiel beim ‹Fremdgehen› notorisch Glück und trifft nur auf Mädchen und Frauen, die keiner Risikogruppe angehören und kerngesund sind, kann er sich dabei selbstverständlich AIDS nicht holen. Dies ‹Glück› jedoch, das so mancher verhängnisvollerweise seinem eigenen guten Urteil zuschreibt («Ich sehe sofort, ob eine krank ist!»), heißt in Wahrheit Zufall, und der Zufall ist bekanntlich unzuverlässig und unberechenbar. Der Mann, den sein vorhin apostrophiertes Glück bei Seitensprüngen unversehens verläßt, ist arm dran.

In einer AIDS-Informationsveranstaltung erzählte jemand, er habe geschäftlich oft und lange in Schwarzafrika zu tun und werde dort ‹immer› von Mücken gestochen. Jetzt sei er in größter Sorge, dadurch mit HIV angesteckt worden zu sein und die Infektion an seine Frau weitergeben zu können. Und er fragt: «Was soll ich bloß machen, wenn ich mich nun testen lasse und der Test ist positiv?!» Trotz mehrfacher Versicherungen, HIV sei wirklich nicht durch Mücken übertragbar und dem Rat, er möge sich, sofern sonst nichts passiert sei, diese Ängste aus dem Kopf schlagen und den Plan mit dem Test aufgeben, beruhigt der Arme sich nicht... und plötzlich wird mir schlagartig klar, welche Mücken es sind, von deren Harmlosigkeit man viele Leute einfach nicht überzeugen kann: Es sind ‹Alibi›-Mücken...[32]

Die Botschaft ‹Treue ist der beste Schutz vor AIDS!› ist sicher gut gemeint, und zwar selbst dann, wenn nomisch motivierte Missionierungsabsichten dahinterstehen, die mit Händen zu greifen sind. Aber sie geht von einem Menschenbild aus, das mit dem hier und jetzt in der Realität vorfindbaren nicht übereinstimmt, und darum trägt sie zur Eindämmung der AIDS-Gefahr nicht bei. Im Gegenteil: Wer den Wert der Treue zutiefst internalisiert hat, wird dennoch vorkommende Seitensprünge so erfolgreich verdrängen, als hätten sie niemals stattgefunden, und auf diese Weise sich und seine Partnerin oder seinen Partner sogar eher einer höheren Gefährdung aussetzen. Deshalb sollte die herrschende Doppelmoral, zumal die männliche, einer neuen Ehrlichkeit, einer neuen Rücksicht und einer neuen Vorsicht weichen, um so eine verantwortungsvollere Auffassung von Partnerschaft zwischen zwei Liebenden herbeizuführen.

4. AIDS-Aufklärung bei Jugendlichen

a) Kinder

In absehbarer Zeit werden mehr und mehr HIV-infizierte Kinder schulpflichtig werden, und obwohl man viele menschlich unvertretbare und präventiv überflüssige Ausgrenzungstendenzen durch Vorab-Aufklärung verringern könnte, wird diese Chance weder von der Öffentlichkeit noch von Behörden wahrgenommen.[33] Weil einmal ‹aus Kindern Leute werden›, sollte die AIDS-Information aber schon in jungen Jahren beginnen, damit wenigstens die nachwachsende Generation die bisher mit AIDS verknüpften Vorurteile möglichst gar nicht erst entwickelt. Kindern kann in altersgemäßer Form erklärt werden, wobei sich ein Kind am anderen infizieren könnte (Blutkontakte), und die Erfahrung lehrt, daß Mütter durchaus in der Lage sind, eine kindgerechte AIDS-Aufklärung zu vermitteln. Eine Mutter sagte dazu:

«Für meine Kinder ist AIDS kein Schreckgespenst. Wenn ein Kind hinfiele und die Nachbarin käme, würde meine Tochter sagen: ‹Laß das lieber meine Mami machen; der Kleine hat AIDS.› Das könnte ich mir bei meiner neunjährigen Tochter schon vorstellen. Man kann die Kinder aufklären! Und sie gehen sehr verantwortungsvoll damit um. Wenn es sich um kleine Kinder handelt, die krank sind, müssen auch die Geschwister aufgeklärt werden. Bei Kleinkindern ist es aber sinnvoll, wenn man dabei das Wort ‹AIDS› nicht benutzt.»[34]

Denn das Wort ist als ‹Code›-Wort für eine angsterregende, schwere Krankheit inzwischen zu einem bereits ‹per se› stigmatisierend-ausgrenzenden Begriff geworden, so daß die Gefahr besteht, Kindern ungewollt gleichzeitig mit dem Wort auch die zugehörigen diskriminierenden Stereotypien zu vermitteln. Hier kann von gedankenlosen Erwachsenen viel falsch gemacht werden. Wie vorurteilsvolle Kongruenz-Konstellationen dieser Art in die Erlebniswelt des Kindes quasi hinein-gebildet werden, dafür ein selbsterlebtes Beispiel:

Bei einer Autobahn-Raststätte gehe ich zur Toilette; gleich hinter mir kommt eine Mutter mit Kleinkind, das eben laufen kann, und betritt die Kabine neben meiner. Ich bekomme folgenden ‹Dialog› mit: Die Mutter sagt zu dem auf den Wänden herumpatschenden Kind: «Laß das sein! Nicht anfassen!» Antwort: Vergnügtes Krähen; das Kind patscht weiter. Ich höre, wie es den Deckel des Abfalleimers bewegt. Die Mutter: «Ich hab gesagt, du sollst das sein lassen! Guck mal, wie dreckig es hier überall ist! Das ist nicht wie zu Hause, wo man überall drangehen darf. Willst du wohl – neiin!!» (Was ich dann höre, ist keine repressionsfreie Erziehung, sondern ein altmodischer Klaps.) Reaktion des Kindes: Es quiekt, nicht übermäßig beeindruckt und weiter unartig. Schließlich macht es irgend etwas, das ich natürlich nicht sehen kann, die Mutter aber offenbar wirklich für sehr unhygienisch hält. Denn inmitten einigen Gerumpels und Getöses nebenan, untermischt mit protestierendem Geschrei, höre ich sie ärgerlich schimpfen: «Du machst mich noch jeck; hör auf damit, davon kriegt man AIDS!» Ich verlasse meine Kabine beeindruckt: Was ich gerade erlebt habe, war die Codierung einer Kongruenz-Konstellation ‹AIDS = Berührungsverbot = ‹fremd› (hier ist es nicht wie zu Hause) = (unklare) Gefahr›.

Weil Kinder soviel lernen müssen, dessen Sinn und Zweck ihnen unmittelbar nicht einleuchtet, ist es wahrscheinlich einfacher, kleinere Kinder über AIDS zu informieren als größere. Negative Bedeutungsakzente müssen – und können! – dabei unbedingt vermieden werden. Je älter die Kinder jedoch sind, das heißt, je näher sie der Pubertät kommen, um so diffiziler wird die Aufklärungsarbeit. Wo sich schließlich die Frage nach sexuellen Kontakten stellt, liegt eine der wichtigsten Präventionsaufgaben bei AIDS überhaupt.[35]

b) Jugendliche

«Die ersten sexuellen Erfahrungen werden von Jugendlichen heute früher gemacht und sind mit weniger Angst und Schuldgefühlen verbunden als noch vor einer Generation. Bis zum 16. Lebensjahr haben etwa vierzig Prozent der Mädchen und ein etwas geringerer Prozentsatz der Jungen den ersten Koitus erlebt. Das geschieht fast durchweg im Rahmen fester Freundschaftsbeziehungen mit etwa Gleichaltrigen. Diese Beziehungen werden aber nicht nur früher eingegangen, sie dauern auch kürzer, ohne daß der Partnerwechsel von den jungen Menschen als Promiskuität erlebt wird; dem jeweiligen Partner wird vielmehr bewußt Treue gehalten. Für dies Verhalten hat die Sexualwissenschaft den Terminus ‹sequentielle Monogamie› geprägt.»

Schon in diesen ersten Kontakten ist genitale Sexualität eine – nicht selten verunsichernde und verängstigende – Norm[36], an der die Jugendlichen sich auszurichten haben, weshalb ihnen zur AIDS-Verhütung unreflektiert entweder Kondombenutzung oder Treue empfohlen wird.[37] Mit anderen Worten: Gleich auf Anhieb sollen Jungen wie Mädchen, ohne daß sie die geringste Unterweisung erfahren haben, ‹reife›, ‹verantwortungsvolle›, ‹bewußte› Sexualität problemlos können. Weit entfernt von diesem elterlichen Wunschbild sieht die Realität denn auch wesentlich anders aus:

«Jugendliche verfügen über kein hinreichendes Wissen über menschliche Sexualität. Jugendliche befinden sich aufgrund ihrer Entwicklung im Stadium des Probierens und Suchens. Jugendliche leiden hinsichtlich ihrer Sexualität unter Schamgefühlen,

Ängsten und Unsicherheiten. Jugendliche versuchen, ‹normale› heterosexuelle Identität über eine zum Teil rigide Abgrenzung vom sogenannten ‹Perversen› zu gewinnen. Eltern tolerieren zwar sexuelle Aktivitäten ihrer Kinder, tendieren jedoch dennoch dazu, Geschlechtsverkehr so lange und so oft wie möglich zu verhindern. Es besteht weitgehend Sprachlosigkeit über sexuelle Wünsche, Bedürfnisse, Verhütung und so weiter in den jugendlichen Partnerbeziehungen.» [38]

Die elterlichen ‹Botschaften› hinsichtlich der Sexualität sind also widersprüchlich bis unvereinbar, es mangelt weder an väterlichen Beschwörungen der ‹guten alten Zeit, wo die Leute noch bis zur Heirat abstinent lebten› [39] noch an biologisch abenteuerlichen mütterlichen Erklärungen für Töchter über die sexuellen Unterschiede zwischen Mann und Frau. [40] Dies ist die Situation, in der Heranwachsende zusätzlich zu ihren eigenen Problemen (wovon der größte Teil seitens der Elterngeneration quasi stellvertretend an sie delegiert ist) [41] mit AIDS konfrontiert sind. Kein Wunder, daß jedes zweite Mädchen zwischen vierzehn und sechzehn inzwischen vor AIDS Angst hat. [42]

Sind die Eltern hingegen weniger von eigenen uneingestandenen Sexualängsten und -neidgefühlen geplagt, macht es ihnen das soziale Umfeld schwer, ihren Kindern zu einer Einstellung gegenüber der neuen Krankheit zu verhelfen, die ‹Angst vor AIDS› nicht in ‹Angst vor Sex› ausarten läßt. Wie in den Zeiten, als die Furcht vor ungewollten Schwangerschaften noch umging, sind die Mütter heute bange, daß die Nachbarinnen ihnen unterstellen könnten, sie wären verantwortungslos, sofern sie ihre Töchter abends allein aus dem Haus lassen.

«Die Mütter meinen einerseits, sie müßten den Kindern Kondome in die Tasche stecken, andererseits denken sie dann: Wenn in der Schule der Lehrer sieht, daß mein Kind ein Kondom in der Tasche hat, dann unterstellen sie mir, ich würde mein Kind zu sexuellen Kontakten auffordern.»

Dieser permanente Widerspruch, nämlich einmal überzeugt zu sein, etwas tun zu müssen, andererseits aber Angst vor der Unterstellung zu haben, die Familie führe ein Lotterleben, führt zu Sprachlosigkeit, Berührungsängsten und körperlichen Symptomen wie etwa Hautausschlag. In den Großstädten mag sich manches durch die viele Öffentlichkeitsarbeit geändert haben. Doch in den kleineren Ortschaften ist die Möglichkeit der zwischenmenschlichen Aufklärung, der offensiven Aufklärung immer noch nicht gegeben. Je kleiner die Ortschaften sind, desto häufiger hört man von den Schuldirektoren: Bei uns gibt es kein

AIDS, zu uns braucht niemand zu kommen, das versetzt die Eltern nur in Panik. Die Eltern organisieren dann selbst eine Veranstaltung zur Aufklärung, denn sie sagen sich zu Recht: Meine Kinder fahren am Wochenende in die nächste größere Stadt in die Disko. Und was mache ich dann?

«Aber das trauen sich wiederum nur bestimmte Eltern zu sagen, weil die anderen denken, sie hätten nicht genug auf ihre Kinder aufgepaßt, und dadurch geht die Spirale weiter.»[43]

c) Schule und AIDS-Aufklärung

«Die Sexualerziehung unserer Jugendlichen und Kinder weist große Defizite auf, die es erschweren, eine wirksame AIDS-Aufklärung zu betreiben.»[44]

«Das ist hauptsächlich darauf zurückzuführen, daß es bei uns keine etablierte Sexualerziehung gibt. Alle Faktoren, die bisher die Sexualerziehung behindert haben, behindern nun die AIDS-Prävention. Das zeigt sich auch bei den Aufklärungsmaterialien. Sie orientieren sich, soweit überhaupt vorhanden, nicht an der Sprache, der Denkweise und dem Lebensgefühl der Jugendlichen, sondern erschöpfen sich in betulichen Ermahnungen, die an der jugendlichen Lebenswirklichkeit vorbeigehen.»[45]

«Es zeigt sich, daß auf diesem Bereich Kindern und Jugendlichen in den letzten Jahren kaum Hilfen geboten worden sind. Wegen des Hauptübertragungsweges von HIV, dem Sexualkontakt, kommt der Sexualerziehung eine aktuelle zusätzliche Bedeutung zu.»[46]

In der Tat ist der Sexualkundeunterricht häufig noch so mangelhaft, daß er nicht einmal das Schwangerwerden vierzehnjähriger Mädchen verhindert.[47] Was AIDS betrifft, habe ich nur zu oft erlebt, daß Jugendliche selbst in Nordrhein-Westfalen, wo das Kultusministerium die Schulen schon früh in die Pflicht zur AIDS-Aufklärung genommen hat, jedenfalls an diesem Lernort noch nie etwas darüber gesagt bekommen hatten.

Dabei ließe sich alles, was über Art und Verlauf von AIDS zu sagen ist, in einer einzigen Schulstunde erschöpfend behandeln, aber vielerorts ist der ganze Themenbereich noch mit unguten Vorstellungen besetzt, was nüchterne AIDS-Information ohne die Dreingabe moralischer Verhaltensregeln unmöglich erscheinen läßt. Ein Studienrat schreibt dazu:

«Die traditionelle Sexualmoral existiert zum einen noch in den Köpfen derer, die unter ihr gelitten haben, zum anderen bei denen, die nichts hinzugelernt haben und die jetzt AIDS dafür zu nutzen versuchen, ihre alten Rezepte zur Verhinderung von lustvoll erlebter Sexualität zu präsentieren. Als ich Schülern einen Text vom Zweiten Vatikanischen Konzil vorlegte, fragten sie mich ernsthaft, warum sie einen Text aus dem vorigen Jahrhundert bearbeiten müßten, und betrieben dann eine derartige Ideologiekritik, daß ich mich entschieden habe, um nicht Vorurteile gegen den Katholizismus überhaupt zu fördern, fortan auf die Behandlung katholischer Positionen zur Sexualität zu verzichten.» [48]

Neben die nomischen Probleme treten die menschlich-allzumenschlichen:

«In den Schulen gilt es zu verhindern, daß spezielle Beratungslehrer als AIDS-Apostel in Sonderkursen die Angst verstärken oder durch Übertreibung die Ohren der Jugendlichen verschließen.» [49]

Diese Situation wird entschärft, wenn man Kräfte von außerhalb zur AIDS-Aufklärung heranzieht, denen allerdings manche Lehrer dann bestens ‹präparierte› Klassen vorführen, die darauf gedrillt sind, bloß keine ‹dummen Fragen› zu stellen...[50] Häufig werden die regionalen AIDS-Hilfen zur schulischen Aufklärung hinzugezogen, was zwar gute Erfolge brachte, aber mancherorts letztlich ungern gesehen ward, weshalb zum Beispiel Baden-Württemberg den Einsatz von AIDS-Hilfen an Schulen 1987 wieder verbot.[51] Viele Lehrer bemühen sich, das, was sie während ihres Studiums als Lehrstoff nicht angeboten bekommen haben, in besonderen Seminaren nachzuholen, denn

«was für die einen längst zum Schulalltag gehört, ist für andere undenkbar. Allein der Gedanke daran, das Kondom als praktisches Unterrichtsmaterial einzusetzen, treibt manchem Lehrer Schweißtropfen auf die Stirn.» [52]

Die erheblichen Unterschiede hinsichtlich der Gewichtung von Schwerpunkten in der AIDS-Aufklärung der Schulen geben wie in einem Spiegel die jeweilige politische Einfärbung des betreffenden Kultusministeriums wieder: Wo Parteien mit einem ‹C› im Namen regieren, wird mehr über Ethik als über Kondome gehandelt, wo nicht, ist es zwar nicht umgekehrt, doch die Betonung liegt hier mehr darauf, die Jugendlichen zu einer realistischen Einschätzung der Gesamtproblematik und einer angemessenen Einstellung gegenüber Betroffenen zu befähigen.[53]

Eigentlich ist unverständlich, warum Kondome, um deren Gebrauch oder Nichtgebrauch durch Jugendliche solch seltsame Kontroversen bestehen, jenen nicht mit derselben Selbstverständlichkeit zugänglich sein sollten wie etwa die ‹Pille› jungen Mädchen, deren regelmäßige Einnahme heute kaum eine Mutter mehr zum Beispiel einer Sechzehnjährigen verbietet. Und es wird nicht nur in dieser Hinsicht mit zweierlei Maß gemessen: Einem männlichen Jugendlichen, der mitten in seinem ‹coming out› steckt, wird ganz gewiß niemand vom Kondom abraten, im Gegenteil. Aber das junge Mädchen gleichen Alters, das jedes Wochenende vergnügt durch die Diskos zieht und sich gern mal ‹abschleppen› läßt, ist nicht weniger AIDS-gefährdet als der erwähnte jugendliche Schwule.[54] Generalisierende Aussagen etwa in dem Sinne, daß Jugendliche normalerweise kaum bis überhaupt nicht gefährdet seien, sind darum weltfremd. Es kommt immer auf den Einzelfall an, ob jemand ein AIDS-Risiko hat oder nicht, das ist bei Jugendlichen nicht anders als bei Erwachsenen.

IX. AIDS und Ethik

1. AIDS als ‹ethische Immunschwäche?›

«Sowohl Herrschafts-An-Sprüche und Wahlreden von Politikern als auch pastorale Botschaften und richtungweisende Hirtenworte von Kanzeln offenbaren nicht selten eine bezeichnende Gemeinsamkeit, die der benutzten Redeweise innewohnt: Man bedient sich geschickter rhetorischer Figuren, suggestiver Schlagworte und kunstvoller (Schein-)Argumentationen, um mit klug und aufrichtig klingender Sophistik die Seele des Lesers/Zuhörers/Zuschauers zu bearbeiten und seine Meinung dieser und keiner anderen politischen bzw. weltanschaulichen Ideologielobby gefügig zu machen. Multimedial artikulierte und kanalisierte Machtinteressen jeglicher Couleur prägen so überwiegend das öffentliche Diskussionsklima.» [1]

Dabei spielen bestimmte Schlagworte oder Wortkonfigurationen eine Rolle, die eigentlich Leerformeln sind, weil sich im Grunde jeder etwas anderes darunter vorstellen kann, die aber doch ihrem Botschafts-‹gerüst› nach, wie es im Kapitel über Medien dargestellt wurde, auf positive Aufnahme beim Publikum rechnen lassen. Zwei davon sollen hier – stellvertretend für weitere; das Gebiet bedürfte einer Sonderuntersuchung – angesprochen werden.

Die erste dreht sich um – immer herabsetzend-verurteilend gemeinte – Kongruenz-Konstellationen mit dem durch AIDS publikumswirksam gewordenen Begriff ‹Immunschwäche›. Die so geprägten Schlagworte (manchmal, wie im erwähnten Beispiel des ‹Figaro›, steht stellvertretend für ‹Immunschwäche› bloß schlicht ‹AIDS›) wollen immer mitteilen, daß bei einer bestimmten Menschengruppe, die angegriffen und diskriminiert wird, schwere sittliche Defizite vorlägen. Hier zwei Beispiele: Im Rahmen des AIDS-Seminars einer süddeutschen Evangelischen Akademie gibt es eine hitzige Debatte über das ‹Desperadoverhalten›. Ein Teilnehmer, von dem ich später höre, er spiele in einer evangelikalen Gruppierung eine Rolle, behauptet, daß die meisten HIV-Infizierten verantwortungslos Partner ansteckten und gar nicht daran dächten, sich zu schützen:

«Diese Leute sind ja nicht nur infiziert, die haben doch auch moralisches AIDS!»²

Eine katholische Stimme argumentiert subtiler:

«Ist AIDS als erworbene Immunschwäche des Menschen gegenüber kleinsten Infektionen vielleicht auch Symptom für eine tiefer liegende geistige Immunschwäche? Fehlt uns aufgrund mangelnder sittlicher und religiöser Orientierung die innere Widerstandsfähigkeit für die auftretenden Belastungen des Lebens in anderen Bereichen? Wenn bei einer Aufklärungsaktion nur eine Kondomwerbung erfolgt, die tiefer liegenden Ursachen jedoch verschleiert werden und die ethische Frage ausgeklammert bleibt, wird nur eine Symptombehandlung vorgenommen.»³

Dieser Satz ist so metaphorisch, daß eine kleine Abhandlung nötig wäre, um zu analysieren, was hier alles angesprochen, zensiert, abgelehnt und propagiert wird; übrigens sagte mir der Autor, als ich ihn danach fragte, er habe ihn zwar einmal geschrieben, würde das aber heute vielleicht anders formulieren.

Die andere Redefigur hat die sogenannte ‹ethische Frage› zum Inhalt, um die herum man beinahe beliebig Behauptungen, Anwürfe und Verurteilungen gruppieren kann. Im evangelikalen Schrifttum tritt sie lange vor AIDS auf und richtet sich gegen den ‹Zeitgeist›, dessen man sich erwehren müsse, weil er die ‹ethische Frage› immer ausblende; seit AIDS liest man sie auch in katholischen Blättern, und zwar selbstredend im Zusammenhang mit der ‹Kondom-Frage› (die ihrerseits samt den gepaart damit auftretenden Kongruenz-Konstellationen eine eigene Analyse verdiente). Wir finden Formulierungen wie die, daß man für altmodisch gehalten werde, sofern man es noch wage, die ‹ethische Frage zu stellen›, oder daß Leute, die eine pluralistische Gesellschaft befürworten, damit ‹die ethische Frage tabuisieren›. Ein katholischer Moraltheologe möchte zwar promiskes Sexualverhalten nicht unter Strafe stellen, aber Wertvorstellungen für eine humane Sexualität vermitteln, wozu ‹die ethische Frage wieder aus der Tabuisierung herausgenommen werden müsse›. In einer Diskussion betonte eine energische Teilnehmerin, bevor sie ihre eigentliche Stellungnahme abgab, als erstes wolle sie mal das ‹Tabu Ethik› aufbrechen, das hier herrsche. Ein Naturphilosoph schreibt:

«Die Perfidie des Vorwurfs, eine repressive (Sexual-)Moral wieder einführen zu wollen, besteht darin, daß niemand mehr sagen dürfen soll, was das eigentlich Richtige und Vernünftige in dieser Situation wäre – und zwar aus medizinischer und moralischer Warte –, weil es mit den Idealen der ‹sexuellen Befreiung› nicht übereinstimmt.»⁴

Ein Würdenträger der katholischen Amtskirche erklärte, daß erst dann wahre Aufklärung herrsche, wenn die Infragestellung der ‹sexuellen Revolution› nicht mehr als Tabu gelte.[5] Wie vielseitig verwertbar die Redefigur vom Tabuisieren der ‹ethischen Frage› ist, dafür noch zwei Beispiele:

«Auch einer Gesellschaft, die für die Kranken und Schwachen aufzukommen hat, kann es angesichts der damit zusammenhängenden Belastungen nicht gleichgültig sein, welche Wertvorstellungen propagiert oder durch das Verhalten einer Generation der Zukunft vermittelt werden. Wer darum im Zusammenhang mit AIDS solche Fragestellungen einfach als ‹Moralisieren› oder als ‹Beeinträchtigung der freien Wahl und Entscheidung eines Menschen› verdächtigt, der trägt weiter bei zur Tabuisierung der ethischen Frage.»

Und:

«Wer den Verdacht ausspricht, mit dem Aufwerfen von ethischen Fragen wolle man nur die Notlage der von AIDS Betroffenen ausnutzen, um überholte Normvorstellungen einer alten repressiven Sexualmoral wieder gesellschaftsfähig zu machen oder um sexuelle Promiskuität und Homosexualität erneut als soziales Verbrechen abzustempeln und die betreffenden Menschen zu diskriminieren, der muß sich seinerseits den Vorwurf gefallen lassen, daß er zu einer verhängnisvollen Tabuisierung ethischer Fragen beiträgt.» [6]

Statt einer religionshistorisch reizvollen Analyse des diesen Redefiguren zugrundeliegenden nomischen Konzepts der ‹ethischen Frage› erst einmal der nachdrückliche Hinweis, daß es ‹die› ethische Frage selbstverständlich keineswegs gibt. Ethik gehört als Forschungsbereich in die (Fach-)Wissenschaft Philosophie; ‹die› Ethik im Sinne einer bestimmten Moral, Weltanschauung, Ideologie und so weiter existiert nicht. Statt dessen bietet die Philosophie eine Fülle von Ethikentwürfen, die indirekt, nämlich durch den Ausblick auf mögliche Motivationen und Alternativen, dem einzelnen Hilfen zur Gestaltung seines persönlichen Lebens vermitteln können.[7] Bei den hier in Rede stehenden und angeblich tabuisierten Ethiken geht es in Wahrheit um soziale Binnen- oder Sondermoralen[8], obwohl ihre jeweiligen Vertreter sich gegen diese Einsicht begreiflicherweise heftig sträuben:

«Sind Treue und Verzicht keine Werte, die man offen nennen darf? Auf jeden Fall geht es hier um menschliche Grundhaltungen – keineswegs um eine katholische ‹Sondermoral›.» [9]

Doch der Zwischenbericht, in dessen Formulierungen sich die Pluralität unserer gesellschaftlichen Gruppierungen widerspiegelt, wie sie durch die politische Zugehörigkeit der Enquete-Mitglieder repräsentiert werden, kommt zu einem dieser Pluralität näheren Schluß:

«Eine Moral des Verzichts wird sich heute gesellschaftlich schwer durchsetzen lassen, weil sie der konsumorientierten Denkweise zuwiderläuft.» [10]

2. Wissenschaftliche Thesen zu AIDS und Ethik

Nachdem ethische Fragestellungen auch in der Enquete-Kommission ‹AIDS› des Deutschen Bundestages immer wieder zur Sprache gekommen waren, beraumte die Kommission eine Sachverständigen-Anhörung zu diesem Themenkreis an, die im April 1989 stattfand. Die dort vorgetragenen Thesen zur Ethik stimmten darin überein, daß in der pluralistischen Gesellschaft die Anerkennung des anderen offenkundig eine ethische Minimalbasis menschlicher Beziehungen darstellt. Aufgezwungene Isolierung und staatlichen Zwangsmaßnahmen gegenüber HIV-Infizierten oder AIDS-Erkrankten könnten nicht weiterhelfen, sondern die Solidarität der Gemeinschaft sei gefordert. Selbstverständlich vertraten die insgesamt fünf geladenen Sachverständigen darüber hinaus unterschiedliche persönliche und wissenschaftliche Standpunkte.

Christopher Frey [11] führte unter anderem aus, daß es dem Grundsatz der Würde, aber auch protestantischer Ethik entspreche, dem einzelnen zunächst Rechte zuzuerkennen und dann Pflichten aufzuerlegen. Grundrechte stellten nicht nur Abwehrrechte dar, sondern formulierten den Auftrag an den Staat, die Bedingungen zur Wahrnehmung der Grundrechte sozialstaatlich zu fördern. Diesem Grundsatz verbinde sich der Gedanke der Solidarität, zum Beispiel AIDS-Erkrankten beim Ertragen ihres Leidens zu helfen, ohne über die Umstände der Entstehung der Krankheit Urteile zu fällen. Die Gestaltung der individuellen Lebenspläne sei, vom Fall schwerer Sozialschädlichkeit abgesehen, dem staatlichen Zugriff entzogen. Voraussehbar negative soziale Wirkungen bestimmter Lebensstile bedürften eines sorgfältigen Abwägens; sie fielen potentiell in den Interessenbereich staatlichen Handelns, überschnitten sich jedoch mit individuell-ethischen Belangen: Der Staat dürfe zum Beispiel keinen Druck auf Familien beziehungsweise Mütter ausüben, ein durch pränatale Diagnostik als behindert erkanntes Kind abzutreiben, um der Gesellschaft die Folgekosten zu ersparen. Trotz aller Bemühungen um eine objektive Güterabwägung werde der Ethiker oft auf Konflikte stoßen, die durch die Güterabwägung nicht aufzulösen seien.

«Die Ethik aus der israelitisch-christlichen Tradition weiß, daß die Freiheit nicht egoistisch verwirklicht werden kann, aber sie weiß auch, daß erzwungene Verantwortung nicht Eigenverantwortung ist. Deshalb soll Zwang gerade im sehr persönlichen Bereich der Lebensführung nur bei sehr gewichtigen Gründen eingesetzt werden. Und er soll als konfliktbeladener Eingriff in einen Konflikt, nicht als besonders scharfes Erziehungsmittel verstanden werden.»

Hermann Lübbe[12] stellte im Zusammenhang mit der AIDS-Problematik die Bedeutung von Haupt- und Hilfsregeln der Moral heraus: Wenn als erste moralische Regel die Empfehlung ‹Sei treu!› ausgesprochen werde und sich als individuell nicht durchzuhalten erweise, müsse als zweite die Forderung: ‹Dann benutze Kondome!› als eine moralische Hilfsregel gestellt werden. Man solle sich nicht scheuen, bei der Frage, wie AIDS eingedämmt werden könne, Regeln gemeinsinnserprobter Moral wie die der ehelichen Treue öffentlich in Erinnerung zu bringen. Die ethische Verpflichtung zur Solidarität beziehe sich auf Hilfsbedürftigkeit, jedoch nicht auf moralisch unverantwortliche Lebensweise.

Johannes Gründel[13] betonte in seinem theologisch-ethischen Ansatz vom Standpunkt des katholischen Moraltheologen aus die Eigenverantwortlichkeit des Bürgers, der jedes Bemühen widerspreche, das erforderlich scheinende richtige Verhalten soviel wie nur möglich gesetzlich zu reglementieren. Dies führe zur Entmündigung, denn sittliches Verhalten sowie Verhaltensänderungen könnten nicht äußerlich erzwungen werden, sondern müßten vom Subjekt aus innerer Einsicht heraus vollzogen werden. Damit korrespondiere die notwendige Achtung vor der persönlichen Gewissensentscheidung des einzelnen, die aber mit der Fähigkeit zur Eigenverantwortung auch die Möglichkeit des Schuldigwerdens einschließe. Eine so verstandene ‹Verantwortungsethik› setze sich ab von jener legalistischen und fundamentalistischen Konzeption einer starren, autoritären und ungeschichtlichen

Moral, in der kein Raum bleibt für einen Wandel des Normen- und Wertebewußtseins des Menschen. Bei seiner Stellungnahme zur AIDS-Prävention setzte sich Johannes Gründel sowohl für kontrollierte Methadon-Substitution als auch für kontrollierte Abgabe von Einwegspritzen ein. In der auf die Anhörung folgenden Diskussion erwähnte er außerdem, daß als Alternative zum Kondomgebrauch nichtgenitale Sexualkontakte zulässig seien, selbst wenn sie zum Orgasmus führten. Für junge Menschen, die sich noch in der Phase der Partnersuche befänden, sollten Kontakte dieser Art, die auf koitale Sexualität verzichteten, nicht als ‹Perversitäten› verpönt werden.[14]

Der Psychosomatiker Thure von Uexküll[15] wies mit Hilfe von vier Thesen auf die Zusammenhänge zwischen Gesundheit, Selbstverwirklichung und Autonomie hin. Gesundheit sei kein Kapitel, das man aufzehren könne, sondern bloß dort vorhanden, wo sie permanent erzeugt werde, anderenfalls sei der Betreffende bereits krank. Gesundheit und Krankheit seien nicht allein organisch zu sehen, sondern als Ausdruck der Interaktion zwischen dem Menschen und seiner Umgebung auf einer biologischen, einer zweiten psychischen und einer dritten sozialen Integrationsebene. Ferner seien Gesundheit und Krankheit nicht in dem Sinne Gegensätze, daß beide Zustände einander wechselseitig ausschlössen. Sie bezeichneten vielmehr polare Endpunkte eines Kontinuums, auf dem sich jeder Mensch während seines Lebens hin und her bewege (auch der unheilbar Kranke verfügt noch über aufbauende Kräfte, die es so lange wie möglich zu fördern und zu unterstützen gilt). These vier zeigt als entscheidendes Kriterium für unser Erleben von Gesundheit das Gefühl von Autonomie auf. Sie wird als Leistungsfähigkeit erlebt und ist Indikator für soziale Integration in dem Sinn, daß man sich auf positive Reaktionen der Umwelt verlassen kann. So werde verständlich, daß chronisch Behinderte bei entsprechenden Gegenleistungen der Umgebung trotz krankheitsbedingter Einschränkungen Autonomie erleben könnten. Für das Problem ‹AIDS und Ethik› folge daraus die Bedeutung des Grundsatzes der Solidargemeinschaft gegenüber Kranken und Hilfsbedürftigen.

In einem besonders für die Zusammenhänge zwischen AIDS und Vorurteilen höchst wichtigen Referat zeigte Wolfgang W. Haug[16] das Weiterwirken des alten Syphilis-Stigmas auf, das über sozialdarwinistische Vorstellungen von der für die Gesellschaft als soziale (und finanzielle) ‹Last› angesehenen unheilbar Kranken in der Vernichtung solcher Menschen, die man in diese Kategorie hineinstigmatisiert hatte, als ‹lebensunwert› während des Faschismus kulminierte. Durch die Formel ‹Sozialdarwinismus + Syphilisparadigma = Rassenhygiene› wurde die Idee der ‹Rassereinheit› zu einem Oberbegriff, unter den als ‹lebensunwert› dann körperlich, geistig oder rassisch ‹Minderwertige› subsumiert werden konnten. Bei der gegenwärtigen komplexen AIDS-Diskussion müßten die Nachwirkungen in Mentalität und Sozialmoral mitbedacht werden, die als Nachhall der mit dem alten Syphilis-Paradigma verknüpften (Wahn)ideen Kristallisationspunkte für autoritäres oder totalitäres Gewaltpotential bilden könnten. –

Die Ausführungen der Sachverständigen in dieser Anhörung werden wortgetreu in den in Vorbereitung befindlichen Endbericht der Kommission übernommen werden. Es dürfte schwerfallen, auch in Zukunft noch weiterhin von einem ‹Tabuisieren› ethischer Fragestellungen in bezug auf AIDS zu sprechen[17], nachdem Wissenschaftler mit unterschiedlicher Konfession und divergierendem weltanschaulichen Hintergrund den Enquete-Mitgliedern sowie einander die Pluralität einerseits und die Gleichberechtigung andererseits von ‹Ethiken› bestätigt haben, während sie zugleich einig über die Grundbedingungen des ethisch als ‹Minimum› zu fordernden waren: Die Anerkennung des anderen sowie die Solidarität der Gemeinschaft.

3. Die Einstellung der Kirchen zur AIDS-Frage

Im Rahmen der Enquete-Kommission ‹AIDS› des Deutschen Bundestages fand am 29. September 1987 eine Sachverständigen-Anhörung zu dem Thema ‹Gesellschaftliche Auswirkungen der Krankheit AIDS› statt, zu der auch Vertreter der beiden großen Konfessionen geladen waren. Auf ihren Ausführungen[18] beruht der vorliegende Abschnitt, soweit nicht andere Quellen angegeben sind.

a) AIDS als Herausforderung an die Kirchen

Die Kirchen nehmen zur Kenntnis, daß es in der Bevölkerung Formen des Sexualverhaltens gibt, die sich nicht am Bild der christlichen Ehe orientieren, und sie erkennen an, daß dies bei allen Aufklärungsmaßnahmen berücksichtigt werden muß. In der Aufklärung sollte jedoch nicht der Eindruck einer ethischen Billigung von sexueller Freizügigkeit erweckt werden. Beide Kirchen wenden sich gegen Hysterie und Panik. Sachgerechte und permanente Aufklärung sollen Verhaltensänderungen bewirken und so die Infektion eindämmen. Infektionsträger seien – unter Änderung ihres sexuellen Verhaltens – verpflichtet, andere nicht anzustecken. Aber auch der Gesunde trägt Verantwortung: Nicht nur die HIV-infizierte Prostituierte verhält sich verantwortungslos, sondern auch der Gesunde, der Sexualverkehr und Risikoverhalten weiterhin ungeschützt unverändert fortsetzt.

Beide Kirchen betonen, daß die christliche und durch AIDS verstärkt ins Blickfeld getretene Forderung, Ort von Sexualität habe die Ehe zu sein, auch politischer und sozio-kultureller Ermutigungen – nicht zuletzt seitens des Staates – zur Eheschließung bedarf, um einer Konsum- und Wegwerf-Sexualität entgegenzutreten. [19]

b) Stellungnahme der katholischen Kirche

Die katholische Kirche mahnt zur Verantwortung und warnt vor Überreaktion und Panik. AIDS sei ein Prüfstein für Solidarität und Humanität der Gesellschaft und deren Fähigkeit, in ethisch angemessener Weise auf die schwere Bedrohung einzugehen. Die Gesunden sollen den Betroffenen Hilfe und Zuwendung zukommen lassen und sie nicht als Gefahrenquellen ausstoßen oder als Schuldige diskriminieren.

Gesetzliche Maßnahmen zur Bekämpfung von AIDS haben selbstverständlich die Menschenwürde des Betroffenen sowie das Verfassungsgebot der Verhältnismäßigkeit der Mittel zu beachten. Der Staat muß Tendenzen zur Entsolidarisierung sowohl entgegentreten als sich selbst aller gesetzlichen Maßnahmen enthalten, durch die Träger der HIV-Infektion gebrandmarkt und ausgestoßen würden. Das Thema AIDS eignet sich in der öffentlichen Diskussion nicht zur Verfolgung politischer Ziele. Sachfremde Verharmlosung wird ebenso abgelehnt wie Dramatisierung. Die katholische Kirche hält es für verfehlt, die Angst vor AIDS für eine Änderung der Moralvorstellungen in der Gesellschaft zu nutzen, da generell eine durch Angst erzwungene Normenerfüllung eine positive Wertausrichtung und Sinnerfahrung sowie ein entsprechendes Handeln auf Dauer ohnehin nicht gewährleisten könne. Sie sieht aber auch keinen Anlaß, aufgrund der Ausbreitung von AIDS die Grundsätze katholischer Sexualmoral neu zu formulieren. Sie bejaht die menschliche Sexualität als von Gott gewollte positive

Lebenskraft und sieht eheliche Treue als besten AIDS-Schutz an. Die Parole vom Safer Sex ist ihr höchst fragwürdig, soweit damit der Eindruck erweckt werden könnte, Geschlechtsbeziehungen ließen sich auf freien Sexkonsum reduzieren; auch aufgrund von AIDS sieht sie keinen Anlaß, für eine Kondommoral zu plädieren. Sie hat jedoch nichts dagegen einzuwenden, wenn man unter dieser Prämisse davon ausgeht, daß Kondome das Risiko der AIDS-Infektion zu mindern vermögen. Sofern die Aufklärungsbotschaft lautet, daß Kondome nur die zweit- oder drittbeste Möglichkeit zur Infektionsvermeidung sind, weil mit Unsicherheitsfaktoren behaftet, dann besteht nach katholischer Ansicht mit dieser Form der Aufklärung keinerlei Schwierigkeit. Jugendlichen sei in Elternhaus und Schule nahezubringen, daß ein Aufsparen für die Ehe nicht nur vom Standpunkt der kirchlichen Moral aus richtig, sondern jetzt im Zusammenhang mit AIDS – zufällig – auch das sicherste sei. Den HIV-Test versteht die katholische Kirche unabhängig von seiner epidemiologischen Bedeutung als Informationsinstrument, um Betroffenen Gewißheit zu verschaffen. Der Test solle aber stets nur im Zusammenhang mit einer intensiven Beratung vorher und nachher durchgeführt werden, um psychische Krisensituationen der Betroffenen zu vermeiden oder aufzufangen. Durch Schulung und Fortbildung sollen die Mitarbeiter der katholischen karitativen Dienste mit der nötigen Sachkenntnis ausgestattet werden, um psychosoziale Hilfen zu bieten. Die HIV-Infektion einer werdenden Mutter ist kein Grund für eine Abtreibung, die Erkrankung an AIDS kein Anlaß für aktive Sterbehilfe.

In der katholischen Kirche gab und gibt es Berührungsschwierigkeiten mit der Homosexualität, die aber abgebaut werden. Hilfen für Betroffene werden seitens karitativer Einrichtungen nicht nur angeboten, sondern von homosexuellen Betroffenen auch angenommen. Die pastorale und humane Zuwendung zu im kirchlichen Bereich tätigen Betroffenen besteht unabhängig vom kirchlichen Dienst- und Arbeitsrecht, weshalb keine Notwendigkeit gesehen wird, bei der Einstellungs- und Kündigungspraxis etwas zu ändern. Kirchliche Mitarbeiter, die seropositiv oder bereits AIDS-krank sind, dürfen der selbstverständlichen Fürsorge gewiß sein.

Die katholische Kirche sucht keine Sündenböcke für das Auftreten von AIDS; alle Betroffenen haben vielmehr einen Anspruch auf Annahme und Solidarität.

Die Vorstellung von AIDS als einer Geißel Gottes beziehungsweise

Heimsuchung wirft die alte und schwierige theologische Frage nach dem Sinn von Leiden und Krankheit auf. Das Wort von der Krankheit als Gottesgeißel sollte nach Interpretation des Sachverständigen nicht in dem Sinne gebraucht werden, daß ein strafender Gott, wie er im Alten Testament in manchen Kapiteln vorkommt, sich nun rächt, weil die Menschheit durch Promiskuität Grenzen verletzt. Die von Kardinal Höffner in diesem Zusammenhang gebrauchte Bezeichnung Heimsuchung lasse sich im Sinne einer Grenzerfahrung deuten: Jeder Mensch macht Grenzerfahrungen in Leid, Krankheit, Tod, und Gott läßt zu, daß der Mensch in der Erfahrung eines solchen Vorgangs wieder zur Besinnung kommt. Es ist jedoch ein Stück Umdenken notwendig, wenn solche Erfahrungen gemacht werden. –[20]

Diese Stellungnahme der katholischen Kirche darf wohl mit einigem Recht als offiziell betrachtet werden. Freilich ist es die erwähnte Charakterisierung von AIDS als ‹Geißel Gottes›, als ‹Heimsuchung› dann kaum minder, wenn ein Kardinal sie ausgesprochen hat, und sie läßt sich in ihrer Wirkung nur schwer zurücknehmen, selbst wenn sie hinterher abmildernd erläutert wird.[21] Bereits vor ihrer enormen publizistischen Verbreitung infolge der Übernahme durch den Kardinal ist diese Redefigur übrigens schon im evangelikalen Raum aufgetaucht[22], Josef Höffner hat sie nicht erfunden. Vielmehr dürfte der katholischen ‹Bild-Post›[23], soweit ich die Angelegenheit zurückverfolgen konnte, die Priorität für die ‹Geißel Gottes›-Interpretation gebühren.

In dieser katholischen Sachverständigen-Stellungnahme fällt im Gegensatz zu früheren – auch offiziellen – ein gewisses Zurücknehmen der eigenen Position auf: Gewiß wird unbefangen von gesetzlichen Maßnahmen gesprochen, aber gleichzeitig zieht man das Verfassungsgebot der Verhältnismäßigkeit der Mittel hinzu und betont, daß der Staat sich all solcher gesetzlichen Maßnahmen zu enthalten habe, womit Betroffene stigmatisiert und ausgestoßen werden könnten. In der erwähnten Stellungnahme Kardinal Höffners[24] hingegen wird der Staat unter Berufung auf die im Grundgesetz festgelegten sittlichen Normen[25] dringend angemahnt, tätig zu werden:

«Die Möglichkeiten der Seuchengesetzgebung zur Eindämmung der AIDS-Gefahr sind weder ausgeschöpft noch ernsthaft erwogen worden.»

Davon können sich unternehmungslustige populistische Politiker leicht angeregt fühlen, zu einer solchen ‹Ausschöpfung› zu schreiten! Und welch ehrgeiziger Politiker wollte wohl, wie der Kardinal sich ausdrückte, «vor der Verwilderung der Sitten» kapitulieren? Der greise Kardinal, der seine harschen Worte mit der Empörung eines mittelalterlichen Bußpredigers in die Welt rief, ist inzwischen tot, aber seine Worte sind es nicht. Denn Äußerungen, die von einer solch hohen nomischen Instanz ausgegangen sind, entwickeln Eigenleben und wirken fort; durchaus auch in die Politik.[26] Die in der katholischen Stellungnahme getroffene Feststellung, daß AIDS sich nicht zur Verfolgung politischer Ziele eigne, ist darum höchst bedeutsam und kann herangezogen werden, um allzu eifrig ‹Maßnahmen› ins Werk setzende Politiker zu bremsen. Weiterhin ist festzuhalten, daß das katholische Kondom-Verdikt nicht mehr absolut gilt (nicht der beste AIDS-schutz, aber als zweite oder dritte Schutzform tolerabel)[27] und man keinen blinden Gehorsam fordert, sondern die Verantwortlichkeit des einzelnen hervorhebt.[28] Die ausdrückliche Ablehnung einer Sündenbocksuche sticht wohltuend von den vielen früheren – auch offiziellen – katholischen Stellungnahmen ab, in welchen AIDS als Konsequenz eines falschen Lebensstils hingestellt wurde.[29]

c) Stellungnahme der evangelischen Kirche

Die evangelische Kirche erklärt, daß bei allen Maßnahmen zur Bekämpfung von AIDS der Zielkonflikt zwischen bürgerlichen Freiheitsrechten und gesundheitspolitischen Erfordernissen der Gesellschaft gesehen werden muß. Wo ein Weg zu Lasten von Freiheitsrechten unvermeidlich erscheint, können neben den Vorzügen eines solchen Weges zugleich auch beschwerliche Nachteile eintreten; umgekehrt kann das Versäumen einer einschneidenden Maßnahme zu einem schwerwiegenden Problem werden. AIDS ist eine gemeingesellschaftliche Aufgabe, doch die breite Bevölkerung ist weit mehr am Selbstschutz als am Schicksal Betroffener orientiert. Damit gehen Schuldzuweisungen, Diffamierungen, Stigmatisierungen und Ausgrenzung von Betroffenen in offener oder versteckter Form einher. Hysterische Überreaktionen und kollektive Verdrängungen stehen unverbunden nebeneinander. Darum müssen Barmherzigkeit, Nüchternheit und Verantwortung mehr Raum gewinnen. Die Annahme des Mitmenschen schließt auch die Annahme dessen ein, den man nur schwer versteht und dessen Wertvorstellungen man nicht teilt. Eine Bewußtseinsbildung in der Bevölkerung sollte offene und verborgen wirkende Diskriminierungen abbauen helfen.

Evangelische Ethik hat stets die monogame partnerschaftliche Beziehung als die allein wirklich humane und dem Wesen des Menschen entsprechende Grundlage der sexuellen Beziehung verstanden. Nichtsdestoweniger ist jetzt nicht die Zeit des Moralisierens, sondern der Verantwortung. Evangelisches Eheverständnis redet angesichts von AIDS nicht von Enthaltsamkeit und Monogamie, wodurch die Aufmerksamkeit von der Verantwortung weggelenkt würde, um die es eigentlich geht. Die Angst vor AIDS darf nicht zu einer neuerlichen ‹Engführung› ausschließlich auf den ehelichen Zeugungsakt hin mißbraucht werden. Sexualität muß von Liebe und Verantwortungsbewußtsein, nicht aber von Angst bestimmt sein. Es ist in einer Zeit der Bedrohung durch eine weltweite Krankheit nicht ganz unproblematisch, an das christliche Verständnis von Partnerschaft und Ehe erinnern zu müssen, weil nicht der Eindruck entstehen darf, die Kirche nutze Angst und Hysterie aus. Angstfreie Sexualität und das Gelingen einer lebenslangen Partnerschaft sind Güter, die es zu schützen gilt, zugleich muß aber mit einem Sexualverhalten in der Bevölkerung gerechnet werden, das sich nicht an diesem christlichen Bild orientiert. Die Ehe nach evangelisch-christlichem Verständnis ist stets als Idealvorstellung gemeint und nie einfach einzulösen. Eintreten für Enthaltsamkeit und Treue schafft noch nicht automatisch auch die Fähigkeit zur Liebe; mit Treue allein ist auch der humane Sinn der Sexualität noch nicht erfüllt. Dauerhaftigkeit einer Beziehung ist weniger die Voraussetzung für das Gelingen intimer Kommunikation denn deren Ziel. Die Forderung, den Intimverkehr zwecks Infektionsvermeidung auf dauerhafte Partnerschaften zu beschränken, ist deshalb nicht alles. Männer, die die Empfängnisverhütung seit Einführung der Pille weitgehend der Frau überlassen haben, müssen nun die Initiative ergreifen und sollten mit dieser neuen Forderung an ihr Sexualverhalten nicht allein gelassen werden. Nur dann kann auf Schutzvorkehrungen vor Ansteckung verzichtet werden, wenn beide Partner erwiesenermaßen nicht infiziert sind. Alle Schutzempfehlungen haben neben ihrer eigentlichen Botschaft auch eine ethische Relevanz; wichtig ist, wie das Gesagte wirkt: Ob es tatsächlich hilft, ob es abschreckt, ob es legitimiert, ob das, was normal geworden ist, auch für das Normale gehalten wird.

Die evangelische Ethik ist nicht ausschließlich an überzeitlichen Normen orientiert, sondern daneben stark auf die Hilfe für den Menschen ausgerichtet. Die Aufgabe der ethischen Beurteilung von Sexualfragen besteht ihrer Auffassung nach mehr in der Zurückhaltung und weniger in der ethischen Thematisierung von allem und jedem, etwa im Hinblick auf bestimmte Problembereiche der Sexualethik, zum Beispiel Homosexualität und Masturbation. Im evangelischen Bereich wird die Verpflichtung zur Integration Betroffener als so unumstritten und stark empfunden, daß die Kirche manche traditionellen Beurteilungspositionen – etwa im Hinblick auf die Homosexualität – heute neu überdenkt. Weder ein vorgegebener noch ein erworbener Status bestimmen den Wert des Menschen vor Gott, in welcher Gemeinschaftsform auch immer er leben mag. –

Diese im Namen der Evangelischen Kirche in Deutschland abgegebene, das heißt als offiziell zu betrachtende Stellungnahme verdeutlicht, daß hier jene Bereiche, mit denen sich sowohl die katholische Kirche als auch die protestantischen Fundamentalisten noch immer so schwertun (Tolerieren von Sexualität außerhalb lebenslanger Monogamie, Jugendaufklärung, ‹Berührungsängste› bei Kondomen und mit Homosexuellen), weniger traditionalistisch und selbstgerecht angegangen werden denn in der Vergangenheit. Als Problem sehr wohl gesehen wird die Ambivalenz hinsichtlich der bürgerlichen Freiheitsrechte einerseits und gesundheitspolitischen Erfordernissen andererseits (‹Zielkonflikt›), den die Stellungnahme anspricht, aber in der Schwebe läßt.[30] Zum neuen Überdenken der Beurteilung von Homosexualität können evangelische Christen auf offizielle Texte zurückgreifen. Ein Beispiel:

«Sexualität umfaßt schöpfungsgemäß die ganze Person und ist als gute Gabe Gottes zu verstehen. Dies gilt sowohl für hetero- wie für homosexuelle Menschen.»[31]

d) Die Fundamentalisten und ihre Sympathisanten

In der im letzten Abschnitt genannten Anhörung sagte Oberkirchenrat Winkler in der Diskussion, aufgrund einiger Äußerungen zu AIDS im kirchlichen Raum entstünde wieder einmal der Eindruck, als sei die Kirche ‹die› schlechthinnige moralische Instanz, die eben permanent moralisiere. Er empfinde das als sehr mißlich und sei über viele diesbezügliche Aussagen sehr unglücklich. Da damals die EKD-Stellungnahme zu AIDS bereits erschienen war[32], in der die ‹Geißel Gottes›-Theorie zurückgewiesen und jegliches Moralisieren, Diskriminieren und Zuweisen von Schuld ausdrücklich als unevangelisch abgelehnt wurde, kann er damit nur jene fundamentalistischen Stimmen gemeint haben, die sich mit dem Inhalt der EKD-Erklärung offenbar nicht identifizieren. Tatsächlich sind es bei uns, wenn man die schriftlich greifbaren Belege analysiert, neben den traditionalistisch-rigiden Verlautbarungen aus dem katholischen Bereich (wie dem Papier Kardinal Höffners und den Thesen einiger Bischöfe) so gut wie ausschließlich Evangelikale, die jene Schuldzuweisungen veröffentlicht haben, die von der (sonst an christlichen Fragen total desinteressierten) Presse kolportiert wurden, weil sie hemmungslos Vorurteile artikulierten – Vorurteile nomischer Herkunft, die bei der Lektüre im Kopf des Lesers Widerhall finden, weil wir schließlich alle zum christlichen Kulturbereich gehören. Der Effekt ist als um so schlimmer einzustufen, als bis dahin in speziell unserer bundesrepublikanischen Presse Vorurteile etwa gegen Homosexuelle eher im Abflauen begriffen waren. Nun wurde das ‹Gerüst›, die vorurteilshafte Struktur der evangelikalen Ausgrenzungs-Botschaften, in den Köpfen der Leserschaft reaktiviert. Im Mittelpunkt steht als ‹Gerippe› das uralte Tat-Folge-Schema: Krankheit ist die Folge von (nomisch motivierter) Schuld. Auffallend ist in den Äußerungen aus dem fundamentalistischen, pietistischen, auch sektenhaften Umfeld eine Haltung, «die bedrückenden Mißmut, religiöse Aggression und den triumphierenden Anspruch umfaßt, die moralische Deutung des Phänomens und auch den Ausweg aus dem Chaos zu kennen».[33]

Ohne schon darzulegen, wie wenig christlich, ja wie nahe einer modernen Irrlehre viele, leider muß man sagen: die Mehrzahl der betreffenden Aussagen sind (es liegen inzwischen Analysen aufgrund unterschiedlicher Standpunkte dazu vor[34]), hier einige Kostproben zur Einstimmung, wie derartige Vorurteile sich artikulieren[35]: ‹Verfall christlicher Werte›, ‹Neuheidentum›, ‹AIDS ist ein schweres Gericht Gottes über die Menschen›, …‹ein ernstes Reden Gottes gegen die gerichtsreife Welt›, …‹gegen die Homosexualität›, …‹gegen die Promiskuität›, …‹Antwort Gottes auf Mißachtung seiner Maßstäbe› …‹rächende Seuche›, ‹tödliche Seuche›, ‹Sexualleben ist rundum kaputt›, ‹Gummi-Moral›, ‹Moral, die aus dem Gummi kommt›, ‹Kondom-Moral›, ‹Kondomwerbung ist Reklame für Sex von Vierzehnjährigen›, ‹Zügellosigkeit greift um sich›, ‹schrankenlose Sexualität›,

‹Sodom und Gomorrha›, ‹Urteil über AIDS soll bibelorientiert, nicht lustorientiert sein›, ‹Homosexualität ist Selbstbemitleidungsneurose›, ...‹falsche Prägung›, ...‹schrankenlose Selbstbefreiung›, ...‹heidnische Entartung›, ...‹Gott ein Greuel›, ...‹Verschleiß der Partner›, ...‹heillos›, ...‹Aufruhr gegen Gott›, ‹Sünde muß Sünde genannt werden›, ‹gibt es für AIDS-Kranke Vergebung?›

Diese Stimmungsmache wurde und wird von kritischen Christen mit Sorge registriert. Zugrunde liegt ihr ein statisches Bibelverständnis, das auf die historische Relativierung bestimmter christlich-antiker Traditionen verzichten zu können glaubt. Doch sobald sie nicht aus dem geschichtlichen Zusammenhang, sondern fundamentalistisch verstanden werden, sind die biblischen ‹Aussage-Ketten› allzu leicht für eine beliebige Interpretation handhabbar.

«Die hier angedeutete Benutzung der Bibel, die die fundamentalistische Sexualmoral stützen soll, gerät aus der Sicht einer verantwortbaren christlichen Ethik an den Rand eines fundamentalen Mißbrauchs alter Glaubenszeugnisse. Sie verfehlt den Kern der biblischen Botschaft. Dies müßte deutlicher als bisher von der professionellen Ethik in der Öffentlichkeit ausgedrückt werden.»

«Die Ungeschichtlichkeit ist es, die den Fundamentalisten beharrlich, aber auch im Grunde ängstlich und – wie gezeigt – bisweilen unmenschlich erscheinen läßt; die nicht die spätantike, leibfeindliche Verknüpfung etwa der paulinischen Theologie sehen möchte; die nicht den Hintergrund altisraelischer und frühchristlicher Abgrenzungsbedürfnisse gegenüber allerhand Fremdkulten und Praktiken, die längst als Gegenüber samt ihrer religiösen Überhöhung vergangen sind, wahrnimmt. Der Hintergrund ist vergangen, die spätantiken, leibfeindlichen Strukturen geblieben und damit die stets neu ans Licht drängende fundamentale Befangenheit zur Sexualität, die Verbindung von Sexualität und Schuld.»

Das unterschwellig wirkende Argumentationsmuster fundamentalistischer Sexualmoral suggeriert jenes Tat-Folge-Schema im Sinne der Kongruenz-Konstellation ‹AIDS = Sexualität = Schuld = Tod›[36], dessen Bedeutung im übrigen kirchlichen Bereich bei uns seit dem Mittelalter im Abklingen begriffen ist.

«Der Grundfehler der Fundamentalisten besteht darin, daß sie die Gewißheit des Glaubens und das Wissen um das Heil in einer Weise überziehen, daß jede vernünftige Auseinandersetzung über die Voraussetzungen solchen Glaubens ausgeblendet werden. Besonders ich-schwache Menschen oder zwanghafte Naturen greifen gern zu fundamentalistischen Positionen. Gelangen sie zur Macht, neigen sie zu autoritärem Verhalten.»[37]

Je größer die zugrundeliegenden Ängste der ich-Schwachen sind, desto massiver sind die gehegten Vorurteile. In der aggressiven fundamentalistischen Moral wird die abgründige Beunruhigung ihrer Vertreter spürbar, der Mensch könne es eben doch schaffen, «mit sich selbst und über sich hinaus mit seinen Bedürfnissen und Energien verantwortlich umzugehen». Exemplarisch die Ausführungen einer bemühten Briefschreiberin zum AIDS-Thema, die darauf verweist, daß der christliche Gott einer sei, der den Menschen nichts schulde; «unsere Meinung zählt nicht». Wer eine abweichende Meinung habe, müsse (nach 5. Mose 30, 19-21) mit Fluch und Tod rechnen. Falls das jemand als unbarmherzig empfinden sollte, rät die Schreiberin:

«Bitte wenden Sie sich damit an Gott, nicht an mich.» [38]

Hier präsentiert sich ein Exemplar des autoritären Persönlichkeitstyps unverfälscht, wie er nicht nur im evangelikalen Raum bei uns, sondern ebenso im fundamentalistischen ‹Bibelgürtel› der armen US-Südstaaten zu Hause ist: Eine kindliche Sozialisation, die von wenig Freude und vielen Verboten und Strafen bestimmt ist, bringt Menschen hervor, deren tiefinnerliche, tieftraurige Grundüberzeugung lautet: «Unsere Meinung zählt nicht.» Doch mit der Resignation als Grundhaltung sind aggressive Schübe vermischt, deren Opfer jene Gruppen sind, die Autoritätspersonen als Meinungsführer (hier die Prediger) zuvor als ‹Sündenböcke› für die Übel benannt haben, die der Welt mutmaßlich drohen. Das Übel AIDS wird dabei reflexhaft wie eine der alten Seuchen aufgefaßt.

Die Ängstlichkeit und gleichzeitige, aber oft verdeckte Aggressivität der autoritären Persönlichkeit schlägt sich jedoch nicht nur im religiösen Bereich nieder, sondern stellt politische Hilfstruppen für eine ganz bestimmte Richtung: Den Neokonservatismus, dessen Vertreter hoffen, in der fundamentalistischen Sexualmoral einen Bündnispartner zum politischen Schulterschluß zu finden, wie er in den USA erfolgreich praktiziert wird. Bei uns ist dieser Neokonservatismus – noch – defensiv. Seine Repräsentanten werden von Vorstellungen, Ängsten und Argumenten bewegt, «deren Normen und Ansichten von Wirklichkeit auch in der protestantischen Ethik spätestens seit dem 19. Jahrhundert hinreichend bekannt sind: Der Mensch ist ein gefährdetes, ja ein sich selbst gefährdendes Wesen. Seine Bedürfnisse sind potentiell unendlich und können ihn – unreguliert – vernichten. Um der Selbsterhaltung willen sind Ordnungen notwendig» – verstanden entweder als göttlich bestimmte Schöpfungsordnung oder als vom Menschen zu kontrollierende ‹Erhaltungsordnung›, im letzteren Fall gelegentlich krude biologistisch begründet.[39] Beide Ansätze sind nomisch: Sie sollen soziale und individuelle Anomie verhindern und treffen sich in der gemeinsamen Überzeugung ihrer Verfechter, daß die Familie als ‹Keimzelle› (einmal der Gemeinde, andermal des Staates) die wichtigste Garantie sei, daß nicht Chaos hereinbreche.

«Die neokonservative Kulturkritik sieht in AIDS ein Ereignis, das den beklagten allgemeinen Sittenverfall aufhalten und wieder sexuelle Ordnung schaffen kann. Krankheit schafft danach Moral; sie bringt die ersehnte Ordnung zurück; sie säubert unsere Gesellschaft.»[40]

Außerdem wird ‹wieder Leistung verlangt›, wie vom Konservativen das Verzichtenlernen auf ‹sofortige Lustbefriedigung› angesichts von AIDS interpretiert wird.[41]

Besonders merkwürdig ist die Verbindung zwischen Fundamentalismus und falschverstandener Verhaltensforschung, wie sie in manchen Schriften zum Ausdruck kommt, die im Milieu der ‹Neuen Rechten› angesiedelt sind. Um die moralische Gebotenheit beziehungsweise ‹Natürlichkeit› im Sinne von ‹Normalität› eines bestimmten Verhaltens beim Menschen behaupten zu können, wird notorisch auf jene lebenslang monogam verpaarten Graugänse hingewiesen, die durch Konrad Lorenz so berühmt geworden sind.[42] Lorenz bezeichnete manches tierische Verhalten, das er untersucht hat, als ‹moral-analog›, was mit Sicherheit ein unglücklicher Ausdruck ist, weil viele Leser den Unterschied zwischen analog und homolog nicht kennen dürften.[43] Wenn jemand geschickt ist, kann er Laien gegenüber Lorenz' Forschungsergebnisse so hinstellen, daß der Eindruck entsteht, die rein instinktiv handelnden, daher gar nicht anders ‹könnenden› Graugänse wären moralischer als wir Menschen (diese Bemerkung habe ich in einer Veranstaltung gehört)...

Gern greifen sowohl Evangelikale als auch Neue Rechte jede Theorie auf, die behauptet, Homosexualität ‹behandeln› oder ‹heilen› zu können und leiten davon ab, alle Homosexuellen seien – natürlich insbesondere angesichts von AIDS – ‹verpflichtet›, sich einer derartigen Behandlung zu unterwerfen.[44] Das steht in einem eklatanten Widerspruch zu der sonst in evangelikalen Kreisen grassierenden Wissenschaftsskepsis und dient augenscheinlich sowohl der Stützung der eigenen Binnen-Moral als auch der Ableitung von sonst unausgelebter Aggression auf eine sozial ohnehin traditionell diskriminierte Minderheit, der man die sexuelle Präferenz als Schuld vorhält: Sie verharren im Zustand der ‹Sünde›, obwohl es doch Behandlungsmöglichkeiten gibt.

Dergestalt läßt sich der Vorwurf der Unbußfertigkeit ebenso aufrecht erhalten wie der einer vorwerfbaren Uneinsichtigkeit, durch die angeblich AIDS vermehrt verbreitet werde.[45]

X. Zur Diskriminierung von Betroffenen im täglichen Leben – Trends und Schwerpunkte

In den vorigen Kapiteln wurden schon viele Beispiele für Diskriminierung von und Vorurteilen gegen HIV-Infizierte beziehungsweise AIDS-Erkrankte berichtet, und zwar zur Erläuterung der Thematik, um die es in den betreffenden Abschnitten gerade ging. Dies Kapitel nun soll in gedrängter Form ausschließlich von Diskriminierungsfällen handeln, weil eine entsprechende, umfänglichere Darstellung bisher noch nicht besteht. Freilich stellt diese keineswegs den Anspruch der Vollständigkeit, auch erwähne ich nicht jeden mir bekannt gewordenen Einzelfall gesondert: Das ergäbe nämlich vom Umfange her ein Buch für sich. Außerdem habe ich die Auswahl auf die letzten drei Jahre beschränkt, denn was sich vorher abgespielt hat, war zwar teilweise womöglich noch schlimmer, jedoch entschuldbarer, da bei uns damals von faktengerechter, sachlicher Aufklärung ernstlich erst ansatzweise gesprochen werden konnte.

Leider mangelt es mancherorts daran freilich immer noch: Im Sommer 1988 gab das Münchner Innenministerium die Broschüre «AIDS – was Reisende wissen sollten» heraus. Darin wird wiederum vor der Infektionsgefahr durch ‹Zungenküsse› gewarnt – obwohl weltweit kein einziger Fall einer derartigen Übertragung («Der Spiegel», Nr. 21 vom 1.8.1988) bekannt ist.

Zum Gegenstand gar einer ‹Kleinen Anfrage› der Fraktion «DIE GRÜNEN» im Deutschen Bundestag (Drucksache 11/1587, Seite 3) brachte es ein zweiminütiger AIDS-Kinospot der Bayerischen Staatsregierung, in dem «Drogenabhängige, promisk Lebende und mit Silberkettchen bewehrte Homosexuelle, die zu bedrohlicher Musik vor einer antiken Gipsfigur schmusen, quasi amtlich mit den Lettern ‹Vorsicht AIDS!› im wahrsten Wortsinne abgestempelt («Die Zeit», Nr 48, 20.11.1987) werden». Die Bundesregierung erklärte darauf, die Auffassung, Homosexualität sei ein Makel, nicht zu teilen und fügte hinzu, sie halte die AIDS-Aufklärung der Bevölkerung für eine der wichtigsten Maßnahmen zum Schutze der Gesunden vor Infektionen. Die Vermittlung von Kenntnissen über die Infektionswege sei hierbei entscheidend.

Vorbilder für faktengerechte Aufklärung und eine entsprechende persönliche Haltung sollten zweifellos vor allem diejenigen sein, die am besten Bescheid wissen (müßten): die Ärzte.

Doch selbst unter ihnen gibt es leider – neben vielen herausragenden Beispielen vorbildlicher Hilfsbereitschaft, medizinischer Kompetenz und menschlichen Engagements – beklagenswerte Negativ-Fälle.

Ein Unfallchirurg aus Düsseldorf lehnte die Notversorgung eines HIV-infizierten Kindes (Platzwunde am Kopf) mit der Begründung ab, er könne ja seine Instrumente nicht mehr zur Versorgung anderer Patienten einsetzen, nachdem er sie bei der Behandlung eines Infizierten gebraucht habe (‹Ärzte-Zeitung›, Neu-Isenburg, 15./16.4.1988); die Ärztekammer Nordrhein-Westfalen forderte ihn daraufhin zu einer Stellungnahme auf und deutete ein ‹Nachspiel› an.

Ein farbiger Student mit schlimmem Zahnweh klapperte sämtliche Zahnärzte seines Wohnortes ab, doch alle verweigerten die Behandlung, da er ehrlicherweise stets seine Infektion erwähnte. Er steht mit seinen Erlebnissen nicht allein: «Eine Reihe von HIV-Infizierten mußte die Erfahrung machen, daß sie nach Mitteilung ihres Befundes von Ärzten, Zahnärzten und Krankenhäusern entweder gar nicht oder unter diskriminierenden Bedingungen behandelt wurden. Dies wird nur die Konsequenz haben, daß die Betroffenen in Zukunft diese Diagnose verheimlichen.» (Kommissions-Arbeitsunterlage Nr. 74)

Zwei Streifenpolizisten waren mit einem auf frischer Tat ertappten Einbrecher, der drogenabhängig war und nach eigener Angabe an AIDS und einer dadurch verursachten Lungenentzündung litt, fast fünf Stunden lang in Stuttgart unterwegs, um eine Haftfähigkeitsbescheinigung für ihn aufzutreiben. Vier Krankenhäuser lehnten die dafür notwendige Untersuchung ab; folgende Gründe wurden genannt: Man nehme grundsätzlich keine AIDS-Kranken auf, es mangele an ‹klinischen Voraussetzungen›, für derartige Bescheinigungen sei man grundsätzlich nicht zuständig, alle Ärzte seien ‹unabkömmlich›. Die letztgenannte Auskunft gab ausgerechnet die Klinik, die in Stuttgart als Zentralklinik für die Schwerpunktversorgung AIDS-Kranker eingerichtet ist. Erst die Intervention eines Vorgesetzten auf höherer Ebene erwirkte schließlich die notwendige Untersuchung in einer fünften Klinik. Der erste Bürgermeister der Stadt sprach sich scharf gegen dies nicht zu akzeptierende Verhalten der Kliniken aus (‹Ärzte-Zeitung›, Neu-Isenburg, 7. 4. 88).

Die deutliche Aversion vieler Allgemeinkrankenhäuser, AIDS-Kranke aufzunehmen (die bisher vorwiegend in Universitätskliniken behandelt werden), ist unangebracht. Sofern die Kostenträger die extrem hohen zusätzlichen Kosten für die Betreuung dieser Kranken übernehmen, ist diese in Allgemeinkrankenhäusern problemlos durchzuführen; spezielle AIDS-Stationen sind deshalb unsinnig (Prof. Dr. med. Nepomuk Zöllner nach ‹Die Neue Ärztliche›, Frankfurt, 23. 9. 1988).

Jener Umstand, den man ‹menschliches Versagen› nennt, führte in einer süddeutschen Großstadt zu schwersten psychischen Belastungen der Betroffenen: Beim telefonischen Durchgeben eines Befundes hatte die Mitarbeiterin der fraglichen Laborpraxis sich geirrt, war mit dem Finger eine Spalte zu tief gerutscht und teilte darum einer jungen Frau mit, daß sie HIV-infiziert sei, obwohl der Befund in Wahrheit negativ gewesen war. Die derart falsch Informierte erwog daraufhin einen Schwangerschaftsabbruch, denn sie hatte den Test machen lassen, weil sie schwanger war. Ihr Freund läßt sich daraufhin ebenfalls testen und ist negativ. Die Sache spricht sich herum, die Frau des Freundes, die von ihm getrennt lebt, erwirkt wegen drohender akuter Ansteckungsgefahr das richterliche Besuchsverbot des Mannes für das gemeinsame Kind – obwohl dieser, wie bewiesen, selbst negativ ist. Was sich hier abspielte, ist gar nicht so selten: Eine HIV-Infektion oder der Verdacht darauf oder der Verdacht, zu einer Risikogruppe zu gehören oder mit jemand in Kontakt zu stehen, der in Verdacht steht, und so weiter, ist ein schnell probat gewordenes Mittel, im ‹Ehekrieg› einer sich auflösenden Lebensgemeinschaft Oberwasser zu kriegen. Ich wundere mich, daß solche Problemkonstellationen noch nicht ins Repertoire von Fernsehspielen aufgenommen sind. Die junge Schwangere kann sich zu einem Abbruch nicht durchringen und beschließt gemeinsam mit ihrem Freund einen zweiten Test woanders – und der ist nun negativ. Da wollen die beiden es wissen und lassen auch noch einen dritten machen, der ebenfalls negativ ausfällt. Erst jetzt setzt sich der Mann mit dem ärztlichen Leiter der Labors in Verbindung, das das erste, falsche Ergebnis übermittelt hatte, und so klärt die Sachlage sich auf. In der großen Erleichterung der Beteiligten geht im Grunde fast unter, daß der Laborarzt es irgendwie hätte verhindern müssen, daß Pannen wie diese innerhalb seines Verantwortungsbereiches vorkommen konnten. Irren ist menschlich, aber hier wäre es beinahe – nämlich wenn die Abtreibung wirklich stattgefunden hätte – tödlich gewesen. Und der Ärger wegen des richterlich ausgesprochenen Besuchsverbots bei seinem Kind war für den Mann zu der Zeit, als ich die Geschichte erfuhr, noch nicht ausgestanden. Außerdem lehrt dies Beispiel, daß positive Serobefunde besser nicht telefonisch übermittelt werden sollen: Reine Flüchtigkeitsfehler wie der hier passierte kämen dann höchstwahrscheinlich nicht vor. Auch ein Labor mit großer Arbeitsbelastung wird niemals so viele positive Serobefunde feststellen, daß der ärztliche Leiter sich nicht persönlich zur Aufgabe machen könnte, diese den Betreffenden selbst mitzuteilen; es scheint mir ein echter Kunstfehler, das irgendeiner Mitarbeiterin zu überlassen. –

Was für eine Tragödie daraus entsteht, wenn Ärzte einer seropositiven Frau zum Schwangerschaftsabbruch raten, die ihr Kind gern behalten möchte, lehrt folgender Fall (nach Jürgen Bußmann, 1988, Seite 20f.), den ich sehr verkürzt darstelle: Eine 27jährige ehemalige Drogenabhängige, seit drei Jahren clean, läßt in der Schwangerschaft auf ärztlichen Rat den Test machen; er ist positiv, und man rät ihr zum Abbruch. Obwohl sie das Kind will und schon liebt, läßt sie sich überreden («es war die Hölle»). Resultat: Nach drei Monaten ist sie aufgrund der Krise, in die sie durch die Abtreibung geraten ist, wieder drogenabhängig geworden, und ihr Lebensgefährte hat sie verlassen, weil er mit der Situation nicht mehr klarkam. Der Zustand der jungen Frau ist ernst, erste Symptome einer opportunistischen Infektion treten auf, sie bekommt eine Substitutions-Medikation und läßt das Heroin sein. Kurz vor ihrer nötigen Einweisung in die Klinik wird ihr die Wohnung gekündigt, da der Vermieter von ihrer Infektion erfahren hat. Schließlich wird sie entlassen. Sie würde gern irgend etwas arbeiten, um von ihrer Verzweiflung abgelenkt zu werden, aber beim Arbeitsamt gilt sie wegen ihrer Infektion als ‹nicht vermittelbar›; sie weiß nicht, woher das Amt die Kenntnis ihrer Krankheit hat. Sie fühlt sich tot, zum Warten aufs Sterben verdammt. –

Zum Glück spielen nicht alle Ärzte ‹Herr über Leben und Tod›; zum Glück sind auch Äußerungen wie die folgenden eines Münchner Chefarztes Ausnahmen. Er erklärte (1987), wenn es nach ihm ginge, würde er «diese Schwulen» nicht auf seine Station lassen. Bei deren schweinischem Lebenswandel sei es kein Wunder, wenn sie AIDS bekämen. Im Krankenhaus sei er leider zunächst Arzt und müsse daher diese persönlichen Werturteile unterdrücken. Er lasse aber keine Mitarbeiter von

AIDS-Hilfen auf seine Stationen. Ein anderer, ebenfalls in leitender Position, sagte am Rande einer internationalen AIDS-Konferenz zu anderen Teilnehmern, schwule Männer seien generell psychisch gestört, unfähig, eine echte Arzt-Patient-Beziehung aufzubauen, unzuverlässig. –

Bei niedergelassenen Ärzten sind sich Patienten häufig nicht sicher, ob die Schweigepflicht wirklich gewahrt bleibt. «Eine Frau aus dem Heilbronner Raum hat es einmal so umschrieben: Mein Hausarzt hat einen Stammtisch mit dem Apotheker und dem Lehrer am Ort, und ich habe Angst, daß mein Kind in der Schule Schwierigkeiten bekommt.» (Pfarrer Karl-Heinz Horst, Zentrum der Inneren Medizin Frankfurt/Main, in der Anhörung am 18. 10. 1988.) Wie die Ärzte, so die Pflegekräfte: Neben Vorbildlichem gibt es Haarsträubendes. So äußerten Schwestern im Rahmen von Fortbildungsveranstaltungen in München (Frühjahr 1987), AIDS-Kranke seien ‹maßlos›, hätten ständig Sonderwünsche, wollten gar zweimal täglich duschen, wenn sie sich verschwitzt fühlten; Bemerkung einer weiteren Krankenschwester: Die Leukämiekranken wollten wenigstens sterben, aber diese AIDS-Kranken wollten einfach nicht sterben. Einer im Finalstadium habe auch noch erzählt, er wolle nächste Woche in Urlaub fahren... Pflegepersonal verhält sich häufig irrational: Man kennt die Übertragungswege, weiß, wie man sich schützen kann und muß, hat aber trotzdem weiter Angst und fordert darum ‹mehr Schutz›. Wie der aussehen soll, legte eine Leitende Operationsschwester (selbst CDU-Bürgermitglied des städtischen Gesundheitsausschusses) ihrer Stadtverwaltung in Niedersachsen in einem Vier-Punkte-Programm dar: Alle Operations-Patienten lassen sich vor dem Eingriff freiwillig testen, alle an der Operation Beteiligten bekommen das Resultat mitgeteilt, während der Operation von HIV-Positiven sollte der Patient nicht nur einfach, sondern dreifach mit Einmalwäsche abgedeckt werden, während der Operation müßten bei Positiven doppelte Handschuhe getragen werden. Begründung: Die Gesunden hätten auch Anspruch auf Schutz. Sie forderte ‹wirksames Handeln›; nur mit Vorträgen sei es nicht getan, was fehle, sei ‹Aufklärung› (Braunschweiger Zeitung›, 28. 7. 1987).

Aber worin bestehen diese ‹Aufklärung›, dieser ‹Schutz›, dies ‹wirksame Handeln›? Faktisch in einer Zwangstestung aller Menschen, die operiert werden müssen – denn ob man sich einer Operation unterzieht, hängt ja nicht vom eigenen freien Willen ab, sondern von dem vorliegenden akuten Leiden. –

Die Ärztekammern von Nordrhein-Westfalen und Niedersachsen warnten übrigens (‹Rheinisches Ärzteblatt›, Heft 21/1988) vor überspitzten Befürchtungen; sie kamen auch zu dem Ergebnis, daß ein symptomloser HIV-Antikörperträger im Krankenhaus beschäftigt werden kann; allerdings sei auf eine genaue Kenntnis und Einhaltung der notwendigen krankenhaushygienischen Maßnahmen zu achten. In diesem Punkt liegt das erwähnte irrationale Moment der Ängste bei Schwestern und Pflegern: Einerseits ist ihnen klar, daß bei ihrer Tätigkeit die fraglichen Hygieneregeln obligatorisch einzuhalten sind – andererseits möchten sie aber trotzdem gern wissen, bei wem speziell sie diese, sozusagen, noch hygienischer, noch ‹sicherer› einhalten sollten... sagen wir es einmal deutlich: Man weiß selbst, daß man es manchmal nicht so genau nimmt. Deshalb will man dringend wissen, wann man es angesichts von AIDS im eigenen Interesse jetzt absolut genau nehmen sollte. ‹Diskriminieren› bedeutet Andersbehandlung; die so häufig geforderte Testung vor Operationen insbesondere bei Menschen aus Hauptbetroffenengruppen ist in der Tat diskriminierend. –

Der Ruf nach ‹mehr Sicherheit› für die Patienten wird meist von – durch Schnüffelei und Indiskretionen erst ermöglichten – Sensationsberichten der Presse hervorgerufen, wie in Köln geschehen. Dr. Jan Leidel, Leiter des dortigen Gesundheitsamtes, berichtete in der Anhörung am 29.9.1987, daß im Sommer des Jahres in ziemlich reißerischer Form in der ‹Bild-Zeitung› darüber berichtet worden sei, daß in Köln HIV-infizierte Personen im Pflegebereich tätig seien. Dies habe zu erheblicher Verunsicherung in der Bevölkerung geführt, weshalb dann die Kliniken damit reagiert hätten, verstärkt den freiwilligen Test für das Pflegepersonal anzubieten. Die Bild-Zeitung habe berichtet, er, Jan Leidel, hätte dazu erklärt, wer sich vom Pflegepersonal nun nicht testen ließe, bei dem würde man überlegen, ob er an seinem Arbeitsplatz weiter eingesetzt werden könne. Doch: «Das ist nicht richtig. Dieses Zitat stimmt nicht... ich habe gegen diese Verfahrensweise votiert.»

Bei den Diskriminierungen, die Schwule als Hauptbetroffenengruppe erfahren müssen, steht nicht HIV oder AIDS im Vordergrund, sondern die Homosexualität. Häufig hören Eltern und Angehörige erst im Zusammenhang mit der Infektion, daß der Betreffende schwul ist. Wissen sie das schon früher, bricht der Groll darüber durch die Infektion erst richtig oder erneut aus: «Daß du schwul bist, haben wir ja noch einigermaßen verkraftet, aber jetzt auch noch AIDS – was sollen die Leute denken!» Die Berichte darüber ähneln sich bis ins Detail:

Eltern beschimpfen ihre Söhne, werfen sie – gewissermaßen zum zweitenmal – aus ihrem Leben heraus, verbieten ihnen, zu Besuch zu kommen (Angst, vom Sohn durch gemeinsame WC-Benutzung infiziert zu werden, Angst, er könne jüngere Geschwister oder bereits vorhandene Enkel im Alltagskontakt anstecken); man droht sich wechselseitig mit Selbstmord. Manche Väter reden tatsächlich von Arbeitslager und Vergasen. Kommt der Sohn im Endstadium der Krankheit heim, wird die Krankheit vertuscht, als Krebs ausgegeben oder ähnliches; der Kranke lebt wie im freiwilligen Hausarrest. Die Angst der Familien ist durchaus real: Wo etwas durchsickert, werden die Eltern nicht weniger gemieden als der kranke Sohn. Die Geschwister weichen ihm aus, zu Familienfesten wird er nicht eingeladen. Ein Erkrankter berichtet von der Weigerung seiner Angehörigen, ihm die Bestattung in der Familiengruft zu erlauben, da sie fürchten, daß «sein AIDS-infizierter Leichnam die Erde verseucht und die verseuchte Erde die Menschen gefährdet» (aus der Mitteilung «Ein Jahr Deutsche AIDS-Stiftung ‹Positiv leben›» vom 8. 9. 1988, Kommissions-Arbeitsunterlage Nr. 238).

Mit dem Tod ist also das Diskriminierungsbedürfnis noch nicht beendet. Es nimmt lediglich andere Formen an. Mir wurde von einem Fall berichtet, bei dem die Eltern nach dem Tod ihres Sohnes, der von seinem Freund längere Zeit und liebevoll gepflegt worden war, diesen Mann buchstäblich aus der Wohnung hinauswarfen, die eben nicht auf seinen Namen, sondern den des Toten gemietet gewesen war, und ihm überdies ‹verboten›, an der Beerdigung teilzunehmen. Ein Vater hat am Grab seines Sohnes erklärt, dieser habe ja nun ‹gebüßt›.

Die Reaktion der Familie ist bei solchen HIV-Infizierten, die ihre Ansteckung durch Spritzentausch oder sexuelle Kontakte mit Drogenabhängigen bekommen haben, viel weniger rigide, obwohl auch dort dieselben unvernünftigen Ängste bestehen, die eben seit Jahren durch die Medien verbreitet werden. Eltern und Verwandte machen üblicherweise keine Vorwürfe, wenn sich die Infektion herausstellt, nachdem Tochter oder Sohn schon jahrelang ‹clean› sind, nicht zuletzt, weil sie ja miterlebt haben, wie schwierig der Entwöhnungsprozeß für ihr Kind war. Die Betroffenen haben inzwischen oft selbst eine Familie gegründet, sie haben Kinder, die manchmal auch krank sind. Hier machen sich die Diskriminierungstendenzen des sozialen Umfeldes viel störender bemerkbar als unmittelbare Schuldzuweisungen wie im Fall von Schwulen. Im Vordergrund steht dann das Problem der Aufnahme der kleinen Kinder in den Kindergarten, die mit unvernünftigen Gründen oft verweigert wird, und die Diskriminierung der Eltern am Arbeitsplatz, die in vielen Fällen zur sozialen Verelendung führt. Das Kindergarten-‹Problem› wird sich mit Sicherheit verschärft als ‹Schul›-Problem stellen, sobald die jetzt noch kleinen betroffenen Kinder größer sind. In einer Aufklärungsveranstaltung machte sich eine Grundschullehrerin schon voriges Jahr vorauseilende Sorgen: Sie fragte immer wieder, was sie denn zu tun habe, wenn ein krankes Kind sich beim Schulausflug verletze, mit anderen raufe, andere beißen würde... sie fragte so gezielt, daß ich schließlich zurückfragte, ob sie etwa an ein bestimmtes Kind denke, ob sie vielleicht ein infiziertes Bluter-Kind in ihrer Klasse habe? Antwort: Nein. Aber: «Man kann es doch einem Kind nicht ansehen, ob es Bluter ist oder HIV-infiziert oder beides oder ob die Eltern Drogen nehmen – das kann doch praktisch jedes Kind sein!» Die üblichen Ratschläge (Einmal-Handschuhe beim Versorgen von Verletzungen tragen, und zwar bei allen Kindern, befürchtete blutige Auseinandersetzungen zwischen kleinen Schulkindern durch gute Pädagogik vermeiden und so weiter) beruhigten die junge Frau nicht; sie fand, man erlege einer Lehrkraft da irgendwie zuviel Verantwortung auf. Im Grunde fürchtete sie jene schon so häufig erwähnten Ansteckungswege, ‹die keine sind›, und anderen geht es genauso. Bei den betroffenen Blutern, die ihrerseits ja keiner irgendwie verhaltensmäßig zu umgreifenden Gruppen zugehören (Bluter ist man infolge Vererbung und also durch Zufall) ist das Moment rein kreatürlicher Krankheits-Angst besonders eindrucksvoll. Immer wieder wird dazu die Frage gestellt, ob auch wirklich keine Ansteckungsmöglichkeit im Alltag bestehe, ob sie nicht doch durch Küssen passieren könne, beim Hautkontakt, beim Benutzen desselben WCs oder anderen sanitären Einrichtungen – «und das trotz eigentlich ubiquitärer Aufklärung» (Diplom-Volkswirt Hans Schnocks, Stellvertretender Leiter der Bundeszentrale für gesundheitliche Aufklärung, Köln, in der Anhörung am 18. 10. 1988). Nach Angaben der Deutschen Hämophiliegesellschaft verheimlichen immer mehr Bluter in der Öffentlichkeit ihre Krankheit, da sie sich wie Aussätzige behandelt fühlen. Wiederholt forderten Eltern nicht betroffener Kinder die Entlassung von Bluter-Kindern aus Kindergärten, auch ohne daß diese seropositiv waren. Heranwachsende Bluter haben trotz bester Schulnoten größte Schwierigkeiten, einen Ausbildungsplatz zu bekommen, bereits im Berufsleben stehende Bluter werden oft von beruflichen Förderungsmaßnahmen ausgeschlossen (aus dem Antidiskriminierungsappell des Nationalen AIDS-Beirates vom 30. 11. 1988, Kommissions-Arbeitsunterlage Nr. 324).

In Wesel wurde der Mutter eines infizierten bluterkranken Jungen der weitere Besuch ihres Frisiersalons mit dem Argument verwehrt, die anderen Kundinnen hätten für diesen Fall mit dem Boykott des Salons gedroht. Tief erschütternd folgender Fall (nach EKD-Text Nr. 24, Seite 9): Eine Bluterin mit fünf Kindern wird erst durch Anzeichen von Erschöpfung auf ihre AIDS-Erkrankung aufmerksam und verschafft sich durch den Test Gewißheit. Wochen der Fassungslosigkeit folgen. Vor ihren Kindern verschweigt sie die Krankheit lange. Ihr Mann hält zu ihr, tröstet sie, weint mit ihr. Die tägliche Arbeitslast für die Familie wird der Frau immer schwerer. Mit Betroffenheit spricht sie über die reißerischen Zeitungsberichte und über die sie verletzende Diskussion in der Öffentlichkeit. Sie fürchtet die Reaktion ihrer Mitbewohner im Mietshaus, die von ihrer Krankheit nichts wissen, und ihr Alltag ist von vielen Vorsichtsmaßnahmen geprägt... Die eigentlich nomische Struktur der hier soviel Leid verursachenden Vorurteile wird besonders klar, wenn angebotene Aufklärung renitent verweigert wird, wie in einem kleinen Dorf, wo ein Ehepaar lebt, das sich um infizierte Kinder fremder Leute kümmert. Statt sich darüber zu freuen, daß es noch solch gütige Menschen gibt, praktizieren die Dörfler gegen sie Meideverhalten, und zwar alle miteinander. Es gibt anonyme Anrufe, auch nachts, Post wird geöffnet (wieso ist derlei überhaupt möglich?), der örtliche Geistliche scheint das Meideverhalten ganz in Ordnung zu finden (wieso eigentlich, ist er kein Christ?), wenn die Hausfrau im Ort eine Klinke anfaßt, wird diese gleich in ihrem Beisein mit Desinfektionsmitteln abgewischt. Die Kinder dürfen mit den Dorfkindern nicht spielen. Ein angebotener Aufklärungsvortrag blieb ohne einen einzigen Besucher, und die Ansteckungsphantasien können darum unbehelligt weiterblühen («Die Zeit», Nr. 42, 14. 10. 1988).

Ähnliche Erfahrungen machen leibliche Eltern von Bluterkindern. In einer Klasse gab es ein (nichtinfiziertes) Bluterkind, dennoch entwikkelte sich bei den Eltern der Mitschüler große ‹Unruhe›, so daß schließlich ein regelrechtes Aufgebot von hochqualifizierten Fachleuten zusammengetrommelt wurde, um im Rahmen eines Elternabends faktengerechte Aufklärung zu bieten und Ängste abzubauen. Die Veranstaltung fand statt, die Diskussion schien konstruktiv verlaufen zu sein – aber am nächsten Tag erschien dann – außer dem betroffenen – gar kein Kind mehr im Unterricht... Auch dieser Effekt ist aus der Vorurteilsforschung bekannt: Wenn die Vorurteile einmal ‹sitzen›, macht Sprechen über das Tabu-Thema (ganz egal, wie aufklärerisch, korrigierend und faktengerecht) die Vorurteile nur mehr stärker. Hier hängt das mit dem – inzwischen schon zum Code-Wort avancierten – Begriff ‹AIDS› zusammen: Je öfter man dies Wort als bloßes Wort ausspricht, desto öfter wird der Angst-Reflex in den Gesprächspartnern ausgelöst. Eltern setzen sich ihr AIDS-Bild aus Hörensagen, Zeitunglesen, Meinungen zusammen und sind dann fest überzeugt, «ganz genau Bescheid zu wissen. Wir haben drei Familien, die wirklich in einer Nacht-und-Nebel-Aktion weggehen mußten und vorübergehend in einem Hotel untergebracht wurden. Kein Mensch kann ermessen, welches Leid zu dieser Krankheit ertragen werden muß, zu dem möglichen Tod eines Kindes, zu der Belastung der anderen Kinder in der Familie.» Berater und Helfer stehen wie vor einer Wand und können nichts tun, wenn die Frage, ob irgendein Kind infiziert sein könnte und warum oder wieso nicht, im Gemeinderat kleiner Ortschaften durchgehechelt wird und bald der ganze Ort darüber spricht (Irene Huber in der Anhörung am 14.11.1988). Eine Mutter muß in den Nachbarort einkaufen fahren, weil sie im Ort nicht mehr bedient wird. Junge Rechtsradikale erklärten mir in einer Aufklärungsveranstaltung, alle AIDS-Kranken müßten tätowiert und eingesperrt werden; auf meine Vorhaltung, was das denn für Bluterkinder für einen Sinn hätte, wurde mir unter Berufung auf ‹Fachleute› erzählt, daß AIDS immer von Sex komme und diese Kinder eben ‹herumgefickt› hätten. Die Jungens erwiesen sich als völlig unbelehrbar (Sommer 1988). In Hannover äußerten Schüler angesichts einer Aufklärungsveranstaltung: «Wenn einer zu uns in die Klasse käme, der AIDS hat, den würde ich umbringen. Der gehört erschossen» (Rita Süssmuth, 1987, Seite 73). 1985 schrieb ein Leichenwäscher eines Berliner Krankenhauses mit Fettstift ‹AIDS› auf den Sarg eines verstorbenen jungen Mannes (Hans Halter, 1985, Seite 32). Damals war das wegen der noch nicht geklärten Ansteckungswege immerhin noch nachvollziehbar; ehe die Syphilis heilbar wurde, hat es für daran Verstorbene eine diesbezügliche Vorschrift gegeben. Aber selbst im Krankenhaus fürchtet man immer noch Ansteckung durch Alltagskontakte und vergißt darüber auch schon einmal die eigentlich doch selbstverständliche Schweigepflicht: Im Sommer 1988 fand eine kranke Frau, die sich in stationärer Behandlung befand, auf der Telefongeld-Quittung, die man ihr auf den Nachttisch gelegt hatte, den handschriftlichen Warn-Vermerk ‹AIDS› (Mitteilung von Sophinette Becker).

Aktives und passives Meideverhalten gegen HIV-Infizierte (echte und mutmaßliche) wird besonders deutlich auf dem Wohnsektor. Trotz Wohnberechtigungsschein mit Dringlichkeit finden Infizierte oder Kranke keine Wohnung (‹tageszeitung›, Berlin, 20.1.1988); jeder regionalen AIDS-Hilfe sind Fälle dieser Art des ‹Meidens› bekannt. Wohngemeinschaften lösen sich auf, wenn ein Mitglied sich als betroffen erweist. Das Meideverhalten gilt aber auch den Hilfsorganisationen, gleichgültig, ob es sich um eine AIDS-Hilfe, eine Bluter-Selbsthilfegruppe oder die Caritas handelt (Diskussion in den Anhörungen am 29.9.1987 und 19.10.1988; ‹Aachener Nachrichten›, 13.8.1987).

Kündigungen und Versuche des ‹Herausgraulens› bei infektions‹verdächtigen› Privatpersonen häufen sich, sobald die Medien – analog der in Kapitel VII geschilderten ‹Verlaufsform› der Medienberichterstattung bei uns – neuerlich zu suggerieren suchen, daß AIDS im Alltagskontakt sehr wohl anstecke. Im Frühjahr 1988 zum Beispiel wurde derlei mit den Veröffentlichungen im ‹Stern› begründet, der kurz zuvor die Thesen von Masters et al. effektvoll ins Blatt gesetzt hatte. Das heißt, daß sich die Diskussion dieser Fragen, die immer wieder, offenbar periodisch, in der Presse aufkochen, sehr direkt zum Nachteil der Betroffenen auswirkt. (Dr. Ulrich Heide, «Deutsche AIDS-Stiftung ‹Positiv leben›», in der Anhörung am 18.10.1988).

Passives Meideverhalten kann für den ‹Vermeider› selbst Umstände, Kosten und Arbeit mit sich bringen, die jemand wohl nur aus echter Krankheits-Angst auf sich zu nehmen bereit ist, nicht aber, weil er gern Vorurteile praktiziert: Es kommt vor, daß Nachbarn im Mietshaus beim Verdacht, daß ein Mitmieter infiziert sein könnte, stillschweigend selbst ausziehen. Die Desinformiertheit ist immer noch immens: In der Nähe einer Kleinstadt soll im Grünen eine Therapieeinrichtung für Drogenabhängige eröffnet werden. Bürger und Lokalpolitiker machen dagegen mobil. Da «viele Drogenabhängige HIV-infiziert sind, fürchtet man – so wörtlich –, daß ‹unschuldige Bürger› deshalb AIDS bekommen könnten» (Dr. Walter Kindermann, 1987, Seite 7). Ein Jahr später: Es hat sich nichts geändert. In Polling im Schongau gehen Angst, Sorge und Feindseligkeit um. Nur weil sich dort eine mobile AIDS-Station aufhält, laufen die Bürger dieser Kleinstadt dagegen Sturm; sie fürchten, durch die bloße Existenz der Beratungszentrale, zu der Betroffene nur telefonisch Kontakt aufnehmen, AIDS bekommen zu können (‹Du und ich›, 11/88, Hannover). In einem Düsseldorfer Nobelviertel bildete sich unter Führung von ausgerechnet einer Arztgattin eine Bürgerinitiative mit mehr als 250 Mitgliedern, deren Satzungszweck zwar der Schutz eines Waldgebietes ist, die aber faktisch den Ausbau einer Villa zu Wohnungen verhindern helfen soll, wo AIDS-kranke Kinder mit ihren Eltern leben sollen. «Warum sollen die AIDS-Kranken es denn so schön haben, die sind doch selbst dran schuld», hieß es bei einem Informationsabend der Anwohner. Eine Mitarbeiterin der Kinder-AIDS-Hilfe befürchtet: «Sollten wir unser Projekt wegen der Einwände der Bürgerinitiative nicht durchkriegen, dann haben wir bald überall in der Bundesrepublik solche Gruppen.» («Frankfurter Rundschau», 25.5.1988)

Seit Jahren steht das Haus eines wohlhabenden Homosexuellen, der an AIDS verstorben ist, leer. Es ist ein schönes Haus in einem kleinen Vorstadtort. «Wann immer sich Kaufinteressenten finden, wird denen erzählt, daß da ein AIDS-Kranker drin gewohnt habe. So hat sich bis heute noch kein Käufer gefunden, obwohl das Haus inzwischen weit unter Verkaufswert angeboten wird.» (Jürgen Bußmann, 1988, Seite 9f.)

Einer guten Bekannten von mir geschah vor einem halben Jahr folgendes: Sie sucht einen Nachmieter für ihre Wohnung; auf die Annonce melden sich einige Interessenten. Eine Dame ist besonders interessiert, möchte die Wohnung sehr gern übernehmen. Als sie jedoch erfährt (es wird kein Geheimnis daraus gemacht), daß meine Bekannte in der AIDS-Aufklärung tätig ist, sagt sie: «Wenn Sie das gleich gesagt hätten, hätte ich Sie gar nicht erst belästigt. Ich kann nicht in eine Wohnung ziehen, wo jemand mit AIDS zu tun gehabt hat!» Hier setzte – und zwar gegen das vorhandene Eigeninteresse an der schönen Wohnung – das Meideverhalten bereits bei jemand an, der selbst weder infiziert noch gar krank, sondern eben nur irgendwie in Kontakt mit der Thematik AIDS war («mit AIDS zu tun haben»).

Meideverhalten wird auch im kirchlichen Bereich betrieben. In einem Fall bat der Geistliche eine Familie, die gleichfalls «mit AIDS zu tun hatte», vom weiteren Besuch des Gottesdienstes Abstand zu nehmen. Ein katholischer Moraltheologe stellte denn auch im Rahmen eines «Tages der Caritas» selbstkritisch fest, daß Angehörigen von Randgruppen oder solchen leidenden Menschen, die aus sittlichen Gründen als «nicht dazugehörig» betrachtet würden, «nur mit einer höchst gebremsten Liebe und bedingter Diakonie begegnet werde» (Prof. Dr. Ottmar Fuchs, Universität Bamberg, nach: «Die Neue Ärztliche›, Frankfurt/Main, 21.9.1987). In den Jahren 1987 und 1988 gab es in vielen Gemeinden enervierende Diskussionen darüber, ob wohl angesichts von AIDS auf den Gemeinschaftskelch verzichtet werden müsse. Das ist, medizinisch betrachtet, nicht nötig, weil sich dabei niemand mit AIDS infizieren kann. Zumal in Gemeinden, wo der Stellenwert des Gemeinschaftskelches als eines religiösen Zeichens groß ist, mußten derlei ängstliche Überlegungen freilich Ausgrenzungstendenzen fördern – war das eventuell sogar die unbewußte Absicht der ganzen ‹Unruhe›? Keine Kirche, die sich nicht irgendwie daran beteiligt hätte; die EKD-Stellungnahme sagte dazu, daß eine ausgedehnte und emotionsbeladene Debatte über die mögliche Gefährdung durch den gemeinsamen Kelch beim Abendmahl eine unnötige Belastung für das Gemeindeleben sei, riet aber diplomatisch nichtsdestoweniger, Rücksicht auf solche zu nehmen, die sich von unbegründeten Ängsten nicht lösen könnten: Deren Bedenken müßten ernst genommen werden. Im Zusammenhang mit dieser Kelch-Diskussion hatte die bayerische Landeskirche einen ‹scharfen Einbruch› in der Zahl der Abendmahlsgäste aus Furcht vor AIDS-Infektion öffentlich gemacht und damit die Ängste belebt. Angeblich hatte es einen Rückgang von 19 Prozent gegenüber dem Vorjahr gegeben. Im Oktober 1988 gab es dann ein Dementi: Falscher Alarm, die Abendmahlsbeteiligung ist gegenüber dem Vorjahr sogar um fast ein Prozent gestiegen. Man habe die zunächst veröffentlichten Zahlen noch einmal überprüft und dabei bemerkt, daß sich ein Rechenfehler eingeschlichen habe; wie und durch wen der zustande gekommen sei, habe sich nicht finden lassen (‹Frankfurter Allgemeine Zeitung›, 13.10.1988). Über Diskriminierungen mannigfacher, schwer greifbarer, persönlich sehr belastender Art im speziell evangelisch-kirchlichen Bereich klagen seit Jahren Mitglieder der HuK (‹Homosexuelle und Kirche›; nimmt Mitglieder beider Konfessionen auf); von der EKD-Erklärung zu AIDS hatten sich HuK-Mitglieder mehr erhofft. Die EKD müsse sich die Kritik gefallen lassen, daß in den Aussagen über den nicht auszuschließenden Zusammenhang von Krankheit und Schuld sowie über den Test als ethische Pflicht Schwächen der Stellungnahme lägen, die sie insgesamt als Rückschritt erscheinen ließen, und zwar im Vergleich mit deutlich mutigeren Stimmen des Weltkirchenrates, des DDR-Kirchenbundes und auch des Bistums Trier (‹Frankfurter Rundschau›, 6. und 24.8.1988). Homosexuelle Christen haben den Eindruck, die Kirche betrachte ihre Sexualität als ‹zweitrangig› und darum auch sie selbst als ‹Menschen zweiter Klasse›, und dadurch wiederum würden manche Mit-Christen ‹erster Klasse› sich in ihren Vorurteilen bestärkt fühlen, wodurch die ‹Spirale sich weiterdrehe›. Gerade im kirchlichen Raum ist es wegen der nomischen Vorbehalte gegen abweichende Sexualität, die weithin bestehen, schwer möglich, Vorurteile gegen Homosexualität (oder sonstiges abweichendes Sexualverhalten) und solche gegen eine vorhandene oder auch nur mögliche oder gemutmaßte HIV-Infektion sauber auseinanderzuhalten. Der gute Wille vieler evangelischer Christen, die mehr auf das Evangelium und das eigene Gewissen hören als auf die ‹Bild-Zeitung›, stößt dort an seine Grenzen, wo in Gemeinden das Traditionschristentum dominiert, und in der EKD gibt es eben auch die Fundamentalisten, deren Stimmen zählen (mit ihnen haben wir das typische Beispiel einer numerischen Minderheit, die es ausgezeichnet versteht, so geschickt Druck auszuüben, daß sie die Meinung der Mehrheit durchaus verwässern kann). Wenn Evangelikale aber einmal über ihren nomischen Schatten springen und wahrhaft christlich und ohne Dünkel helfen, passiert es, daß die Träger einer Krankentransportfirma das Wort ‹AIDS› auf dem Diagnosezettel des bis dahin mit großer Diskretion Gepflegten lesen und sich deswegen laut herumschreiend weigern, den nötigen Transport durchzuführen… (nach Siegfried Großmann, 1988, Seite 102−109).

Ausgrenzung im Arbeitsleben geht geraden Weges an die Existenz eines jeden Menschen. Irreale Ängste dominieren auch hier: Ein Bluter, der sich für eine Verwendung als Sozialarbeiter beworben hatte, hatte bei einem Vorstellungsgespräch bei einer kirchlichen Stelle mehr oder weniger eine Zusage bekommen. Als aber bekannt wurde, daß er Bluter war, rückte man davon ab und gab ihm die Anstellung nicht (Min.-Rat Franz Mödl in der Anhörung am 19. 10. 1988). Eine jüngere, HIV-infizierte Fotografin, die sich gesund fühlte, verlor mit der Begründung ihren Arbeitsplatz, daß die Kundschaft ausbleiben könne, obwohl sie im Fotolabor beschäftigt war. Als sie sich für den Krankheits- und Todesfall absichern wollte, wurden Versicherungen von den privaten Kranken- und Lebensversicherern abgelehnt (Antidiskriminierungsappell des Nationalen AIDS-Beirates, Kommissions-Arbeitsunterlage Nr. 324). Negativbeispiele häufen sich besondern bei kleinen Betrieben, und die Zugehörigkeit eines Mitarbeiters zu einer Hauptbetroffenengruppe gilt bereits vielerorts ängstlichen, uninformierten Arbeitgebern als Grund dafür, daß jemand gekündigt, ein befristeter Vertrag nicht verlängert oder nach der Probezeit gekündigt wird. Als Begründung dienen Formalien oder Ausflüchte. Vor Einstellungen, gar bei Vorstellungsgesprächen werden unzulässigerweise HIV-Tests verlangt; ich habe solche Erlebnisse selbst erzählt bekommen. Lehnt der Betreffende das ab – gleichgültig, wie er meint, daß ein Test für ihn ausfallen könnte –, braucht er sich für die neue Arbeitsstelle gar nicht erst Hoffnungen zu machen. Wer offen schwul ist, hat es noch schwerer als früher, einen Arbeitsplatz zu bekommen; in den Bereichen, wo man inzwischen Homosexualität nicht mehr unbedingt für ein Hindernis am Arbeitsplatz hielt (Stewards bei der Luftfahrt), wird die vordem geübte Toleranz aufgrund von AIDS zurückgenommen. Luftfahrtgesellschaften weisen zum Beispiel männliches Personal an, keine Ohrringe mehr zu tragen, weil dies ‹Indiz› für Homosexualität jetzt dazu führen könne, daß Kunden sich bei der betreffenden Luftlinie für ‹aidsgefährdet› hielten.

Natürlich kann man, jedenfalls in der Bundesrepublik, Mitarbeitern nicht darum kündigen, weil sie HIV-positiv sind, aber in solchen Fällen gilt, was für viele sonstige ungerechtfertigte Kündigungen ebenso zutrifft: Da der wirkliche Kündigungsgrund das Licht des Tages scheut, schiebt man einen anderen vor und ‹motiviert› Kollegen des Betreffenden, sich entsprechend zu verhalten. Es brauchte nicht erst AIDS, um zu exerzieren, wie man ungeliebte Mitarbeiter und unbeliebte Kollegen loswerden kann, ohne daß Gewerkschaft oder Arbeitsgericht etwas daran ändern könnten. Darum werden Betriebsvereinbarungen gefordert, um generell einen Schutz des Arbeitsplatzes für Infizierte – und natürlich auch für unter anderen Erkrankungen Leidende, zum Beispiel unter psychischen und ähnlichen – zu gewährleisten. Diese könnten es Menschen mit HIV oder AIDS ermöglichen, sich auch in psychisch schwachen Situationen über die normale Zeit hinaus krank zu melden und trotzdem ihren Arbeitsplatz zu behalten (Ulrich Meurer, Berliner AIDS-Hilfe, in der Anhörung am 19. 10. 1988). Oft sind Betroffene durch den Schock, HIV-infiziert zu sein, nicht stabil genug, um sich dem Stress eines Arbeitsgerichtsprozesses zu stellen und nehmen darum die Kündigung an (‹Südwest-Presse›, Tübingen, 7. 8. 1987).

Ein Kapitel für sich sind die sogenannten ‹Druck›-Kündigungen, bei denen der Betriebsinhaber einem Mitarbeiter auf Druck der Kollegen kündigt, weil diese nicht mehr mit jenem zusammenarbeiten wollen und ihrerseits mit Kündigung drohen. Wochenlang hat im Sommer 1987 ein derartiger Fall die Zeitungen beschäftigt. Der Test eines 51jährigen Mannes, Angestellter in einem Modehaus, war positiv ausgefallen, wovon er korrekt seinen Vorgesetzten informierte. Dieser gab die Information an die Geschäftsleitung weiter, und keine drei Tage später wußten es alle 180 Mitarbeiter des Textilunternehmens. Wegen der Unruhe im Betrieb sollte der Betreffende sich krank schreiben lassen, obwohl ihm nichts fehlte. Unterdessen befragte die Geschäftsleitung seine Kollegen, ob sie weiter mit ihm zusammenarbeiten wollten, und kurz danach hatte sie sieben vorsorgliche Kündigungen ängstlicher Kollegen auf dem Tisch, auch aus Abteilungen, mit denen der infizierte Mitarbeiter gar nichts zu tun hatte – etwa dem betrieblichen Fuhrpark oder der Finanzbuchhaltung. Daraufhin wurde die ‹Druckkündigung› ausgesprochen. Der Firmenanwalt konstruierte in Schriftsätzen und in der Verhandlung vor dem Arbeitsgericht Infektionswege über das ‹Berühren, Drücken, Aufheben nach Sturz und Anrempeln›. Beweismaterial des Juristen: Zeitungsausschnitte aus Illustrierten. Die Richter allerdings wiesen die Übertragungswege, die keine sind, zurück, stimmten der Kündigung nicht zu und machten die Geschäftsleitung darauf aufmerksam, daß sie ihre Fürsorge- und Informationspflicht versäumt habe: Zunächst hätte sie sich vor den Mitarbeiter stellen und die Kollegenschaft darüber aufklären müssen, daß Ansteckung nur durch Intimkontakte und Blut-zu-Blut-Kontakte möglich ist. Durch sein eigenes Verhalten habe der Arbeitgeber irrationale Reaktionen provoziert (‹Tagesspiegel›, Berlin, 26.6.1987). Dies Urteil dürfte dem Instrument der ‹Druckkündigung› für das Loswerden infizierter oder infektionsverdächtiger Mitarbeiter einen vorläufigen Riegel vorgeschoben haben, darin besteht sein Nutzen. Dem Mann, der ehrlich über seinen Serostatus informierte, hat der ganze Aufstand mit Sicherheit nur geschadet.

Bei Großunternehmen und Großorganisationen gibt es seit eh und je eine zwar nicht institutionell abgesicherte, aber gut funktionierende Zusammenarbeit mit Behörden, Ämtern und etablierten Parteien; man kennt einander und unterstützt sich gelegentlich. Derartige informelle Informationskanäle haben sich für HIV-Infizierte als prekär erwiesen; sie sind zwar häufig, aber schwer bis gar nicht nachzuweisen und nehmen ihren Ausgang meist von einem Bruch der beruflichen Schweigepflicht. Drogenabhängige erfahren zum Beispiel auf dem Sozialamt per Zufall, daß sie seropositiv sind, weil der zuständige Sozialarbeiter in ihrer Akte blättert, oder jemand hört erstmalig auf dem Arbeitsamt von seiner HIV-Infektion, weil der Befund irgendwie in die dortige Akte gewandert ist (Dr. Walter Kindermann in der Anhörung vom 2.11.1987).

Ein gut dokumentiertes Beispiel: Ein 27jähriger Altenpfleger ließ sich 1985 beim Gesundheitsamt in Tübingen testen. Eine Woche später erfuhr er nicht nur, daß er HIV-Träger sei, sondern der Amtsarzt gab ihm darüber hinaus zu verstehen, daß der Betroffene seinen Arbeitgeber zu informieren habe – sonst würde er selbst dies tun. Daraufhin gehorchte der Altenpfleger. Sein Arbeitgeber, eine kirchliche Stiftung, verlangte nun eine Bescheinigung des Gesundheitsamtes, daß er bei seiner Arbeit niemanden anstecken könne, die er aber beim Gesundheitsamt nicht erhielt. Statt dessen bot man ihm an, sich zwecks Umschulung ans Arbeitsamt zu wenden. Als er das tat, war dort seine Infektion bereits aktenkundig bekannt; der Amtsarzt hatte – juristisch fragwürdige – ‹Amtshilfe› geleistet. Als der ehemalige Altenpfleger nach langem Warten einen Platz im Berufsfindungszentrum Heidelberg bekam, erwies sich, daß der dortige Arzt ebenfalls schon von der Infektion wußte (‹Die Zeit›, 7.8.1987). Als sich endlich die Presse des Skandals annahm, wollte das Tübinger Gesundheitsamt keine Stellungnahme abgeben – und zwar unter Hinweis auf die ärztliche Schweigepflicht... (‹Südwest-Presse›, Tübingen, 6.8.1987).

Monate dauerte die Auseinandersetzung zwischen einem Braunschweiger Krankenpfleger und seinem Arbeitgeber, einem Krankenhaus, in dem ihm ohne sein Wissen nach einem Unfall Blut zu einem Test abgenommen worden war, woraufhin man ihm nach der Genesung die Wiederaufnahme seiner Arbeit wegen angeblicher Infektionsgefahr verbot. Auch hier kann von korrekter Beachtung der ärztlichen Schweigepflicht nicht ausgegangen werden. Es passierten so viele seltsame ‹Pannen›, daß schließlich der Leiter der Gesundheitsabteilung des Niedersächsischen Sozialministeriums ankündigte, den Pfleger notfalls gegen die Stadt Braunschweig mit einer Klage unterstützen zu wollen; weiter erklärte er vor der Presse, der Mann solle von seinem Arbeitgeber aus ‹vorgeschobenen Gründen› entlassen werden. Am Ende gab die Braunschweiger Stadtverwaltung klein bei und betonte, ‹zu keinem Zeitpunkt› sei die Entlassung des Pflegers erwogen worden (‹Hannoversche Allgemeine Zeitung› vom 14., 18. und 21.7.1987; ‹Neue Presse Hannover›, 18.7.1987).

In einem Fall aus Berlin führte die Depression aufgrund der Mitteilung eines positiven Testergebnisses dazu, daß der Betroffene häufig und dann längere Zeit an seinem Arbeitsplatz, einem Berliner Bezirksamt, fehlte. Der Behördenleiter verlangt ein amtsärztliches Gesundheitszeugnis, der Betroffene offenbart der untersuchenden Amtsärztin kurz nach Beginn der Untersuchung, daß er infiziert sei. In dem Attest, das er daraufhin erhält, wird die HIV-Infektion nicht erwähnt, statt dessen jedoch vom Vorliegen eines ‹chronischen Leidens› gesprochen, ‹das Anlaß zu weiteren Fehlzeiten geben› könne. Dem Mann wird ferner bescheinigt, daß er weder alkohol- noch medikamentenabhängig sei, auch wird ihm keine ‹dauernde Arbeitsunfähigkeit› vorausgesagt. Das angerufene Berliner Arbeitsgericht stützte sich auf das Gutachten und besiegelte damit das Ende des Betreffenden im öffentlichen Dienst. Die Berliner AIDS-Hilfe sah in der Kennzeichnung des HIV-Status als ‹chronischem Leiden› Vernebelungstaktik; es handelt sich in der Tat um einen fragwürdigen Kunstgriff, mit dem hier eine Behörde der anderen unter die Arme gegriffen hat: Denn nach eindeutiger Rechtsauffassung ist die HIV-Infektion als solche eben kein Kündigungsgrund. Bezeichnend für die unverantwortliche medizinische Schimmerlosigkeit der untersuchenden Amtsärztin ist für den Betroffenen deren Reaktion gewesen, nachdem er ehrlich gesagt hatte, er sei HIV-infiziert. Er hat die Situation seinem Anwalt berichtet, der sie, ohne daß einer der Beteiligten widersprochen hätten, im Verfahren so schilderte: «Da bricht zum Beispiel die Medizinerin kopflos die Untersuchung ab, als der Patient sich offenbart, ruft in Panik ihre Vorgesetzte zu Hilfe und fragt: ‹Was sollen wir da bloß tun?› Da beginnen die Bediensteten auf der Rechtsantragsstelle des Gerichts, wo der Betroffene Formulare ausfüllen muß und den Sachbearbeitern zur Erläuterung von seinem Fall berichtet, in seiner Gegenwart das Büro mit Desinfektionsmitteln zu reinigen. Da weigert sich ein Mitarbeiter, den Kugelschreiber zurückzunehmen, den er dem Betroffenen zunächst geliehen hatte» (‹Kölner Stadtanzeiger›, 4. 6. 1987).

Eine ähnlich abenteuerliche Reaktion wurde mir voriges Jahr erzählt: Ein HIV-Infizierter, der Sozialhilfe und einige zusätzliche besondere Hilfen beantragt hat, wundert sich, warum er wochenlang gar keine Antwort vom Amt erhält; schließlich geht er selber hin. Bei der zuständigen Mitarbeiterin nennt er seinen Namen, und sie sucht seine Akte heraus. Dann wirft sie einen Blick hinein, springt auf, reißt die Tür auf, stürzt auf den Flur und schreit: «Hilfe, Hilfe! Hier hat einer AIDS!» Anschließend stellt sich heraus, daß die Akte nicht bearbeitet wurde und der Antragsteller keine Antwort auf seinen Antrag bekommen hatte, weil die ängstliche Mitarbeiterin glaubte, daß das Papier, worauf der Antrag geschrieben war, AIDS-infiziert sei, weshalb sie es nicht über sich brachte, das Schreiben anzufassen...

Sowohl die persönliche Ängstlichkeit, wie sie hier zum Ausdruck kommt, als auch eine deutliche Scheu, im Zusammenhang mit AIDS oder einer HIV-Infektion Entschlüsse zu fassen, die dann auch nicht zurückgenommen, relativiert oder abgewandelt werden, ist typisch für das Verhalten von Behörden-Mitarbeitern. Melitta Walter (Anhörung vom 14.11.1988) forderte in diesem Zusammenhang geradezu Spezialberatung und Aufklärung in Ämtern: «Die Leute diskriminieren oft nicht aus bösem, bewußtem Willen, sondern aus der Angst heraus: Sie wischen den Kugelschreiber ab, mit dem eine HIV-positive Frau ein Papier unterschrieben hat. Es wird einem ganz schlecht, daß es in der heutigen Zeit noch so viele Personen auf den Ämtern gibt, die die Türklinken abwischen... Die ganze Aufklärung scheint bisher offensichtlich nicht funktioniert zu haben; das zeigt sich in konkreten Situationen, wo der Kontakt zu HIV-positiven Männern, Frauen und Kindern real stattfindet. Das finde ich an der ganzen Situation am bedrohlichsten.»

Ämter reagieren hilflos, sobald etwas vorfällt, was den Rahmen des normalen Dienstbetriebes übersteigt (und gerade das kommt ja bei den fraglichen Problembereichen häufig vor). Hier eine Asylanten-Tragödie: Ein polnischer Asylant wird vom Sozialamt mit Frau und Kind in eine Pension eingewiesen. Bei einer Blutuntersuchung stellt sich heraus, daß er seropositiv ist; er sagt es seiner Frau, diese bricht zusammen und redet mit der Pensionsinhaberin. Daraufhin verbietet jene dem Mann (nicht der Frau mit dem Kind) das Haus. Der Pole, der bereits Symptome von AIDS-Related Complex entwickelt hat, bittet beim Sozialamt um eine Unterkunft; man weist ihn ab: Er habe ja eine, die fragliche Pension eben. So verbringt er zwei Nächte unter Brücken. Erst auf Umwegen gelingt seine Einweisung in ein Krankenhaus. –

Mitarbeiter von Ämtern haben sehr oft Angst, man könne ihnen Verschwendung von Steuergeldern vorwerfen: Melitta Walter berichtete in der vorerwähnten Anhörung, es sei für HIV-positive Frauen sehr schwierig, beim Sozialamt zusätzliches Geld für eine bessere Ernährung, beispielsweise für ausreichend Obst, zu erhalten: «Die Frauen trauen sich oft gar nicht, das zu fordern, weil sie Angst haben, daß auf dem Amt bekannt wird, daß sie HIV-positiv sind. Sie erleben, daß ihnen, wenn sie auf Ämter gehen, immer wieder gesagt wird: ‹Das kostet den Steuerzahler Geld, das ist Verschwendung. Sie sterben sowieso...›»

Bei Jugendämtern, seit Jahrzehnten angehalten, möglichst verantwortungsvoll zu entscheiden, sind die Unsicherheiten, was denn nun verantwortbar ist und was nicht, mit Händen zu greifen. Ein Beispiel: In einem Brief vom 10.5.1987 schreibt die Pflegemutter eines geistig behinderten Kindes an die damalige Familienministerin Rita Süssmuth: «Nachdem die HTLV-III-Infektion unseres Kindes festgestellt wurde, schaltete sich das Jugendamt ein, mit dem Ziel, das Kind aus der Familie herauszunehmen. Erst als man sah, daß keine andere Möglichkeit der Unterbringung war, durfte sie bei uns bleiben. Seitdem hat sich die Betreuung des Jugendamtes (das Informationsveranstaltungen über Informationsveranstaltungen zum Thema AIDS hat) auf ein Minimum reduziert, obwohl wir seit 15 Jahren mit diesem Amt zusammengearbeitet haben... Bis zur Diagnose ‹HTLV-III-Infektion› wurde unser Kind wegen des Alkoholsyndroms durch die Frühförderung... betreut. Diese für das Kind sehr wichtige Förderung wurde sofort eingestellt. Die betreuende Kindergärtnerin durfte uns trotz der Gutachten zweier Amtsärzte nicht mehr aufsuchen, mir drohte der Träger die Erteilung eines Hausverbotes an und die Publizierung in der örtlichen Presse, falls ich den Versuch machen würde, mich weiterhin an die Einrichtungen (des Trägers) zu wenden oder diese aufzusuchen.» (Dr. Theo Frühauf, Bundesvereinigung Lebenshilfe für geistig Behinderte e. V., Bundeszentrale Marburg, in der Anhörung vom 1.3.1989)

Im Rheinland geschah folgendes: Ein gesundes, unauffälliges Kind besucht den Kindergarten. Das Jugendamt, das sein Vormund ist, testet es eines Tages, und man stellt fest: Dies Kind ist seropositiv. Die Mitarbeiterinnen des Kindergartens werden davon informiert und reagieren mit Panik. Also wird das Kind erst einmal mehrere Wochen lang vom Kindergartenbesuch ‹beurlaubt›. Dann erfolgt zwei Monate lang intensive Aufklärungsarbeit bei den Kindergärtnerinnen, um sie durch einen Bewußtwerdungsprozeß, daß für Ängste kein Anlaß besteht, zu einer Änderung ihrer Haltung zu bewegen, mit anderen Worten: Um sie nicht per ‹Erlaß› zwingen zu müssen, das Kind weiterhin in der Einrichtung zu haben. Nach einem Vierteljahr ist das betreffende Kind wieder voll integriert, aber nun ängstigen sich die Mitarbeiterinnen: Was, wenn die Eltern anderer Kindergarten-Kinder es erfahren würden? Dabei könnte dies nur durch eine Indiskretion geschehen (Hedi Grupe, Arbeitskreis Pflegekinder e. V., Düsseldorf, in der Anhörung am 14.11.1988). Die schwankende Haltung von Jugendämtern, die große Angst haben, etwas vorwerfbar verkehrt zu machen, wird zum Beispiel in folgender Situation deutlich: Wenn früher jemand ein Kind adoptieren oder in Pflege nehmen wollte, mußte er oder sie ein Gesundheitszeugnis vorlegen, das Freisein von ansteckenden Krankheiten bescheinigte. «Da wird jetzt die HIV-Infektion hineingemischt.» Manche Jugendämter sind zwar bereit, die Pflegeerlaubnis zu erteilen, wenn jemand ein infiziertes oder infektionsverdächtiges Kind aufnehmen will, aber sie sichern sich selbst ab, und zwar ganz eigenartig: Jede Familie, die ein infiziertes Kind aufgenommen hat, kann kein zweites gesundes mehr aufnehmen. «Das ist einfach Doppelbödigkeit: Das Kind wird zwar vermittelt, weil die Krankheit nicht ansteckt, gleichzeitig ist man aber nicht bereit, der Aufnahme eines weiteren Kindes zuzustimmen.» Adoptiveltern werden vorsorglich mit der Begründung getestet, daß, falls sie infiziert seien, ihre Lebenserwartung eingeschränkt wäre, so daß die Vermittlung eines Kindes nicht vertretbar sein würde; auf das Vorliegen anderer Krankheiten, die ebenfalls lebensverkürzend sein können, wird aber nicht untersucht (Irene Huber sowie Karl-Heinz Struzyna, Arbeitskreis zur Förderung von Pflegekindern e. V., Berlin, in der Anhörung am 14. 11. 1988). Auch moralische Ängste kommen vor: So hielt das Jugendamt von Berlin-Schöneberg ein beruflich qualifiziertes schwules Männerpaar (Erzieher) für durchaus geeignet, infizierte Pflegekinder zu betreuen, das Jugendamt Reinikkendorf hingegen hatte viele komplizierte Bedenken (‹Tageszeitung›, Berlin, 16. und 17. 2. 1988, 10. 9. 1988; ‹Die Welt› vom 27. 7. 1988) und entzog die Pflegeerlaubnis.

Ein Fallbeispiel vom Oktober 1988 kann mehrere Probleme gleichzeitig aufzeigen: Eine Mutter möchte ihr 21 Monate altes, HIV-exponiertes Kind in einer Kindertagesstätte unterbringen, weil sie selbst einen Arbeitsplatz in einem Ausstiegsprogramm für Drogenabhängige erhalten hat. Der Amtsarzt verweigert die Aufnahme des Kindes, weil HIV-exponierte oder -infizierte Kinder unter drei Jahren nicht in Krippen aufgenommen werden dürfen. Das Jugendamt bietet einen Platz in einer Integrations-Tagesstätte für Behinderte an, wofür dann ein zusätzlicher Erzieher eingestellt werden sollte, doch die Mutter lehnt ab, weil das Kind dafür zunächst als behindert erklärt werden müßte. Schließlich wird über den Arbeitskreis Pflegekinder eine erfahrene Tagesmutter gefunden. Hier allerdings erhebt der Amtsarzt Bedenken, weil diese einen zwölfjährigen leiblichen Sohn besitzt. Er will auch die Klinikdaten des Kindes einsehen, um sich über dessen Status selbst ein Bild machen zu können. Inzwischen verstreicht der Termin für die Arbeitsaufnahme, und die Mutter verliert ihren Arbeitsplatz

(Karl-Heinz Struzyna am 14.11.1988, Kommissions-Arbeitsunterlage Nr. 332).

In einer süddeutschen Großstadt bewirbt sich ein ehemals drogenabhängiger HIV-Positiver um eine Stelle als AIDS-Streetworker beim städtischen Gesundheitsamt. Die Mitarbeiter der AIDS-Beratung befürworten die Bewerbung. Als der Betreffende einen Berechtigungsschein mit Dringlichkeitsstufe – und dafür die Bescheinigung über seinen Serostatus – braucht und beim Amt vorspricht, will die Amtsärztin diese nur unterschreiben, sofern zuvor der Amtsleiter darüber informiert ist, sie möchte sich also absichern. Der Amtschef findet allerdings, ein Positiver in der AIDS-Beratung sei untragbar und verweigert die Einstellung, obwohl sie bereits zugesichert war. Die Öffentlichkeit wird eingeschaltet. Unter ihrem Druck stimmt der Amtschef nun zu, macht aber eine neue Auflage: Nämlich einen nochmaligen Test. Der Bewerber sagt nein, da ja sein Status genau genug bekannt sei. Nun gilt der junge Mann als renitent und bekommt seine Anstellung erst recht nicht. Aber: Der Stadtrat schaltet sich ein, und nach anderthalb Monaten Verzögerung erhält er die Stellung aufgrund eines Stadtratsbeschlusses nun doch. Wohin hat in diesem Fall die Ängstlichkeit der Beamten geführt? Dazu, daß ihnen der Stadtrat letztlich bescheinigte, das ganze Hin und Her sei überflüssig gewesen…

Der Münchner Medizinalbeamte Kathke gab als Grund dafür, warum man Seropositive nach ihren Kontaktpersonen befragen müsse, an, diese würden ihn anzeigen, falls eines Tages auch ihre Ehepartner und ihre Kinder angesteckt seien, das heißt, er befürchtet persönliche Haftbarmachung (‹Der Spiegel›, Nr. 31, 1.8.1988, Seite 58–61). Nun ist falsche Angst sicher schädlich, falsche Sicherheit ist es aber auch: In Hannover testete das städtische Gesundheitsamt einen Mann Anfang 30, der sich als homosexuell zu erkennen gab. Sein ELISA-Test war reaktiv, der Western-Blot-Kontrolltest jedoch nur auf zwei unspezifischen Banden. Ihm wird unter Hinweis auf seine Zugehörigkeit zu einer Risikogruppe mitgeteilt, das Testergebnis sei positiv. Folgen: Depression, zwanghafte Teilnahme an Sterbe-Seminaren; sein Arbeitgeber erlaubt ihm, zu Hause zu arbeiten. Regelmäßig läßt er sich untersuchen. Nach zwei Jahren wird ihm ein neuerliches Blutuntersuchungsergebnis nicht mitgeteilt. Er wendet sich deshalb an den Dienststellenleiter. Dieser teilt ihm schließlich mit, das Testergebnis sei negativ. Totaler Zusammenbruch. Er wird weggeschickt mit der Bemerkung, er solle sich freuen. Eine psychotherapeutische

Behandlung wird notwendig: Identitätsdiffusion, Suizidalität. Zehn Kilo Gewichtsabnahme. Schlaf nur mit Tabletten möglich. Dieser Fall kann zeigen, daß die Zugehörigkeit zu einer Hauptbetroffenengruppe, die man eingesteht, insofern diskriminiert (man wird anders behandelt als die übrigen), als man bei jemand, der zur Durchschnittsbevölkerung zählt, jenen nicht eindeutig reagierenden Kontrolltest entweder nicht als positiv, sondern als negativ eingeschätzt oder aber zur Sicherheit ein drittes Mal getestet haben würde. Dies hätte dem Betroffenen schreckliche Zeiten erspart – und seinem Arbeitgeber eine Menge Geld.

Nachdem im Sommer 1987 das Fernseh-Magazin ‹Panorama› enthüllt hatte, daß die Polizeibehörden der Länder und das Bundeskriminalamt schon seit Ende 1985 die Daten HIV-Infizierter und AIDS-Erkrankter vorsorglich gespeichert hatten (den ganzen Juli lang konnte man kaum eine Zeitung aufschlagen, ohne davon zu lesen), schien es eine Weile, als seien Polizisten und Feuerwehrmänner die ängstlichsten Beamten weithin: Denn ausdrücklich zu ihrem Schutz und wegen des «jederzeit gegebenen Übertragungsrisikos», so wurde verlautbart (‹Süddeutsche Zeitung›, 10.7.1987), sei eine Speicherung erforderlich. Bei Unfällen, Festnahmen und Widerstandshandlungen HIV-Infizierter bestehe ein erhöhtes Risiko der Ansteckung für diese Berufsgruppen. Aber Professor Meinrad Koch, Leiter der Abteilung Virologie beim Bundesgesundheitsamt und Vorsitzender der Arbeitsgruppe AIDS beim Bundesgesundheitsministerium, erklärte, daß es aus wissenschaftlicher Sicht keinerlei Veranlassung für die Polizei gebe, HIV-Infizierte besonders zu behandeln, und darum auch keine Notwendigkeit existiere, deren Namen und Daten zu speichern (‹Tageszeitung› Berlin, 9.7.1987). Der stellvertretende Vorsitzende der SPD-Bundestagsfraktion erkundigte sich unter anderem, ob Polizisten beim Umgang mit AIDS-Infizierten stärker gefährdet seien als Ärzte oder Krankenhauspersonal (‹Frankfurter Rundschau›, 10.7.1987). Der Vorsitzende der deutschen Polizeigewerkschaft sah hingegen ein ganz anderes Risiko: «Bei AIDS lauert die Gefahr, sich mit dem Virus der Hysterie zu infizieren. Bricht diese Krankheit erst einmal aus, sind der Bespitzelung (auch der gegenseitigen), der Ausgrenzung, Diffamierung und Verfolgung keine Grenzen mehr gesetzt.» (‹Die Tageszeitung›, Berlin, 9.7.1987) Hier ist nicht der Ort, die rechtlichen Probleme einer derartigen Datensammelei aufzuwerfen; man darf aber wohl feststellen, daß die Ängstlichkeit bei Polizeibeamten vor AIDS anscheinend in den höheren Rängen größer ist als dort, wo eventuell wirklich einmal Gelegenheit besteht, einem AIDS-Kranken leibhaftig gegenüberzutreten. Im Rahmen der Enquete-Kommission ‹AIDS› hat ein Vertreter des Innenministeriums eingeräumt, daß sich – soweit bekannt – bisher kein Polizist bei einer Festnahme mit AIDS infiziert habe (‹Süddeutsche Zeitung›, München, 16. 7. 1987). Diesbezügliche Ängste hatte es gegeben, als infolge der allgemeinen Desinformation durch die Medien 1986 ein Münchner Polizeibeamter zwei Männer nur per Telefon als Zeugen vernehmen wollte, von denen der eine einmal Opfer einer Personenkontrolle im Homosexuellen-Milieu geworden war: Da der Polizist sich vorsorglich die Akten der beiden Zeugen besorgt hatte, konnte er dies daraus ersehen – und schloß messerscharf, also könne der Betreffende leicht AIDS-infiziert sein und der andere Mann (zwei Männer auf einmal sind halt immer verdächtig) genauso – obwohl der bis dahin überhaupt nirgendwo ‹aufgefallen› war: So macht man aus einem (vielleicht) schwulen Mann zwei (bestimmt) AIDS-Infizierte, bei denen man dann Angst vor einem Gespräch auf dem Revier hat (‹Abendzeitung›, München, 19. 1. 1988). Nach Kenntnisnahme des Bayerischen ‹Maßnahmenkatalogs› forderte die bayerische Sektion der Polizeigewerkschaft ‹unverzüglich› eine ‹Schutzausrüstung› – zum Beispiel Handschuhe – und eine ‹besondere Ausbildung› für die Kontrolle des Kondom-Zwanges in Bordellen (‹Südwest Presse›, Ulm, 21. 5. 1987). Auf einem Gewerkschaftskongreß in Osnabrück lehnte man es freilich ab, ‹Kondom-Polizei› zu sein oder anhand der bayerischen Ermächtigung Razzien im Kreis von Problemgruppen vorzunehmen und Verdächtige vorzuführen, «weil sich andere staatliche Organe nicht die Finger schmutzig machen wollen» (‹Frankfurter Rundschau›, 25. 5. 1987). Schmutzige Finger möchte das Bayerische Innenministerium seinen Beamten aber nicht zumuten: Anläßlich einer AIDS-Solidaritätsveranstaltung in München wurden die dort eingesetzten Polizisten vorsorglich angewiesen, ‹Gummihandschuhe und feste Kleidung› zu tragen. Natürlich ist ein solcher Rat geeignet, irreale Ängste über Infektionsgefahren im Alltagskontakt aufrechtzuerhalten.

«Die Schutzmaßnahmen, die in den Erlassen festgehalten sind, sind zum Teil sehr skurril. Es gab einige Zeitlang in Berlin die Vorschrift, sogenannte Beißmasken anzuschaffen; diese hat man nach einer Veröffentlichung in der Presse wieder zurückgenommen. In Schleswig-Holstein gibt es immer noch in einem Erlaß eine Vorschrift – diese ist auch nach einem Jahr der neuen Regierung nicht geändert worden –, in der davon die Rede ist, daß für besondere Schutzmaßnahmen auch

Overalls und Schutzhelme bereitstehen. Ich weiß nicht, welchem Zweck das dienen soll» (Dipl.-Soz. Dr. Ingo Michels, Abteilungsleiter Drogen und Strafvollzug, Deutsche AIDS-Hilfe, Berlin, in der Anhörung vom 16. Juni 1989).

Auf Mangel an Information ist desgleichen zurückzuführen, daß mancherorts in Bayern Hasch-Probierer mit intravenös-Drogenbenutzern gleichgesetzt und darum harsch zum Test bestellt werden, weil sie irrtümlich auf eine Liste über Rauschgiftbenutzer geraten waren (hier rächt sich wieder einmal die fatale Identifikation von Marihuana mit Heroin, von der schon die Rede gewesen ist). Ist der Test dann auch noch negativ, wird das arme Opfer behördlicher Torheit alle drei Monate neu einbestellt (und soll die Kosten selber tragen) – bis die Sache publik wird und das Amt einen Rückzieher macht, den allerdings das Opfer auch erst durch die Zeitung erfährt (‹Die Zeit›, Nr. 6, 5.2.1988; ‹Abendzeitung›, München, 11.3.1988).

Im Sommer 1987 wurden deutsche Grenzbeamte von einem mit dem Begriff ‹Rechtsauskunft› verbrämten Erlaß des Bundesinnenministeriums überrascht, der sie als Anweisung erreichte, daß ‹begründet› AIDS-verdächtige Ausländer an den Grenzen zurückzuweisen seien. Stark verunsichert, wollten sie erst einmal wissen, wie in aller Welt sie es irgendwem ansehen können sollten, ob er oder sie HIV oder AIDS habe, wenn nicht einmal Ärzte dies fertigbekämen. Nach täglichen, widersprüchlichen Meldungen wurde klargestellt: So war das alles überhaupt nicht gemeint; bloß dann sollten Einreisende festgehalten werden, wenn Hinweise einer anderen, auch ausländischen Behörde auf AIDS-Verdächtige vorlägen (‹Der Tagesspiegel›, Berlin, 14. und 15.5.1987; ‹Süddeutsche Zeitung›, 14.5.1987; ‹Berliner Morgenpost›, 19.5.1987). amnesty international protestierte und hat wahrscheinlich den Kern der Angelegenheit getroffen: Einziges Kriterium für die Zurückweisung sei offenbar die Hautfarbe der Einreisewilligen (‹Die Tageszeitung›, Berlin, 12.5.1987). Scharfe Kritik übte an der fraglichen ‹Rechtsauskunft› auch die Interessengemeinschaft der mit Ausländern verheirateten Frauen: Er schüre pauschal Angst vor Ausländern, und deren Familienangehörige bekämen verstärkt zu spüren, daß damit eine unmenschliche Politik betrieben werde (‹Frankfurter Rundschau›, 19.5.1987). Das Märchen vom ‹Schwarzen AIDS› hat sich unversehens zu einem praktikablen Instrument für das Erreichen von Zielen erwiesen, die mit realistischer AIDS-Prophylaxe zwar nichts zu tun haben, aber schon seit längerem anvisiert wurden, nämlich der Verringerung des Zuzugs von Ausländern in die Bundesrepublik überhaupt. Im Vordergrund steht das Bemühen, Mittel einzusparen, die bisher – und eben auch zukünftig – für den fraglichen Personenkreis ausgegeben werden müssen (Franz Scheuerer in ‹Frankfurter Rundschau›, 9.7.1988, Seite 10).

Ständige Warnungen der Medien vor Infektionsrisiken, die keine sind, können leicht, sobald sie sich in behördlichen Anweisungen niederschlagen, ihrerseits Gefahren produzieren, die sehr real sind: Unschuldige werden absurd diskriminiert, Hörensagen und Vorurteile gelten auf einmal – in einem Rechtsstaat! – als legitime Auslöser einschneidender Maßnahmen, faktengerechte Information wird diskreditiert und so der AIDS-Verhütung geschadet. Eine Schwarzafrikanerin, seit Jahr und Tag mit einem Deutschen verheiratet, findet trotz guter Zeugnisse nach einem Umzug in ihrem erlernten Beruf (Hebamme) keine neue Anstellung, da die Patientinnen keine schwarzen Hebammen mehr wünschen, weil mit der AIDS-Angst auch die Angst vor den Schwarzen gestiegen ist. Einem afrikanischen Studenten wurde die zahnärztliche Behandlung abgelehnt, weil er nicht nachweisen konnte, daß er nicht HIV-positiv war. Durch eine gesteuerte Handlung der Behörde sind in Fulda die Rechte einer Frau aus Ghana erheblich verletzt worden (‹Ärzte Zeitung›, Neu-Isenburg, 3.3.1988; ‹Süddeutsche Zeitung›, 4.3.1988). Aufs neue nutzen die Medien das Thema zur Auflagensteigerung: Überschriften wie ‹AIDS-Lawine in weiten Teilen Afrikas› oder ‹Tödliches Puzzle am Äquator› hinterlassen Spuren. Insbesondere schwarze oder farbige Frauen werden stigmatisiert. Peter Gauweiler macht für die Ausbreitung von AIDS aus Afrika nach Amerika und Europa den hohen ‹Durchseuchungsgrad› afrikanischer Prostituierter verantwortlich, die seit Jahren in großem Umfang ins Bundesgebiet drängten (‹Welt am Sonntag›, 19.2.1989). Als lebten wir noch mitten im Kolonialzeitalter, kann ein anderer Autor ungehindert schreiben, daß Promiskuität bei afrikanischen Frauen eine ‹gesellschaftsübliche Verhaltensweise› sei, womit in Bausch und Bogen jede afrikanische Frau zur AIDS-Infektionsquelle gemacht und pauschal die fast hundertfünfzigtausend Afrikaner diskriminiert werden, die zum Teil seit mehr als zehn Jahren bei uns leben. Jedes Jahr heiraten über tausend deutsche Männer schwarzafrikanische Frauen; die Partner dieser ‹Mischehen› sind bevorzugte Opfer des von AIDS stimulierten Rassismus. So wird Ehegatten von Afrikanern bei einzelnen Behörden vorgehalten, sie verseuchten die Bundesrepublik infolge ihrer Partnerwahl mit AIDS. Im Frühjahr 1988 hat die Kassenärztliche Vereinigung Hessen den Kassenärzten einen Fragebogen bezüglich der Versorgung von AIDS-Kranken geschickt, in dem als Endemie-Gebiete Zentralafrika, Haiti und Brasilien genannt werden, nicht aber das Land mit der bisher höchsten Rate von AIDS-Infizierten, nämlich die USA!

Folgender Fall zeigt, wie absurd die nachgerade schon automatische neue Kongruenz-Konstellation ‹Ausländer = AIDS› sich auszuwirken vermag: Ein – sehr promiskuitiv lebender – Deutscher heiratet eine gesunde Ostasiatin. Er infiziert sich mit AIDS und stirbt schließlich am Vollbild; seine Frau ist von ihm angesteckt worden. Nun soll sie ausgewiesen werden, obwohl sie seit sieben Jahren in Deutschland lebt, voll integriert ist und keine persönlichen Kontakte zu ihrem Herkunftsland mehr bestehen. Frau Professor Helm hat lange kämpfen müssen, um die Ausweisung zu verhindern (Ausführungen von Diplom-Soziologe Donald Vaughn und Professor Dr. Wolfgang Stille in der Anhörung am 1.3.1989).

Wer gezielt darauf hinweist, daß AIDS bzw. HIV im Alltagskontakt sehr wohl anstecke, gibt damit nicht nur eine wissenschaftlich unhaltbare Stellungnahme ab, sondern er lädt gleicherweise – wenn auch unterschwellig und unausgesprochen – zur verstärkten Meidung Betroffener ein: Denn falls AIDS wahrhaftig ‹überall droht›, muß es den Gesunden bloß als vernunftgemäß erscheinen, um die ‹Infektionsträger› einen Riesenbogen zu machen. Wie so etwas recht banal abläuft, schilderte Melitta Walter in der Anhörung vom 14.11.1988: «Ich fange mit einer der ganz irrationalen Ängste an, die immer noch herumgeistern; sie bezieht sich auf den Umgang beim Friseur. Die Friseusen sprechen mich nach einem Vortrag an: ‹Dauernd kommen jetzt Firmen mit Desinfektionsmitteln zu uns, die uns immer größere Apparate verkaufen wollen; die Leute vom Gesundheitsamt stehen ständig in der Tür und gucken, ob jeder Kamm nach jeder Benutzung auch sterilisiert worden ist. Andererseits höre ich doch nun in Ihrem Vortrag, daß soziale Kontakte nicht ansteckend sind. Wie mache ich das jetzt privat? Muß jedes meiner Kinder einen eigenen Kamm haben? Wie ist es, wenn meine halbwüchsigen Kinder bei Freunden sind: Muß ich denen einen Kamm mitgeben?› Das ist eine irrationale Angst, die sich aber praktisch auch in der Überlegung niederschlägt: Muß ich mir bei den Menschen, mit denen meine Kinder zu tun haben, genauer angucken, ob sie so hygienisch sind, daß sie ihre Kämme dauernd desinfizieren?» – Wie im I. Kapitel gezeigt, kann man Vorurteile und darauf beruhende unbegründete Ängste unschwer so instrumentalisieren, daß sich von Nutznießern gute Geschäfte damit machen lassen. Die Frage: ‹Qui bono?› beantwortet sich hier von selbst: Geschickt geschürte, wenngleich unbegründete Angst vor AIDS-gefärdenden Kämmen hat sicher inzwischen so manchen Friseurmeister dazu bestimmt, sich ein teures und total überflüssiges Gerät zum Sterilisieren der Salon-Utensilien anzuschaffen. Meine eigene Friseuse, die ich danach fragte, bestätigte mir derartige gehäufte Angebote einschlägiger Firmen. Die Vertreter malen selbstredend die Infektionsgefahr im Alltagskontakt dick aus – so dick, daß meine Friseuse sich ärgerte: «Muß man sich als Meisterin eigentlich groß erklären lassen, wie hygienisch wir zu arbeiten haben?» An der Türklinke könne man sich infizieren, hätte es geheißen! Aber die wollten ja bloß verkaufen. – Das wollen auch die Firmen, die teure Desinfektionsmittel ‹Gegen AIDS-Viren› in den Handel bringen und suggerieren, daß überall Ansteckungsgefahr lauere. Dabei reichen simple, altbekannte Putzmittel (zum Beispiel Hypochlorit [Chlor]) zum Abwischen vollständig aus, wenn etwa in Labors oder Krankenhäusern Blut eines AIDS-Kranken entfernt werden muß. (Prof. Dr. Stille in der Anhörung vom 16.6.1989). Chlor allerdings ist billiger als zum Beispiel jenes Desinfektions-Spray, für das der AIDS-Experte Professor Dr. med. Gerd G. Frösner vom renommierten Max-Pettenkofer-Institut in München sich per wissenschaftlichem Gutachten einsetzt: Es sei aufgrund des hohen Alkoholanteils darin eine gute HIV-Wirksamkeit zu erwarten. Benutzt werden soll das Spray (das zu 45 Prozent aus Brennspiritus besteht), laut Gebrauchsanweisung der vertreibenden HYDRAS-Medizinalbedarf GmbH zur Desinfektion von ‹Toilettenbrillen auf der Reise›, ‹Türklinken, Telefon› und ‹Spielzeug› (‹Du und ich›, 20. Jahrgang, Hannover, Nummer 11/1988, Seite 49). Teure Sterilisierer und überflüssige Desinfektionsmittel nützen den Herstellern, schaden aber keinem; beim Vertrieb von Salzwasser, das als angebliches Heilmittel unter anderem gegen AIDS angeboten wird, beuten gewissenlose Nutznießer jedoch verantwortungslos die Ängste von Kranken aus, die durch dergleichen Quacksalberei womöglich davon abgehalten werden, sich richtig behandeln zu lassen (‹Der Tagesspiegel›, Berlin, 30.1.1988).

Professor Stille wird nicht müde, im Rahmen der Enquete-Anhörungen vor derlei zu warnen und ebenso vor Scharlatanen, die nach irgendwelchen ‹Kuren› für teures Geld Bescheinigungen über angebliches Freisein von AIDS unter die Leute bringen. – Nutznießer einer anderen

Kategorie sind sinistre Figuren, deren Weizen wegen der häufigen sozialen Ausgrenzung von HIV-Infizierten hier und da zu blühen beginnt, was nicht der Fall wäre, wenn es diese Diskriminierung nicht gäbe. Es sieht aus, als habe die HIV-Verdächtigung partiell heute denselben Stellenwert, den früher die – ehedem notwendig geheimgehaltene – Homosexualität eines Mannes gehabt hat: Sie eignet sich, geschickt eingesetzt, durchaus dazu, jemand unter Druck zu setzen. AIDS-Hilfen hören gelegentlich, daß zum Beispiel ein Hausbesitzer oder -verwalter Männerpaare oder Menschen aus dem Drogen-Umfeld zur Annahme einer Wohnungskündigung bringt, indem er andeutet, im Weigerungsfall dem Arbeitgeber mitteilen zu wollen, daß bei dem und dem ‹HIV-Verdacht› vorliege. Naturgemäß werden solche Vorfälle niemals öffentlich im eigentlichen Sinne, man hört lediglich davon. Druck läßt sich freilich nur dort ausüben, wo man eines gewissen sozialen Konsenses sicher sein darf, daß man seinem Opfer durch Offenlegung von dessen Lage merklich schaden kann, und darauf ist stets da Verlaß, wo obrigkeitliche Maßnahmen bereits ihrerseits ausgrenzen und klar sagen, wen sie für randständig halten.

Hohe und höchste Stellen in Bayern haben keinen Zweifel daran gelassen, auf wessen Anwesenheit im Lande sie gern verzichten können (‹Frankfurter Rundschau›, 8. 4. 1987). Bei der Münchner AIDS-Hilfe liefen bereits kurz nach Absegnung des Bayerischen ‹Maßnahmenkatalogs› die Telefone heiß. Täglich riefen mehrere Leute an, die zwar ihre eigenen Namen nicht sagen wollten, wohl aber den von ‹verdächtigen› Mitbürgern. Sie beriefen sich schon im Vorgriff auf Gauweilers ‹Absonderungs›-Konzept und fragten: «Mein Mieter hat oft so komische Burschen zu Gast. Kann ich ihm jetzt die Wohnung kündigen?» Oder: «Eine Nachbarin wechselt die Männer so oft. Wenn ich sie bei der Polizei melde, kann sie mich dann belangen?» Oder: «Was kann ich denn gegen Herrn X. machen, der schaut mir aus, als ob er AIDS hätte» (‹Südwest-Presse›, Ulm, 21. 5. 1987). Gut dokumentiert ist der Fall eines bayerischen Friseurmeisters, den eine dubiose Gruppe aus München mit widerlichen Schmähschriften ‹bürgerlich tot› zu machen versuchte, welche im Umkreis von 300 bis 500 Metern um den Friseursalon herum in sämtliche Briefkästen eingeworfen wurden. Dem Friseur blieb die Kundschaft weg, und er sah sich den verschiedensten Schmähungen ausgesetzt. Da es bei ihm um die nackte Existenz ging, bemühte er Anwalt und Gericht. Es kam zu Einstweiligen Verfügungen und Strafanträgen gegen die Täter, also zugunsten des Geschäftsmannes, was diese aber nicht vom Weitermachen abhielt. Da der Friseurmeister ein negatives Testergebnis vom Münchner Pettenkofer-Institut vorlegen konnte, bleibt als wesentliches Moment der Aktivitäten bloß der ‹Tatbestand› der Homosexualität des Verfolgten, der überzeugt war: «Die wollen Geld.» Übrigens hoben die verteilten Schmähschriften trotz Existenz des Tests darauf ab, der Betreffende weigere sich, getestet zu werden. Der Spuk endete erst, als der Hauptdrahtzieher der Aktion von einem Verwandten getötet wurde, den er um eine große Summe Geldes gebracht hatte (‹Passauer Woche›, 25.6.1987; persönliche Information). Der Einfluß rechtsradikalen ‹Gedankengutes› auf Wortwahl und Argumentationsstil der verteilten Flugblätter ist unübersehbar.

Für das gesamte Problemfeld der Diskriminierung von HIV-Infizierten, Infektions‹verdächtigen› oder bereits Erkrankten gilt, daß «die Angst vor Diskriminierung weitestgehend unabhängig von persönlichen Diskriminierungserfahrungen besteht». Sie beruht aber auf realen, teils durch die Medien, teils durch persönliche Weitergabe bekanntgewordenen Diskriminierungsfällen (Dr. Ulrich Heide in der Anhörung vom 18.10.1988, Kommissions-Arbeitsunterlage Nr. 287). Nichtbetroffene können sich diese Belastung wahrscheinlich nur schwer wirklich klarmachen. Die – gesunde – Pflegemutter eines HIV-infizierten Kindes sagte dazu: «Die Leute sprechen den Namen AIDS nicht aus, aber es ist, als ob wir einen Stern trügen» (‹Die Welt›, 27.7.1988). Was Betroffene brauchten, hat ein Erkrankter einmal so beschrieben: «Ich wünsche mir, ganz offen mit dieser Krankheit umgehen zu können. Jedem erzählen zu können, daß ich AIDS-krank bin, ohne mit Sanktionen rechnen zu müssen. Das würde mir helfen, meine Ängste zu überwinden, das wäre Hoffnung für mich» (Jürgen Bußmann, 1988, Seite 38).

Dieses Flugblatt machte in Passau die Runde

Das Flugblatt vom 17. Juni enthält nicht weniger als 29 Punkte, in denen sich der Verfasser allgemein mit der AIDS-Problematik auseinandersetzt und dabei immer wieder am Beispiel von Erwin S. die Notwendigkeit radikaler Gegenmaßnahmen propagiert. Einige Auszüge:

■ Wir sind bei unseren Recherchen auf das homosexuelle Männerpärchen Erwin S. und Klaus B. gestoßen, die selbst davon überzeugt waren, daß einer ihrer langjährigen und engsten Freunde an AIDS erkrankt war. Trotzdem weigern sich beide, sich rein vorsorglich einem AIDS-Test zu unterziehen, weil sie der Ansicht sind, daß es nichts nützt, wenn man selbst weiß, ob man sich infiziert hat, solange es kein Heilmittel gibt. Keiner von beiden besitzt das notwendige moralische Pflichtgefühl gegenüber seiner Umwelt!

■ Haben die ahnungslosen Kunden dieser beiden gefährdeten Risikoträger kein Recht, vor einer möglichen Ansteckungsgefahr geschützt zu werden?

■ Wer nicht dem Gebot der Vernunft folgt und bereitwillig ein bestehendes Infektionsrisiko überprüfen läßt, der muß eben durch die staatliche Autorität zur Zwangsuntersuchung vorgeladen werden können.

■ Die Gauweiler-Gesetze sind ein taugliches Mittel, um die Schädlinge der Volksgesundheit zu eliminieren und zu isolieren. Gegen die Anonymen und Triebbesessenen, die unter dem Mantel der scheinbaren Wohlanständigkeit leben, vor denen muß uns die Gesetzgebung schützen!

■ Wer beispielsweise wochentags in einem kleinstädtischen Betrieb den jovialen und biederen Mitbürger spielt, um dann am Wochenende in der Anonymität der Großstadt in einem aufwendigen Zweitwohnsitz seinen kostspieligen und exzessiven Ausschweifungen nachzugehen, der wird zum heimlichen Gefahrenherd, der aufgespürt werden muß!

Quelle: Passauer Woche, 25.7.1987

XI. Gesamtgesellschaftliche Auswirkungen der AIDS-Vorurteile

1. Zur Instrumentalisierung von AIDS zu sachfremden Zwecken

AIDS eignet sich nicht dazu, um damit Politik zu machen. Aber wir leben in einer ‹Stimmungsdemokratie›, und darum ist die Versuchung, es dennoch zu tun, anscheinend mancherorts unwiderstehlich. Man behauptet, durch Zwangsmaßnahmen, durch Sammeln von Daten, gar durch Absonderung eine Krankheit bekämpfen zu können, von der die Wissenschaft seit Jahren weiß, daß sie im wesentlichen durch Intimkontakte übertragen wird. Wider besseres Wissen wird immer wieder auf Übertragungswege verwiesen, die keine sind, um irreale Ängste zu schüren. Dem einzelnen wird dabei suggeriert, er könne gegen die neue Krankheit von sich aus kaum etwas tun. Ausländern, besonders, je dunkler deren Hautfarbe ist, wird zunehmend Schuld an AIDS zugeschrieben, obwohl gerade diese Menschengruppe in unseren Breiten dafür als Infektionsträger nur in verschwindend geringem Ausmaß in Frage kommt. Die politischen Erfolge, die für den einen oder anderen Politiker so zustande kommen, dürften sich kaum in Wählerstimmen niederschlagen und sind sicherlich insgesamt gering. Die dergestalt angeheizte Stimmung wird vielmehr rechtsradikalen Neugruppierungen zugute kommen und sich so am Ende als Bumerang für diejenigen erweisen, deren Profilierungswunsch das Schüren irrealer Ängste entsprang.

Die bedenkenlose, rein verkaufsorientierte Verantwortungslosigkeit, mit der viele Print-Medien sich des neuen Themas angenommen haben, hat zu einer allgemeinen Desinformation des Publikums geführt, die sich nicht selten in einem Übersättigungs-Syndrom niederschlägt. Man mag von AIDS nichts mehr hören und blockt das Thema gänzlich ab, was nicht weniger schädlich ist als überzogene Angst davor. Die seriöse, oft vorbildliche Berichterstattung in den intellektuell anspruchsvolleren Blättern vermag die Desinformation nicht aufzufangen oder zu korrigieren, die durch Sensationsberichte in Illustrierten und Massenblättern zur fehlerhaften Meinungsbildung über das

AIDS-Phänomen insgesamt geführt hat. Daß vor allem der Wunsch nach Auflagensteigerungen die Publikation von ‹Horror›-Stories angeheizt hat, ist durch viele Beispiele aus dem In- und Ausland belegt. Nicht nur in Deutschland ist infolgedessen der soziale Friede auf längere Zeit nachhaltig gestört worden, und diese Gefahr besteht weiterhin.

Gleichzeitig entsteht durch Medienberichte für Politiker aller Parteien der Eindruck, es werde Handlungsbedarf eingefordert. Aufklärungsaktionen, auch die gut vorbereiteten und um Objektivität bemühten, leiden unter einem gewissen Druck, den letztlich die Medien ausüben: Beispiele dafür gab es im vorigen Kapitel. Persönlich richtig und umfassend informierte Politiker machen dann meist den Fehler, sich beim Zurückweisen von Übertragungswegen, die keine sind, infolge eigenen Verantwortungsgefühls auf eine der vielen Spielarten der ‹Restrisiko›-Debatte einzulassen, was zu nichts führt. Denn der zynische Nutznießer weist sofort auf wissenschaftliche Gutachten bekannter Koryphäen hin, die gern bestätigen, daß ‹mit hundertprozentiger Sicherheit nicht auszuschließen sei›, daß AIDS-Viren vielleicht doch auf Türklinken, Toilettenbrillen und besonders auf Reisen ‹lauern›. Soll sich der Politiker nun mit jemandem anlegen, der ihm ohne weiteres vorhalten kann, er habe selbst doch überhaupt nicht Medizin studiert und deshalb im Grunde keine Ahnung, wolle sich bloß als progressiv profilieren oder gebe dem Druck von ‹Kräften› nach? Auch drängen jetzt die durch den Medienlärm elektrisierten autoritären Persönlichkeiten auf den Kampfplatz und fragen in Leserbriefen und anderswo, wie eigentlich manche Politiker in Ämter gerieten, für die sie offensichtlich nicht recht qualifiziert seien? Was in den Blättern steht, lesen auch die Ängstlichen, vor deren geistigem Auge gleich die inneren Bilder des versehrten Körper-/Bewegungsschemas von Todkranken aufscheinen, so daß sie zur Feder greifen und ihr Lieblingsblatt fragen, was sie wohl noch tun könnten, um ihre Kinder zu schützen? Der geplagte Politiker seufzt, denkt daran, daß es außer AIDS auch andere Gesundheitsprobleme gibt, die seiner Beachtung harren, und weist seinen Referenten an, eine kurze Stellungnahme vorzubereiten, daß bisher auf der ganzen Welt kein Fall bekannt geworden ist, nach dem AIDS... und so weiter. Ohne recht zu wollen, läßt er sich damit auf das miese Spielchen mit der unvernünftigen AIDS-Angst ein.

Warum wird diese sinnlose und schädliche Diskussion nicht mit einer offiziellen Stellungnahme beendet, die schon von der altbekannten Wortwahl her allen Menschen verständlich ist und nicht dauernd auf Risiken abhebt, die praktisch bloß statistisch relevant sind? Wenn gesagt würde: «Nach menschlichem Ermessen kann es keine AIDS-Übertragung durch Zungenküsse, durch Petting und und...» geben, würde das sowohl eine Klarstellung sein und gut verstanden werden, als auch für weitere Restrisiko-Debatten keinen Raum mehr lassen. Wenn eine Sache nämlich nach menschlichem Ermessen so und so ist, dann reicht das aus: Alles darüber Hinausgehende würde übermenschliche Einsicht voraussetzen, die man selbst dem verantwortungsvollsten Politiker schwerlich abverlangen kann! Daten sammeln und Ausländerhatz helfen gegen AIDS nicht, aber Daten kann die Polizei zu vielen Zwecken nützlich finden, und Ausländer sind bei vielen Bundesbürgern so unbeliebt, daß sich Frontmachen gegen sie politisch zu lohnen scheint. Ob dieser Schein trügt und derartige Stimmungsmache nicht letztlich auch nur den neuen Rechts-Gruppierungen zugute kommen wird, muß die Zukunft erweisen.

Sprüche gegen traditionelle Randgruppen wie zum Beispiel der am meisten berüchtigte eines bayerischen Innenministers, der von ‹Ausdünnen› orakelte, treffen auf immer noch vorhandene Vorurteile. Listen mit Namen von Männern, die bei Kontrollen in ‹einschlägigen› Lokalen ihre Personalien angeben mußten, existieren angeblich nicht mehr – dennoch gibt es immer einmal wieder handfeste Hinweise, daß sie sehr wohl noch vorhanden sind und auch weitergeführt werden, möglicherweise in anderer Form als ehemals. Woher hätte sonst die Polizei ihre Kenntnisse (wie etwa im Fall jenes bayerischen Polizeibeamten, der jemanden, den er für HIV-infiziert hielt, deshalb nur per Telefon vernehmen wollte)? AIDS ist instrumentalisierbar, um als Argument für das Anlegen neuer und das Weiterführen alter Listen dienlich zu sein. Bei AIDS-Hilfen und Prostituierten-Selbsthilfegruppen wird hier und da das zur Durchführung der nötigen Arbeit erforderliche Geld verweigert, weil beide Gruppen nomisch mit ‹Unzucht› in Verbindung gebracht werden – allerdings gibt es die AIDS-Selbsthilfe um ihres satzungsmäßigen Zweckes willen, nicht deshalb, weil deren Mitglieder im Rahmen ihrer Organisation einander Gelegenheit zur Unzucht bieten wollten. Und bei Prostituierten wird – nach altem Brauch – der Unzuchtsvorwurf der Prostituierten gemacht, nicht aber dem Freier. Polizeieinsatz gegen gewerbsmäßige Prostituierte, die nicht mehr AIDS-gefährdend sind als die Durchschnittsbevölkerung (wohl aber gefährdeter, nämlich durch die Freier), kommt auch außerhalb

Bayerns vor und ist immer gleich überflüssig: Was also bezweckt die Polizei damit wirklich?

Eine immense Versuchung stellt das AIDS-Phänomen für die Kirchen dar, und in den vorigen Kapiteln ist schon ausführlich über diesen Aspekt gesprochen worden. Organisationen, deren edelster Zweck die Bewahrung nomisch tradierter Werte ist, müssen sich selbst beim allerbesten Willen hier schwertun. Bemerkenswert ist dabei die wohltuende Zurückhaltung, wie sie die Sachverständigen der Kirchen in den Anhörungen der AIDS-Enquete der Bundesregierung zeigten im Vergleich zu den manchmal doch merklichen Diskriminierungen, denen Betroffenengruppen im Vorfeld beider großer Konfessionen immer wieder einmal begegnen. Niemand kann von den Kirchen verlangen, daß sie ihre je eigenständige Sexual- und Ehemoral wegen AIDS ändern. Es geht mehr darum, daß die eigene Moral nicht anderen aufgedrängt wird. Freilich ist der wiederholte Versuch zur ‹Engführung›, wie die evangelische Kirche das Rekurrieren auf überholte Moralvorstellungen so treffend bezeichnet, angesichts von zweitausend Jahren christlicher Sexualablehnung ein verständlicher Reflex. Dennoch wäre es wirklich zu wünschen, daß die evangelischen Kirchen sich deutlicher als bisher von der plakativ-holzschnittartigen Instrumentalisierung der AIDS-Gefahr durch die Fundamentalisten (‹Gottesgericht›) distanzierten.

Man wartet darauf!

Eine moderne Bibelexegese wird ohnehin derart obsessiv auf Sexualität fixierte Auslegungen nicht länger aufrechterhalten können, wie sie als abschreckende Beispiele in Kapitel IX dieses Buches zitiert wurden.

Im katholischen Bereich steht die ‹Kondom-Frage› im Zentrum der mit AIDS verbundenen Probleme. Die im Rahmen der Enquete hierzu abgegebenen Stellungnahmen sind, verglichen mit den sonst zu vermerkenden Äußerungen katholischer Stellen, durchaus hilfreich-sachlich und könnten richtungweisend sein. Die große Versuchung für katholisches Denken besteht aber darin, durch die AIDS-Gefahr wieder verstärkt die ureigenen Vorstellungen über das, was man ‹menschenwürdige Sexualität› nennt, aufdrängen zu wollen (auch dies wirkt fast wie ein unwillkürlicher Reflex): nämlich zu missionieren. Ich bin evangelisch und weiß es nicht, aber vielleicht ist diese Haltung für gute Katholiken sogar etwas wie Pflicht. In früheren Jahrhunderten hat der Katholizismus menschliche Todesangst in Höllenangst umgeformt und so zu seinen Zwecken instrumentalisiert. Die Möglichkeit, im Fall von AIDS einer ähnlichen Versuchung zu erliegen, ist an so manchem harschen Wort der Amtskirche ablesbar. Und selbstverständlich muß es eine Institution, die Kondome als Mittel zur Empfängnisverhütung strikt ablehnt, bitter ankommen, sie nun wegen AIDS zur Krankheitsverhütung zulassen zu sollen: Weiß man schließlich, was im je einzelnen Fall bei der Kondombenutzung wirklich verhütet wird? Erinnern wir uns an Kardinal Höffners Ruf nach Ausschöpfung des Seuchenrechts und einem starken Staat als Garant der Sittlichkeit, scheint die Gefahr zu bestehen, daß AIDS dabei als Mittel dienen sollte, um – metaphorisch gesprochen – den Fuß in eine längst zugeschlagene Tür zu kriegen. Ähnlich ist es mit den eigenartigen Wortfiguren um eine angeblich drohende ‹Tabuisierung der ethischen Frage›; man spricht von Ethik und Moral, als ob es nur eine einzige gäbe. Auch diese Seite des AIDS-Problems ist von allen Sachverständigen in der betreffenden Anhörung in wohltuender Weise objektiviert worden: Wer immer in Zukunft – ich erlaube mir ausnahmsweise noch einen weiteren metaphorischen Ausrutscher – mit der ‹ethischen Keule› droht, dem kann man getrost die Lektüre des Endberichts der Kommission empfehlen.

Eine gewisse Instrumentalisierung der AIDS-Angst im zwischenmenschlichen Bereich ist im Umgang von Eltern mit Jugendlichen und Kindern festzustellen. Die seit der ‹Pille› eingeräumte größere Toleranz von Eltern droht zurückgenommen zu werden (in den vorigen Kapiteln wurden Beispiele erwähnt); besonders jungen Mädchen macht man vor AIDS Angst, obwohl sie nicht stärker davon bedroht sind als junge Männer. Neid der älteren Generation auf sexuelle Freiheiten der jüngeren, die sie ihrerzeit entbehren mußte, ist manchmal deutlich mit im Spiel. –

AIDS-Aufklärung in den Schulen hebt – nicht in allen, aber in vielen – CDU/CSU-dominierten Regionen auf Treue und Enthaltsamkeit ab, obwohl die Erfahrung der gesamten Menschheitsgeschichte lehrt, daß Jugendliche in der ‹Suchphase› mit diesem Rat nichts anfangen können, der Kondomgebrauch hingegen wird miesgemacht und als unethisch, unsicher, als abzulehnend hingestellt. Petting wird jungen Mädchen, die noch so naiv sind, ihre Intimerlebnisse zu beichten, von Seelsorgern als ‹pervers› vorgehalten. In derjenigen Schicht, die ihr AIDS-Wissen aus den Boulevardblättern bezieht, wird die HIV-Gefahr gelegentlich als Druckmittel gegen Ehemänner eingesetzt, die damit vom Fremdgehen abgebracht werden sollen. – Als reale gesellschaftliche Bedrohung muß die Möglichkeit erwähnt werden, aufgrund der allgemeinen irrealen AIDS-Angst persönlich Mißliebige zu diskriminieren und sogar mit Hilfe von Verdächtigungen, deren öffentliche Verbreitung man androht, ‹geeignete› Opfer regelrecht zu erpressen. Daß findige Nutznießer mit der AIDS-Angst ihre Geschäfte zu machen suchen, ist kein Wunder; eigentlich sind das Geschäfte mit der Dummheit notorisch Unaufgeklärter. Ans Kriminelle grenzen solche Aktivitäten, wenn durch Anpreisung von ‹Wundermitteln› Kranke oder Infizierte davon abgehalten werden, sich ärztlich behandeln zu lassen.

2. Hat AIDS auch positive Folgen?

Noch vor anderthalb bis zwei Jahren hätte ich diese Frage bejaht, aber inzwischen kommen mir Zweifel. Was auf den ersten Blick wie ein freieres Sprechen über Sexualität und einzelne sexuelle Fragen aussah, erwies sich auf den zweiten als krampfiger, seltsam unwahrhaftiger Diskurs. Man verhandelt über einstige Tabu-Themen, aber man tut es so, daß die ehemalige Tabuiertheit überall quasi durchschimmert. Neue (Kunst-)Worte tauchen auf (oft erweist sich ein Jurist als ihr Schöpfer), die die banalsten Vorgänge so kompliziert bezeichnen, daß deutlich zutage tritt: Nur in verfremdeter Form ist man überhaupt fähig, darüber zu reden. Da wird aus dem einstigen (und jedermann verständlichen) passiven Analverkehr ein ‹rezeptiver›, da wird Sperma nicht ejakuliert, sondern (ich wollte meinen Ohren nicht trauen) ‹injiziert›. Und warum ist jemand, der besonders stark von AIDS gefährdet ist, ‹exponiert›? Die Mißverständnisse um die Bezeichnung ‹Risikogruppen›, die deshalb in das Wortungetüm ‹Hauptbetroffenengruppen› umgetauft wurden, haben ihren Ursprung nicht im bösen Willen der Bevölkerung, sondern in der nach deutschem Sprachgefühl gegebenen Mehrdeutigkeit des nunmehr tabuisierten Ausdrucks… wobei es wieder einmal die Medien gewesen sind, die auf die – vom Wortverständnis her zulässige – Negativ-Bedeutung in der Berichterstattung abgehoben und so den Medizinern buchstäblich das Wort im Mund herumgedreht haben. –

Wer gehofft hatte, die jetzt notwendig offener gewordene Behandlung des Themas ‹Homosexualität› werde sozial positive Folgen für Schwule mit sich bringen, irrte sich: Festzustellen ist vielmehr eine gefährliche und zunehmende Pathologisierung: Neuerlich sind Schwule eine Kategorie von Menschen ‹anderer› Art, deren Dasein prekär ist, die besonderer Beachtung bedürfen, die befragt, beobachtet, beraten, betreut, behandelt werden müssen (und Andersbehandlung bedeutet Diskriminierung). Außerdem gehört kein Homosexueller per se zu der Hauptbetroffenen-Gruppe ‹Schwule›, denn nicht die sexuelle Präferenz als solche ist AIDS-gefährdend, sondern ungeschützter Analverkehr (egal, ob zwischen zwei Männern oder Mann und Frau): Wieder einmal werden ‹Sein› und ‹Verhalten› durcheinandergebracht, die alte durch eine neue, zeitgemäßere Stigmatisierung ersetzt. –

Ob die Sexualaufklärung Jugendlicher in der Schule sich infolge der AIDS-Situation verbessert, hängt von völlig sachfremden Gegebenheiten ab, nämlich von politischen oder persönlichen Vorlieben von Schuldirektoren, Lehrern und selbstverständlich dem je zuständigen Kultusministerium, auch von der Elternversammlung und der Art, wie man sie einbezieht. Eltern äußern dabei – abhängig von persönlichem Umfeld und eigenem Bildungsstand – meist das, was sie für sozial erwünscht halten und verhalten sich gruppenkonform. Von einem freieren Sprechen über Sexualität zwischen Eltern und Heranwachsenden oder gar Kindern merkt man noch nichts. Die Verklemmtheit der Erwachsenen ist Jugendlichen oft so peinlich, daß sie mit ihren Eltern schon deshalb derartige Gespräche meiden, und bei Lehrern gilt das natürlich verstärkt.

Unsere Regierung hat mittlerweile viele Millionen bereitgestellt und zum Teil schon ausgegeben, um der AIDS-Gefahr zu begegnen. Liest man aber die entsprechenden Kataloge durch, merkt man verdutzt: Die meisten Gelder frißt die Forschung, und den Löwenanteil daran wiederum bilden Gehälter. Nun ist Forschung immer gut, und die vielen Millionen werden wohl irgendwann Früchte tragen. Andererseits trifft auch zu (worüber Leute, die Bescheid wissen, schon ihre Witze machen), daß so manche Karriere erst durch AIDS einen positiven Aufschwung nehmen konnte, daß es endlich ein paar Jobs mehr gibt, daß arbeitslose Jungmediziner Anstellungen finden. An unbürokratischen, direkten Hilfen für Betroffene fehlt es aber noch sehr; die AIDS-Selbsthilfe-Organisationen würden mit Freuden mehr tun, als ihre beschränkten Mittel erlauben. Nicht ohne Grund wurden die Ausführungen der ‹vor Ort› mit den anstehenden Problemen konfrontierten Sachverständigen so ausführlich zitiert: Könnten Sozialämter ihre HIV-Klientel nicht sensibler betreuen? Das willige Bereitstellen von Millionen für die Forschung enthebt nicht der Pflicht, auch Mittel für Betroffene – und zwar zusätzlich zu den üblichen Sätzen der Sozialhilfe – zur Verfügung zu halten, die hier und jetzt in akute Notlagen geraten sind...

Ehrliche Hilfsbereitschaft, echtes, selbstloses Engagement wurden durch die neue Krankheit bei vielen Menschen und unterschiedlichen Organisationen und Institutionen herausgefordert und geleistet. Das ist sicherlich ein positiver Aspekt, ein Pluspunkt für unsere Gesellschaft.

3. Falsche Zuschreibungen behindern die AIDS-Verhütung

Solange das Drogenproblem nicht wenigstens entschärft ist, kann die Gefahr der Weiterverbreitung von HIV nicht nachhaltig verringert werden. Doch erstaunlicherweise wird vielerorts die Interdependenz zwischen den beiden Problemen entweder gar nicht gesehen oder fehlinterpretiert. Viele juristische Stellungnahmen leugnen geradezu das Existieren eines Unterschiedes zwischen professioneller und Beschaffungsprostitution; sie argumentieren, schließlich diene das durch Prostitution verdiente Geld ja nicht nur der Heroinbeschaffung, sondern auch dem Lebensunterhalt, und insofern sei ein echter Unterschied zwischen beiden Prostitutionsformen nicht ersichtlich, die Unterscheidung beider als voneinander verschieden demnach willkürlich. Durch diesen Kunstgriff erreicht man zweierlei: Erstens wird damit den professionellen Prostituierten derselbe (extrem hohe) Grad von Ansteckungsgefährdung unterstellt wie den nichtprofessionellen Gelegenheitsprostituierten. Zweitens wird den letzteren, unter denen sich zahlreiche Frauen finden, die Beschaffungsprostitution betreiben, als Ziel ihrer Prostitution der Wunsch nach leichtem Gelderwerb schlechthin unterstellt und gleichzeitig der in Wahrheit eigentliche Zweck dafür, eben der Mittelerwerb zur Heroinbeschaffung, weggeredet. Im Anschluß daran schränkt man den Tätigkeitsbereich der professionellen, registrierten Prostituierten ein und stellt diese Maßnahme als AIDS-verhütend heraus: Im Mittelpunkt steht nun nicht die – eigentliche – Frage, wie sich unkontrollierbare Beschaffungsprostitution verhindern oder verringern ließe, sondern die alte ‹Prostitutionsfrage›, über die weiter zu sprechen sich darum hier erübrigt. Währenddessen gehen die drogenabhängigen Mädchen und Frauen weiterhin der Beschaffungsprostitution nach, wenn sich ihnen anders keine Möglichkeit bietet, an Heroin heranzukommen. Ihre Kategorie ist zwar durch eine falsche Zuschreibung ‹vom Tisch› gekommen, die von ihnen ausgehende AIDS-Gefährdung der breiten Durchschnittsbevölkerung bleibt von dieser Zuordnung aber unbeeinflußt: Es liegt der typische Fall vor, daß ein schrecklich schwieriges Problem nicht gelöst, sondern ‹wegdefiniert› wurde.

Die Kirchen haben zum Drogenproblem traditionellerweise keinen rechten Zugang: In der Bibel findet sich kein Hinweis darauf, Patristik und Scholastik war es unbekannt, kein Bußbuch, kein Beichtspiegel weiß davon. Und obwohl fortgeschrittene Drogenabhängigkeit einen Menschen mehr zerstören kann als alle Laster zusammengenommen, vor denen die Kirchen warnen, hört man wegen des Drogenproblems aus Kirchenkreisen niemals die ausführlichen, emotionsbeladenen, nomisch aufgeheizten Verdammungsurteile, wie sie vielen Kirchenmännern bei sexuellen ‹Verfehlungen› so leicht und geübt von den Lippen fließen. Wenn Kirchen sich zur Drogenabhängigkeit äußern, wird sie als Mangel an jener Willensstärke interpretiert, deren Vorliegen Kirchen auch dann diagnostizieren, wenn sich jemand einem Laster hingibt. Aber Drogensucht ist kein Laster, sondern eine schwere Krankheit. Auch wo man dies zugibt, geht der Rat, sich vom Heroinkonsum abzukehren wie von einem tadelnswerten Lebenswandel, folgenlos ins Leere. Denn hier wird individuell pathologisches Verhalten mit allgemein sozial Unerwünschtem verwechselt. Sofern die Kirchen wirklich eine Substitution im Sinne einer Medikation in Zukunft befürworten oder gar in eigenen Einrichtungen in größerem Umfange ausprobieren sollten, kämen sie bald selber dahinter, daß die bisherigen Mißerfolge programmiert waren, weil man ständig den zweiten Schritt (Drogenfreiheit) vor dem ersten (soziale Integration) gefordert hatte. Die Signalwirkung wäre enorm, wenn Kirchen die Substitution ausdrücklich befürworteten, und deshalb kann man nur hoffen, daß dies in absehbarer Zeit geschehen möge.

Zu den falschen Zuschreibungen, wodurch die AIDS-Bekämpfung behindert wird, gehört die verbreitete Gleichsetzung der HIV-Infektion mit der eigentlichen AIDS-Erkrankung. Ausgehend vom kreatürlichen Meideverhalten aufgrund von Angst vor dem versehrten Körper-/Bewegungsschema setzt man dies nun quasi bereits beim gesunden HIV-

Infizierten voraus; die HIV-Infektion als solche evoziert diskriminierendes Verhalten gleich einem natürlichen Stigma, das aber beim gesunden HIV-Infizierten faktisch ein ‹zugeschriebenes› und insofern
künstliches ist. Besonders kraß manifestiert sich das hierfür typische
Meideverhalten und in dessen Gefolge Diskriminierungen bei der Be-
troffenengruppe ‹Bluter›, die ihrem sexuellen Verhalten nach völlig
identisch mit der Durchschnittsbevölkerung ist. Das brandneue Vorurteil, unter dem Bluter zusätzlich zu ihrer schweren Krankheit leiden
müssen, besagt, daß sie ‹es eben haben› – und beweist so, daß kreatürliche Krankheitsangst allein ausreicht, um zu Meideverhalten zu
führen; besonderer sozialpsychologischer Begründungen (Sünden-
bock- oder Blitzableiter-Syndrom, Sexualneid, Vorliegen des autoritären Persönlichkeitstyps) bedarf es nicht immer. Das Meideverhalten
der ängstlichen Umwelt äußert sich keinen Deut anders als bei Schwulen oder Prostituierten.

Falsche Zuschreibungen sind nicht nur dann gefährlich, wenn sie
Gefahren suggerieren, wo keine drohen, sondern natürlich nicht weniger im umgekehrten Fall. Der liegt in unserem Justizvollzug vor, der per
definitionem als sex- und drogenfrei gilt, obwohl das nicht zutrifft, und
durch diesen Selbstbetrug wird AIDS-Vorbeugung in den Justizvoll-
zugsanstalten ungemein behindert. Statt den Inhaftierten Kondome
und sterile Einmalspritzen zugänglich zu machen, versuchen die Justiz-
verwaltungen, die infizierten Gefangenen herauszufinden und zu isolieren; sie bedrängen alle Gefangenen massiv, sich bei der Eingangs-
untersuchung testen zu lassen, wobei aber frische Infektionen etwa bei
Drogenabhängigen nicht gefunden werden können, weshalb die Betreffenden fälschlicherweise als gesund gelten – eine falsche Zuschreibung mit allen negativen Folgen.

4. Der Blick über Grenzen weckt Unbehagen

Wenn AIDS ausbricht, macht sich das zuerst in einer Schwächung und
später im Zusammenbruch des menschlichen Immunsystems bemerkbar; wer bloß seropositiv ist, kann zwar andere Menschen mit HIV
anstecken, ist aber selber gesund (denn sein Immunsystem arbeitet zu-
friedenstellend). Auch dem Laien leuchtet unschwer ein, daß dies Leiden wohl bei denjenigen Menschen auf die günstigsten Bedingungen

trifft, um rasch auszubrechen, deren Immunsystem bereits vorgeschä-
digt ist, wenn sie mit HIV in Berührung kommen. Faktoren, die eine
Vorschädigung mit sich bringen, sind Hunger oder Unter- und Mangel-
ernährung, Fehlen einer warmen und trockenen Unterkunft in kalten
Klimazonen, unbehandelte andere Infektions- und chronische Krankheiten, Parasitenbefall, Alkoholismus, Drogenkonsum aller Art, Niko-
tin, bei Frauen zu viele und zu frühe und zu rasch aufeinander folgende
Schwangerschaften, Abtreibungen; fehlende Stillfähigkeit, die die
nächste Generation schädigt. Hinzu kommen Umweltverschmutzung,
Mangel an sauberem Trinkwasser, unzureichende sanitäre Verhältnisse, Schädigungen durch Rauch, Abgase, unentsorgten Giftmüll, che-
misch behandelte Lebensmittel. Wo nun finden sich viele dieser Faktoren gehäuft oder gar alle zusammen?

Die Antwort liegt auf der Hand: in den Slums von Mega-Städten
und den armen Regionen der Dritten und Vierten Welt. Während wir
Weiße, nachdem wir kostbare Jahre mit ungerechten und unfruchtba-
ren Schuldzuweisungen vertrödelt haben, mittlerweile in der Lage
sind, eine wirksame HIV-Verhütung betreiben zu können, fehlt es
dort am Nötigsten, um die weitere Verbreitung der Ansteckung zu
verhindern: An faktengerechter Aufklärung und an Kondomen, an
ausreichenden Mengen von Einmalspritzen und an den Voraussetzungen zur Bereitstellung reiner Blutkonserven und -präparate – vom übrigen Elend zu schweigen, das es reichlich gibt und wodurch AIDS-
Verhütung nicht wirklich ‹greifen› kann. Nun ist dies kein Buch über
AIDS in der Dritten und Vierten Welt; die Publikationen des englischen PANOS-Instituts geben darüber mehr Aufschluß, als ich es ver-
möchte. Hier soll vielmehr gefragt werden, welchen Einfluß unsere
alten eigenen Vorurteile in gesamtgesellschaftlicher Hinsicht auf die
AIDS-Verhütung haben. Sie wirken sich am schlimmsten in zwei Bereichen aus.

Der erste ist Schwarzafrika. Das Märchen vom ‹Afrikanischen› oder
‹Schwarzen› AIDS wurde in Brüssel erfunden, von Weißen für Weiße
kolportiert, und langsam fangen sogar Deutsche an, daran zu glauben.
Wieviel Tausende von Toten mag das unter Mediengetöse auferweckte
rassistische Vorurteil auf dem Umweg über den temporären Glauben
der afrikanischen Führer, es handle sich um eine anti-afrikanische, neo-
kolonialistische Verschwörung, wohl gefordert haben? Und wem kann
diese Reaktivierung genützt haben? Außer ein paar Massenblättern,
deren Auflagenhöhe wegen der betreffenden Sensationsberichte vor-

übergehend wohl gestiegen sein dürfte, ist weit und breit niemand auszumachen.

Des weiteren treffen wir auf das unserer eigenen Kultur entstammende Kondom-Vorurteil. Wo die Bevölkerung überwiegend katholisch ist, wird sich das von der Kirche verpönte Kondom schwerlich durchsetzen können: Der ganze Bereich Süd- und Mittelamerikas gehört hierzu. Treue gilt als hoher Wert, dessen Hütung man (eben weil er so hoch ist) den Frauen delegiert; das Machismo-Ideal verlangt, daß der Mann so viele außereheliche Kontakte wie möglich hat. Weil Kondome unmoralisch sind, gibt es kaum eigene Fabriken für deren Herstellung, und deshalb müßten sie, wenn denn die Nachfrage steigen sollte, importiert werden, was sie teuer machte, weshalb voraussehbar kaum gesteigerte Nachfrage zu erwarten ist, weshalb es sich erübrigt, Fabriken dafür im eigenen Land zu bauen... Elendsprostitution und Drogenabhängigkeit der Prostituierten machen es den Freiern leicht, auf kondomfreiem Verkehr zu bestehen, außerdem gehört zum Selbstbild des echten Macho gerade, daß er ständig schwängern kann: Kondomgebrauch wird von diesem Männertyp deshalb als kastrierend erlebt und abgelehnt. Man braucht keine Phantasie, um zu prophezeien, daß die Verpönung des Kondoms in jenen vordem spanisch-portugiesischen Räumen nicht Tausende, sondern im Laufe der Jahre Hunderttausende von Toten fordern wird, geht es doch faktisch um einen Kontinent.

Aber sowohl dort wie in Afrika wird dies Sterben nicht plötzlich, nicht seuchenhaft, nicht ‹lawinenhaft› sein, sondern eher einem dünn, doch stetig fließenden Aderlaß vergleichbar: Es sterben die Armen, und niemand vermißt sie, und Menschen ihrer Schicht wachsen nach. Zweifellos wäre dies Sterben (ebenso wie in Afrika) noch vermeidbar: Aber entweder hat man nicht die nötigen Ressourcen, oder man will sie nicht gebrauchen. Mitverschulden von uns Weißen liegt für das Desaster in Schwarzafrika mindestens zur Hälfte vor. Was Südamerika angeht, schiebt die Religion einer sinnvollen AIDS-Verhütung den Riegel vor. Seit drei Jahren gibt es AIDS auch in Indien, woher die ersten Fälle aus Madras bekannt wurden. Die Lage der Armen ist in Indien so desolat, daß die Krankheit dort mit Sicherheit Fuß fassen und sich weit verbreiten wird. Die von den Bevölkerungsexperten bisher prognostizierte ‹Explosion› der Weltbevölkerung im nächsten Jahrtausend kann infolge AIDS durchaus eine natürliche Verlangsamung erfahren oder ausbleiben.

Verglichen mit den zu erwartenden globalen Folgen von AIDS ist die in unserer Gesellschaft bestehende Gefährdung übersehbar und überwindbar. Nach anfänglichem Zögern stellen sich auch die sozialistisch regierten Länder der Situation und werden sie trotz des Fehlens von genügend Kondomen auf ihre eigene Weise in den Griff bekommen. Wie es aussieht, befinden wir Weiße uns in einer privilegierten Lage, und dieser Eindruck erweckt Unbehagen. Niemand ist für AIDS im Sinne einer ursächlichen Schuld verantwortlich. Doch wer hat das Märchen vom ‹Schwarzen› AIDS in die Welt gesetzt? Wegen wessen nomischen Machtworten ist Kondomgebrauch verpönt? Aufgrund welcher weltpolitischen und -wirtschaftlichen Zusammenhänge wird das Elend in den Entwicklungsländern nicht geringer, und warum bleibt das Drogenproblem ungelöst? Je länger man über diese Fragen nachdenkt, desto mehr wächst das Unbehagen...

Anmerkungen

Anmerkungen zu Kapitel I

1 Zu den Fragestellungen der älteren Vorurteilsforschung Gordon W. Allport: «The Nature of Prejudice», Cambridge (Mass.), 1954; Anitra Karsten (Hg.): «Vorurteil. Ergebnisse psychologischer und sozialpsychologischer Forschung», Darmstadt, 1978 mit allen diesbezüglichen Literaturangaben.

2 Wolfgang Brückner: «Stereotype Anschauungen in der Aufklärungsliteratur», in: Helge Gerndt (Hg.): ‹Stereotypvorstellungen im Alltagsleben. Beiträge zum Themenkreis Fremdbilder – Selbstbilder – Identität. Festschrift für Georg R. Schroubek›, München, 1988, S. 123: «Vom Ethnozentrismus wissen wir, daß er wie ein Urgedanke die Menschheitsgeschichte begleitet. Immer schon haben die verschiedensten Völker allein ihre Angehörigen zu Vollmenschen erklärt und alle übrigen für Barbaren, das heißt für Untermenschen gehalten.»

3 Hansjosef Buchkremer: «Verständnis für Außenseiter», Stuttgart, 1977, S. 48. – In Comics sind bekanntlich die Bösen immer kleiner als die Guten und haben asiatische Züge (Wolfgang Metzger: «Vom Vorurteil zur Toleranz», 2., überarb. Aufl., Darmstadt, 1976, S. 85), oft sogar theriomorphe; bei Tolkien sind Orks affenartig, krummbeinig und haben Schlitzaugen. Daß bei solchen Klassifizierungen uralte nachbarschaftliche Animositäten ausschlaggebend sein können, beweist das Äußere der Bösen in mongolischen Märchen: Dort sind diese nämlich blauäugig, strohblond und langnasig!

4 H. G. Gadamer: «Wahrheit und Methode. Grundzüge einer philosophischen Hermeneutik», Tübingen, 1960, S. 250ff; Gordon W. Allport, op. cit., S. 85ff

5 Anitra Karsten, ep. cit., S. 2

6 Gunnar Myrdal hat z. B. in seinem großartigen Werk «An American Dilemma» (dem ersten als wissenschaftlich zu bezeichnenden Ansatz in der Vorurteilsforschung aus den zwanziger Jahren) gezeigt, daß das Vorurteil, Neger seien zum Dienen geschaffen, in den USA nach der Bekehrung der Negersklaven direkt aus der Bibel abgeleitet wurde. Vor dieser Mission galt der Sklavenstand schon deshalb als dem Neger angemessen, weil es sich hier eben um ‹Heiden› handelte (Gunnar Myrdal: «An American Dilemma. The Negro Problem in Modern Democracy», New York/London, Ausg. 1944, 2 Bd.).

7 John Dollard: «Under What Conditions Do Opinions Predict Behavior?», in: ‹Public Opinions Quarterly›, 12, 1949

8 E. V. Stonequist: «The Marginal Man», New York, 1937; er baute auf Robert Ezra Park auf, der den Begriff der ‹Marginalität› (Randständigkeit) 1928 schuf; David I. Golovensky: «The Marginal Man Concept», in: ‹Social Forces›, Vol. 30, Nr. 2, Baltimore, 1951, S. 333ff

9 Reinhold Bergler: «Vorurteile und Stereotypen», S. 239, in: ‹Kindler's Psychologie›, 1984; Manfred Markefka: «Vorurteile, Minderheiten, Diskriminierung», 5., überarb. Aufl., Neuwied/Darmstadt, 1984, S. 68f

10 Robert K. Merton: «Social theory and social structure», 1938; 2. Aufl.: Glencoe (Ill.), 1957

11 Emile Durkheim: «De la division du travail social», 6. Aufl., Paris, 1926, Erstausg. 1893

12 Schoenk, Helmut: «Kleines soziologisches Wörterbuch», Freiburg, 1969, S. 18

13 Emile Durkheim: «Le Suicide», Paris, 1897, dt.: «Der Selbstmord», Frankfurt/M. 1983

14 Hansjosef Buchkremer, op. cit., S. 51f

15 Ders., ibid., S. 55

16 Talcot Persons: «The Social System», Glencoe (Ill.) 1951, S. 259

17 Theodor W. Adorno et al.: «The Autoritarian Personality», New York, 1950; Max Horkheimer: «Persönlichkeit und Vorurteil», in: Anitra Karsten, op. cit., S. 247–260

18 Diese Darstellung lehnt sich an die Ausführungen der folgenden beiden Autoren an: Manfred Markefka, op. cit., S. 74ff sowie Klaus Roghmann: «Dogmatismus und Autoritarismus», Meisenheim am Glan, 1966

[19] Else Frenkel-Brunswick u. a.: «The Antidemocratic Personality», in: E. E. Maccoby (Hg.): ‹Readings in Social Psychology›, New York, 1958

[20] Harold B. Gerard: «Funktion und Entwicklung von Vorurteilen», in: Kindler's Psychologie des 20. Jahrhunderts. Sozialpsychologie. Bd. I.: Die «Erforschung zwischenmenschlicher Beziehungen», Weinheim, 1984, S. 260

[21] Max Horkheimer: «Gesellschaft im Übergang», Frankfurt/M. 1972, S. 86

[22] Earl E. Davis: «Zum gegenwärtigen Stand der Vorurteilsforschung», in: René König u. a.: ‹Vorurteile. Ihre Erforschung und ihre Bekämpfung›, Frankfurt/M., 1964, S. 51 ff; Hubert Rohracher: «Einführung in die Psychologie», 5. Aufl., Wien, 1953, S. 355–364. Auf S. 363 definiert Rohracher: «Eine Einstellung liegt vor, wenn unter dem Einfluß mitbewußter Faktoren aus den objektiv gegebenen Erlebnismöglichkeiten nur bestimmte Inhalte bewußt oder wenn diese Inhalte in bestimmter Bedeutung aufgefaßt werden.»

[23] Die folgenden beiden Arbeiten vermitteln eine verständnisvolle Würdigung dieser Theorie: Josef Rattner: «Psychologie des Vorurteils. Eine tiefenpsychologische Untersuchung über das voreingenommene Denken und die autoritäre Persönlichkeit. Zürich, 1971; Alexander Mitscherlich: «Zur Psychologie des Vorurteils», in: Anitra Karsten, op. cit., S. 270–285

[24] Manfred Markefka, op. cit., S. 75

[25] Gordon W. Allport, op. cit., S. 408

[26] Mit weiterführenden Literaturangaben Harold B. Gerard, op. cit., S. 261

[27] Peter Heintz: «Soziale Vorurteile», Köln, 1957, S. 100; Klaus Roghmann, op. cit., S. 318, urteilt: «Der harte Kern von überzeugten Parteianhängern, egal ob Kommunisten oder Faschisten, dürfte antiautoritär sein, solange er sich in der Opposition befindet, aber autoritär, wenn er an der Macht ist.»

[28] Stanley Milgram: «Behavioral Study of Obedience», in: ‹Journal of Abnormal and Social Psychology›, 67, 1963. Der Autor kommt zu dem niederschmetternden Schluß: «Vielleicht liefert unsere Kultur keine geeigneten Modelle der Gehorsamsverweigerung.» Die Teilnehmer des Versuchs hatten ihnen unbekannte Versuchspersonen unter bestimmten, vom Versuchsleiter diktierten Umständen mit steigend hohen Stromstößen zu traktieren; es war ihnen bekannt, ab wann gesundheitliche Schäden der derart ‹Behandelten› eintreten würden. Die ‹Opfer› ihrerseits waren instruiert, von der betreffenden Stärkemarke ab zuerst zu jammern und schließlich verzweifelt zu schreien; selbstredend waren die genutzten Elektrisiermaschinen Attrappen. Kein einziger der Teilnehmer wagte es, sich dem autoritär gegebenen Befehl zu widersetzen, die Stromstöße zunehmend bis zur Schmerzgrenze und darüber hinaus bis zur Lebensgefahr zu verstärken...

[29] Marie Jahoda/Morton Deutsch/Stuart W. Cook: «Research Methods in Social Relations, with especial Reference to Prejudice», Part 1., 4. Aufl., New York, 1955, S. 368 ff; Theodor W. Adorno, op. cit., S. 974

[30] D. Pearl: «Psychotherapy and Ethnocentrism», in: ‹Journal of Abnormal and Social Psychology›, 1955, 50, S. 227–230

[31] S. die profunde Kritik bei Bernd Estel: «Soziale Vorurteile und soziale Urteile», Opladen, 1983, S. 56–108 und passim mit ausführlichen Literaturangaben

[32] Bei Betrachtung dieser Theorie sollte man sich stets eingedenk bleiben, daß die betreffenden Untersuchungen nicht an deutschen Nazis, sondern amerikanischen Staatsbürgern unternommen worden waren, d. h. im Grunde der sonderbare Plan verfolgt wurde, Hitler in Amerika zu besiegen. Die faschistische Persönlichkeit wurde allüberall vermutet und gar als neuer ‹anthropological Typ› bezeichnet, was nichts anderes heißt als: eine neuausgeformte Menschenrasse, und zwar eine (moralisch) minderwertige. Dieser bei unseren Autoren geradezu unwirklich biologistisch anmutende Ausdruck steht bei Adorno, op. cit., S. IX.

[33] Helmut Schoeck, 1969, S. 82; Manfred Markefka, op. cit., S. 80f

[34] Peter Heintz, op. cit., S. 133 ff; Marie Jahoda et al., S. 367: G. W. Allport, op. cit., passim; Diskussion der persönlichkeitsspezifischen Faktoren der Vorurteilsbildung bei Peter Rölke: «Wie entstehen politisch-soziale Vorurteile?», in: Bernhard Claußen/Klaus Wasmund (Hg.): ‹Handbuch der politischen Sozialisation›, Braunschweig, 1982, S. 335–366,

hier: S. 348 f. Alle Aspekte der verschiedenen Sündenbock-Überlegungen behandelt zusammengefaßt Harold B. Gerard, op. cit., S. 260

35 Hierzu Hans v. Hentig: «Die Strafe. Bd. I.: Frühformen und kulturgeschichtliche Zusammenhänge», Berlin, 1954, S. 15: «Vor allem sind Massen nicht gesonnen, sich mit Individuen zu begnügen. Sie wollen ihre Erbitterung, ihren Haß und ihre erlittene Furcht an Massen abreagieren.»

36 Neben G. W. Allport, op. cit., S. 349 ff Leopold v. Wiese: «Studien über das Vorurteil», in: ‹Kölner Zeitschrift für Soziologie›, 3. Jg., Köln 1950/51, S. 214 ff

37 G. W. Allport, op. cit., S. 211, 240, 259

38 Einen kurzgefaßten Abriß seiner Ansichten über Herkunft und Natur des Sündenbockbegriffs ist in deutscher Sprache greifbar von G. W. Allport: «Treibjagd auf Sündenböcke», Bad Nauheim, 1968, 4., erw. Aufl., wo alle wichtigen Aspekte des Phänomens angesprochen werden

39 G. W. Allport, 1954, S. 11

40 Die biblische Sündenbock-Geschichte steht bei 3. Mose, Kapitel 16, Vers 20–22

41 Beispiele bei: Richard Wunsch: «Zur Geisterbannung im Altertum», in: ‹Mitteilungen der schlesischen Gesellschaft für Volkskunde, 1911–1922, S. 29; M. P. Nilsson: «Die Griechen», in: Chantepie de la Saussaye (Hg.): ‹Lehrbuch der Religionsgeschichte›, 4. Aufl., Tübingen, 1925, Bd. II., S. 288; Siegbert Hummel: «Der Hund in der religiösen Vorstellungswelt des Tibeters», in: ‹Paideuma›, Wiesbaden, 1954/1958, Bd. VI, S. 502

42 Die Tendenz, den Vorwurf für die eigenen Mißgeschicke, Frustrationen und Ängste nach außen zu wenden, nannte Freud Verschiebung; im Englischen wurde daraus das nunmehr auch bei uns gegenüber dem ursprünglichen (viel treffenderen) Ausdruck bevorzugte ‹Projektion›. (Sigmund Freud: «Das Unbehagen in der Kultur», 1930, Ges. Werke. Bd. 13)

43 «Jede gegen die Gefahr gerichtete Aktivität oder auch nur ein Gedanke, der das Gefühl aktiver Bewältigung mit sich bringt, wirkt gegen das Gefühl der Hilflosigkeit. Auch die Auslösung von Aggression als gerichteter Zorn oder selbst ein richtungsloser Wutanfall vermögen das vorerst Unerträgliche seiner lähmenden Wirkung zu entkleiden.» Paul Parin: «Die Mystifizierung von AIDS», in: Volkmar Sigusch (Hg.): ‹Aids als Risiko. Über den gesellschaftlichen Umgang mit einer Krankheit›, Hamburg, 1987, S. 54 ff

44 Zur Aufspaltung des Sündenbockbegriffs in ein echtes und ein falsches Sündenbock-Phänomen s. auch Hans-Peter Nolting: «Lernfall Aggression», rororo Taschenbuch, Reinbek, 1978, S. 165 ff

45 Ein typisches Beispiel dafür bietet der oströmische christliche Kaiser Justinian, der Homosexuelle und ‹Gottlose› für Erdbeben und Seuchen zu Sündenböcken stigmatisierte und nach erfolgter Verhaftung Vermögen und Güter der Angeklagten zur Auffüllung der eigenen Kriegskasse konfiszierte (Einzelheiten bei Gisela Bleibtreu-Ehrenberg: «Homosexualität. Die Geschichte eines Vorurteils», Frankfurt/M., 1981, S. 188–196).

46 Peter Rölke, op. cit., S. 353 f

47 Harold B. Gerard, op. cit., S. 258

48 Albert Bandura: «Aggression. Eine sozial-lerntheoretische Analyse», 1. Aufl., Stuttgart, 1979, S. 234 ff; amerik. Originalausg.: «Aggression: a social learning analysis», New Jersey, 1973

49 Harold B. Gerard, op. cit., S. 255

50 Paul Watzlawick/Janet H. Beavin/Don D. Jackson: «Menschliche Kommunikation. Formen, Störungen, Paradoxien, 7. Aufl., Bern, 1985, S. 56, amerik. Originalausgabe: «Pragmatics of Human Communication. A Study of Interactional Patterns, Pathologies, and Paradoxes», New York, 1967

51 Robert K. Merton: «The Self-fulfilling Prophecy», in: ‹The Antioch Review›, 1948, 8, S. 193 ff

52 Aenne Ostermann/Hans Nicklas: «Vorurteile und Feindbilder. Warum Menschen einander mißverstehen und hassen. Materialien, Argumente, Gegenstrategien. Zugleich eine Einführung in die politische Psychologie», 3. Aufl., Weinheim, 1984, S. 39 f; Gordon W. Allport, 1954, S. 159 f; Peter Heintz, op. cit., S. 35 ff; Hans Albert: «Probleme der Wissenschafts-

lehre in der Sozialforschung», in: René König (Hg.): ‹Handbuch der empirischen Sozialforschung›, 2. Aufl., 1. Bd., Stuttgart, 1967, S. 56

53 Gustav Ichheiser: «Misunderstandings in Human Relations», in: Sonderheft des ‹American Journal of Sociology›, Chicago, 1949; Kenneth B. Clark/Mamie P. Clark: «Racial Identification and Preference in Negro Children», in: G. E. Swanson/Th. M. Newcomb: E. L. Hartley (Hg.): ‹Readings in Social Psychology›, New York, 1952, S. 551 ff. – Am überzeugendsten läßt sich der Mechanismus der Self-fulfilling-Prophecy am Beispiel des indischen Kastenwesens aufzeigen. Hierzu etwa Anthony de Reuck/Julie Knight (Hg.): «Caste and Race: Comparative Approaches», London, 1967, bes. S. 12, 20f, 103, 148; ferner H. H. Hutton: «Caste in India», Oxford, 1961, bes. ab S. 192

54 Bei vielen immer noch bedeutungsvollen Vorurteilen wird oft vergessen, wie uralt sie sind und wieviel interessengesteuerte Um-Rationalisierungen sie während Jahrhunderten durchliefen. Für die soziale Negativeinschätzung der Homosexualität wurde das ausführlich analysiert und nachgewiesen bei: Gisela Bleibtreu-Ehrenberg, op. cit.; Jahrhunderte zurück reicht die Verfemung mancher Berufe (z. B. dem des Webers und Müllers) im europäischen Raum, die heute nur mehr folkloristisch, z. B. in Spottliedern, greifbar ist, aber noch im Mittelalter für die Betreffenden manche Nachteile brachte. Die später verfemten Berufe hatten vor der Christianisierung genuine Zusammenhänge mit vorchristlichen europäischen Religionsvorstellungen (Werner Danckert: Unehrliche Leute. Die verfemten Berufe», Bern, 1963).

55 Peter Heintz, op. cit., S. 41. – Spezifische Gruppen- und Herrschaftsinteressen können zu ihrer eigenen Legitimation auf eine ganz bestimmte Ordnung setzen und Abweichungen von ihr als Kriegserklärung auffassen (s. Howard S. Becker: «Außenseiter. Zur Soziologie abweichenden Verhaltens», Frankfurt/M., 1981, S. XIII)

56 Hans-Bernhard Kaufmann: «Der Mensch im Banne des Vorurteils», in: Hans Bürki (G.): ‹Neue Studienreihe›, Nr. 6, Wuppertal, 1965, S. 14

57 Marie Jahoda et al., op. cit., S. 366 ff; einer der ältesten lerntheoretischen Ansätze findet sich bereits 1935 bei Daniel Katz/Kenneth W. Braly: «Rassische Vorurteile und Rassenstereotype», in: Anitra Karsten (Hg.), op. cit., S. 36–39 mit ausführlicher Diskussion und Literaturangaben.

58 Manfred Markefka, op. cit., S. 81 f

59 Peter Rölke, op. cit., S. 347

60 M. Jilesen: «Soziologie. Eine Einführung für Erzieherberufe», 2. A., Köln, 1982, S. 262 ff

61 Gordon W. Allport, 1954, S. 21 ff

62 Heinz E. Wolf: «Zur Problemsituation der Vorurteilsforschung», in: René König (Hg.): ‹Handbuch der empirischen Sozialforschung›, Taschenbuchausgabe, Bd. 12, 2. Aufl., Stuttgart, 1978, S. 158

63 Manfred Markefka, op. cit., S. 30

64 Hier wären etwa folgende Schwerpunkte zu nennen, die alle in der VF wichtig sind, aber eben nur als Einzelphänomene neben den übrigen und noch anderen, weniger häufig in den Mittelpunkt gestellten: Probleme von Randgruppen, von ethnischen oder sonstigen Minderheiten in bezug zu ihren jeweilig antagonistischen Mehrheiten, der Zusammenhang von Diskriminierung und Aggression, von Gruppenkonflikten aller erdenklicher Provenienz (‹soziale Konflikte›) usw. – «Die sprachlichen Formulierungen der entsprechenden Bezugskategorien verdecken leider eher die Tatsache, daß im Detail durchaus unterschiedliche Sachverhalte zur Diskussion stehen, wenn von der Entstehung von Vorurteilen die Rede ist, als daß sie eindeutige Zuordnungsrelationen zwischen sprachlicher Formulierung und gemeinter Sache herstellen... Vor diesem Hintergrund stellt sich die Frage nach der Entstehung von Vorurteilen zunächst einmal als relativ unscharfe Problemformulierung dar.» (Peter Rölke, op. cit., S. 339)

65 Anitra Karsten, op. cit., S. 126f, 5 f

66 Heinz E. Wolf, 1979, S. 92

67 Bernd Estel: «Soziale Vorurteile und soziale Urteile. Kritik und wissenssoziologische Grundlegung der Vorurteilsforschung», Opladen, 1983, S. 264 ff

262 Anmerkungen zu Kapitel I

68 Jordan Meijas: «Ku-Klux-Klan. Verschwörung der Dunkelmänner», in: ‹Frankfurter Allgemeine Magazin›, Heft 454, 45. Woche, 11.11.1988, Frankfurt/M.

69 Harold B. Gerard, op. cit., S. 254

70 Im Zusammenhang mit sozialer Akzeptanz oder Ablehnung – für das Kleinkind auch: Belohnung und Strafe – gilt, daß eigenes Handeln anhand vorgegebener Anweisungen die Einverleibung der so vermittelten Werte begünstigt und somit als Verstärker wirkt: «Der Konsensus darüber, wie man sich in einer bestimmten Situation verhält, gibt für das Kind wichtige Anhaltspunkte dafür, welche Handlungen es zeigen sollte.» (Anitra Karsten, op. cit., S. 219). Neu- bzw. umgelernt wird erst, wenn einmal gelernte nomische Zuordnungen, die sich als falsch erwiesen, nicht einmal mehr verzerrt und verdreht als ‹wahr› angesehen werden können, weil beim Festhalten an ihnen fatale Fehlanpassung die Folge wäre (s. Henri Tajfel: «Die Entstehung der kognitiven und affektiven Einstellungen. Vorurteile – ihre Erforschung und ihre Bekämpfung», in: ‹Politische Psychologie›, III, Frankfurt/M., 1964, S. 81–85).

71 M. Jilesen, op. cit., S. 263

72 Harold B. Gerard, op. cit., S. 256

73 H. Tajfel/M. G. Billig/R. P. Bundy/C. Flament: «Social Categorization and Intergroup Behavior», in: ‹European Journal of Social Psychology›, 1, 1971, S. 149–179. Bei dem betreffenden Experiment wurde eine Gruppe von Buben in einem Ferienlager willkürlich in Gruppen aufgeteilt, nach kurzer Zeit wurden diese wiederum anders eingeteilt usw., und am Schluß war alles wieder wie am Anfang: Und die Kinder liebten ihre jeweilige (kurzzeitige) Eigengruppe ebenso intensiv, wie sie die entsprechende Fremdgruppe lautstark ablehnten. Die Studie referiert Markefka, op. cit., S. 10 ff

74 Harold B. Gerard, op. cit., S. 260

75 Die häufige Beobachtung, daß Jugendliche in der Pubertät manchmal gewissermaßen ‹über Nacht› alle übernommenen Urteile und Vorurteile über Bord werfen und diejenigen internalisieren, die ihre neue peer-group glaubt, ist davon nicht zu trennen (vgl. Peter Rölke, op. cit., S. 347).

76 Zur Annahme der Vorurteile von Bezugspersonen und der altersgemäßen Internalisierung gibt es eine umfangreiche Literatur. Bahnbrechend wirkte die Untersuchung von Kenneth B. Clark/Mamie P. Clark: «The Development of Consciousness of Self and the Emergence of Racial Identification in Negro Preschool Children», in: ‹Journal of Social Psychology›, Bd. 10, 1939, sowie Kenneth B. Clark: «Prejudice in Your Child», Boston, 1955. Die wichtigste Feststellung bei diesen Untersuchungen besteht darin, daß Kinder das Kategorisieren in ‹gute› (hier: Weiße) und ‹böse› (hier: Schwarze) Menschen lernen, ehe sie in der Lage sind, sich klar zu werden, zu welcher der beiden Gruppen sie selbst gehören. Das bedeutet, daß die schwarzen Kinder genauso wie die weißen internalisierten: ‹schwarz gleich böse›. Wenn sie (was in den Untersuchungen geschildert wird und erschütternd ist) dann schließlich feststellten, ja selbst zu den ‹Bösen› zu gehören, waren oft Weinen und Verzweiflung die Reaktion, manchmal ein rührendes ‹Wegerklären›: «Ich bin ja bloß schwarz, weil ich mich so ungern wasche; da drunter bin ich ganz weiß!» – In Deutsch ist eine gute Darstellung der Untersuchungen zu lesen in dem Aufsatz der beiden Autoren bei Anitra Karsten, op. cit., S. 60–75.– Zu demselben Problemkreis sind die Arbeiten von Henri Tajfel wichtig; hier seien die auf Deutsch greifbaren Schriften genannt: «Die Entstehung der kognitiven und affektiven Einstellungen», in: K. D. Hartmann (Hg.): ‹Vorurteile, Ängste, Aggressionen›, 2. Aufl., Frankfurt/M., 1975, S. 71–75, und «Gruppenkonflikt und Vorurteil. Entstehung und Funktion sozialer Stereotypen», Bern, 1982. Neuerdings haben Aenne Ostermann und Hans Nicklas (op. cit., S. 24–28) die Thematik prägnant zusammengefaßt.

77 Wolfgang Metzger, op. cit., S. 78 f

78 ders., op. cit., S. 81

79 Hansjosef Buchkremer, op. cit., S. 47

80 Hans Werner Bierhoff: «Sozialpsychologie. Ein Lehrbuch», Stuttgart, 1984, S. 206 f mit ausführlicher Beschreibung des amerikanischen Versuchs, der u. a. dies Ergebnis brachte.

1   Max Horkheimer: «Persönlichkeit und Vorurteil», in: Anitra Karsten, op. cit., S. 247ff
2   Geprägt wurde der Begriff von Walter Lippmann: «Public Opinion», New York, 1922; deutsch «Die öffentliche Meinung», München, 1964
3   Nach Hans Werner Bierhoff, op. cit., S. 199
4   Der Stereotypbegriff wird nicht einheitlich gebraucht, s. Peter Rölke, op. cit., S. 335: Begriffe wie ‹Stereotyp›, ‹Image›, ‹Klischee› oder ‹Bild› sind als Bedeutungsinhalte für Vorurteile begrifflich inkonsistent, und «die begriffliche Inkonsistenz ist keineswegs nur Reflex der Tatsache, daß die Vorurteilsproblematik im Rahmen unterschiedlicher theoretischer Bezugssysteme bearbeitet wird (z. B. tiefenpsychologische, sozialpsychologische oder soziologische Forschungsansätze), vielmehr variieren die Auffassungen selbst innerhalb gleicher Bezugssysteme noch beträchtlich.»
5   P. B. Hofstätter: «Gruppendynamik», Hamburg, 1970, S. 100
6   Peter Rölke, op. cit., S. 336f
7   Herbert A. Strauss: «Abwehr von Stereotypen und Diskriminierungen», in: Helge Gerndt, op. cit., S. 39
8   Henri Tajfel (1975), S. 72f bringt einige nette Beispiele: So antwortete ein kleines Mädchen von drei oder vier Jahren auf die Frage, ob sie Amerikanerin sei: «Nein, mein Vati ist Amerikaner, ich bin ein Mädchen!» Und ein etwas älterer Junge antwortete auf die gleichsinnige Frage: «Bis gestern war ich ein Amerikaner, aber man hat mir mein Gewehr weggenommen, und nun bin ich kein Amerikaner mehr!» – Die Mitglieder einer Gesellschaft ordnen ihre Mitmenschen zunächst nach ‹natürlichen Kriterien› bestimmten ‹Menschenklassen› zu, nehmen sie in derartigen Differenzierungen wahr, sprechen ihnen damit spezifische Eigenschaften bzw. Eigenschaftskombinationen zu und geben ihnen Verhaltenserwartungen vor (nach Manfred Markefka, op. cit., S. 35).
9   Das klassische Experiment dazu ist über fünfzig Jahre alt und stammt von M. Sherif: «A study of some social factors in perception», in: ‹Arch. Psych.›, 1935, S. 187. Dabei ging es um eine optische Täuschung: In einem verdunkelten Raum scheint ein auf eine dunkle Fläche projizierter Lichtpunkt zu wandern, obwohl er stillsteht, was mit der ständigen, nichtbewußten Bewegung der menschlichen Augenachsen zu tun hat. Teilnehmer des Versuchs, die diese biologische Tatsache nicht kannten, wurden gebeten, die scheinbare ‹Wanderung› des Lichtpunktes zu schätzen. Ihre Schätzungen wichen, während jeder für sich allein urteilte, beträchtlich voneinander ab, von wenigen Zentimetern bis zu einigen Dezimetern. Im zweiten Teil des Versuchs mußte die Gruppe gemeinsam urteilen, und zwar durch jeweils laute Nennung der geschätzten ‹Bewegungsstrecke›. Dabei nun erwies sich, daß diejenigen Versuchsteilnehmer, deren Schätzung von denen der Mehrheit stark nach oben oder unten abgewichen waren, bei neuerlichem Schätzen in der Gruppe ihre eigene erste Schätzung sozusagen qua ‹Mehrheitsmeinung› dem festgestellten angeblichen Wert anglichen. – Sogar bei einem solch wirklich wertneutralen Versuch, bei dem niemand etwas zu gewinnen oder zu verlieren hatte, war das deutliche Bestreben auszumachen, mit der eigenen Ansicht nicht allzu isoliert dazustehen – und dies selbst vor fremden Menschen, mit denen einen nichts verband als der Umstand, zufällig beim selben Experiment mitzumachen. – Meine Darstellung folgt hier Hansjosef Buchkremer, op. cit., S. 44ff
10   Helmut Schoeck, op. cit., S. 157f
11   John C. Merrill: «The Image of The United States in Ten Mexican Dailies», in: ‹Journalism Quarterly›, Minneapolis (Minn.), Vol. 39, No. 3, Fall 1962, S. 411–419
12   Franz W. Dröge: «Publizistik und Vorurteil», Münster, 1967, S. 123
13   Heinz W. Wolf: «Die Beziehungen zwischen Vorurteils-, Image- und Warenbild», in: ‹GFM Mitteilungen für Markt- und Absatzforschung›, Bd. 9, 1966, S. 117; ders. 1979, S. 28; Manfred Markefka, op. cit., S. 30, 34 und passim
14   Bei uns wurde das nachgemacht, jedoch ohne zu bedenken, daß das Verfahren wohl eher Erfolg verspricht, wenn man ein zuvor eindeutig positiv besetztes Wort neu einführt. Dies war bei der Wahl von ‹schwul› für ‹homosexuell› aber nicht der Fall, sondern es handelt sich

dabei um ein Wort aus der Gosse. Wird das nun in der guten Absicht benutzt, Vorurteile abzubauen, dann reagieren Leute, die den ganzen komplizierten Verlauf der ‹Umtaufe› nicht mitbekommen haben, voraussehbar mit Mißbehagen, und das wiederum wird ihnen als klare Bestätigung traditioneller Vorurteile ausgelegt: Das Mißverständnis ist komplett. Ein Beispiel bietet ein Vorfall aus dem Deutschen Bundestag (dokumentiert bei IFPA Initiative Frauen-Presse-Agentur, Bonn, Nr. 69/70, 1988, S. 5, der noch nicht abgeschlossen ist (s. ‹Frankfurter Allgemeine Zeitung›, 11.2.1989))

15 Zum Verhältnis Mehrheiten–Minderheiten s. Manfred Markefka, op. cit., S. 20; zum Gruppenkonzept als Antagonismus zwischen ingroup und outgroup bereits William G. Sumner: «Folkways», Boston, 1906; Heinz W. Wolf, 1979, S. 151 ff zum Einschieben des Stigma-Begriffs in den älteren des Stereotyps bzw. Vorurteils

16 Howard S. Becker: «Außenseiter. Zur Soziologie abweichenden Verhaltens», Frankfurt/M., 1981, Original: «Outsiders. Studies in the Sociology of Deviance», New York, 1963

17 Erving Goffmann: «Stigma. Über Techniken der Bewältigung beschädigter Identität», Frankfurt/M., 1967, Original: «Stigma. Notes on the Management of Spoiled Identity», Englewood Cliffs, N. J., 1963

18 Howard S. Becker (deutsche Ausgabe, S. XIII) hebt bei seiner Sicht von Abweichung (Devianz) auf die Ausgrenzung von Menschen ab, die aufgrund nomischer Überzeugungen der tonangebenden Mehrheit als ‹abweichend› ‹stigmatisiert› werden, denn er spricht hier von «Abweichungen, die sich unmittelbar weder aus der natürlichen Verfassung des Menschen noch aus der gesellschaftlichen Organisation der Bedürfnisbefriedigung ableiten lassen, sondern von der Gesellschaft in ihren Sinnsetzungstätigkeiten so eigentlich erst geschaffen werden.» S. dazu auch Günter Wiswede «Soziologie abweichenden Verhaltens», Stuttgart, 1973, S. 11: «In Gesellschaften, die strenge soziale Kontrolle ausüben und die nur geringe Abweichungen zulassen, deren Toleranzgrenze also recht eng gezogen ist, wird der Anteil der als abweichend bezeichneten Verhaltensweisen hoch sein.»

19 Hansjosef Buchkremer, op. cit., S. 58 ff, hebt betont auf die Unterschiede zwischen natürlichen und künstlichen Stigmata ab, wenn er Goffmann (1963, S. 11 u. 13) mangelnde Logik seiner Feststellungen vorwirft. Dieser hatte argumentiert: «Ein- und dieselbe Eigenschaft vermag den einen Typus zu stigmatisieren, während sie die Normalität eines anderen bestätigt, und ist daher als Ding an sich weder kreditierend noch diskreditierend.» Ausgegangen war Goffmann jedoch – quasi als ‹Aufhänger› der Theorie in seinem Vorwort – von einem Mädchen, das ohne Nase geboren und darüber verzweifelt war. Deshalb kommentiert Buchkremer, ein Stigma wie das Fehlen der Nase – d. h. ein natürliches Stigma – müsse den Betreffenden in jeder menschlichen Gruppierung benachteiligen; Nasenlosigkeit jemandem aber etwa zuzuschreiben, der tatsächlich eine Nase hat, ist Unfug und als solcher von Goffmann ja wohl auch nicht gemeint.

20 Howard S. Becker wandte sich in einem späteren Kommentar («Nachträgliche Betrachtungen zur ‹Etikettierungstheorie›», S. 163 der deutschen Ausgabe) gegen die mittlerweile erfolgte Überstrapazierung seines Theorieansatzes und schrieb: «Die Etikettierungstheorie›» ist... weder eine Theorie mit allen Errungenschaften und Verbindlichkeiten, wie der Name nahelegt, noch konzentriert sie sich ausschließlich auf den Akt des Etikettierens, wie einige Kritiker angenommen haben. Sie bietet vielmehr die Möglichkeit, einen allgemeinen Bereich menschlicher Aktivität zu beobachten, und eröffnet einen Blickwinkel, dessen Wert, wenn überhaupt, sich in einem wachsenden Verständnis von zuvor dunklen Zusammenhängen offenbart.» – In der Relativierung ‹wenn überhaupt› liegt in der Tat eine erhebliche Zurücknahme des gesamten Ansatzes.

21 Die Inquisition suchte bei angeblichen Hexen und Zauberern stets nach Muttermalen, Verfärbungen der Haut o. ä., aus deren Vorhandensein Mitgliedschaft in der sog. ‹Hexensekte› geschlossen wurde. Hatte die angebliche Hexe nichts dergleichen, um so schlimmer für sie: Dann nämlich hatte es ihr der Teufel zwecks Irreführung der Hexenjäger unsichtbar gemacht. Natürlich galten nur Besonderheiten am Körper der Opfer als ‹Teufelsmale›; beim Henker oder Inquisitor selbst waren Narben oder Warzen etc. unerheblich: Wer Hexe war, bestimmten die Dominikaner. – Dem ähneln nach Heinz E. Wolf (1979, S. 154) die späteren

sog. ‹physiognomischen› Kriterien des Antisemitismus (Juden haben krumme Nasen und krummen Sinn), und ebenso beruht die im vorigen Jahrhundert eine Weile sehr populäre Lehre des Mediziners Gall, die sog. Phrenologie, auf falschen Stigmata: Gall behauptete, die geistig-seelischen Anlagen der Menschen, d. h. neben guten auch böse Eigenschaften und Neigungen (etwa ‹kriminelle Veranlagung›), seien an äußeren Formeigentümlichkeiten von Schädel und Gesicht erkennbar. Die österreichische Regierung verbot diese Lehre als sozialschädlich und verwies Gall des Landes. –

22 S. etwa H. Shapiro: «The Jewish Race. A Biological History», UNESCO, Paris, 1953

23 Mir ist persönlich ein solcher Fall bekannt. Der Betreffende, Besitzer einer mittelständischen Fabrik, die kriegswichtige Güter produzierte und ohne Leiter mit hochkarätigem Fachwissen nicht hätte weiterarbeiten können, rettete sich, seine Familie und sein Werk, indem er diesen Rettungsanker ergriff.

24 In den äußeren Bezeichnungen (Winkel etc.), die von den Häftlingen der KZ's getragen werden mußten, drückten die jeweiligen Farben, die von der SS dafür gewählt wurden, völlig unbewußt das damit verbundene nomische Wissen aus: Rot für ‹Politische› (rot ist die traditionelle Farbe von Sozialismus und Kommunismus); grün für ‹Kriminelle› (grün war seit der Germanenmission – als ehemals heilige Farbe der Natur – die Farbe derjenigen, die sich nicht anpassen mögen); violett für ‹Bibelforscher› (violett ist im Christentum eine mit der Geistlichkeit verbundene Farbe, man denke etwa an das Bischofsgewand); rosa für ‹Homosexuelle› (rosa personifiziert Weiblichkeit); braun für ‹Zigeuner› (hebt schlicht auf die Hautfarbe ab); schwarz für ‹Asoziale› (schwarz ist die Farbe des Aufruhrs und der Rebellion, d. h. gerade nicht die der Revolution); gelb für ‹Juden› (in Fortführung des mittelalterlichen Gebrauchs, wo manche Verordnungen den Juden das Tragen eines ‹gelben Fleckens› oder Flickens auf der Oberkleidung vorgeschrieben hatten). (Nach eugen Kogon: «Der SS-Staat», Berlin, 1946)

25 M. Koch-Hillebrecht: «Der Stoff, aus dem die Dummheit ist. Eine Sozialpsychologie der Vorurteile», München, 1978, S. 223

26 J. C. Brengelmann/H. P. David (Hg.): ‹Perspektiven der Persönlichkeitsforschung›, Bern, 1961; dort führt Franz From in seinem Aufsatz zur Wahrnehmung menschlicher Handlungen u. a. aus: «Das ‹andere Leute komisch finden› geht unmerklich dazu über, sie zu verurteilen, und es ist nicht ungewöhnlich, daß jegliches Verhalten, das nicht mit unseren Regeln des Benehmens übereinstimmt, mehr oder weniger als unmoralisch betrachtet wird.» – Zur weltweiten Verbreitung des Phänomens s. Katesa Schlosser: «Körperliche Anomalien als Ursache sozialer Ausstoßung bei Naturvölkern», in: Zeitschrift für Morphologie und Anthropologie, Bd. XLIV, Heft 1–2, 1953, Stuttgart

27 Howard S. Becker, 1981, S. 30

28 Konrad Lorenz: «Über tierisches und menschliches Verhalten. Aus dem Werdegang der Verhaltenslehre», München, 1965, Bd. II, S. 156ff

29 Peter Meyer: «Taschenlexikon der Verhaltenskunde», Paderborn, 1976, S. 104

30 Diese Arbeiten von Gottfried Helnwein (Burgbrohl) wurden dokumentiert in der niederländischen Zeitschrift ‹Foto›, Amsterdam, Dezember-Nr. 1988, sowie kommentiert in dem Beitrag der ‹Frankfurter Allgemeinen Zeitung› vom 11. Oktober 1988 mit dem Titel «Äfflinge und Tschandalen. Die Bilderstraße mit Kinderporträts von Gottfried Helnwein in Köln». Helnwein hat die dargestellten Kinder bewußt ‹alt› geschminkt; die Proteste gingen bis zur Zerstörung von Fotos, so daß ein Wachdienst rund um die Uhr einsprang, um weiteren Vandalismus zu verhindern, was leider nicht gänzlich gelang. Der Wunsch des Künstlers ist gewesen, Kinder mit einem Äußeren zu zeigen, wie es die Kinder von rassisch Verfolgten in der Nazizeit infolge totaler allgemeiner Depravierung (= Verschlechterung des Gesundheitszustandes) gehabt hatten.

31 Konrad Lorenz (1965, Bd. II, S. 161) hegt den Verdacht, «daß der ästhetischen Wirkung des sogenannten ‹Goldenen Schnittes› ein auf die Proportionen des schönen Menschenkörpers ‹gemünzter› angeborener Auslösemechanismus zugrunde liegt». Zur Krüppelstigmatisierung äußert er sich nicht. Hansjosef Buchkremer, S. 81, dessen erhellendes Werk mir sehr geholfen hat, geht das Thema vorwiegend vom Standpunkt des Behindertenpädagogen an

und schreibt: «Behinderungen sind nicht als Auslöseschemata, sondern als Störungen eines Auslöseschemas aufzufassen... Die Reaktionen auf Körperbehinderungsformen sind dann nicht als ‹originär› zu begreifen, sondern als Ersatzform für originäres Verhalten, welche durch die Störung und Verunstaltung eines auslösenden Schemas nötig werden».

[32] Roland Sossinka: «Ethologie», Frankfurt/M., 1981, S. 35: Homologie bedeutet Ähnlichkeit aufgrund gleicher Abstammung, Analogie hingegen lediglich Ähnlichkeit aufgrund derselben Funktion.

[33] Mitglieder verschiedener Schimpansentrupps meiden oder verjagen einander; alle Truppmitglieder wissen genau, wer dazugehört und wer fremd ist. Neuere Beobachtungen zeigen, daß Schimpansen bei Streitigkeiten und Reviergrenzen bzw. Gruppenzugehörigkeit Jungtiere der ‹Feinde› töten und anfressen (s. Irenäus Eibl-Eibesfeld: «Krieg und Frieden aus der Sicht der Verhaltensforschung», München, 1975, S. 77, Kap. III u. passim); warum sollten sie das bei den im Vergleich zu ihnen soviel schwächeren Prähominiden nicht auch getan haben?

[34] E. v. Holst/U. v. Saint Paul: «Vom Wirkungsgefüge der Triebe», in: ‹Naturwissenschaft›, Bd. 18, 1960, S. 409–422

[35] Ploog, Detlev: «Die Sprache der Affen und ihre Bedeutung für die Verständigungsweisen des Menschen», München, 1974, S. 66; Richard Leakey/Roger Lewin: «Die Menschen vom See», Berlin, 1982, S. 151. Menschenaffen können Tiere und Gegenstände auf, aber auch anhand von Fotos erkennen. Bei Bildern und Fernsehspots der eigenen Art fanden sie die Augen am meisten faszinierend. Bei Schlangenbildern reagierten besonders die Weibchen mit Drohen (‹Umschau in Wissenschaft und Technik›, Heft 4, 1976); Geoffrey H. Bourne/Maury Cohen: «Die sanften Riesen. Gorillas in Legende und Wirklichkeit», München, 1977, S. 236 f

[36] Über zwei kleine, von Menschen aufgezogene Schimpansen s. H. J. Hayes/C. Hayes: «The cultural capacity of chimpanzee», in: J. A. Gavan (Ed.): ‹The non-human primates and human evolution›, Detroit 1955, S. 110–125; R. A. Gardner/B. T. Gardner: «Teaching sign language to a Chimpanzee», in ‹Science›, 165, 1969, S. 664–672; S. D. Suarez/G. G. Gallup: «Self-Recognition in Chimpanzees and Orangutans», in: Journal of Human Evolution, 10, 1981, S. 171–188

[37] Peter K.-W. Meyer, op. cit., S. 30

[38] Irenäus Eibl-Eibesfeld, 1975, S. 83: «Als ein Weibchen vom Baum fiel und sich das Genick brach, fürchteten sich die anderen Schimpansen und begannen danach aggressiv um den Körper des Weibchens zu imponieren. Ein Männchen warf einen Felsbrocken nach dem Leichnam.» Vitus B. Dröscher referiert («Die freundliche Bestie. Neueste Forschungen über das Tier-Verhalten», Oldenburg, 1968, S. 16 ff) eine mündliche Mitteilung von A. Kortlandt, nach der ein Trupp wilder Schimpansen angesichts eines ausgestopften Schimpansenbalges Meideverhalten zeigte. Auf die Großaufnahme eines Schimpansenkopfes (ein Zooplakat) reagierten die Tiere ebenso mit blankem Entsetzen wie auf eine ganz kleine Schimpansenpuppe und deren Spiegelbild.

[39] Hansjosef Buchkremer, op. cit., S. 18 f

[40] ders. ibd., S. 23: «Interaktionelle Identifikation... bezieht sich auf je und je Besonderes an den Identifizierten. Des weiteren ist sie nicht unwillkürlich, sondern von grundsätzlich willkürlicher Absicht. Sie richtet sich darauf, sich Eigenschaften und Verhaltensweisen der Identifizierten durch nachvollziehende Übernahme für das eigene Repertoire anzueignen. Dabei verändert sich die identifizierende Person in Richtung der identifizierten.»

Anmerkungen zu Kapitel III

[1] Dazu Hermann Graml: «Reichskristallnacht. Antisemitismus und Judenverfolgung im Dritten Reich», München, 1988, S. 62 ff; ferner ausführlich im gleichen Sinne Gerd Göckenjan: «Das Pestregiment», in ‹Kursbuch›, Berlin, Nr. 94, November 1988, S. 68 ff, der im Zusammenhang mit den Begriffen Sauberkeit und Schmutz auch auf das vielfältig irrationale Vermeidungsverhalten gegenüber geistig Behinderten und körperlich Versehrten hinweist: «Man kann sie nicht ansehen, oder man hat Angst, nicht mehr wegsehen zu

können, und wechselt die Richtung; man tritt zur Seite, man geht etwas schneller, um sie nicht zufällig zu berühren. Jedenfalls sieht man sich vor eine Herausforderung gestellt, glaubt, sich ‹wappnen› zu müssen.»

2 Diese Zusammenhänge habe ich anderenorts ausführlich dargestellt: Gisela Bleibtreu-Eh-renberg: «Fragen Viren nach Moral? Unsere Schwierigkeiten mit den Geschlechtskrankhei-ten», in: Siegfried Rudolf Dunde, 1986, S. 45–71; bes. S. 57 ff: Zum Unterschied zwischen ‹sauber› und ‹rein›.

3 H. B. Gerard, op. cit., S. 253: Tiere und Menschen vermeiden negativ konditionierte Sti-muli unabhängig davon, ob die Konditionierung als solche sinnvoll oder sinnlos ist. – Zur Verbreitung stigmatisierender Ausstoßung: S. A. Richardson et al.: «Cultural Uniformity in Reaction to Physical Disabilities», in: American Sociological Review, 26, 1961, S. 241–246; A. Seywald: «Anstoßnahme an sichtbar Behinderten», Rheinstetten, 1980

4 S. dazu das Standardwerk von Clellan S. Ford/Frank A. Beach: «Das Sexualverhalten von Mensch und Tier», 2. Aufl., Berlin, 1960 (amerik. Originalausgabe «Patterns of Sexual Behavior», New York, 1951); ferner Gisela Bleibtreu-Ehrenberg: «Mannbarkeitsriten. Zur institutionellen Päderastie bei Papuas und Melanesiern», Berlin, 1980; dies.: «Der Weib-mann. Kultischer Geschlechtswechsel im Schamanismus. Eine Studie zur Transvestition und Transsexualität bei Naturvölkern», Frankfurt/M., 1984: Georg Denzler: «Die verbo-tene Lust. 2000 Jahre christliche Sexualmoral», München, 1988

5 Zu Einzelheiten s. Gisela Bleibtreu-Ehrenberg: «Vom Aufstieg der Befangenheit. Zur Se-xualhistorie des Abendlandes», in: Siegfried Rudolf Dunde (Hg.): ‹Wenn ich nicht lieben darf, dürfen's andere auch nicht›, Reinbek 1987, S. 149–184; Gordon Rattrey Taylor: «Wandlungen der Sexualität», Düsseldorf, 1957. S. dazu auch die Ausführungen von Sieg-fried Rudolf Dunde: «AIDS und Moral. Über ein psychologisches Problem», Frankfurt/M., Fischer-Taschenbuch Nr. 3532, 1989, S. 25 ff, 39–42 u. passim

6 Dies ist nicht der Ort, um die zeitlich lange Ausformung der betreffenden Jenseitsvorstel-lung zu diskutieren. Jedenfalls existiert nach katholischer lehramtlicher Ansicht die Hölle irgendwo ganz real; schüchterne theologische Überlegungen, ob sie, falls es sie denn wirk-lich geben sollte, wegen Gottes allumfassender Gnade dann nicht eigentlich leer sein müßte, stehen (wenigstens zur Zeit noch) allerdings im Ruch der Ketzerei.

7 Wolfgang Metzger, op. cit., S. 66: «Die völlige Vernunftwidrigkeit, mit der auch die harm-losesten Außenseiter, denen man nicht die leiseste Gefährlichkeit andichten kann (Leute mit Henkelohren, Stotterer, körperlich Geschädigte der verschiedensten Art), die wegen ihrer Auffälligkeiten nur Mitleid verdienen, erbarmungslos ausgestoßen werden, spricht für die Annahme von Rudolf Bilz, daß es sich um vormenschliche Verhaltensrückstände handelt.» Zum Werk von Bilz s. Anm. 12 unten. Über Mensch-Tier-Vergleiche hat Paul Overhage (op. cit., S. 76 ff) Wesentliches ausgeführt. Er weist darauf hin, daß taxonomisch weit von-einander entfernte Tierformen wie etwa Fische mit Säugern oder Vögel mit Säugern nicht verglichen werden sollten, weshalb sich zum Mensch-Tier-Vergleich am besten Affen und Menschenaffen eignen, da sie uns hinsichtlich ihrer besonderen Sinnesorgane und des Zen-tralnervensystems recht ähnlich sind. Freilich dürfen solche Vergleiche auch nicht überstra-paziert werden, denn «der Mensch hat niemals, weder stammesgeschichtlich noch indivi-duell in seiner Ontogenese, das Stadium etwa eines Schimpansen durchlaufen. Die heute lebenden Menschenaffen sind deshalb keine Vorfahren des Menschen, sondern eine eigene Entwicklungslinie, die schon im tiefen Miozän, wenn nicht noch früher, selbständig wurde.» Dennoch lasse sich darüber disputieren, in welchem Ausmaß ihr Verhalten als Hinweis oder Indikator für das Verhalten längst erloschener fossiler Formen dienen könne.

8 S. Wolfgang Michaelis: «Verhalten ohne Aggression? Versuch zur Integration der Theo-rien», Köln, 1976

9 W. Schönpflug: Beitrag ‹Meideverhalten› in Wilhelm Arnold: ‹Lexikon der Psychologie›, Bd. 2, Freiburg, 1980, S. 1347

10 Peter Meyer, op. cit., S. 33

11 Irenäus Eibl-Eibesfeld, 1975, S. 59

12 R. Bilz/N. Petrilowitsch: «Beiträge zur Verhaltensforschung. Aktuelle Fragen der Psycho-

logie und Neurologie», Basel, 1971; G. H. Neumann: «Normatives Verhalten und aggressive Außenseiterreaktionen bei gesellig lebenden Vögeln und Säugern», Opladen, 1981

[13] Gisela Maler-Sieber: «Verhaltensforschung. Eine Einführung», Gütersloh, 1982, S. 114 f

[14] Jane van Lawick-Goodall: «Wilde Schimpansen», Reinbek, 1975, S. 181–186 u. passim

[15] Konrad Lorenz, 1965, S. 167, schreibt zum Phänomen des Fellsträubens in Angstsituationen: «Es ist ein hübsches Beispiel einer im echten, phyletischen Sinne rudimentären Verhaltensweise, daß der Mensch im analogen Fall ‹einen Pelz sträubt, den er gar nicht mehr hat›. Die Reaktion wird durch ein sehr einfaches Beziehungssystem ausgelöst, man darf mit gutem Recht sagen ‹unglücklicherweise›, denn so wertvoll sie auch für den inneren Zusammenhalt von Sozietäten sein mag, so bringt doch die angeborene Unbelehrbarkeit ihres Ansprechens und mehr noch die Art der auslösenden Situation schwere Gefahren für die Menschheit mit sich.»

[16] Wolfgang Metzger, op. cit., S. 21 ff

[17] In seinem Anm. Nr. 12 dieses Kapitels erwähnten Werk

[18] Wolfgang Metzger, op. cit., S. 66 f, bringt einige schlimme Beispiele.

[19] Rüdiger Lautmann, 1988, S. 1291

[20] Peter Rölke, op. cit., S. 353

[21] Wolfgang Wieser: «Die Korruption einer Wissenschaft. Zur Lage der Verhaltensforschung», in: ‹Merkur›, XXIX. Jg., 1975, Teil I: Heft 329, S. 907 ff, Teil II: Heft 330, S. 1022 ff

[22] Roland Sossinka, op. cit., S. 156

[23] Nach Albert Bandura, op. cit., S. 238. Zur rituellen Verunmenschlichung s. C. Geertz: «Ethos, World-View and the Analysis of Sacred Symbols», in: E. A. Hammel/S. Simmons (Hg.): ‹Man Makes Sense. A Reader in Modern Cultural Anthropology›, Boston, 1970

[24] Hermann Graml, op. cit., S. 70, Josef Rattner, op. cit., S. 136 u. passim

[25] Gisela Bleibtreu-Ehrenberg, 1987, S. 175 f

[26] Hermann Graml, op. cit., S. 73 f

[27] Wilfried Daim: «Der Mann, der Hitler die Ideen gab», Wien, 1985, S. 287 ff und passim macht zu einem großen Teil dafür das wirre Gedankengebäude eines österreichischen Spinners verantwortlich, dessen ‹Werke› der junge Hitler im Männerheim gelesen habe. Es handelt sich um den entlaufenen Zisterziensermönch Jörg Lanz, der in zahllosen, höchst verbreiteten Pamphleten die sogenannte nordische Rasse pries und die ihr nicht entsprechenden Rassen und Individuen als Nachkommen von ‹Äfflingen› und ‹Tschandalen› kategorisierte. Lanz hatte auch höchsten Einfluß auf den Dichter Strindberg (s. August Strindberg: «Ein Blaubuch. Synthese meines Lebens», Verlag Georg Müller, München/Leipzig, 1908, S. 242).

[28] Adolf Hitler: «Mein Kampf», Jubiläumsausgabe, München, 1939, S. 394

[29] Heinz E. Wolf, op. cit., S. 94

[30] Peter Rölke, op. cit., S. 357, 360

[31] Rüdiger Lautmann, 1988, S. 1292

[32] Reinhold Bergler, op. cit., S. 132, 248

[33] Earl E. Davis, op. cit., S. 56 f

[34] Heinz E. Wolf, 1979, S. 14 ff und passim mit vielen weiterführenden Hinweisen und Literaturangaben

[35] Zu verweisen ist z. B. auf den Skeptiker Sextus Empiricus, der im zweiten nachchristlichen Jahrhundert lebte (s. Eugen Pappenheim: «Des Sextus Empiricus Phyrrhoneische Grundzüge», Leipzig, 1877).

[36] Henri Tajfel, 1982, S. 182 f; Peter Rölke, op. cit., S. 350 ff

[37] Beispielhaft dafür die Meidevorschriften im Alten Testament, mit denen man Aussätzigen begegnete: Der Priester hat aufgrund im Text genau angegebener Symptome zu diagnostizieren, wer wirklich aussätig ist oder nur hautkrank, wer abgesondert werden muß und wer nicht, und welche Umstände vorliegen müssen, damit der Kranke wieder in die Gemeinschaft zurückkehren darf (3. Buch Mose, 13.1–14.55).

[38] Der ‹locus classicus› für das Tat-Folge-Denken findet sich im A. T. (2. Könige, 5.1 und

2. Samuel 24): König Ussia will persönlich vor dem Altar Räucherwerk verbrennen, obwohl diese kultische Tätigkeit der Priesterschaft vorbehalten ist. Gott straft ihn für seine Unbotmäßigkeit, indem er ihn unmittelbar nach der rituellen Freveltat aussätzig werden läßt. – Selbstverständlich haben Menschen in naturvölkischen Gesellschaften und in den frühen Hochkulturen immer auch bestimmte Heilmittel gekannt und angewandt, die nach unserem heutigen Wissen durchaus geeignet waren, wirklich zu helfen: Kräuter, Mineralien usw. Doch verabreicht wurden sie regelmäßig ausschließlich im Kontext von zauberischen oder religiösen Handlungen, die als eigentlich wesentlich verstanden wurden. Selbst als man die ersten zaghaften Versuche zu einem naturwissenschaftlichen Denken in der europäischen Antike versucht, gehen Erfahrungswissen im modernen Sinne und Aberglaube weiter durcheinander; die mittelalterliche Alchemie ist ein gutes Beispiel dafür, wie lange das Denken gebraucht hat, um sich von präwissenschaftlichen Deutungen freizumachen.

39 Ausführliche Beispiele für den Zusammenhang zwischen nomischem Denken und Schuldzuweisung an Sündenböcke und Blitzableiter in Gisela Bleibtreu-Ehrenberg, 1981, Kap. V und passim

40 Gerd Göckenjan, op. cit., S. 69 ff

41 Howard S. Becker, op. cit., S. 39

42 Hier sei nur ihr letztes Buch genannt: Alice Miller: «Das verbannte Wissen», Frankfurt/M., 1988

43 Erhard Künzel: «Angst und Angstabwehr in der menschlichen Gemeinschaft», in: K. H. Hartmann: ‹Vorurteile, Ängste, Aggressionen›, ausgewählte Beiträge aus der Reihe Politische Psychologie, Frankfurt/M., 1975, S. 132; Aenne Ostermann/Hans Nicklas, op. cit., S. 31 betonen die Bedeutung des jeweiligen gesellschaftlichen Umfeldes, in dem ein Kind erzogen wird: «Es geht nicht nur um den Erziehungsstil als das intentionale Erziehungsverhalten der Eltern, sondern um den gesamtgesellschaftlichen Kontext, in dem das Kind aufwächst. Die Familie ist kein gesellschaftsfreier Raum, sondern ‹Agentur der Gesellschaft›, d. h., sie ist der gesellschaftlichen Dynamik unterworfen, die sich unabhängig vom einzelnen und über ihn hinweg durchsetzt.»

44 Peter Rölke, op. cit., S. 359

45 Das antisemitische Vorurteil ist bei uns inzwischen längst nicht mehr so virulent wie ehedem; an seine Stelle sind zeitgemäße getreten, etwa gegen Türken. Wo sie in starkem Umfang auftreten (s. etwa Beispiele bei Manfred Markefka, op. cit., passim) kann davon kindliches Verhalten nicht unbeeinflußt bleiben.

46 Mark Snyder: «Warum Vorurteile sich immer bestätigen lassen», in: ‹psychologie heute›, Weinheim, Juli 1983, S. 56

47 Heiner Flohr: «Unsere biokulturelle Natur. Für die Beachtung der Biologie bei der Erklärung menschlichen Sozialverhaltens», in: Agnes Elting (Hg.): ‹Menschliches Handeln und Sozialstruktur. Leonhard Lowinski zum 60. Geburtstag›, Opladen, 1986, S. 49–65, -hier-: S. 58

48 Heinz E. Wolf, 1979, S. 14, 92 ff referiert eindrucksvolle Beispiele zum Abbau von Antisemitismus: «Die überwiegende Mehrzahl der Interviewten war dem Nationalsozialismus früher ideologisch enger verbunden gewesen und hatte sich nach Kriegsende in der Situation der Verfehmten erlebt. Grund genug also, aus Verbitterung erst recht an früheren Vorstellungen festzuhalten. Instruktiv war, daß sehr viele Befragte mehrfach betonten, noch niemals sachlich über diese Probleme hätten sprechen zu können.»

49 Anitra Karsten, op. cit., S. 128

50 Aenne Ostermann/Hans Nicklas, op. cit., S. 51

51 Reinhold Bergler, 1984, S. 252

52 Peter Rölke, op. cit., S. 338

53 Anitra Karsten, op. cit., S. 8, 127 f

54 Aenne Ostermann/Hans Nicklas, op. cit., S. 52. Kritische Stimmen wurden schon früh laut, s. etwa: Y. Amir: «Contact Hypothesis in Ethnic Relations», in: ‹Psychological Bulletin›, 71, 1969, S. 319–342; W. G. Stephan: «School Desegration. An Evaluation of Predictions Made in Brown v. Board of Education», in: ‹Psychological Bulletin›, 85, 1978, S. 217–238

55 Bernd Schäfer/Bernd Six: «Sozialpsychologie des Vorurteils», Stuttgart, 1978, S. 294
56 Wolfgang Metzger, op. cit., S. 95
57 R. D. Ashmore: «Solving the Problem of Prejudice», in: B. E. Collins (Hrsg.): ‹Social Psychology›, Reading (Mass.), 1970, S. 297–339
58 Peter Rölke, op. cit., S. 336
59 M. Fishbein/I. Ajzen: «Belief, attitude, intention and behavior. An introduction to theory and research», Reading (Mass.), 1975
60 Falls die Meinungsführer im Sozialisationsfeld Schule selbst Vorurteile haben, beeinflussen sie damit die Schüler negativ; Bemühungen zum Vorurteilsabbau müssen sich darum auf die Lehrer konzentrieren (nach Harold B. Gerard, op. cit., S. 261 f).
61 Wenn ich hier nicht die Greueltaten des Nazi-Regimes einbeziehe, dann deshalb, weil ich der Ansicht bin, daß es sich bei deren Ursachen nicht um bloße Vorurteile gehandelt hat, sondern um aus Vorurteilen erwachsene kollektive Wahnvorstellungen, die Vergleichbares nur in vordem religiös intendierten ‹Bewegungen› besitzen, z. B. im Hexenwahn.
62 Nach Wolfgang Metzger, op. cit., S. 100 ff
63 Zwischenbericht, S. 54
64 Reinhold Bergler, 1984, S. 246
65 Manfred Markefka, op. cit., S. 84
66 Bernd Schäfer/Bernd Six, op. cit., S. 294
67 Gordon W. Allport, 1971, S. 99 und passim
68 Peter Rölke, op. cit., S. 360
69 Albert Bandura, 1973, S. 50
70 Anitra Karsten, op. cit., S. 127
71 Jeanne Watson: «Some social and psychological situations related to change in attitude», in: ‹Human Relations›, 1950, Nr. 3, S. 15–56
72 Rolf Rosenbrock: «AIDS und präventive Gesundheitspolitik», in: ‹Veröffentlichungsreihe des Internationalen Instituts für Vergleichende Gesellschaftsforschung/Arbeitspolitik des Wissenschaftszentrums Berlin, IIVG/pre86–210, 1986, S. 20 f
73 Rüdiger Lautmann: Stichwort ‹Soziale Vorurteile›, in ‹Staatslexikon›, 7. Aufl., Freiburg, Bd. 4/1988, S. 1290 f
74 So der damalige Justizminister Dr. Ehmke (SPD); nachzulesen im Sitzungsbericht der 230. Sitzung des Deutschen Bundestages, S. 12 789. S. ferner: Entwurf zur Reform des Strafrechts in der Bundestagsdrucksache V/4094, S. 30–33
75 Ausführungen von Beate Leopold, Sozialpädagogisches Institut Berlin, zum Thema «Frauen und AIDS – die besondere Betroffenheit drogenabhängiger Frauen» anläßlich der Öffentlichen Anhörung der Enquete-Kommission ‹AIDS› des Deutschen Bundestages am 14.11.88
76 Ausführungen von Stefanie Klee, Mitarbeiterin des Projektes «Hydra. Treffpunkt und Beratung für Prostituierte» anläßlich der Öffentlichen Anhörung der Enquete-Kommission ‹AIDS› des Deutschen Bundestages am 15.10.87

Anmerkungen zu Kapitel IV

1 Gerd Göckenjan, op. cit., S. 84; J. Delumeau: «Die Angst im Abendland», Bd. 1, Reinbek, 1985, S. 182
2 S. Anm. 38 im Kap. III sowie die Anweisungen im 3. Buch Mose (Levitikus), Vers 13.1–14.55
3 Mirko D. Grmek: «AIDS und das Problem der neuen Krankheiten», in: Ernst Burkel (Hg.): ‹Der AIDS-Komplex›, Berlin, 1988, S. 40
4 Hans Halter: «Todesseuche AIDS. SPIEGEL-Buch», Reinbek, 1985, S. 120
5 Einzelheiten zu diesen Zusammenhängen s. Gisela Bleibtreu-Ehrenberg, 1981, S. 258 und passim
6 Gerd Göckenjan, op. cit., S. 76
7 Während der Pest des Kaisers Justinian tritt die Schuldzuweisung für das Auftreten der

Seuche als Resultat von ‹Gottes Zorn› erstmals im Abendland auf; der Kaiser hat sie selbst in die Welt gesetzt. Er stigmatisierte in eigens dafür geschaffenen Gesetzen Homosexuelle und ‹andere Gottesleugner› als Blitzableiter dafür; in meinem Buch «Tabu Homosexualität», bes. Kap. V, 2.b (ab S. 188) habe ich ausführlich dargelegt, wie es dazu kam.

8 Gerd Göckenjan, op. cit., S. 80f
9 Zu Einzelheiten s. Gisela Bleibtreu-Ehrenberg, 1981, ab S. 253 (VI. Kapitel)
10 Hans Halter, op. cit., S. 106
11 Das ‹Versenken im Faß› war eine typische Strafe für Zauberer und Sodomiten, s. Gisela Bleibtreu-Ehrenberg, 1981, S. 23 ff; die gedankliche Brücke zwischen Hexern und Juden ist offenbar der gegen beide ständig geäußerte Verdacht der Giftmischerei gewesen.
12 Mirko D. Grmek, op. cit., S. 41 f
13 Das Wissen um dieses Faktum ist seltsamerweise bei den meisten modernen Ärzten völlig geschwunden. Doch vor der Entdeckung des Salvarsan war es Allgemeingut, und viele noch heute virulente Ekelregungen (öffentliche Toiletten etc.) gehen darauf zurück, weil das einmal gelernte Meideverhalten weitergelehrt wird, obwohl die Gefahr inzwischen durch gute Behandlungsmöglichkeiten (Penicillin) minimiert ist.
14 Rolf Wienau: «Amors vergiftete Pfeile», in: ‹Kursbuch›, 84, 1988, S. 116ff; ferner sehr ausführlich Werner Danckert, op. cit., Kap. ‹Freie Töchter›, S. 146–164
15 Ein Nebeneffekt dieses Verschwindens war ein massiver Rückgang der Reinlichkeit insgesamt, zumal das Besuchen eines Bades ja nie unbedingt ausschließlich der Reinigung gedient hatte. Moralisches Wettern gegen die Bäder ist zweifellos auch oft mißverstanden worden; bekanntlich wurde vielerorts noch vor ein paar Jahrzehnten verlangt, daß junge Leute nie nackt baden dürften – nicht einmal in der eigenen Badewanne.
16 Henry Glass: «Von neun waren sieben, so die Franzosen hatten», in: Hans Halter, op. cit., S. 90
17 Der gesamte Fragenkreis ist ausführlich behandelt in Gisela Bleibtreu-Ehrenberg: «Fragen Viren nach Moral? Unsere Schwierigkeiten mit den Geschlechtskrankheiten», in: Siegfried R. Dunde (Hg.): ‹AIDS – was eine Krankheit verändert›, Frankfurt/M., 1986, S. 45–71
18 Nach Henry Glass, op. cit., S. 87, bedauerte der bekannte Humanist Erasmus von Rotterdam, daß man die ersten Syphilitiker nicht verbrannt habe, um so das Heil der ganzen Welt zu bewahren, und er schlug vor, die Kranken zu kastrieren, um ihnen die Weitergabe des Leidens unmöglich zu machen.
19 S. zu dem Persistieren der nomischen Straf-Vorstellung trotz der durch Salvarsan nun gegebenen Heilungsmöglichkeit Rolf Wienau, op. cit., S. 119: «Obwohl damit zum ersten Mal ein wirksames Medikament gefunden war, ging die Durchseuchung mit der Syphilis nur langsam zurück. Nicht nur wegen seiner Nebenwirkungen führte das Salvarsan zu Diskussionen, sondern man warf Ehrlich auch vor, er würde dem lieben Gott ins Handwerk pfuschen und die Strafe für sexuelle Verfehlungen mit seinem Salvarsan beseitigen.»
20 Henry Glass, op. cit., S. 91 f; Gisela Bleibtreu-Ehrenberg, 1986, S. 60 ff
21 Längere Ausführungen inklusive Ableitung des Reinheitsbegriffs aus der vorchristlich-hellenistischen Antike bei Gisela Bleibtreu-Ehrenberg, 1986, S. 50 ff
22 Die ständige Inanspruchnahme des 6. Gebots für die Forderung nach sexueller Reinheit ist moraltheologisch nicht haltbar. S. zu dem Fragenkomplex etwa die katholische Stimme von Herbert Mölle/Hans-Josef Wilting/Wilhelm Wölting: «Die Zehn Gebote. Alttestamentliche, moraltheologische und religionspädagogische Zugänge zum Dekalog», September 1983, Religionspädagogische Beiträge, herausgegeben vom katechetischen Institut des Bistums Essen
23 Georg Denzler, op. cit., S. 47 f
24 Siegfried Rudolf Dunde: «Positiv weiterleben. Seelische Selbsthilfe bei HIV-Infektion», Frankfurt/M., 1988, S. 98
25 Siegfried Rudolf Dunde: «AIDS: Gedanken zu ethischen Grundlinien», in: ‹Wege zum Menschen›, 40. Jg., 2/1988, Frankfurt/M., S. 113
26 Volkmar Sigusch: «Es war immer ein Wagnis, Ekstase zu suchen», in: ‹AIDS. Stern-Report›, Hamburg, 1987, S. 59

27   Thomas Gorsboth/Bernd Wagner: «Die Unmöglichkeit der Therapie. Am Beispiel der Tu-
     berkulose», in: ‹Kursbuch›, op. cit., ab S. 123
28   Zwischenbericht, S. 117
29   Zwischenbericht, S. 102, 108; Seit 1985 fast ausgeschlossen ist das Infektionsrisiko durch
     Bluttransfusionen u. Gerinnungspräparate in Ländern mit kontrolliertem Blutspendewesen.
30   Zwischenbericht, S. 103
31   S. etwa eine Mitteilung in ‹Fortschritte der Medizin›, 105. Jg., 1987, 34, S. 13, wonach die
     Forschergruppe um G. Seage, Boston, in einer Gruppe von 93 homosexuellen Männerpaa-
     ren trotz Ansteckung jeweils eines Partners bei 62 Prozent einen testnegativen anderen
     Partner fand, ohne daß Safer Sex ausgeübt wurde. In einem Referat im Rahmen einer Fort-
     bildungsveranstaltung für niedergelassene Ärzte in Bonn am 4. 3. 89 führte Bernd S. Kamps
     u. a. aus, daß ca. 50 Prozent der Ehepartner von infizierten Blutern sich trotz ungeschützten
     Sexualverkehrs nicht angesteckt hatten.
32   Georg Hilger: «AIDS und Religionsunterricht», in: ‹ru.Zeitschrift für die Praxis des Reli-
     gionsunterrichts›, 3/1988, Stuttgart, S. 89 ff
33   Dr. Jan Leidel, Leiter des Gesundheitsamtes der Stadt Köln, in der Öffentlichen Anhörung
     der Enquete-Kommission ‹AIDS› des Deutschen Bundestages am 29. 9. 87
34   Professor Dr. med. Bertino Somaini, Vizedirektor des Bundesamtes für Gesundheitswesen,
     Bern, in der Öffentlichen Anhörung der Enquete-Kommission ‹AIDS› des Deutschen Bun-
     destages am 15. 10. 87
35   Dr. habil. Rolf Rosenbrock, Wissenschaftszentrum Berlin, in der Öffentlichen Anhörung
     der Enquete-Kommission ‹AIDS› des Deutschen Bundestages am 14. 11. 88
36   Margit Conrad MdB in der in Anm. 33 genannten Anhörung
37   Professor Dr. med. Bernd Belohradsky, Universität München, in der in Anm. 35 genannten
     Anhörung
38   Professor Dr. med Eilke Brigitte Helm, Zentrum der Inneren Medizin, Frankfurt, in der in
     Anm. 35 genannten Anhörung
39   Dorothea Thünken, Dipl.-Psychol., Universitäts-Kinderklinik Düsseldorf, in der in
     Anm. 35 genannten Anhörung
40   Bernd Belohradsky in der in Anm. 35 genannten Anhörung
41   Rolf Rosenbrock in der in Anm. 35 genannten Anhörung
42   Priv. Doz. Dr. med. Ilse Grosch-Wörner, Universitäts-Kinderklinik Berlin, in der in
     Anm. 35 genannten Anhörung; s. ferner Bericht der ‹Frankfurter Allgemeinen Zeitung›
     vom 22. 3. 88, S. 10, über das Treffen der damaligen Gesundheitsministerin Rita Süssmuth
     mit Professor Robert Gallo in Bonn; Frau Süssmuth sah die größte Gefahr der Weiterver-
     breitung von HIV durch die Gruppe der Drogenabhängigen gegeben, die Beschaffungspro-
     stitution praktizieren und sprach davon, «daß neuerdings wieder von interessierter Seite ins
     Spiel gebrachte Spekulationen über zusätzliche Infektionswege jeglicher Grundlage ent-
     behren». Diese beruhten allein darauf, daß in der Medizin Hypothesen über theoretische
     Infektionswege nicht mit hundertprozentiger Sicherheit zu widerlegen seien.
43   Eilke Brigitte Helm in der in Anm. 35 genannten Anhörung: «Wir haben am Anfang bei der
     Aufklärung den Nichtbetroffenen viel zu oft etwas Falsches gesagt.»
44   Dr. Dieter Hohenadel: «Viele Radfahrer-Karrieren beginnen zu früh. Schon Vierjährige
     strampeln zwischen Autos herum – Eltern unterschätzen das Risiko», in: ‹Frankfurter All-
     gemeine Zeitung›, Rubrik Technik und Motor, vom 1. 11. 88; ders.: «Der Blick aus dem
     Küchenfenster genügt nicht», in: ‹Frankfurter Allgemeine Zeitung›, 28. 8. 84; Gisela Bleib-
     treu-Ehrenberg: «An der Realität vorbei. Jugendschutz und Vorurteil», in: ‹Der Monat›,
     Neue Folge, Nr. 293, Weinheim, 1984, S. 159–174
45   Bundesgesundheitsamt: Entwurf einer Anlage zu der Richtlinie «Erkennung, Verhütung
     und Bekämpfung von Krankenhausinfektionen», Kommissions-Arbeitsunterlage Nr. 94,
     S. 1; Rolf Rosenbrock: «HIV-Positivismus. Plädoyer für die Einhaltung der Kunstregeln»,
     Kommissions-Drucksache Nr. 58, bes. S. 15 f
46   C. Flotho/H. Fassl/H. Hettwer: «AIDS-Prävention und öffentlicher Gesundheitsdienst»,
     in: ‹Öffentliches Gesundheitswesen›, Stuttgart, 50, 1988, S. 641–646, bes. S. 641

47 Zwischenbericht, S. 175: «Die Vermeidung eines Infektionsrisikos beim medizinischen Personal bildet keinen strafrechtlichen oder zivilrechtlichen Rechtfertigungsgrund für den HIV-Antikörpertest.»

48 Jan Leidel in der in Anm. 33 genannten Anhörung

49 Rolf Rosenbrock, Kommissions-Arbeitsunterlage Nr. 6, S. 3; über die Brauchbarkeit des Pearl-Indexes für die Effektivitätsvorhersage beim Kondomgebrauch zum AIDS-Schutz recht skeptisch Knut O. K. Hoffmann: «Wie sicher ist das Kondom?», in: ‹Zeitschrift für Allgemeinmedizin›, 7/1988, S. 39–43, S. 41: Epidemiologische Berechnungen zeigten eine über hundertfache Schutzwirkung gegen eine HIV-Übertragung bei Kondombenutzung gegenüber dem ungeschützten Geschlechtsverkehr.

50 Prof. Dr. Ulrich Clement, Psychosomatische Klinik, Heidelberg, in der in Anm. 33 genannten Anhörung

51 «Nur selten sicher genug», in: ‹test›, Nr. 7, 1987, S. 60ff

52 Knut M. Wittkowski: «Über die Bedeutung von Detergentien für die HIV-Prophylaxe unter Heterosexuellen», in: ‹AIDS-Forschung›, Juli 1988, S. 1ff

53 Kommissions-Arbeitsunterlage 183, S. 15

54 Manfred Bruns et al., Kommissions-Arbeitsunterlage Nr. 122;

55 Ulrich Clement in der Diskussion anläßlich der in Anm. 33 genannten Anhörung

56 Bertino Somaini in der in Anm. 34 genannten Anhörung; er fügte seinen Ausführungen hinzu: «Wir sagen, eine Hepatitis-B-Impfung schütze, obwohl wir wissen, sie schützt nur zu 96 Prozent... Wir wissen alle, sie schützt nicht in hundert Prozent der Fälle. Dann müssen wir sehen, welche Maßnahmen wir den vier Prozent zusätzlich empfehlen. Wir tun dies also bei anderen Impfkampagnen. Mein Standpunkt geht einfach dahin: Die Kondome schützen sehr sicher.» Zu diesem Fragenkreis informativ ferner Jan Leidel: «Parallelen von AIDS zu Hepatitis B», Kommissions-Arbeitsunterlage Nr. 37 vom 14.9.1987

57 s. Zeitschrift ‹test›, 7/87, S. 63

58 Bruns et al., Kommissions-Arbeitsunterlage Nr. 113, S. 6: «Die ungeteilte Verantwortung aller muß Leitlinie der ganzen AIDS-Politik sein. Infizierte und Gesunde tragen beide Verantwortung dafür, daß niemand infiziert wird. Nur durch ein verantwortungsbewußtes Verhalten aller kann man die Krankheit AIDS überhaupt in den Griff bekommen.» Siegfried Rudolf Dunde: «Positiv weiterleben. Seelische Selbsthilfe bei HIV-Infektion», Frankfurt/M., 1988, S. 102: «Es gibt keinen umfassenden Schutz, der gegeneinander durchgesetzt wird, sondern nur ein gemeinsames Handeln, das die Bedürfnisse aller in Rechnung stellt und von der Mitwirkung aller Gruppen am Gesamtgeschehen ausgeht.»

59 Frank Rühmann: «AIDS. Eine Krankheit und ihre Folgen», 2. Aufl., Frankfurt/M., 1985, S. 184; Bernd Schumann: «Einer macht mobil», in: ‹Gay-Express›, 13. Jg., 1/1986, S. 3: «Cameron hat der Schwulenbewegung in Amerika bei ihren Bemühungen um die Teilnahme an bzw. Erweiterung von Bürgerrechten schweren Schaden zugefügt. Er ist inzwischen von der Mitgliedschaft in der Amerikanischen Psychologischen Gesellschaft (APA) ausgeschlossen. Andere Organisationen von Psychologen und Soziologen haben kritische Resolutionen gegen ihn veröffentlicht und Schwule versuchen, die Medien zu beeinflussen, ihn zu ignorieren oder – besser noch – als Schwindler zu entlarven. Was Camerons Zerrbilder über Schwule jedoch an den Tag gebracht haben, ist die Wahrheit über einen großen Teil der amerikanischen Gesellschaft, der man offensichtlich alles auftischen kann, wenn man über genügend Rhetorik verfügt.»

60 Nach Manfred Bruns, Kommissions-Arbeitsunterlage Nr. 286, S. 2; ders.: «Staatliche Gesundheitsfürsorge und Eigenverantwortung», in: Jürgen Miksch/Raul Niemann (Hg.): ‹Positiv? Negativ?›, Gütersloh, 1988, S. 84ff, hier: S. 88; nach Rolf Rosenbrock: «Im Selbstlauf bewegt sich nichts...», in: ‹VOR-SICHT›, 3. Jg., Heft 7, 1988, Berlin, S. 10f findet sich in der Geschichte kein Beispiel dafür, daß eine übertragbare Krankheit, namentlich eine durch Geschlechtsverkehr übertragbare, erfolgreich mit Mitteln des Polizei- und Seuchenrechts bekämpft worden ist.

61 R. A. Siegfried de Witt in der Öffentlichen Anhörung der Enquete-Kommission ‹AIDS› des Deutschen Bundestages am 10.1.1989

274 Anmerkungen zu Kapitel IV

62   Hans D. Pohle/Dieter Eichenlaub: «Kann die weitere Ausbreitung von AIDS verhindert
     werden?» in: ‹AIDS-Forschung›, 2. Jg., München, 3/1987, S. 119 f. Die Autoren re-
     ferieren einen Aufsatz von Gerd G. Frösner: «Wie kann die weitere Ausbreitung
     von AIDS verlangsamt werden?» in: ‹AIDS-Forschung›, 2. Jg., Heft 1, S. 61–63. Ähn-
     lich wie Frösner argumentiert K. D. Bock: «AIDS, die unbewältigte Herausforderung», in:
     ‹AIDS-Forschung›, 2. Jg., 1987, S. 357; s. außerdem Gerd G. Frösner in der Kommissions-
     Arbeitsunterlage Nr. 341 vom 31.12.88. – Die Forderung nach absoluter Sicherheit impli-
     ziert auch die nach absoluter Konsequenz; zu diesen Zusammenhängen s. Wolfgang Metz-
     ger, op. cit., S. 30 f mit Gedanken zum Image des ‹Übermannes›, das in der westlichen
     Gesellschaft bis vor kurzem gepflegt wurde und bei dem Meinungsänderungen leicht als
     ‹Wankelmütigkeit› oder Mangel an Charakter galt.
63   Prof. Dr. Dr. Horst-Eberhard Richter, Direktor Medizinisches Zentrum für psychosomati-
     sche Medizin, Universität Gießen, in der in Anm. 33 genannten Anhörung
64   Süssmuth, Rita: «AIDS. Wege aus der Angst», Hamburg, 1987, S. 26 f
65   Horst-Eberhard Richter in der in Anm. 33 genannten Anhörung. Des weiteren führte er
     u. a. aus: «Sobald eine politische Richtung in dieser Weise der Öffentlichkeit noch sichtba-
     rer wird als heute, dann besteht die Gefahr, daß erhebliche Teile der Bevölkerung darauf
     hereinfallen, mitmachen und sagen: Ja, das leuchtet mir ein. Man muß doch mehr kämp-
     fen, man muß die Leute mehr greifen und ausschalten und die Gesunden, Anständigen
     gegen diese Typen da, diese Schwulen, Prostituierten und Fixer, mehr schützen. Wir Gesun-
     den haben auch ein Recht darauf, daß man die ausschaltet und unschädlich macht. Und
     dann kommt etwas an Psychologie in die Bevölkerung, woran sich manche meiner Genera-
     tion erinnern.» Frank Rühmann, op. cit., S. 187, schreibt, daß sich bei nicht wenigen Men-
     schen aufgrund vieler allgemeiner Ängste seit den siebziger Jahren Angstvorstellungen
     eines drohenden sozialen Chaos im Bewußtsein festgesetzt hätten: «Sie sind der unbewußte
     Reflex auf die gesellschaftlichen Unsicherheiten. In einem gewissen Sinn kann man dabei
     von einer Regression sprechen, die den Wunsch nach Wiederherstellung alter Sicherheiten
     evoziert.»
66   Johannes Gründel: «AIDS und die ethische Problematik», in: August Wilhelm v. Eiff/
     Johannes Gründel: ‹Von AIDS herausgefordert›, Freiburg, 1987, S. 97
67   Felix Herzog: «Das Strafrecht im Kampf gegen ‹AIDS-Desperados›», in: Ernst Burkel, op.
     cit., S. 329
68   Hans D. Pohle/Dieter Eichenlaub, op. cit., S. 119
69   Horst-Eberhard Richter in der in Anm. 33 genannten Anhörung
70   Harold B. Gerard, op. cit., S. 257; zu dem fraglichen Phänomen der Schutzbedürftigkeit
     schreibt Frederick Mayer in: «Vorurteil – Geißel der Menschheit», Freiburg, 1975, S. 85:
     «Die Gefahr, daß man nach einem mächtigen Führer ruft, ist dann besonders groß, wenn
     die täglichen Schwierigkeiten undurchschaubar und übermächtig werden... in allen Teilen
     der Welt können durch diese Mechanismen Diktatoren groß werden.»
71   Arthur Kreuzer, Professor für Kriminologie, Jugendstrafrecht und Strafvollzug an der Uni-
     versität Gießen nannte in der Öffentlichen Anhörung der Enquete-Kommission ‹AIDS› des
     Deutschen Bundestages am 13.12.1988 als Beispiele dafür folgende Code-Worte: Drogen,
     Terrorismus, Asylantenschwemme, AIDS und warnte davor, daß rechtsstaatliche Sicherun-
     gen durchzubrennen drohten, wenn Methoden der Bekämpfung a priori zulässig schienen,
     ohne strenger auf Erfolgsaussicht, Nachteile und rechtsstaatliche Absicherung geprüft zu
     sein.
72   Johannes Gründel im August Wilhelm v. Eiff/Johannes Gründel, op. cit., S. 81
73   Diese Überlegungen verdanke ich der sehr empfehlenswerten Schrift von Mill Majerus:
     «AIDS – unsere Verantwortung», herausgegeben vom Deutschen Katecheten-Verein e. V.,
     München, 1988» (bes. S. 27), die ich hier stark verkürzt wiedergegeben habe; dasselbe gilt
     hinsichtlich der Ausführungen von Frank Rühmann, 1985, S. 187–191
74   Zitat und Gedanken über diese Nichtbetroffenheits-Illusion entstammen dem Aufsatz von
     Rolf Degen: «Die Illusion: ‹Mich trifft es nicht!›», in: ‹psychologie heute›, Heft 10, 1988,
     bes. S. 50 f

75 Marlies Prigge: «Ich habe mich angesteckt», in: Klaus Lempke (Hg.): ‹STERN-Report›, 1. Aufl., Hamburg, 1987, S. 139

76 Volkmar Sigusch, ‹STERN-Report›, S. 50

77 Horst-Eberhard Richter in der in Anm. 33 genannten Anhörung sowie in Kommissions-Arbeitsunterlage Nr. 45, S. 4

78 Manfred Bruns et al. in Stellungnahme zu der in Anm. 33 genannten Anhörung, Kommissions-Arbeitsunterlage Nr. 113

79 Horst-Eberhard Richter, Kommissions-Arbeitsunterlage Nr. 45, S. 5

80 Der Gebrauch des Wortes ‹Desperado› ist übrigens nicht einheitlich, was die Diskussion zuweilen verwirrt. Im Zwischenbericht, S. 251, wird Desperadoverhalten im Zusammenhang mit AIDS als ‹absichtliche Weitergabe der HIV-Infektion› definiert; in den «Notizen zum Kongreß AIDS» in Wiesbaden am 13./14. 4. 1988, abgedruckt in: ‹Retrovir-Kongreß-Service› wird jedoch deutlich, daß darunter umgangssprachlich offenbar z. T. einfach leichtsinnig-unbedachtes Verhalten verstanden ist, d. h. ohne jede feindselige Absicht. In der Kommissions-Drucksache Nr. 58 (Sept. 1988) schreibt Rolf Rosenbrock zu diesem Thema, daß sich eine offenbar verschwindend geringe Gruppe positiv Getesteter nach dem Test trotz aller Aufklärung riskanter als vorher verhielten: «Sie sind unter dem hier diskutierten Aspekt weniger als ‹Kriminelle› und ‹Desperados› zu betrachten, sondern das iatrogene Ergebnis eines nicht fundierten ‹Therapiekonzepts›.»

81 Hans D. Pohle/Dieter Eichenlaub, op. cit., S. 120; Peter Atteslander/Christiane Bender: «AIDS und das Risiko der Intimität», in: Ernst Burkel, op. cit., S. 144–165, hier: S. 160f

82 Felix Herzog, op. cit., S. 348f u. passim; ebenso Rolf Rosenbrock, Kommissions-Drucksache Nr. 58, bes. S. 11 u. Anm. 11 u. 12 auf S. 23f

83 Johannes Gründel in August Wilhelm v. Eiff/Johannes Gründel, op. cit., S. 64: «Allerdings ist der Preis für unsere Freiheit und Verantwortung nicht gering. Hier müssen Mißbräuche in Kauf genommen werden; denn eine Gesellschaft, die nur mit Zwang Wohlverhalten und sittliche Korrektheit zu erreichen versucht, dürfte dem Gelingen menschlichen Lebens noch abträglicher sein als jenes Regime, in dem zwar eine größere Freiheit vorhanden ist, diese aber des öfteren mißbraucht wird. Hier einen rechten Mittelweg zu finden, bleibt uns stets neu aufgegeben.»

84 Wolfgang Metzger, op. cit., S. 31

85 Rolf Rosenbrock. Kommissions-Arbeitsunterlage Nr. 388 vom 21. 2. 89; im gleichen Sinne Siegfried Rudolf Dunde ‹Positiv weiterleben›, S. 98: Die Wissenschaft ist nicht unbeteiligt an den Ängsten vor Krankheitsausbruch, immer wieder werden abenteuerliche Hochrechnungen erstellt, wonach angeblich ganz sicher 100 % aller Infizierten binnen der kommenden Jahre sterben müßten; es werden ‹Stadienlehren› aufgestellt, wonach die Menschen von Stadium o oder 1a (bloße Zugehörigkeit zu einer ‹Risikogruppe› bei eigener Gesundheit) bis zum Stadium 4 oder 5 (Vollbild AIDS) unaufhaltsam fortschreiten, als wäre dies ein Naturgesetz. Speziell zu ungerechtfertigten Hochrechnungen Ulrich Clement: «Höhenrausch», in Volkmar Sigusch: «AIDS als Risiko», Hamburg, 1987, S. 210–214

86 Wie diese Art von Hochrechnungen sich ‹bilden›, kann man nachlesen bei Ulrich Pfaff: «AIDS: Fragen und Antworten», in: ‹Sonderdruck Betheler Arbeitstexte›, Bethel b. Bielefeld, 1987, S. 11f

87 Rudolf Völker: «Du und AIDS», in: Rudolf Völker/Ludwig Bress/Wolfgang Eichler: «Menschen, Menschen, Menschen. Briefe AIDS-Infizierter», Verlag Human Life Foundation, Bad Oeynhausen, o. J. (vermutlich 1988), S. 71

88 Der Zwischenbericht, S. 133, empfiehlt in moderater Diktion («so weit wie sinnvoll»), auf die kumulative Darstellung zu verzichten und in den Darstellungen zum Vorkommen und zur Verbreitung von AIDS zu den bewährten Kennziffern der Epidemiologie zurückzukehren.

89 Peter v. Wachsmann: «AIDS – eine Krankheit bedroht den Menschen», in: ‹Prävention. Zeitschrift für Gesundheitserziehung›, 9. Jg., 4/1986

90 Bei Diether Wolf v. Goddenthow: «So hat AIDS keine Chance», Freiburg, 1988, S. 73, 74, 76

91 Ulrich Pfaff, op. cit., S. 12: «Die Meldepflicht nur für die Erkrankten bringt gar nichts, die stecken nicht mehr an.»

92 Rudolf Völker et al., op. cit., S. 74; dagegen der Zwischenbericht, S. 107: «Ausgeschlossen wird die Möglichkeit einer Übertragung durch Hautkontakt bei intakter Haut. Das Virus ist zu groß, um auf dem Diffusionswege durch die unverletzte Haut von Langerhans-Zellen aufgenommen zu werden.»

93 S. Eilke Brigitte Helm in der in Anm. 35 genannten Anhörung: «Es gibt keine neuen Geschichten, die alten Geschichten bleiben genauso lebendig, wie sie zu der Zeit, als wir zum erstenmal von den Übertragungswegen von AIDS gehört haben, waren. Das gilt auch für die Mücke. Ich werde immer noch in Vorträgen gefragt, ob es jetzt wirklich hundertprozentig sicher ist, daß sie AIDS nicht übertragen; man hat im Sommer Angst vor Stichen. Es hat sich wenig geändert.» Gegen immer neue Sensationsmeldungen über ‹exotische› Anstekkungswege auch Rita Süssmuth, op. cit., S. 65 f

94 S. Rolf Rosenbrock, Kommissions-Arbeitsunterlage Nr. 145, S. 17: «Da AIDS in vielen Fällen auch das zentrale Nervensystem betrifft, wobei es in späteren Krankheitsphasen auch zu schweren psychischen und mentalen Schäden kommen kann, wird gefordert, z. B. Jumbo-Piloten obligatorisch zu testen, da diese sonst mitten über dem Atlantik plötzlich durchknallen und den Vogel ins Meer versenken könnten. Weltweit gibt es keinen Fall, und zwar nicht nur nicht bei Jumbo-Piloten, bei dem es ohne vorherige Symptomatik zu solchen Störungen gekommen wäre.»

95 Ausführliche Widerlegung dieser unvernünftigen Ängste bei Hans D. Pohle: «Darf ein Pilot HIV-positiv sein? Unwahrscheinliche Gefahr, ungerechtfertigte Diskriminierung», in: ‹Sexualmedizin›, 4/1988, S. 170 (Kommissions-Arbeitsunterlage Nr. 417); s. auch Votum des Nationalen AIDS-Beirats vom 12. April 1989 im gleichen Sinne (Kommissions-Arbeitsunterlage Nr. 432)

96 C. Flotho et al., op. cit., S. 641

97 Gegen Zwangsmaßnahmen und für Aufklärung: «Schlußfolgerungen des Rates und der im Rat vereinigten Vertreter der Regierungen der Mitgliedstaaten der Europäischen Gemeinschaft zu AIDS» vom 31.5.1988, S. 3; Manfred Bruns et al. (Kommissions-Arbeitsunterlage Nr. 122): Behördliche Maßnahmen wie die Meldepflicht, selbst wenn codiert, haben in Schweden schlechte Erfahrungen gebracht; deutsche Gesundheitsämter erfuhren Ähnliches. Dazu besonders eindrucksvoll C. Flotho et al., op. cit., S. 641. Die Autoren betonen, «daß eine Berufung auf Ansichten des Öffentlichen Gesundheitsdienstes bei Beschreiten anderer rechtlicher Wege, die mit weitergehender Anwendung bzw. Änderung des Bundesseuchen-Gesetzes einhergehen, zur Zeit nicht zulässig ist.» S. zu dem Fragenbereich weiterhin Professor Dr. Otfried Seewald, Universität Passau: «Kommissions-Arbeitsunterlage Nr. 312), Professor Dr. Arthur Kreuzer, Universität Gießen: «Kriminologische Anmerkungen zur strafrechtlichen und kriminalpolitischen Diskussion» (Kommissions-Arbeitsunterlage Nr. 284) sowie dessen Ausführungen in der Öffentlichen Anhörung der Enquete-Kommission ‹AIDS› am 13.12.1988 (Kommissions-Arbeitsunterlage Nr. 318); Professor Dr. Günter Frankenberg: «Seuchenrecht und verfassungsrechtliche Vorgaben» (Kommissions-Arbeitsunterlage Nr. 320). – Das hier abgekürzt oft als ‹Seuchengesetz› oder ‹Seuchenrecht› bezeichnete Gesetz heißt richtig: ‹Gesetz zur Verhütung und Bekämpfung übertragbarer Krankheiten›; seine letzte Fassung stammt aus Dezember 1979, als es AIDS in unseren Breiten noch nicht gab.

98 Nach Manfred Bruns: «AIDS: Recht und Rechtspolitik. Eine Bestandsaufnahme», Kommissions-Arbeitsunterlage Nr. 286, S. 1

Anmerkungen zu Kapitel V

1   Hans-Werner Bierhoff, op. cit., S. 18 f; Mill Majerus, op. cit., S. 24 f; Jörg Bopp: «Der Wunsch nach Strafe», in: Stefan Hinz: «AIDS. Die Lust an der Seuche», Reinbek, 1984, S. 209 f

2   Paul Kielholz: «Prophylaxe und Therapie der Angst und Aggression», in Robert Kopp (Hg.): ‹Angst und Aggression›, Basel, 1984, S. 85 ff

3   Peter Meyer, op. cit., S. 23 zu Angst, S. 70 zu Furcht

4   Dieter Claessens: «Über gesellschaftlichen Druck, Angst und Furcht», in K. H. Hartmann, op. cit., S. 116

5   Zwischenbericht, S. 47

6   Rita Süssmuth, op. cit., S. 72

7   Reinhard Lempp: «Angst und Aggression – Feindbild und Angstabwehr», in: ‹2. Kölner Ringvorlesung zu Fragen von Frieden und Krieg›, Köln, 1985, S. 121

8   Dazu sehr ausführlich und erhellend Siegfried Rudolf Dunde 1986, S. 36 ff und passim sowie 1988, S. 101. Bei Ernst W. Kleine: «AIDS – eine neue sexualpädagogische Dimension. Problemanalyse und didaktisch-methodische Orientierung», Pädagogisches Institut der Landeshauptstadt Düsseldorf, Redinghovenstr. 41, 4 Düsseldorf 1 findet sich unter dem Stichwort ‹Mein AIDS-Alphabet› eine Auflistung von 250 Stichworten, die mehrheitlich auf ‹Stellvertreter-Ängste› Bezug nehmen.

9   Matthias Horx: «Die verlorene Generation», in: ‹TEMPO›, März 1987, zitiert nach Raul Niemann: «Desperado-Semantiker oder Die Metaphorik einer neuen Anständigkeit», in: Jürgen Micksch/Raul Niemann, op. cit., S. 56 f

10 Zitiert nach Raul Niemann, ibid.,: Eckhard Stengel: «Mehr eingebildete als Kranke. AIDS-Spezialist: Gesunde lassen Test mehrfach wiederholen», in: ‹Frankfurter Rundschau›, 3. 3. 1988, S. 24

11 Andreas Salmen: «Nicht weit von Hysterie entfernt», in: Siegfried R. Dunde, 1986, S. 152

12 M. Ermann: «AIDS-Phobie», in: ‹Münchner Medizinische Wochenschrift›, 130, 1988, S. 12–14

13 C. Flotho et al., op. cit., S. 643

14 Rolf Rosenbrock in ‹Kursbuch›, op. cit., S. 39 f

15 Nach den Ausführungen von Horst-Eberhard Richter in der Öffentlichen Anhörung der Enquete-Kommission ‹AIDS› vom 29.9.1987. Im ‹SPIEGEL›, Nr. 34/1987, S. 70 wurde von der Angst eines Infizierten davor berichtet, zu einer Cousine, die selbst Krankenschwester war, über seine Situation zu sprechen. Sie hatte in einer Unterhaltung zum Thema AIDS ohne das geringste Wissen um die Infektion ihres Cousins geäußert: «...ich weiß auch, daß man sich nicht anstecken kann. Aber in mir ist eine furchtbare Angst, mit diesen Leuten irgendwie zu reden oder irgendwie zusammenzusein.»

16 Horst-Eberhard Richter in der in Anm. 15 genannten Anhörung

17 ders., ibid.

18 Nach Klaus Pacharzina in der in Anm. 15 genannten Anhörung

19 Heinz E. Wolf, op. cit., S. 98

20 Nach Horst-Eberhard Richter in der in Anm. 15 genannten Anhörung

21 Nach Jan Leidel in der in Anm. 15 genannten Anhörung

22 Dazu Jürgen Bußmann: «Bei AIDS dem Menschen begegnen», Hamm, 1988, S. 15

23 Nach Frank Rühmann, 1985, S. 71. Über den militanten AIDS-Jargon grundlegend Susan Sontag: «AIDS und seine Metaphern», München, 1989

24 Berichtet nach Pieke Biermann: «Das Ende der Schonzeit oder: Der Anfang eines gemeinsamen Kampfes», in: Melitta Walter (Hg.): «Ach, wär's doch nur ein böser Traum... Frauen und AIDS», Freiburg, 1987, S. 120–136, hier: S. 126

25 Siegfried Rudolf Dunde: «Positiv weiterleben», S. 22, zu den Aspekten dieser Grundangst: «Sie kehrt dann wieder als Angst vor dem Tod der Gesundheit, als Angst vor dem sozialen Tod, als Angst vor dem Tod des persönlichen Lebensglücks – schließlich als Angst vor dem Tod durch das Sterben des Leibes.»

26 Zwischenbericht, S. 47
27 Hans Jürgen Haehnsen: «Zur psychologischen Betreuung von AIDS-Erkrankten», in Ernst Burkel, op. cit., S. 369–379, hier: S. 374
28 Walter Kindermann: «AIDS. Ratgeber für Betroffene, Gefährdete und Angehörigen», Freiburg, 1987, S. 12 f
29 Diether Wolf v. Goddenthow, op. cit., S. 147
30 Ulrich Eibach/Birgitta Schneider: «Theologische und ethische Aspekte in der Seelsorge auf einer ‹AIDS›-Station, in: Siegfried Großmann (Hrsg.): ‹Der neue Nächste. AIDS fordert uns heraus›, Wuppertal, 1988, S. 87–101, hier: S. 91
31 Siegfried Rudolf Dunde, 1986, S. 40
32 Hans Bardeleben et al.: «Studenten, Sexualität und AIDS. Erste Ergebnisse einer empirischen Untersuchung an Gießener Studenten», in Ernst Burkel, op. cit., S. 166–195, hier: S. 182
33 Manfred Bruns: «Staatliche Gesundheitsfürsorge und Eigenverantwortung», in: Jürgen Micksch/Raul Niemann, op. cit., S. 84–98, hier: S. 95 f
34 Franz Mödl in der Öffentlichen Anhörung der Enquete-Kommission ‹AIDS› des Deutschen Bundestages am 18.10.1988
35 Helga Rübsamen-Waigmann führte in der in Anm. 34 genannten Anhörung aus, daß man mit wissenschaftlicher Genauigkeit nicht sagen könne, daß die HIV-Diagnose bedeute, daß jemand sterben müsse. «Ich möchte alle Beteiligten bitten, eine genauere Diktion zu verwenden und einfach zu sagen, daß das eine Gefährdung darstelle, aber kein Todesurteil. Wenn man den Betroffenen dieses Prinzip Hoffnung läßt, kann man, glaube ich, eine ganze Menge dieser extremen psychischen Belastungen zwar nicht ausschließen, aber zumindest erheblich reduzieren.»
36 S. Zwischenbericht, S. 50
37 Manfred Bruns, Kommissions-Arbeitsunterlage Nr. 286, S. 1
38 Nach Angaben von Staatssekretär Chory, Bundesgesundheitsministerium, am 3. Januar 1989, zitiert nach ‹Frankfurter Allgemeine Zeitung›, 3. Januar 1989
39 Nach Mill Majerus, op. cit., S. 26
40 Nach Hans Schnocks, Bundeszentrale für Gesundheitliche Aufklärung, in der Öffentlichen Anhörung der Enquete-Kommission ‹AIDS› des Deutschen Bundestages vom 19.10.88
41 Ders., ibid.
42 Sophinette Becker, Kommissions-Drucksache Nr. 15, S. 4
43 S. hierzu Manfred Bruns et al., Kommissions-Arbeitsunterlage Nr. 113, S. 8; Zwischenbericht, S. 51; Anke Wübker: «Struktur und Bedeutung der AIDS-Hilfsorganisationen in der Bundesrepublik Deutschland», 2. Aufl., Berlin, 1988, S. 86 f und passim; Anke Wübker/Christian Flotho/ Horst Hettwer: «AIDS-Selbsthilfeorganisationen», in: ‹AIDS-Brief›, München, 6/1988; C. Flotho et al., op. cit., S. 641. Ein Beispiel informeller Beratung sind die ‹positive nights› in Köln, wo sich Leute treffen, die positiv sind, sich öffentlich dazu bekennen und damit umzugehen wissen und andere beraten, die vielleicht auch betroffen sind, ohne das aber schon durch einen Test bestätigt oder widerlegt bekommen zu haben (nach Wolfgang Heckmann in der in Anm. 40 genannten Anhörung).
44 Manfred Bruns, Kommissions-Arbeitsunterlage Nr. 286, S. 3 f
45 Nach Ausführungen der Sachverständigen in den Öffentlichen Anhörungen der Enquete-Kommission ‹AIDS› des Deutschen Bundestages, bes. in den Anhörungen vom 29. September 1987 (‹Gesellschaftliche Auswirkungen der Krankheit AIDS›) und 16. Oktober 1987 (‹Primärprävention›)
46 Nach Ausführungen von Jan Leidel und Horst-Eberhard Richter in der in Anm. 15 genannten Anhörung
47 Manfred Bruns et al., Kommissions-Arbeitsunterlage Nr. 113, S. 7: «Aufklärung, die ausschließlich Angst macht, wirkt lähmend. Sie führt zu resignativer Angstabwehr bis zur Verleugnung der Gefahr oder nur zu sehr kurzfristigen Verhaltensänderungen.»
48 Rolf Rosenbrock in ‹Kursbuch›, S. 21
49 Rolf Rosenbrock, Kommissions-Drucksache Nr. 6, S. 15

50 Horst-Eberhard Richter in der in Anm. 15 genannten Anhörung
51 Darstellung nach Manfred Bruns et al., Kommissions-Arbeitsunterlage Nr. 192, Mai 1988
52 Nach Bericht: «Der Irrtum mit dem Test» in: ‹Du und ich›, 21. Jg., Nr. 3/1989, S. 16f
53 Nach Rolf Rosenbrock, Kommissions-Drucksache Nr. 6, S. 13 sowie ders., in ‹Kursbuch›, S. 32ff und passim
54 Zwischenbericht, S. 78; s. ferner zur Validität des Tests Josef Eberle/Friedrich Deinhardt/Karl-Otto Habermehl/Meinrad A. Koch: «Die Zuverlässigkeit von HIV-Antikörpertests», in: ‹Deutsches Ärzteblatt›, Jg. 85, Heft 37 vom 15. September 1988, S. 24–26; Diskussion zu Knut M. Wittkowski: «Wann ist ein HIV-Test indiziert?», in: ‹Deutsches Ärzteblatt›, Jg. 86, Heft 4 vom 16. Januar 1989, S. 31–36; Kommissions-Arbeitsunterlage Nr. 340 von Dezember 1988
55 Sigrid Michel: «HIV-Antikörpertest und Verhaltensänderungen. Literaturstudie», in: ‹Veröffentlichungsreihe des Internationalen Instituts für Vergleichende Gesellschaftsforschung des Wissenschaftszentrums Berlin›, P88–204, Berlin, No. 88, S. I
56 Rolf Rosenbrock, 1987, S. 126; ders. in ‹Kursbuch›, S. 37ff
57 Ders., 1987, S. 23: «AIDS ruft wie jede Katastrophe auch unweigerlich die Notstandsstrategen und monomanen Sicherheitsfanatiker auf den Plan, die – während die ganze Welt doch immer riskanter und immer schwerer beherrschbar wird – wenigstens ein Risiko mal so richtig beherrschen wollen, um nahezu jeden Preis und ohne jede Bezugnahme auf andere, vielfach größere, allseits akzeptierte und zum Teil mit erheblich weniger gesellschaftlichem Aufwand reduzierbare Risiken.»
58 Ders., ibid., S. 30f
59 Ders., ibid., S. 128
60 Zwischenbericht, S. 153; Rolf Rosenbrock, ‹Kursbuch›, S. 38 betont die Gefahren einer derartigen Mißdeutung: «Signifikant viele negative Getestete verhalten sich trotz aller Aufklärung nach dem Test riskanter als vorher.»
61 Rolf Rosenbrock, ‹Kursbuch›, S. 23
62 Hans Schnocks in der in Anm. 34 genannten Anhörung
63 Nach Horst-Eberhard Richter in der in Anm. 15 genannten Anhörung
64 Walter Kindermann, op. cit., S. 18
65 Siegfried Rudolf Dunde in ‹Positiv weiterleben›, op. cit., S. 19
66 Diskussion in der in Anm. 15 genannten Anhörung; s. ferner sehr ausführlich Manfred Bruns, Kommissions-Arbeitsunterlage Nr. 286 (Oktober 1988) sowie Knut M. Wittkowski: «Anmerkungen zum Beschluß des Bayerischen Verwaltungsgerichtshofs vom 19. Mai 1988 (AZ. 25 CS 88.00312), Kommissions-Arbeitsunterlage Nr. 225
67 Nach Manfred Bruns sowie Dipl.-Psychologe Thomas Großmann, Medizinische Hochschule Hannover, in der in Anm. 15 genannten Anhörung
68 Rolf Rosenbrock, ‹Kursbuch›, S. 36
69 Ders., ibid., S. 37
70 Thomas Großmann in der in Anm. 15 genannten Anhörung
71 Manfred Bruns et al., Kommissions-Arbeitsunterlage Nr. 113, S. 9
72 Rolf Rosenbrock, ‹Kursbuch›, S. 27; ders.: Kommissions-Drucksache Nr. 6, S. 13f; die ‹Evangelischen Kommentare›, 22. Jg., Stuttgart, Nr. 2/1989, brachten in Heft 2/1989, S. 38 folgende Mitteilung: «Mitte Dezember starb in Köln ein junger Arzt, der AIDS-Patienten versorgte. Als er sich selbst untersucht hatte, lautete seine Diagnose: ‹HIV-positiv›. Daraufhin nahm er sich das Leben.» (Anrührender Nachruf von Pfarrer Ernst-Werner Kleine an gleicher Stelle.)
73 Nach Mitteilung von Manfred Bruns in der in Anm. 15 genannten Anhörung
74 Wolfgang Stille, Zentrum der Inneren Medizin, Universität Frankfurt, in der in Anm. 15 genannten Anhörung
75 Ulrich Clement in der in Anm. 15 genannten Anhörung
76 Aus ‹Deutsches Ärzteblatt›: «Wann ist ein HIV-Test indiziert?», op. cit., S. 138; ebenso Siegfried Rudolf Dunde, ‹Positiv weiterleben›, op. cit., S. 104
77 Rolf Rosenbrock in der in Anm. 34 genannten Anhörung

78 ders., ‹Kursbuch›, S. 27

79 Nach den Auswertungen von Peter Atteslander/Christiane Bender, op. cit., S. 152 ff u. pas-
    sim sind derartige schwere Fehler bei der Mitteilung des Testergebnisses gar nicht selten. In
    München hat man andere Ergebnisse, s. Klaus Görgens/Norbert Kathke/Hannelore
    Krahnke: «Erfahrungen und Ergebnisse der ‹Anonymen AIDS-Beratungsstelle› der Ge-
    sundheitsbehörde der Landeshauptstadt München», in: ‹AIDS-Forschung (AIFO)›, 2. Jg.,
    München, Heft 2/1987, S. 104–109, hier: S. 107: «Bei labilen Patienten fordern wir von
    Anfang an, daß sie ihr Ergebnis unabhängig vom Resultat persönlich abholen. Bestätigen
    uns die Patienten, daß sie das Ergebnis lieber in ihrer Umgebung verarbeiten wollen, mit
    ihren Freunden, Partnern/innen, dem Hausarzt oder in ihrer Therapieeinrichtung, und be-
    stehen keine Kontraindikationen, so können sie das Ergebnis telefonisch abfragen.»

80 Rolf Rosenbrock in ‹VOR-Sicht›, op. cit., S. 12

81 S. Zwischenbericht, S. 159 f, 175; Manfred Bruns, Kommissions-Arbeitsunterlage Nr. 286
    (Oktober 1988), S. 4 f

82 S. Jahresbericht der Deutschen AIDS-Hilfe e. V., 1987/88, S. 8; Dieter Riehl, Deutsche
    AIDS-Hilfe e. V., Hannover, in der in Anm. 15 genannten Anhörung

83 Schreiben der Deutschen AIDS-Hilfe e. V., Berlin, vom 16. Dezember 1988 an die Mitglie-
    der der Enquete-Kommission ‹AIDS› des Deutschen Bundestages, bes. S. 2

84 S. Meldung in der ‹Frankfurter Allgemeinen Zeitung› vom 23. Januar 1988: «Frau Lehr:
    HIV-Tests sind notwendig». Zum Testproblem s. Hans D. Pohle/Dieter Eichenlaub, op.
    cit., S. 120: Die HIV-Positiven bei uns müßten im internationalen Kontext beurteilt wer-
    den. «Pro Jahr kommen in die Bundesrepublik mehr Besucher, als diese Einwohner hat.
    Millionen Deutsche halten sich aus beruflichen oder touristischen Gründen vorübergehend
    im Ausland auf. HIV-Export und -Import sind Alltäglichkeit; staatliche deutsche Maßnah-
    men könnten nur Betroffene erfassen, wären aber ohne Wirkung auf Infektionsquellen.»

85 Rolf Rosenbrock, 1987, S. 127

86 Johannes Gründel in August Wilhelm v. Eiff/Johannes Gründel, op. cit., S. 99. Es ist nicht
    ganz klar, ob der Autor diese Handhabung für HIV-Positive insgesamt empfiehlt oder le-
    diglich für jene, die im Zusammenhang mit unfreiwillig mitgemachten ‹Reihenunter-
    suchungen› getestet wurden.

87 Ulrich Meurer, Berliner AIDS-Hilfe e. V., in der in Anm. 34 genannten Anhörung

88 Otmar Seidl/Frank-Detlef Goebel: «Psychosomatische Reaktionen von Homosexuellen
    und Drogenabhängigen auf die Mitteilung eines positiven HIV-Testergebnisses», in:
    ‹AIDS-Forschung›, 2. Jg., München, 4/1987, S. 181–187, hier: S. 183

89 Siegfried Rudolf Dunde, 1986, S. 35

90 Jürgen Bußmann, op. cit., S. 8

91 Siegfried Rudolf Dunde, ‹Positiv weiterleben›, S. 99

92 Ders., ibid., S. 98

93 Nach Pfarrer Karl-Heinz Horst in der Öffentlichen Anhörung der Enquete-Kommission
    ‹AIDS› des Deutschen Bundestages am 19. Oktober 1988

94 Mill Majerus, op. cit., S. 26 f

95 Christofer Frey: «Brauchen wir eine neue Sexualität?», in: Jürgen Micksch/Raul Niemann,
    op. cit., S. 126–131, hier: S. 127

96 Otmar Seidl/Frank-Detlef Goebel, op. cit., S. 183

97 Dies., ibid. S. 183 u. passim

98 S. dazu auch Siegfried Dunde, ‹Positiv weiterleben›, S. 105; Mill Majerus, op. cit., S. 27:
    «Die Krankheit wird angenommen als Preis für Zügellosigkeit.»

99 Peter Atteslander/Christiane Bender, op. cit., S. 153

100 Nach Thomas Großmann in der in Anm. 15 genannten Anhörung

[1]   Zwischenbericht, S. 115
[2]   Ibid., S. 40
[3]   Manfred Bruns et al., Kommissions-Arbeitsunterlage Nr. 286, S. 1 f
[4]   Gordon W. Allport, 1968, S. 141: «Daß Sündenböcke verschiedener Herkunft sooft zusammengekoppelt werden, zeigt uns, daß die Gesamtheit von Vorurteilen wichtiger ist als spezifische Anschuldigungen einzelner Gruppen.»
[5]   Frank Rühmann, 1986, S. 79: «Die besonderen Schwierigkeiten, mit denen an AIDS erkrankte Menschen zusätzlich konfrontiert werden, entstehen schließlich erst durch die Sitgmatisierung der Krankheit, der es daher entgegenzutreten gilt.»
[6]   Howard S. Becker, op. cit., S. 158
[7]   Rolf Rosenbrock: «Politik mit und gegen AIDS», in: ‹Blätter für deutsche und internationale Politik›, 9/1987, S. 1184
[8]   Ute Canaris: «Und wieder sind es die Mütter», in: Melitta Walter, op. cit., S. 186–206, hier: S. 188
[9]   Mill Majerus, op. cit., S. 28
[10] Siegfried Rudolf Dunde: «Homosexualität/Homosexuelle Männer», in H. Jäger (Hg.): ‹AIDS und HIV-Infektionen. Diagnostik, Klinik, Behandlung. Handbuch und Atlas für Klinik und Praxis›, Loseblatt-Sammlung, Landsberg a. L., 1988, S. 1–20
[11] Gedankenführung und Zitat nach Matthias Frings: «Die Unterdrückungsarie», in Stefan Hinz, op. cit., S. 187–204, bes. S. 194 f.
[12] Richard J. Evans, op. cit., S. 101
[13] Frank Rühmann, 1986, S. 75
[14] Alexander Haimhausen: «Safer-sex. Liebe und Zärtlichkeit ohne gesundheitliches Risiko», Düsseldorf, 1986, S. 8; zitiert nach Frank Rühmann, 1986, S. 73
[15] Zwischenbericht, s. Kapitel 3: ‹Übertragungswege aus heutiger Sicht› sowie Kap. 4: ‹Epidemiologie›; Frank Rühmann, 1986, S. 77
[16] Rolf Rosenbrock, Kommissions-Drucksache Nr. 6, S. 6; besonders wichtig in diesem Zusammenhang H. G. Stümke/R. Finkler: «Rosa Winkel, rosa Listen. Homosexuelle und ‹Gesundes Volksempfinden› von Auschwitz bis heute», Reinbek, 1981
[17] Hans-Georg Stümke: «Homosexuelle in Deutschland. Eine politische Geschichte», München, 1989, bespricht S. 113 die Ausführungen von Heinrich Himmler anläßlich einer Arbeitstagung für Leiter von Kriminalpolizei- und Staatspolizeistellen in Berlin 1937, wo der ‹Reichsführer› Befürchtungen zur Homosexualität äußerte: Wenn die hohen Zahlen homosexueller Deutscher nicht zurückgingen, bedeute dies, «daß unser Volk an der Seuche kaputtgeht». S. 123 referiert der Autor den Jahresbericht des Reichskriminalhauptamtes 1939/40, in dem Anregungen geprüft wurden, «um weitere Möglichkeiten der Eindämmung der Seuche zu finden…»
[18] Gisela Bleibtreu-Ehrenberg, 1981, S. 384 f und passim
[19] Siegfried R. Dunde. Homosexualität/Homosexuelle Männer, S. 15
[20] Howard S. Becker, op. cit., S. 34
[21] Thomas Großmann in der Öffentlichen Anhörung der Enquete-Kommission ‹AIDS› des Deutschen Bundestages vom 29. September 1987
[22] Ulrich Clement in der in Anm. 21 genannten Anhörung
[23] Manfred Bruns et al., Kommissions-Arbeitsunterlage Nr. 122, S. 11; ferner Kommissions-Arbeitsunterlage Nr. 243 zur Frage der Gemeinnützigkeit von AIDS-Hilfen bzw. Hilfsorganisationen Betroffener; zur Selbsthilfe homosexueller Männer in bezug auf AIDS Siegfried R. Dunde, Homosexualität/Homosexuelle Männer, S. 16–18 sowie Jahresbericht der Deutschen AIDS-Hilfe e. V. 1987/88
[24] Susanne Mayer: «Der Aufklärer. Gegen Panik, für die Lust – AIDS-Therapie für den Patienten Gesellschaft» (Gespräch mit Meinrad Koch) in: ‹DIE ZEIT›, 20. Januar 1989
[25] Zur Ausbreitung von AIDS in außereuropäischen Ländern s. Zwischenbericht, S. 121; Prof. Dr. med. Eiko E. Petersen, Kommissions-Arbeitsunterlage Nr. 297: In Afrika ist die

Geschlechterverteilung bereits ausgeglichen; zur Situation in Schwarzafrika gleichfalls: Prof. Dr. med. L. Gürtler, Max v. Pettenkofer-Institut München, ausführlich und mit gebotener Nüchternheit in Kommissions-Arbeitsunterlage Nr. 402

26 Beispiele und Theorien samt vielen weiterführenden Literaturangaben bei Gisela Bleibtreu-Ehrenberg, 1980 und 1984

27 Clellan S. Ford/Frank A. Beach, op. cit., bes. ab S. 282

28 Manfred Bruns und Thomas Großmann in der in Anm. 21 genannten Anhörung

29 Zwischenbericht, S. 181

30 Walter Kindermann, Drogen- und Jugendberatungsstelle der Stadt Frankfurt/M. in der Öffentlichen Anhörung der Enquete-Kommission ‹AIDS› des Deutschen Bundestages am 18. Oktober 1988; Dieter Kleiber: «AIDS und Drogen: Erste Ergebnisse einer differentiell epidemiologischen Untersuchung», Kommissions-Arbeitsunterlage Nr. 231, S: 1 u. a.: Die Prävalenzrate in der Gesamtpopulation der i. v.-Drogenabhängigen ist voraussichtlich niedriger, als bisher vermutet.

31 Aus «AIDS und Drogen», herausgegeben von der Deutschen AIDS-Hilfe» e. V., AIDS-Forum D. A. H., Bd. 1, Berlin 1988, S. 19

32 Zwischenbericht, S. 184

33 Manfred Bruns et al., Kommissions-Arbeitsunterlage Nr. 122, S. 11

34 Zwischenbericht, S. 192

35 «AIDS. Orientierungen und Wege in der Gefahr. Eine kirchliche Stellungnahme», EKD-Texte, Nr. 24, Hannover, 1988, S. 7; eine fundierte und neuere Zusammenstellung der Natur von AIDS als einer Krankheit in: «AIDS and Drug Use. Breaking the Link», herausgegeben von der Citizens Commission on AIDS for New York City and Northern New Jersey, 51 Madison Avenue, Room 3008, New York, NY 10010, September 1988

36 «AIDS und Drogen», op. cit., 96f

37 Zwischenbericht, S. 185

38 «AIDS und Drogen», op. cit., S. 16f u. passim

39 ibid., S. 18

40 Hier einige weiterführende Literatur zur Geschichte der Drogenfrage: Howard S. Becker, op. cit., hat sein Werk im Grunde auf den ‹abweichenden› Haschisch-Raucher bezogen und macht die frühe Entwicklung in den USA, insbesondere die Zusammenhänge zwischen ‹Rauchen› und Jazz, deutlich. In Gisela Völger/Karin v. Welck/Aldo Legnaro (Hg.): «Rausch und Realität. Drogen im Kulturvergleich», Materialband zu einer Ausstellung des Rautenstrauch-Joest-Museums für Völkerkunde der Stadt Köln, 2 Bände, Köln, 1981 wird eine höchst empfehlenswerte, umfassende Übersicht über das Gesamtphänomen geboten; Hans-Georg Behr: «Von Hanf ist die Rede», Basel, 1982, bietet eine Monographie zu Marihuana nebst der Entwicklung der Kriminalisierung der nicht süchtig machenden, in Europa früher häufig benutzten Droge; Stephan Quensel: «Drogenelend. Cannabis, Heroin, Methadon: Für eine neue Drogenpolitik», Frankfurt/M., 1982, behandelt das Thema u. a. aus juristischer und kriminalpolitischer Sicht und nimmt dabei die gegenwärtige Situation in vielem vorweg. Persönlich möchte ich – trotz mancher Betulichkeiten – insbesondere empfehlen Ralph Kaiser: «Sucht und Charakter. Eine Darstellung verschiedener Aspekte des Suchtproblems aus individual-psychologischer Sicht». Zürich, 1982

41 «AIDS und Drogen», op. cit., S. 96 f

42 Zwischenbericht, S. 182f; sehr beachtenswert die Kritik unserer bisherigen Drogenpolitik als eines Glaubenskrieges Hans-Georg Behr: «Leichen auf dem Königsweg. 20 Jahre Drogenpolitik in der Bundesrepublik», in: ‹psychologie heute›, Mai 1988, S. 39ff

43 «AIDS und Drogen», S. 99, und Literaturhinweise auf Erfahrungen im Ausland; zum Gesamtproblem Zwischenbericht, S. 185 ff; einen eindrucksvollen Erfahrungsbericht über die Methadon-Substitution in den USA bietet Robert G. Newman, M. D.: «Zur Frage der Anwendung von Methadon in Deutschland», Kommissions-Arbeitsunterlage Nr. 156

44 Für NRW s. Kommissions-Arbeitsunterlage Nr. 155, S. 49, Kommissions-Arbeitsunterlage Nr. 152 sowie Zwischenbericht, S. 190f; zu Methadon-Substitutionsmodellen in NRW ferner Bericht in der ‹Frankfurter Allgemeine Zeitung› vom 16. Februar 1982, für Hamburg

ibid. v. 10. Juni 1988, für Niedersachsen ibid. vom 3. August 1988. Die öffentliche Diskussion der Methadon-Frage spiegeln gut wider Silvia Schattenfroh: «Ist Heroinsüchtigen mit Methadon zu helfen? Gefühle prägen die Debatte, nicht gesichertes Wissen», in: ‹Frankfurter Allgemeine Zeitung› v. 12. Oktober 1987 sowie Leserbrief von Professor Dr. med. Friedrich Bschor, Berlin: «Die Betreuung Drogenabhängiger», Leserbrief in der ‹Frankfurter Allgemeinen Zeitung› v. 17. September 1987. Die ‹Konferenz der für das Gesundheitswesen zuständigen Minister und Senatoren der Länder› (GMK) sprach sich in ihrer Sondersitzung am 27. März 1987 für eine medikamentengestützte Hilfe in Einzelfällen unter strenger ärztlicher Kontrolle aus; der Fachverband Drogen und Rauschmittel e. V., Hannover, kam im Rahmen seines 11. Bundeskongresses vom 6.–9. Juni 1988 in Saarbrücken-Dudweiler zu dem Ergebnis, daß vor dem Hintergrund der AIDS-Problematik einzelfallbezogene Substitution in der Hand und unter der Fachkompetenz erfahrener Mitarbeiter/-innen der Drogenhilfe eine Möglichkeit zur Erreichung des Zieles Drogenfreiheit sein könnte.

45 Zwischenbericht, S. 185. Über die Heroin-Substitution durch Methadon und andere Medikamente sowie über den fraglichen ‹Glaubenskrieg› berichtete Dr. med. Johannes Raida, Neurologe und Psychiater, im Rahmen der Öffentlichen Anhörung der Enquete-Kommission ‹AIDS› des Deutschen Bundestages vom 2. November 1987 (Kommissions-Arbeitsunterlage Nr. 66) und teilte beeindruckende Erfolge mit. Für diese Sitzung lagen zur Methadon-Frage u. a. folgende Kommissions-Arbeitsunterlagen vor: Für Österreich Nr. 147, von der Weltgesundheitsorganisation (WHO), Regionalbüro Europa: Nr. 62, von Bundesanwalt Manfred Bruns: Nr. 40, für die Schweiz ferner: Kommissions-Drucksache Nr. 17 und vom Klinikum Charlottenburg der Freien Universität Berlin: Nr. 14

46 Robert G. Newman, S. 23 ff, s. Anm. 43

47 Zu dem Problemkreis ‹Frauen und AIDS› s. Gisela Bleibtreu-Ehrenberg: «AIDS aus der Nadel», in Melitta Walter, op. cit., S. 109–118

48 Dr. Monika Pankoke-Schenk, Sozialdienst katholischer Frauen, Düsseldorf, in der Öffentlichen Anhörung der Enquete-Kommission ‹AIDS› des Deutschen Bundestages am 14. November 1988 (Kommissions-Arbeitsunterlage Nr. 301); Manfred Bruns, Kommissions-Arbeitsunterlage Nr. 183, S. 15. Nach einer Studie aus Berlin waren von 878 freiwillig und anonym getesteten Prostituierten lediglich vier HIV-positiv; drei davon waren Fixerinnen, eine hatte Bluttransfusionen erhalten und außerdem Sex mit Fixern gehabt («AIDS. Das vermeidbare Risiko. Bericht über Maßnahmen gegen die Ausbreitung von AIDS und für die Versorgung der Betroffenen in Berlin 1987–1989», herausgegeben vom Berliner Senator für Gesundheit und Soziales, zu beziehen über ‹Kulturbuchverlag Berlin› Passauer Str. 4, 1 Berlin 30; hier: S. 13). Energisch gegen Stigmatisierung der professionellen Prostituierten als ‹Risikogruppe› ebenfalls Zita Küng/Ursula Flury in: «Der Ehering als Symbol taugt nicht», in: Melitta Walter, op. cit., S. 240–249

49 Günter Flatten/Peter G. Allhoff (Hg.): «AIDS-Informationen für niedergelassene Ärzte», Köln, 1988, S. 41; Kongreßbericht vom ‹Deutschen AIDS-Kongreß›, München, 8.–9. Januar 1988, Kongreßbericht in der ‹Münchner Medizinischen Wochenschrift, München, 3/ 1988; Bericht über die Prostituierten-Hilfe ‹Hydra› in: «AIDS. Das vermeidbare Risiko», s. Anm. 48), S. 19 f

50 Beate Leopold, Sozialpädagogisches Institut, Berlin, in der in Anm. 48 genannten Anhörung; s. auch Kommissions-Arbeitsunterlage Nr. 295

51 Hans D. Pohle/Dieter Eichenlaub, op. cit., S. 119

52 Bericht des Bundeskongresses des Fachverbandes Drogen und Rauschmittel, S. 3 (s. Anm. 44); Manfred Bruns, Kommissions-Arbeitsunterlage Nr. 286, S. 5: «Für die ‹bayerische Linie› der AIDS-Bekämpfung ist... die Ausrichtung seuchenpolizeilicher Maßnahmen auf sogenannte Risikogruppen kennzeichnend. Den Betroffenen wird nur die Möglichkeit eingeräumt, den Verdacht der Zugehörigkeit zu einer Risikogruppe zu entkräften. Dagegen wird ihnen die Möglichkeit abgeschnitten, darzutun, daß sie ‹aidsbewußt› leben, obwohl man mit Zwang auch nicht mehr erreichen kann. Diese ‹bayerische Linie› ist durch das Bundesseuchengesetz nicht gedeckt.» Ders. zur sozialen Situation von männlichen und weiblichen Prostituierten ausführlich in Jürgen Micksch/Raul Niemann, op. cit., S. 89 f

53 Manfred Bruns et al., Kommissions-Arbeitsunterlage Nr. 122, S. 7; Rita Süssmuth, op. cit., S. 90 ff

54 Manfred Bruns et al., Kommissions-Arbeitsunterlage Nr. 122, S. 8; Claudia Gersch et al.: «Drogenabhängige Prostituierte und ihre Freier», Veröffentlichung des Sozialpädagogischen Instituts Berlin (spi), 1988. Diese Untersuchung ist m. E. beispielhaft dafür, wie das Problem angegangen werden muß, sie verdient weiteste Verbreitung.

55 Dodó Rerrich: «Prima Donna», in: ‹psychologie heute›, Nr. 12,/1988, S. 10–12

56 Beate Leopold, s. Anm. 50. Erst Ende 1988 startete ein Modellprogramm ‹Frauen und AIDS›, in dem den besonderen Lebenssituationen und Problemlagen von Frauen im Hinblick auf AIDS Rechnung getragen wird (Sexualität, Schwangerschaft, Drogenabhängigkeit und Prostitution). Aus: «Bericht des Bundesministeriums für Jugend, Familie, Frauen und Gesundheit über die Maßnahmen des Sofortprogramms der Bundesregierung zur Bekämpfung der Immunschwäche AIDS», Kommissions-Drucksache Nr. 81, S. 13

57 H. H. Bräutigam/G. Züllich: «Management HIV-infizierter Schwangerer. Vorschlag eines Modells über den Einsatz von Methadon», in: ‹Sonderheft zum Deutschen AIDS-Kongreß München›, 8.–9. Januar 1988, München, Futuramed Verlag, München, S. 55 ff

58 Bruns et al., Kommissions-Arbeitsunterlage Nr. 148, S. 11 f; Inge Schlusemann, Deutscher Hilfsverein Amsterdam, in der in Anm. 48 genannten Anhörung

59 Manfred Bruns et al., Kommissions-Arbeitsunterlage Nr. 286, S. 2; über effektive Streetworker-Arbeit in Hamburg und die damit zusammenhängenden Fragen Antje Geyer, Kommissions-Arbeitsunterlage Nr. 259; ebenso ‹Streetwork mit homosexuellen Männern› in «AIDS. Das vermeidbare Risiko», S. 11 f, s. Anm. 48

60 Rita Süssmuth, op. cit., S. 91

61 Hans D. Pohle/Dieter Eichenlaub, op. cit., S. 119: «Die durch den Staatssekretär im Bayerischen Innenministerium Dr. Gauweiler (‹Spiegel›, Nr. 3/1987) als ‹Spektakel› und ‹Scheinaktivitäten› qualifizierten ersten Maßnahmen der Berliner Gesundheitsverwaltung auf diesem Gebiet sind auch deshalb vorbildlich, weil sie die Anwendung von Präservativen gesellschaftsfähig und selbstverständlich zu machen suchen...»

62 Kommissions-Arbeitsunterlage Nr. 183, S. 15; Zwischenbericht, S, 144; Über das Konzept der DDR schreibt Niels Sönnichsen («AIDS – Was muß ich wissen? Wie kann ich mich schützen?», Berlin, 1987, S. 48): «Ohne veränderte Einstellung zur Sexualität wird ein Eindämmen der Infektion sehr schwierig sein. Dabei steht im Mittelpunkt nicht so sehr die Suche nach sicheren Sexualtechniken – auch das Kondom kann das Problem nicht lösen –, sondern die Entwicklung fester Partnerschaftsbeziehungen. Die Vermeidung der Krankheit ist ganz vordergründig ein individuelles Problem.»

63 Manfred Bruns et al., Kommissions-Arbeitsunterlage Nr. 113, S. 3

64 Zita Küng/Ursula Flury, op. cit., S. 242; Prof. Dr. med. Nepomuk Zöllner in der in Anm. 21 genannten Anhörung

65 Eiko E. Petersen, Kommissions-Arbeitsunterlage Nr. 297, S. 1

66 Helga Rübsamen-Waigmann: «Experten – Fakten und Fiktionen», in: Melitta Walter, op. cit., S. 34–46: Vor allem müsse offen mit Jugendlichen über das AIDS-Problem der heterosexuellen Bevölkerung gesprochen werden. «Je weniger Menschen sich heute infizieren, um so mehr Freiheit können wir uns morgen noch leisten!» Zu AIDS als einem Problem der Jugendhilfe das «Forum Jugendhilfe», AGJ-Mitteilungen, Heft 3/3, 1988, S. 55: «Der Zugang zu verschiedenen Lebensformen und die Teilnahme an Aktivitäten innerhalb der gesellschaftlichen (nicht nur jugendlichen) Subkultur erzeugen und erhöhen Abenteuerlust und Risikobereitschaft, die im Hinblick auf AIDS Ansteckungsmöglichkeiten nicht ausschließen. Jugendspezifisches Sexualverhalten sollte jedoch nicht als Gefährdungspotential für Infizierungen überbewertet und zum Anlaß genommen werden, im Rahmen von Aufklärungshinweisen und sexualpädagogischen Angeboten zur Verstärkung der... Verunsicherungen beizutragen.» S. 54: Sexualität von Jugendlichen in Heimen, Ferienfreizeiten u. a. Einrichtungen der Jugendhilfe dürfe nicht länger tabuisiert werden.

67 Sophinette Becker, Kommissions-Drucksache Nr. 15, S. 15; Zwischenbericht, S. 46; Jürgen Bußmann, op. cit., S. 13: «Deutlich wird auch, je mehr sich die Infektion in der hetero-

sexuellen Bevölkerung verbreitet, desto mehr entlarvt dieses Virus die bürgerliche Doppelmoral. Es legt die Verletzlichkeit und Brüchigkeit von Idealvorstellungen menschlicher Möglichkeiten im Hinblick auf vollkommene sexuelle Treue bloß. In den Kellern so mancher Ehen werden ‹Leichen sexueller Seitensprünge› wach, Ängste und Schuldgefühle kommen hoch.»

68 Volkmar Sigusch in Klaus Lempke, S. 54
69 Siegfried R. Dunde, ‹Positiv weiterleben›, S. 102
70 Manfred Bruns et al., Kommissions-Arbeitsunterlagen Nr. 122, S. 9 und Nr. 148, S. 11
71 Andreas Salmen: «Nicht weit von Hysterie entfernt», in: Siegfried Dunde, 1986, S. 149−161, hier: S. 158; Stefanie Klee, Mitarbeiterin von ‹Hydra›, Berlin, in der Öffentlichen Anhörung der Enquete-Kommission ‹AIDS› des Deutschen Bundestages am 15./16. Oktober 1987
72 Über die Verdrängung des Infektionsrisikos seitens der Freier auf dem Drogenstrich Claudia Gersch et al.: «Drogenabhängige Prostituierte und ihre Freier», Berlin, 1988, S. 36 ff (Kommissions-Drucksache Nr. 67); nur jeder vierte oder fünfte Kunde ließ sich von vornherein auf die Bedingung des kondomgeschützten Verkehrs ein.
73 Zwischenbericht, S. 46; «AIDS. Orientierungen und Wege aus der Gefahr, EKD-Text 24/1988, S. 7 zur Gefährdung Bisexueller: «Die Entdeckung einer AIDS-Infektion bei sich selbst oder dem Ehepartner führt vielfach erst zu einem Aufdecken ihrer Bisexualität und nicht selten zu einer tiefen Krise der ganzen Familie.»
74 Jürgen Bußmann: «Seelsorge bei AIDS-Erkrankten», in: ‹Jugendwohl. Zeitschrift für Kinder- und Jugendliche›, 68. Jg., Nr. 6, 1987, S. 267−277
75 Die m. W. erste Untersuchung dieses Themas stammt von Rebecca Nahas/Myra Turley: «The new couple: Women and gay men», 1979; deutsche Ausgabe: «Liebe im Dreieck», München, 1983
76 Zwischenbericht, S. 42
77 In W. H. Masters et al.: «Crisis. Heterosexual Behavior in the Age of AIDS», New York, 1988, werden dafür zahlreiche Beispiele angeführt. Ich beziehe mich auf diese, ohne die daran geknüpfte Theorie der Autoren über eine hochgradige Gefährdung der Durchschnittsbevölkerung zu teilen; dergleichen geht m. E. aus dem vorgelegten Material auch nicht schlüssig hervor. Deutlich wird daran aber, daß sexuelle Eigenständigkeit heute für junge Frauen das Normale ist.
78 In ihrem Aufsatz «AIDS im Alltag von Frauen» in diesem Sinne Melitta Walter, op cit., S. 208−221. Gleichfalls sei in diesem Zusammenhang auf die anschließenden Interview-Beispiele verwiesen, ebenso auf die Ausführung der Autorin während der Öffentlichen Anhörung der Enquete-Kommission ‹AIDS› des Deutschen Bundestages am 1. Februar 1989 (Kommissions-Arbeitsunterlage Nr. 300)
79 Ulrich Clement in der in Anm. 21 genannten Anhörung
80 Darstellung nach Jürgen Steinhoff: «Beobachtungen im Partner-Club», in: «STERN-Report», op cit., S. 124−131
81 Zur Gefährdung Heterosexueller durch HIV D. C. G. Skegg: «Heterosexually acquired HIV infection. Still hard to be sure about a future epidemic», in ‹British Medical Journal›, London, Vol. 298, February 1989, S. 401 f: Die Gefährdung muß durchaus ernstgenommen werden, aber in den USA gibt es jedenfalls keine explosive Ausbreitung der Krankheit (Kommissions-Arbeitsunterlage 405); Juliet Richters et al.: «Low Condom Breakage Rate in Commercial Sex», in: ‹The Lancet›, December 24/31, 1988 (Kommissions-Arbeitsunterlage Nr. 406): Kondome sind sehr sicher und bieten einen hochgradigen Schutz vor HIV-Infektion; Kondombeschädigungen (Einreißen) sind fast ausschließlich auf unsachgemäße Anwendung zurückzuführen.
82 Hedi Grupe, Bundesverband für behinderte Pflegekinder e. V., in der in Anm. 48 genannten Anhörung (Kommissions-Arbeitsunterlage Nr. 291)
83 Ulrich Clement in der in Anm. 21 genannten Anhörung
84 Jan Leidel in der in Anm. 21 genannten Anhörung; «AIDS», EKD-Stellungnahme, op. cit., S. 8

286 Anmerkungen zu Kapitel VI

85 Siegfried R. Dunde, ‹Positiv weiterleben›, S. 116
86 Ute Canaris, op. cit., S. 186
87 H. Pohlmann/W. Schramm: «Erfahrungen in der psychosozialen Betreuung von Hämophilen» (Kommissions-Arbeitsunterlage Nr. 270), in der in Anm. 48 genannten Anhörung
88 Ute Canaris, op. cit., S. 187 f
89 Dorothea Thünken, Diplompsychologin, Universitätskinderklinik Düsseldorf, in der in Anm. 48 genannten Anhörung (Kommissions-Arbeitsunterlage Nr. 289, S. 2)
90 H. Pohlmann/W. Schramm, Kommissions-Arbeitsunterlage Nr. 270, S. 11
91 Ministerialrat Franz Mödl in der Öffentlichen Anhörung der Enquete-Kommission ‹AIDS› am 18./19. Oktober 1988; er fügte hinzu: «Es gibt auch hier spezielle Fälle, die ich nicht unbedingt ausbreiten will. Es muß betrüblich stimmen, wie von verschiedensten Organisationen zum Teil versucht wird, eine Ausgrenzung der Bluter tatsächlich zu betreiben.»
92 Zwischenbericht, S. 104
93 H. Pohlmann/W. Schramm, Kommissions-Arbeitsunterlage Nr. 270, S. 4
94 Zwischenbericht, S. 146. – Ute Canaris, op. cit., S. 191 führt an, daß außerdem amerikanische und australische Pädiater festgestellt haben, daß Kinder durch sexuellen Mißbrauch infiziert worden sind. Fälle dieser Art sind bei uns bisher nicht aufgetreten.
95 «Forum Jugendhilfe», s. Anm. 66, bes. S. 54 f
96 Wolfgang Heckmann et. al: ‹Zwischenbericht zum Modellprojekt ‹AIDS und Kinder›, Juli 1988», S. 17 (Kommissions-Drucksache Nr. 64)
97 Irene Huber, Bundesverband für behinderte Pflegekinder e. V., St. Wolfgang (Kommissions-Arbeitsunterlage Nr. 292, S. 1 f)
98 Dies., ibid. bringt z. T. abenteuerliche Beispiele, etwa das Schreiben eines Bürgermeisteramtes, in dem man sich gegen die Unterbringung eines infizierten Pflegekindes in einem Kindergarten wehrt: Als Argument wird dort angeführt, bei einer Verletzung des betreffenden Kindes würde die Kindergärtnerin es nur versorgen können, wenn sie dabei Einmalhandschuhe trüge; dann müsse den anderen Kindern erklärt werden, wieso dies Kind anders behandelt werde als die übrigen: «Dies wird dazu führen, daß die Erzieherinnen von vornherein generell solche Vorsichtsmaßnahmen beachten müßten und damit über kurz oder lang es wohl nicht zu verheimlichen wäre, daß Ihr Pflegekind HIV-positiv ist. Durch ein solches Bekanntwerden befürchten wir eine Unruhe im Kindergarten, die im Interesse aller übrigen Kinder nicht zu vertreten ist.» Handelten die betreffenden Kindergärtnerinnen korrekt nach anerkannten Hygienestandards, würden sie bei allen Kindern bei blutenden Verletzungen Einmalhandschuhe tragen. Es liegt also deutlich ein Scheinargument vor.
99 Hedi Grupe, s. Anm. 82, S. 3
100 Karl-Heinz Struzyna, Arbeitskreis zur Förderung von Pflegekindern e. V., Berlin, Modellprojekt ‹AIDS und Kinder›, Kommissions-Arbeitsunterlage Nr. 332, S. 2
101 Priv. Doz. Dr. med. Ilse Grosch-Wörner, Universitätskinderklinik Berlin, Modellprojekt ‹AIDS und Kinder›, Kommissions-Arbeitsunterlage Nr. 290, S. 3
102 Prof. Dr. Johannes Münder, Institut für Sozialpädagogik, TU Berlin/Prof. Dr. Ulrich Arthur Birk, FH Frankfurt: Rechtsgutachten «AIDS und Kinder. Jugendhilfe- und sozialrechtliche Situation», Kommissions-Arbeitsunterlage Nr. 226, S. 29
103 Irene Huber, S. Anm. 97, S. 2
104 Karl-Heinz Struzyna, s. Anm. 100, S. 4, der noch eine ganze Reihe weiterer Beispiele von Ungleichbehandlung infizierter Pflegekinder anführt.
105 Nach Ute Canaris, op. cit., S. 197
106 Karl Otto Hondrich: «Risikosteuerung durch Nichtwissen. Paradoxien und Alternativen der AIDS-Politik», in: Ernst Burkel, op. cit., S. 121–143, hier: S. 132
107 Für den Bereich des Sports s. Stellungnahme der Weltgesundheitsorganisation, S. 2: «Es gibt nicht einen einzigen Hinweis einer HIV-Infektion im Rahmen einer sportlichen Betätigung.» (Kommissions-Arbeitsunterlage Nr. 379)
108 Zwischenbericht, S. 102: «Die Übertragung des HIV durch blutsaugende Insekten, insbesondere Stechmücken, ist aufgrund epidemiologischer Beobachtungen so gut wie ausgeschlossen.» Zur Frage von Blutübertragungen ibid.: «Bis zur Einführung obligatorischer

Tests und Inaktivierungsverfahren wurde die Infektion auch durch Transfusion von Blut und Blutprodukten sowie durch Gewebe- und Organtransplantationen übertragen. Ein minimales Risiko für Blut- und Organspenden verbleibt durch Spender in der Serokonversionszeit und durch Testfehler.»

109 Zwischenbericht, ibid.

110 Die Bezeichnung ‹Seuche› hat als semantisches Problem auch die Fraktion der GRÜNEN im Deutschen Bundestag zu schaffen gemacht. Im Zwischenbericht, S. 209, findet sich dazu folgende treffende Stellungnahme: «Formulierungen, die Worte wie ‹Seuche›, ‹Durchseuchung› und ‹Epidemie› enthalten, werden von der Fraktion DIE GRÜNEN grundsätzlich abgelehnt, weil sie geeignet sind, in unangemessener Weise eine übergroße Gefährdung der Bevölkerung durch AIDS zu unterstellen und die Krankheit zu dämonisieren und damit als Legitimation für staatliche Zwangsmaßnahmen zu dienen.»

111 S. Broschüre des Bundesministeriums für Gesundheit: «Was Ersthelfer über AIDS wissen sollten», S. 3. Pasteurisieren tötet das Virus in der Milch einer infizierten Mutter sicher ab; unpasteurisierte Muttermilch kann für das Baby infizierend wirken.

112 Zwischenbericht, S. 107

113 Zwischenbericht, S. 102; ausführlich Rolf Rosenbrock, Kommissions-Arbeitsunterlage Nr. 188 s. 2. Mai 1988, bes. S. 2 f

114 Nach «Treffpunkt. Fragen, die viele Frauen interessieren», herausgegeben vom Bundesministerium für Jugend, Familie, Frauen und Gesundheit, Nr. 32, S. 6

115 Aussage einer Interview-Partnerin bei Melitta Walter, op. cit., S. 226

116 Mit Beispielen Dipl.-Soziologe Donald Vaughn, Interessengemeinschaft der mit Ausländern verheirateten Frauen e. V., Frankfurt, in der Öffentlichen Anhörung der Enquete-Kommission ‹AIDS› am 1. März 1989; Renée Sabatier et al.: «Blaming Others. Prejudice, race and worldwide AIDS», The Panos Institute, London, 1988, bes. Kap. 7 und passim: Es gibt keine Beweise dafür, daß die Rasse jemand dazu prädestiniert, durch AIDS verstärkt gefährdet zu sein; S. 90 ff: Weiße Rassisten in Frankreich und den USA benutzen AIDS als Alibi ihrer Umtriebe; schwarze Bürgerrechtler behaupten, AIDS sei eine Erfindung zur Ausrottung von Farbigen...

117 Thomas Großmann in der in Anm. 21 genannten Anhörung. – Ich selbst erlebte in einem Informationsseminar eine ähnliche Situation. Diese Vorstellung kommt offenbar zustande, weil Leute aufgrund von irreführenden Medienberichten an Infektionen im Alltagsbereich glauben und im Verlauf solcher Überlegungen dann wissen wollen, ob jemand eine derartig ‹gefangene› Infektion an seinen Ehepartner weitergeben könne. Das würde aber bloß dann passieren können, wenn AIDS wirklich im Alltagskontakt anstecken würde, was nicht der Fall ist. Bei solch beinahe paradoxen Diskussionen wird einem oft erst klar, welche erheblichen Desinformationen die Runde gemacht und die Leute verunsichert haben.

118 Zita Küng/Ursula Flury, op. cit., S. 247

119 Mill Majerus, op. cit., S. 14. Was mag sich der für die Gestaltung der Schrift verantwortlich zeichnende Josef Neumeier dabei nur gedacht haben? Wollte er auf diese Weise die Aussagen des Autors relativieren bzw. in Frage stellen?

Anmerkungen zu Kapitel VII

1 Franz Dröge, op. cit., S. 174

2 John C, Merill, op. cit., S. 203; Kripal S. Sodhi/Rudolf Bergius, op. cit., S. 19

3 Franz Dröge, op. cit., S. 174 f

4 C. Fuchs/B. Puppe: «AIDS in Rheinland-Pfalz – eine Zwischenbilanz» (Kommissions-Arbeitsunterlage Nr. 258), S. 455: «Als schwer lösbar erscheint das Problem, daß sich immer wieder selbsternannte Experten zu der komplexen AIDS-Problematik zu Wort melden. Verschlimmernd kommt hinzu, daß häufig indiskutable Äußerungen von den Medien um so begieriger aufgegriffen werden, je exotischer sie sind. Der medizinische Laie ist dann kaum mehr in der Lage, sich ein richtiges Urteil zu bilden. Er wird mit widersprüchlicher Information überfüttert und hierdurch verunsichert...» Zum Thema ‹bad news is good

news› sehr informativ Gerald Mackenthun: «Katastrophen lassen sich gut verkaufen», in: ‹Umweltmedizin›, Argument-Sonderband AS 125, Berlin, 1985

5 Matthias Frings: «Wie AIDS gemacht wird», in Klaus Pacharzina (Hg.): ‹AIDS und unsere Angst›, Reinbek, 1986, S. 35–40, hier: S. 35: «Es bedarf nur eines leidlich funktionierenden Verstandes, die Mechanismen der ‹Medienseuche AIDS› zu analysieren – zu offenkundig ist das Geschäft mit der Angst und dem fotogenen Tod…» Der Autor referiert die Bemerkung des Redakteurs einer bekannten Hamburger Zeitschrift, der an einer ‹großen Horror-Geschichte› interessiert war und schließlich sagte: «Wenn es schon diese Krankheit gibt, dann müssen wir doch den für uns günstigsten Fall annehmen: Daß der totale Horror ausbricht» (S. 36); Hermann L. Gremliza: «Die Herren des Montagmorgengrauens oder: Die Abwehrschwäche des Informationssystems», in: Volkmar Sigusch, 1987, S. 234–239, hier S. 234: «Mit immer neuen Schreckensgeschichten versucht der ‹Spiegel›, die Nation Mores zu lehren und den Fall der Auflage unter die den Anzeigenkunden garantierten Menge zu bremsen.» Rolf Rosenbrock, Kommissions-Drucksache Nr. 6, S. 7 zur Frage einer effektiven Prävention: «Der Erfolg auf Dauer hängt wesentlich davon ab, ob die mehr markt- als ethikgesteuerten Massenmedien auf die verkaufsträchtige Nutzung der durch das Thema anzuheizenden atavistischen Ängste (Sex, ‹Orgien›, ‹Perversion›, Sucht, Tod, ‹unerkannte Feinde› etc.) verzichten.»

6 Frank Rühmann, 1985, S. 106f

7 Raul Niemann, op. cit., S. 60: «Ein skandalöses Beispiel für zynischen Journalismus hat im März 1988 die Hamburger Wochenillustrierte ‹stern› mit einer Zeitungswerbung demonstriert, als sie mit fetten Anzeige-Lettern eine neue AIDS-Serie ankündigte: ‹Jeder 8., der das liest, hat AIDS›. Unter diesem suggestiven Satz steht erläuternd kleingedruckt: ‹Vorausgesetzt, er ist heterosexuell, Single, hat zwölf oder mehr Geschlechtspartner im Jahr.› Es erübrigt sich nahezu, darauf hinzuweisen, daß eine (angebliche!) statistische Größe anhand der zufälligen ersten acht Leser dieser Anzeige sich mit Sicherheit als nicht verifizierbar und damit die Behauptung als falsch erweisen dürfte.»

8 Matthias Frings, 1986, S. 165: «Im ‹Spiegel› lesen wir: ‹Ich glaube›, sagt der AIDS-Spezialist Robert Gallo, daß ‹alle, die mit dem Virus infiziert sind, von jetzt an gerechnet in 20 Jahren in einem Zustand sein werden, daß sie möglicherweise schwer erkranken›. D. h., Robert Gallo glaubt dies nur, aber: Im Kopf der Leser bleibt in diesem Fall ein ‹Alle erkranken schwer!› zurück, das sich bei näherem Hinsehen auf ein undefiniertes ‹glauben› und ein ‹möglicherweise› stützt.»

9 Siegfried Rudolf Dunde, ‹Positiv weiterleben›, S. 103: «Wenn im Zusammenhang mit der AIDS-Berichterstattung in den (Print-)Medien immer wieder sexuelle Vorlieben, Praktiken, Ausrichtungen thematisiert wurden, dann häufig genug nicht im Sinne einer Erzeugung von Empathie und damit Verständnis, sondern mit dem Hintersinn der moralischen (Dis-)Qualifizierung. Noch nie in meinem Leben bin ich so häufig nach der (im Sinne psychischer Gesundheit) ‹Erlaubtheit› von Analverkehr z. B. gefragt worden wie in den letzten Monaten im Zusammenhang mit AIDS. Und immer wieder habe ich aus Medizinermund oder -feder Haarsträubendes darüber gehört oder gelesen.»

10 Matthias Frings, 1986, referiert S. 164, daß ein Pressesprecher des Bundesgesundheitsministeriums sich zur Gefahr der Verbreitung von AIDS über die Prostitution geäußert und hinzugefügt habe: «Die AIDS-Krankheit erfaßt möglicherweise auch Bevölkerungskreise, die ihrerseits gar keine Möglichkeit haben, sich selbst durch ihr Verhalten vor AIDS zu schützen.» Welche Bevölkerungskreise mag der Sprecher wohl gemeint haben? Im Zusammenhang mit Prostitution ja wohl die Freier. Aber wieso haben sie keine Möglichkeit, sich zu schützen? An derartigen verbalen Ungereimtheiten werden die latenten Vorurteile überdeutlich offenbar: Die Prostituierte scheint eine Art Naturgewalt zu sein, der bedauernswerte Kunde ist ihr hilflos ausgeliefert…

11 Antony A. Vass: «AIDS. A plage in us. A social perspective – the condition and its social consequences», St. Ives, Huntingdon, Cambs., 1987, S. 44

12 Ders., ibid., S. 74

13 Renée Sabatier, op. cit., Kap. 7 und 8

[14] Ders., ibid., S. 107 ff; die Darstellung der Auswirkungen von ‹Black AIDS› und dessen Folgen entstammt dem außerordentlich empfehlenswerten Band von Sabatier, aber auch persönlichen Mitteilungen befreundeter Afrikaner.

[15] Renée Sabatier, op. cit., S. 108

[16] Ders., ibid., S. 104

[17] Ders., ibid., S. 115

[18] Ders., ibid., S. 114, 115

[19] Nach Rita Süssmuth, op. cit., S. 45 f und Helga Rübsamen-Waigmann: «Experten – Fakten und Fiktionen», in Melitta Walter, op. cit., S. 34–46, hier: S. 41 f

[20] Darstellung nach Renée Sabatier, op. cit., S. 61–64

[21] Ders., ibid., S. S. 116; S. 64: «One of the main attractions of the theory is indoubtedly that it blames the United States for AIDS. It has appeared repeatedly in Third World newspapers, by authors who view the US debate over the possible African origins of AIDS as evidence of racism and a determination to blame Africans.»

[22] S. dazu Zwischenbericht, S. 67

[23] Rita Süssmuth stand während ihrer Amtszeit als Gesundheitsministerin häufig massiv unter dem Druck von Emotionen, die von den Medien ausgelöst worden waren und energische Maßnahmen gegen AIDS forderten. In ihrem Buch, S. 29, schreibt sie dazu: «Politiker dürfen sich nicht hinreißen lassen, populär wirkende Maßnahmen durchzuführen, die das Problem keiner wirklichen Lösung entgegenführen, sondern sich kontraproduktiv auswirken.»

[24] Claudine Herzlich/Janine Pierret: «Une maladie dans l'espace public. Le SIDA dans six quotidiens français», in: ‹Annales›, Jg. 43, Nr. 5/1988

[25] Antony A. Vass, op. cit., S. 73 ff. Diese sehr empfehlenswerte Untersuchung informiert umfassend über die britische AIDS-Berichterstattung und ihre spezifische Entwicklung; sie leistet für England, was Frank Rühmann für die Bundesrepublik getan hat. Auch Vass kommt zu dem Ergebnis (s. besonders die Schlußzusammenfassung von S. 170), daß eine soziale Einstellung, die die Betroffenen diskriminiert und ausgrenzt, als gesellschaftliches Fehlverhalten zu einer ärgeren Plage als die Krankheit selbst werden könnte.

[26] Frank Rühmann, 1985, S. 65 ff. Eines der von Rühmann erwähnten Beispiele ist so frappant, daß kurz darauf verwiesen sei. Ein Dr. Karl J. Deissler macht sich in der ‹Medical Tribune›, Nr. 23/1983 darüber Gedanken, wie man sich bei der Auswahl von Betreuern für therapeutische Wohngemeinschaften verhalten solle. Rühmann zitiert: «Was tun bei einer bekannten, noch schlimmer: bei einer vermuteten aktiven, etwa gar militant-promiskuitiven Sexualität eines Betreuers?» Wie in aller Welt stellt jemand es an, sich ‹militant-promiskuitiv› zu verhalten? Schon die Wortwahl macht den rein nomischen Charakter der zugrundeliegenden Ängste deutlich.

[27] Renée Sabatier, op. cit., S. 114

[28] Antony A. Vass, op. cit., S. 39 f

[29] Die meisten Beispiele für eine objektive Berichterstattung finden sich in der ‹Frankfurter Rundschau›, der ‹Süddeutschen Zeitung› und der ‹Zeit›. Einen Querschnitt durch die Berichterstattung bietet die Ausgabe von Herbst 1988 des ‹AIDS-Info-Dienstes› der Deutschen AIDS-Hilfe, Nestorstr. 8–9, 1 Berlin 31 (erscheint in unregelmäßigen Abständen); zu den negativ-Beispielen s. Christoph Lennert: «Die Voyeure und die Pharisäer triumphieren», in ‹die feder›, Nr. 6–7/87, Stuttgart, S. 22–24

[30] Zwischenbericht, S. 53

[31] Eberhard Hübner: «Inszenierung einer Krankheit. Die AIDS-Berichterstattung im ‹Spiegel›», in Volkmar Sigusch, 1987, S. 218–229; Frank Rühmann, 1985, S. 92 ff; Martin Dannecker: «Offener Brief. Sehr geehrter Herr Augstein», in: H. L. Gremliza/V. Sigusch (Hg.): ‹Operation AIDS›, Konkret-Sonderheft ‹Sexualität Konkret›, 1986, S. 52: «Aufgetischt wird eine Melange aus Faszination und Abscheu über das Treiben der homosexuellen Männer. Wirklichkeitsarm und vorurteilsgesättigt sind die Berichte Ihres Magazins über AIDS... Im ‹Spiegel› wird seit nunmehr vier Jahren ein antihomosexueller und minderheitenfeindlicher Fortsetzungsroman veröffentlicht.»

32 Cora Stephan: «Das Gerede, die Gefühle, die Gefahr. Stalingrad in deutschen Betten? Wes-
    halb die Debatte über AIDS so beliebt ist», in: ‹DIE ZEIT›, Nr. 18, 24. April 1987, S. 49 f

33 Die ‹Entwarnung› für das Küssen wurde in der Schweiz schon im Oktober 1987 gegeben
    («12 erfreuliche Botschaften zum Thema AIDS», in: ‹stop AIDS›, eine Präventionskam-
    pagne der AIDS-Hilfe Schweiz in Zusammenarbeit mit dem Bundesamt für Gesundheits-
    wesen, Bern; Kommissions-Arbeitsunterlage Nr. 132)

34 Analyse der Reaktionen auf diese Sendung bei Wolf-Rüdiger Schmidt: «AIDS – die Geißel
    Gottes?», in Jürgen Micksch/Raul Niemann, op. cit., S. 99–107

35 Darstellung nach Frank Rühmann, 1985, S. 79 ff. – Auf S. 97 berichtet Rühmann eine wei-
    tere, jedoch deutlich phantasierte Geschichte, die ebenfalls auf die negativ-Wirkung des
    versehrten Körperschemas abzielt. Er fand sie im ‹SPIEGEL› vom 6.6.1983, wo von der
    Anordnung AIDS-verursachter geschwollener Lymphknoten am Hals eines Homosexuel-
    len die Rede war; diese wurden als ‹Strick› und als ‹Kainszeichen› apostrophiert. Daß es sich
    um Quatsch handelt, erweist sich deshalb, weil die Lymphknoten, falls sie denn ange-
    schwollen sein sollten, sich nicht wie eine ‹Kette› oder ein ‹Strick› um den Hals darstellen
    können: Ihre Anordnung ist vertikal- und darum das ‹SPIEGEL›-‹Bild› erstens anatomisch
    falsch und folglich zweitens bloßes Phantasieprodukt.

36 Uwe Schmitt: «Sehnsucht nach Sodom», in: ‹Frankfurter Allgemeine Zeitung›, 23. März
    1989

Anmerkungen zu Kapitel VIII

1   Rolf Rosenbrock: «HIV-Übertragung per os», Kommissions-Arbeitsunterlage Nr. 188 v.
    29. April 1988; ders. ‹AIDS kann schneller besiegt werden›, S. 36–46; Mitteilung des
    Schweizer Bundesamtes für Gesundheitswesen (BGA), Frühjahr 1988 zur HIV-Kontagiosi-
    tät (in zahlreichen medizinischen Fachzeitschriften veröffentlicht)

2   Den ganzen Fragenbereich des Um- und Neulernens von Sexualität angesichts von AIDS
    behandelt ausgezeichnet Rolf Rosenbrock, Kommissions-Drucksache Nr. 6

3   Zur Frage der mittlerweile gestiegenen Kondomabsatzes (man spricht von fünfzig Prozent)
    führte Ulrich Clement in der Öffentlichen Anhörung der Enquete-Kommission ‹AIDS› des
    deutschen Bundestages am 29. September 1987 aus: «Nehmen Sie die fünfzig Prozent:
    Wenn die stimmen, können Sie darin beides sehen: Sie können sehen, es sind noch nicht
    hundert Prozent, und Sie können das bedauern. Und Sie können sagen, es sind schon fünfzig
    Prozent, und zwar ausgehend von Null, und das ist eine immense Entwicklung.»

4   Ders., ibid.

5   Nach Rolf Rosenbrock, Kommissions-Drucksache Nr. 6, S. 5; Volkmar Sigusch, STERN-
    Report, S. 53: «AIDS-Verhütung ist Sexualverkehr mit Kondom. Und das gilt für Hetero-
    wie für Bi- und Homosexuelle. Das gilt für Männer und Frauen, Jugendliche und Erwach-
    sene. Das gilt für den Vaginalverkehr ebenso wie für den Analverkehr. Außerdem ist dieses
    Vorgehen weder diskriminierend für ein bestimmtes Geschlecht noch für eine sexuelle Min-
    derheit und auch nicht für eine bestimmte sexuelle Praktik.»

6   Viele hilfreiche Gedanken für einen weniger krampfigen Umgang mit Kondomen stehen bei
    Hans Peter Hauschild: «Safer-sex – was wird bleiben, was wird sich ändern?» in: Siegfried
    Rudolf Dunde, 1986, S. 85–97, bes. S. 93 ff

7   In dem bekannten Roman «Lolitas» von Vladimir Nabokov, der 1955 publiziert wurde,
    findet sich noch ein Nachhall der Vorstellung, daß Kondome als Symbole erwachsener
    Männlichkeit galten: Der Junge, mit dem Lolita zum ersten Mal verkehrt, war zwar «so
    reizvoll wie eine rohe Karotte, konnte sich aber mit einer faszinierenden Sammlung von
    Verhütungsmitteln aufspielen...» (deutsche Ausgabe Reinbek, 1959, S. 148)

8   Nach Gerhard Stahl: «AIDS-Schoolworker in Berliner Schulen» in: ‹ru.›, op. cit., S. 102
    haben Lehrerinnen manchmal beim Vorführen von Kondomen Schwierigkeiten, weil sie
    sich davor ekeln («glitschig und feucht»).

9   Ein in dieser Hinsicht ganz unglückliches Stück Journalismus ist der Beitrag von Felix
    Raabe: «Moralische Immunschwäche», in: ‹Würzburger Katholisches Sonntagsblatt›,

22. März 1987, in dem so ziemlich sämtliche vorurteilsvollen Unterstellungen gegenüber einer rational argumentierenden AIDS-Aufklärung versammelt sind.

10 Melitta Walter in der Öffentlichen Anhörung der Enquete-Kommission ‹AIDS› des Deutschen Bundestages am 14. November 1988

11 Volkmar Sigusch, ‹STERN-Report›, S. 52 f

12 Frank Rühmann in Siegfried Rudolf Dunde, 1986, S. 79 ff und passim mit ausführlichen Literaturangaben und Zitaten

13 Nach der BGA-Mitteilung aus Anm. 1, Punkt 5

14 Rolf Rosenbrock, Kommissions-Arbeitsunterlage Nr. 188

15 S. etwa die Zitate bei Andreas Huber: «Anti-AIDS-Training», in: ‹psychologie heute›, 10/1988, Weinheim, S. 15 ff

16 Von engl. ‹pet› = ursprünglich kleines Tier, mit dem man spielt: Hündchen, Küken, Kätzchen etc. Von dort aus übertrug sich die Bedeutung auf Dinge, Handlungen oder Personen, die man gern hat oder liebt, und ‹petting› wird im eigentlichen Wortsinne am besten mit ‹Hätscheln› übersetzt.

17 Daß im Verlauf dieser Entwicklung tatsächlich dem Begriff des ‹Petting›, das ohne Zärtlichkeit undenkbar ist, ein Akzent des Perversen beigemischt wurde, zeigt geradezu exemplarisch das bereits erwähnte ‹Frauen›-Merkblatt des Bundesfamilienministeriums, wo nach der knappen Erwähnung von Petting als ‹Streicheln, Austausch von Zärtlichkeiten, Anfassen der Geschlechtsteile› lapidar hinzugefügt wird: «Vorsicht ist dann geboten, wenn Samen- oder Scheidenflüssigkeit austritt und über offene Wunden in die Blutbahn der Partnerin oder des Partners gelangen könnte.» Hier wird also das Petting ohne weiteres für so pervers gehalten, daß sado-maso-Techniken darin eingeschlossen sind – denn woher sollten sonst die ‹offenen Wunden› stammen? Nach dieser irritierenden Warnung vor Risiken, die es bei Petting nun wirklich nicht gibt, folgt die pflichtschuldige ‹Entwarnung›: «Bisher wurde jedoch weltweit kein Fall einer solchen Übertragung durch Petting nachgewiesen.» – Aber: Ist das denn wirklich eine Entwarnung? Nimmt man die Information auseinander, besagt sie nämlich, daß bisher weltweit noch keine Infektion desjenigen Petting («eines solchen») nachgewiesen wurde, wobei Blut über offene Wunden floß, womit die Aussage sich verschiebt, denn auf einmal gehören Petting und Blutfließen durchaus zusammen, nur ist halt zum Glück weltweit noch kein Fall bekannt geworden, daß Leute sich bei dieser Praktik infiziert hätten (vielleicht ein bloßer Zufall). Ob das Ministerium das, was es hier faktisch sagt, wohl wirklich hat ausdrücken wollen?

18 Ausführliche Behandlung von Beichtspiegeln und Bußbüchern bei Gisela Bleibtreu-Ehrenberg, 1981, S. 209 ff

19 Dr. Friedemann Pfäfflin, Universität Hamburg, in der Öffentlichen Anhörung der Enquete-Kommission ‹AIDS› am 10. Januar 1989 (Kommissions-Arbeitsunterlage Nr. 339)

20 Felix Herzog: «Das Strafrecht im Kampf gegen ‹AIDS-Desperados›», in Ernst Burkel, op. cit., S. 329–349, hier: S. 354

21 Renée Sabatier, op. cit., S. 145 f: «AIDS prevention means AIDS education, and AIDS education means talking about sex: our own and other people's. We all have to learn to do this without giving and taking offence.»

22 In der in Anm. 3 genannten Anhörung wurde darüber diskutiert, ob und inwieweit es eine Alternative zum Kondomschutz bei vor-, un- sowie außerehelichen Kontakten gebe und ob man vielleicht zukünftig die Menschen ausschließlich zur Einehe erziehen bzw. sozialisieren solle. Ich habe nicht gehört, daß einer der Teilnehmer sich eindeutig und ausschließlich zu diesem Ziel bekannt hätte. Eine strikte, staatlich angeordnete Sozialisation Jugendlicher auf die lebenslang monogame Einehe hin müßte ohnehin am Recht der Eltern scheitern, ihren Kindern diejenige Sexualerziehung zu geben, die sie persönlich für die richtige halten.

23 Manfred Bruns et al., Kommissions-Arbeitsunterlage Nr. 122, S. 3

24 Dieter Riehl, Deutsche AIDS-Hilfe e. V., Hannover, sowie Dr. med. Klaus Pacharzina, Medizinische Hochschule Hannover, in der in Anm. 3 genannten Anhörung

25 Bericht des Bundesministeriums für Jugend, Familie, Frauen und Gesundheit über die

Maßnahmen des Sofortprogramms der Bundesregierung zur Bekämpfung der Immunschwäche AIDS vom Januar 1989, Kommissions-Drucksache Nr. 81, S. 3

26 Manfred Bruns in der in Anm. 3 genannten Anhörung

27 Marlies Prigge: «Ich habe mich angesteckt. Infizierte berichten», in Klaus Lempke, 1987, S. 132–143, hier: S. 104 f

28 Zwischenbericht, S. 42

29 Manfred Bruns et al., Kommissions-Arbeitsunterlage Nr. 113, S. 2: «Promiskuität darf nicht einfach mit Verantwortungslosigkeit gleichgesetzt werden. Für die Prävention ist der Hinweis wichtig, daß es spielerische und süchtig-perverse Formen der Promiskuität gibt. Meist handelt es sich um spielerische Formen, bei denen Verhaltensänderungen und Verzicht leichter möglich sind.»

30 Frank Rühmann, 1986, S. 74. Prof. Dr. med. Wolfgang Stille, Zentrum der Inneren Medizin, Universität Frankfurt, berichtete zu diesem Aspekt in der in Anm. 10 genannten Anhörung: «Niedergelassene Ärzte können ein langes Lied von wildgemachten und etwas ‹gesundheitssüchtigen› Omas und Opas singen, die sich an ihren letzten Koitus vor fünfzehn Jahren erinnern oder fragen, ob der letzte Puff-Besuch vor fünfzehn Jahren nicht doch AIDS gebracht haben könnte; solche durchaus grotesken Sachen gibt es.»

31 Rita Süssmuth, op. cit., S. 64; Rolf Rosenbrock/Norbert Eimer MdB, Kommissions-Arbeitsunterlage Nr. 172, S. 3 a

32 Um die Mückendiskussion nicht aus diesem durchsichtigen Grund immer wieder zu entfachen, hier ein Rat: Mücken übertragen in der Tat kein HIV, aber unsaubere Spritzen können das bekanntlich durchaus tun, und zwar nicht bloß in Afrika. Statt also ‹Alibi›-Mücken zu bemühen, könnte jemand, der sich eines sozusagen außereuropäischen Seitensprunges erinnert und nun überlegt, ob er sich testen lassen und was er sagen will, falls der Test positiv ausgeht, besser erklären, er habe eine womöglich nicht-sterile Injektion bekommen, um auf diese Art familiären Diskussionen aus dem Weg zu gehen, zu denen es ohne die neue HIV-Gefahr nie gekommen wäre.

33 Gerhard Stahl, op. cit., S. 101

34 Irene Huber in der in Anm. 10 genannten Anhörung

35 Bernd Belohradsky in der in Anm. 10 genannten Anhörung

36 Mill Majerus, op. cit., S. 20; Zwischenbericht, S. 41

37 «Einstellungsänderung braucht Freiwilligkeit», in: ‹Gesundheits-Presse-Dienst›, Jg. XXVI, Bonn, Nr. 3/1987, S. 1

38 Zitat aus dem Konzept der PRO FAMILIA (Landesverband NRW e. V.) zum Thema ‹Sexualpädagogik und AIDS›, S. 2

39 Rudolf Völker et al., op. cit., S. 75: Noch vor zwei Generationen sei während der Brautzeit eine sexuelle Abstinenz von anderthalb Jahren oder länger die Regel gewesen (der Verfasser vergißt allerdings, hinzuzufügen, daß dies in der Epoche, während der jeder vierte erwachsene Mann Syphilitiker war, eine andere Bedeutung gehabt hat als gegenwärtig).

40 Das folgende Zitat wäre rührend, wenn es nicht die berüchtigte männliche Doppelmoral perpetuierte: «Die meisten jungen Mädchen haben – im Gegensatz zu dem, was ‹Bravo› Euch einreden möchte – zunächst noch einen ‹schlummernden› Körper, der erst dann ‹erwacht›, wenn sie dem jungen Mann begegnen, den sie von Herzen gern haben. Jungen haben es dagegen schwerer. Ihre Sexualität ist drängender und kann schon durch optische Reize geweckt werden, so, wenn sie ein Foto von einem völlig unbekannten nackten Mädchen anschauen.» (Aus: ‹AIDS: Wie sag ich's meinem Kinde?› Herausgegeben vom Elternverein Nordrhein-Westfalen, Bonn, Endenicher Str. 12, S. 2 ff)

41 S. Christopher Frey: «Das Thema AIDS in der Schule, aus der Sicht eines evangelischen Ethik-Ansatzes», in: Schulverwaltungsblatt, herausgegeben vom Niedersächsischen Kultusminister, Hannover, 6/87, S. 144–146, hier: S. 144: «Die restriktive Sexualmoral mag in früheren Jahrhunderten gute Gründe gehabt haben (Kontrolle des Bevölkerungswachstums, Verantwortung für das Leben des Nachwuchses usw.). In den letzten Jahrzehnten wurde sie oft ohne überzeugende Gründe eingeschärft und drückte die Ängste der Älteren aus, die sich von der jüngeren Generation allzuweit entfernt fanden.» Siegfried Rudolf

Dunde schreibt zu dem Thema u. a.: «Muß den Älteren durch den freieren Umgang der jungen Menschen nicht aufgehen, wieviele Lebensfreude man ihnen geraubt hat, welchen Verlust an Zuwendung sie erlitten haben? Es ist schon verständlich, wenn sie ihren Neid mit destruktiver Zielrichtung beladen.» (In: «Andere haben es gut. Der notwendige Neid», München, 1989, S. 28) Walter Kindermann (Kommissions-Arbeitsunterlage Nr. 276) nennt ebenfalls elterliche Warnung vor AIDS als Mittel zur Verzögerung jugendlicher Sexualität.

42 Aus: «Umfrage des Gesundheitsministers ergab: Junge Mädchen haben Angst vor AIDS», in: ‹AIDS-Dienst NRW›, Dortmund, Nr. 2/1988, S. 10

43 Beide Zitate und leicht verkürzte Darstellung nach den Ausführungen von Melitta Walter in der in Anm. 10 genannten Anhörung

44 Frau Dr. med. Dorothee Fischer in der Öffentlichen Anhörung der Enquete-Kommission ‹AIDS› am 18. Oktober 1988

45 Manfred Bruns et al., Kommissions-Arbeitsunterlage Nr. 122, S. 11

46 «AIDS als Problem der Jugendhilfe», in: ‹Forum Jugendhilfe. AGJ-Mitteilungen›, Heft 3/4, 1988, S. 53 (Kommissions-Arbeitsunterlage Nr. 384)

47 Marlies Prigge, op. cit., S. 137

48 Rainer Gaedt: «...und hätte ich die Liebe nicht. Überlegungen zum Thema AIDS im Religionsunterricht und Bericht über einen Unterrichtsversuch in Klasse 9/10», in: ‹ru›, op. cit., S. 97–99, hier: S. 97

49 Monika Simmel-Joachim: «AIDS und Sexualität: einfach vernünftig?» in: ‹pro familia magazin›, 3/1987, S. 27 f

50 Gerhard Stahl, op. cit., S. 102

51 Angabe von Manfred Bruns und Ulrich Clement in der in Anm. 3 genannten Anhörung

52 Aus: «Neues Lernziel für Lehrer: Die Schulstunde zum Thema AIDS», in: ‹AIDS-Dienst NRW›, Dortmund, Nr. 1/1987, S. 16 f

53 Ich bedauere sehr, aus Raumgründen hier nicht verschiedene ‹AIDS-Erlasse› miteinander vergleichen zu können. Als beispielhaft für die erwähnten Unterschiede möchte ich den des Landes Niedersachsen vom 5. Juli 1988 und den des Saarlandes vom 2. Januar 1989 erwähnen.

54 Nach dem Bericht des Bundesinnenministeriums zur Rauschgiftkriminalität ist die Zahl der Erstkonsumenten seit 1988 gestiegen. Die meist selbst abhängigen ‹Kleinhändler› mit harten Drogen suchen ihre Abnehmer vermehrt unter jüngeren Jahrgängen; Diskos sind bekanntermaßen beliebte Ansprechplätze dafür (s. auch Günter Bannas: «Mehr Delikte, mehr Tote, mehr Erstkonsumenten. Innenminister des Bundes und der Länder legen Statistik zur Rauschgiftkriminalität vor», in: ‹Frankfurter Allgemeine Zeitung› v. 29. April 1989)

Anmerkungen zu Kapitel IX

1 Raul Niemann, op. cit., S. 57 f

2 Zum selbsterlebten noch ein anderweitig dokumentiertes Beispiel: Nach Raul Niemann, op. cit., S. 67, führte Pastor Burghard Affeld, Vorstandsmitglied der Bekenntnisbewegung ‹Kein anderes Evangelium› eine neue Variante des evangelikalen AIDS-Jargons auf einer Meta- bzw. Transfer-Ebene ein, indem er erklärte, daß die nicht-evangelikale Kirche der Protestanten ‹AIDS-krank› sei, weil sie ‹Hurerei mit dem Zeitgeist› betreibe.

3 Johannes Gründel in August Wilhelm v. Eiff/Johannes Gründel, op. cit., S. 100

4 Reinhard Löw: «Die ethische Problematik von AIDS aus philosophischer Sicht», in Ernst Burkel, op. cit., S. 390–407, hier: S. 400, zu Löws Gesamtansatz höchst kritisch Siegfried Rudolf Dunde, AIDS und Moral, 1989, S. 63–68, wo die logischen Fehlschlüsse dieses naturrechtlichen Ansatzes bloßgelegt werden.

5 Aus: Interview mit Bischof Karl Lehmann zur AIDS-Kampagne. Aktueller Nachtrag zum Interview. Abgedruckt in: «Verantwortung und Kultur der menschlichen Gesellschaft», herausgegeben vom Bischöflichen Generalvikariat Osnabrück, 2. Aufl., o. J., S. 65: «Auch

die ‹sexuelle Revolution›, die sich gar nicht in Frage stellen lassen möchte, kommt auf den Prüfstand. Erst dann geschieht wahrhaft ‹Aufklärung›, wenn es auch kein Tabu dieser Art mehr gibt. Für den Religionsunterricht ist diese neue Situation vermutlich eine große Chance, denn nun kann man unverkrampft und sachlich wieder über Dinge reden, die bisher auch ‹tabu› waren: menschliche Sexualität, ihre Zweideutigkeit, die Aufgabe ihrer Gestaltung, ihre Höhen und Tiefen, Verzicht und Geduld des Reifens, ihre wohltuende Zuordnung... Diese Chance der Stunde sollten wir nützen.»

6 Johannes Gründel: «AIDS-Aufklärung in der Schule – aus der Sicht eines katholischen Ethikansatzes», in: Schulverwaltungsblatt, herausgegeben vom Niedersächsischen Kultusminister, Hannover, 8/87, S. 223–237, hier: S. 224

7 Heinz-Horst Schrey: «Einführung in die Ethik», Darmstadt, 1972; neuere philosophische Richtungen, wie der logische Positivismus oder die Philosophie Wittgensteins, sprechen der Ethik den Charakter der Wissenschaftlichkeit ab. Wie populärwissenschaftlich die in unseren Beispielen augenfällige notorische Gleichsetzung von Ethik mit Moral ist, kann man sich durch die Lektüre des geistvollen Vortrags von Niklas Luhmann vor Augen führen, der darlegt, daß es die offenbar vordringlichste Aufgabe der Ethik sei, vor Moral zu warnen (Vortrag: «Paradigm Lost: Die ethische Reflexion der Moral», Vortrag anläßlich der Verleihung des Hegel-Preises; gekürzte Fassung veröffentlicht in der ‹Frankfurter Allgemeinen Zeitung› vom 28. Dezember 1988, S. N 3–N 4.)

8 Zum Thema der Sondermoralen im Zusammenhang mit Ausgrenzungstendenzen sehr empfehlenswert Wilhelm Korf: «Außenseiter. Zur ethischen Beurteilung abweichender Identität», in: ‹Theologische Quartalsschrift›, Tübingen, 155. Jg., Heft 1/1975

9 Bischof Karl Lehmann in dem in Anm. 5 erwähnten Interview

10 Zwischenbericht, S. 47

11 Pfarrer Dr. Christopher Frey, Professor für Systematische Theologie (Schwerpunkt Ethik) an der Ruhr-Universität Bochum: «Thesen und Hinweise zur öffentlichen Anhörung zum Themenbereich «AIDS und Ethik», Kommissions-Arbeitsunterlage Nr. 429

12 Professor Dr. Hermann Lübbe, Inhaber des Lehrstuhls für Evangelische Ethik an der Universität Zürich, Kommissions-Arbeitsunterlage Nr. 424

13 Professor Dr. Johannes Gründel, katholischer Moraltheologe an der Universität München, Kommissions-Arbeitsunterlage Nr. 427

14 Es würde sich für die AIDS-Prävention gewiß sehr positiv auswirken, wenn diese Ansicht sich in katholischen Kreisen durchsetzen könnte. Dazu noch eine weitere zustimmende Äußerung: «Gerade angesichts von AIDS müssen wir weg von dem Prinzip ‹Alles oder Nichts›: Geschlechtsverkehr (in der Ehe) oder Verzicht. Es gibt dazwischen eine Menge von sexuellen Erfahrungsmöglichkeiten, die – im Blick auf AIDS – ungefährlich und – im Blick auf die Beziehung – angemessen sind. Vielleicht müssen wir weg von der Vorstellung, der Koitus sei die einzige Möglichkeit sexueller Erfahrung. Damit soll gewiß diese intimste und intensivste Form der Sexualität nicht unterschätzt werden; sie soll nur ihr Selbstverständnis als einzige Form verlieren.» (Aus: «Von der Bewahrung der Menschenwürde. Ein Gespräch mit Professor Dr. Wolfgang Bartholomäus, Tübingen», in: ‹ru.›, op. cit., S. 83–86, hier: S. 86)

15 Professor Dr. Thure von Uexküll, Freiburg, Kommissions-Arbeitsunterlage Nr. 430

16 Professor Dr. Wolfgang Haug, Institut für Philosophie der Freien Universität Berlin, Kommissions-Arbeitsunterlage Nr. 433

17 Diese Redefigur hat übrigens nie die Wahrheit ausgedrückt, denn es gibt eine Reihe empfehlenswerter Arbeiten zum Thema ‹AIDS und Ethik›, die allerdings von den nomischen Befürwortern von ‹Binnen›- bzw. ‹Sonderethiken› ungern als solche zur Kenntnis genommen werden. Daher hier eine kleine Auswahl: Dietmar Mieth, Professor für Theologische Ethik in Tübingen, spricht sich in seinem Aufsatz: «AIDS – die ethische Exponiertheit der Probleme» in Ernst Burkel, op. cit., S. 408–424 ausdrücklich für eine rationale Argumentation aus, die davon ausgeht, daß völlige Übereinstimmung in der Frage des ‹richtigen Handelns› nicht zu erwarten sei, weil in unserer Gesellschaft eine Pluralität des Sexualethos gibt. Siegfried Rudolf Dunde behandelt in seinem Aufsatz: «AIDS: Gedanken zu ethischen Grundlinien», in: ‹Wege zum Menschen›, 40. Jg., 2/1988, S. 111–119 die wichtigsten mit AIDS verknüpf-

ten ethischen Probleme, er beschäftigt sich sehr eingehend mit naturalistischen Fehlschlüssen und den damit verbundenen, aber verdeckten Diskriminierungen sowie der Vernetzung von Individual- mit Sozialethik. Ferner empfehlenswert und direkt auf das Thema bezogen Christopher Frey: «Was bedeutet AIDS für die Sexualethik und die Sexualpädagogik?» in: ‹Bochumer Materialien zur Medizinischen Ethik› (duphar med script), Hannover, Heft 10, Januar 1988; Hans-Martin Sass/Herbert Viefhues: «Ethik in der ärztlichen Praxis und Forschung», ibid., Heft 2, 1988; Christopher Frey: «Brauchen wir eine neue Sexualethik», in: Jürgen Micksch/Raul Niemann, op. cit., S. 126–132

18 Für die katholische Kirche waren anwesend Prälat Paul Bocklet und Heiner Lendermann, Kommissariat der Deutschen Bischöfe, Katholisches Büro Bonn (Kommissions-Arbeitsunterlage Nr. 47 vom 24.9.1987); für die evangelischen Kirchen Oberkirchenrat Tilman Winkler, Kirchenamt der EKD, Hannover (Kommissions-Arbeitsunterlage Nr. 43 vom 15.9.1987). Die hier zitierten Abschnitte des Zwischenberichts stehen dort auf S. 57–62

19 In dieser Aussage des Zwischenberichts liegt das dazu von Oberkirchenrat Winkler Ausgeführte nur verkürzt vor. Das Wortprotokoll der Sitzung vom 29.9.87 besagt dazu auf S. 137: «Zum anderen ist – und hier beginnen vielleicht die politischen Möglichkeiten – der Abbau von Entmutigungen gegenüber der Ehe erforderlich. Es gibt ja in der Tat so etwas wie ‹Eheverhinderungsfaktoren› als da sind: Überlange Ausbildungszeiten, erschwerte Chancen am Arbeitsmarkt, Hindernisse, um früh zu heiraten und Kinder zu bekommen, fehlender preiswerter Wohnraum usw. Da sind so viele Faktoren, bei denen man etwas tun könnte...»

20 Das Wortprotokoll der Anhörung vermerkt auf S. 96 diese Aussage als Antwort auf die von einem Kommissions-Mitglied gestellte Frage, wo – in Anspielung auf die bekannte Stellungnahme von Kardinal Höffner zur AIDS-Frage vom 23.2.1987 – der Unterschied zwischen ‹Geißel Gottes› und ‹Heimsuchung› zu sehen sei. Die im Zwischenbericht auf S. 62 Antwort von Prälat Bocklet möchte ich wörtlich nennen, weil daraus so deutlich wird, daß der Kardinal mit seinem harschen Kanzelwort mehr als leicht mißzuverstehen ist: «Daß Gott es zuläßt, daß ein Mensch in der Erfahrung eines solchen Vorgangs wieder zur Besinnung kommt, ist mit dem Wort ‹Heimsuchung› gemeint. Es ist also nicht in dem Sinn gemeint, daß wir etwas predigen: Jetzt rächt sich der liebe Gott für all die bösen Taten. Vielmehr ist ein Stück Besinnung, Umdenken notwendig, wenn ich solche Erfahrungen mache. In dem Sinn würde ich das Wort ‹Heimsuchung› gerne deuten. Ich bitte, daß es nicht mißverstanden wird.»

21 Kritisch zu dieser Äußerung des Kardinals Dietmar Mieth, op. cit., S. 413 f, 423 f: Die Argumentationsfigur des Kardinals betrachte die AIDS-Gefahr als eine quasi zeichenhafte Bestrafung.

22 Im ‹idea›-Spektrum, Ausgabe vom 11.2.1987

23 Ausgabe vom 25.8.1985

24 In ‹Zeitfrage›, herausgegeben vom Presseamt des Erzbistums Köln, Heft 41, Neusser Druckerei und Verlag GmbH, 1987. Mir liegt nur die 3. Auflage (16.–25. Tausend) vor, in der die beiden fraglichen Stellen nicht mehr enthalten sind. Eine lange, gründliche Analyse des ungekürzten Papiers kann man nachlesen bei Raul Niemann, op. cit., S. 68 f

25 Es gibt eine uralte juristische Entscheidung (BGH St 6, 52), mit der in der Adenauer-Ära erklärt wurde, der Staat habe bei seinen Entscheidungen das Sittengesetz zu achten, und worin das bestehe, sei Sache der Kirchen. – Diese Entscheidung wird immer dann ausgegraben, wenn kirchliche Stellen der sich dem eigenen Selbstverständnis nach als pluralistisch definierenden Staat für die Verteidigung der eigenen Weltanschauung einzuspannen suchen. Ein katholischer Publizist machte das im Zusammenhang mit der Aufklärungskampagne von Rita Süssmuth deutlich: «Die Bundesfamilienministerin hat nicht begriffen, daß es hier um die Wertordnung unserer Verfassung geht, nicht um kirchliche Moralvorstellungen. Für diese Wertordnung müssen die politisch Verantwortlichen unseres Staates unverkürzt eintreten, sie müssen sie zum Maße ihres Handelns nehmen und ihr in der Öffentlichkeit Geltung verschaffen.» (Felix Raabe: «Nur für Heilige?» in: ‹Würzburger katholisches Sonntagsblatt›, Nr. 15, 12. April 1987)

²⁶ Bischof Karl Lehmann nahm den Staat hier in die Pflicht und fragte «Haben wir die einfachsten Ergebnisse der jahrelangen Debatte um die ‹Grundwerte› schon wieder vergessen?... Der Staat ist zwar nicht weltanschauungsgebunden, aber auch nicht wertneutral.» («Interview mit Bischof Karl Lehmann zur AIDS-Kampagne», aus: «Verantwortung und Kultur der menschlichen Geschlechtlichkeit», op. cit., S. 64 f, hier: S. 64)

²⁷ Dazu Dietmar Mieth, op. cit., S. 412: Verfügbarkeit und Benutzung von Kondomen zum AIDS-Schutz sind nach katholischer Auffassung selbstredend keine Lösungen, die bis zur Frage nach der moralischen Verantwortung des Sexualverhaltens im Ganzen vorstoßen. «Aber es besteht seitens der gesundheitspolitischen Verantwortung dazu kaum eine Alternative. Die hochethische Steuerung des Verhaltens oder gar eine christliche Binnenmoral kann eben bei staatlichen Maßnahmen nicht vorausgesetzt werden. Diese müssen von dem empirischen Befund ausgehen, daß es weiterhin Sexualpraktiken und Sexualbeziehungen geben wird, die die Infizierungsgefahr verstärken, wenn sie nicht von Schutzmaßnahmen begleitet sind, auch wenn diese keine absolute Sicherheit garantieren.»

²⁸ Zum Konflikt zwischen autonomer und heteronomer Moral nach neuem moraltheologischen Verständnis sehr klar Johannes Gründel in August Wilhelm v. Eiff/Johannes Gründel, S. 68 ff; Mill Majerus, op. cit., S. 43

²⁹ Hierzu mit vielen Beispielen Mill Majerus, op. cit., S. 41 f; ferner Raul Niemann, op. cit., S. 67–71. Wolfgang Bartholomäus, op. cit., S. 86, schreibt zum katholischen Dauerproblem, sich mit als ‹falsch› definierter Sexualhandlung auseinandersetzen zu müssen: Nach der Tradition sei der ungeordnete sexuelle Lustgenuß als solcher Kriterium der Sündhaftigkeit einer jeden sexuellen Handlung und gelte als Egoismus. «Der Unterschied liegt darin, daß ich dafür plädiere, das Unvollkommene zuzulassen. Die traditionelle Sexualmoral hat uns die fast zwanghafte Überzeugung überliefert, im Sexualleben sei nur Perfektes erlaubt. Alles Imperfekte galt ihr nicht als mangelhaft, sondern als sündhaft. Während man anderswo – speziell im Umgang mit der Macht – sehr viel Nachsicht walten ließ, weil man sich der Endlichkeit und des Versagens des Menschen bewußt war, wurde hier schon das Unvollkommene verurteilt und bekämpft.» Man habe geglaubt, im Sexualleben durchaus keine Zugeständnisse machen zu dürfen, was besonders für die Sexualpädagogik sehr hinderlich sei.

³⁰ Selbstredend gleichsinnig, aber deutlicher gesagt in «AIDS. Orientierungen und Wege in der Gefahr. Eine kirchliche Stellungnahme», herausgegeben vom Kirchenamt der Evangelischen Kirche in Deutschland (EKD), Herrenhäuser Straße 12, 3000 Hannover 21, S. 15 f, wo dieser Zielkonflikt thematisiert und als Dilemma bezeichnet wird. Auf S. 6 findet der genaue Leser übrigens eine nicht unerhebliche Konzession an evangelikal-fundamentalistisches Gedankengut: «Ein möglicher Zusammenhang zwischen persönlicher Schuld und Krankheit darf jedoch auch nicht geleugnet werden. Der biblisch bezeugte Zusammenhang von menschlicher Verfehlung und Gottes Gericht kann nicht in der Schwebe bleiben oder gar aufgehoben werden.» Dagegen S. 11: «In der Krankheit eine direkte ‹Strafe Gottes› für seine persönlichen Sünden zu sehen, ist ein heidnisches Mißverständnis.»

³¹ Aus: «Ethisch-theologische Fragestellungen und Überlegungen», herausgegeben vom Diakonischen Werk Bayern – AIDS-Informationsmappe –, Nürnberg, November 1987. Eine Zusammenstellung von für evangelische Christen wichtigen Texten, Stellungnahmen und offiziellen Verlautbarungen aus dem Protestantismus ist «Leben mit AIDS. Eine Handreichung der Evangelischen Kirche im Rheinland etc.», Herausgeber: Evangelische Kirche im Rheinland, Landeskirchenamt, Hans-Böckler-Str. 7, 4000 Düsseldorf 30. Sehr bedeutsam ist der Appell des Ökumenischen Rates zum Thema AIDS (ÖRK) von 1986 (abgedruckt als Sonderdruck in «diakonie im rheinland» Heft 1 (1988), ebenfalls enthalten in der erwähnten AIDS-Informatiosmappe des Diakonischen Werkes Bayern; berühmt wurde der Passus, daß die Kirchen durch ihr Schweigen Mitverantwortung für die Angst tragen, die sich schneller in der Welt ausgebreitet hat als das Virus selbst. Einen guten Überblick vermittelt auch die in Anm. 30 genannte Broschüre.

³² S. Anm. 30. Die «Gemeinsame Stellungnahme der Augsburger Kirchen zum Thema ‹AIDS›» befürwortete das EKD-Papier allerdings nur mit deutlicher Distanz: Man fürch-

tet, ähnlich wie im katholischen und evangelikalen Bereich, daß durch Kondomgebrauch die menschliche Sexualität zu einem ‹Konsumartikel› herabgewürdigt werde; die Sexualerziehung Jugendlicher soll den Wert des Warten-Könnens und des Verzichts auf sexuelle Intimkontakte bewußt machen. (Nach Susanne Dimpker/Siegfried Keil: «Erwartungen an eine kirchliche Stellungnahme zur AIDS-Problematik», in: ‹ru.›, op. cit., S. 87–89, hier: S. 88)

33 Wolf-Rüdiger Schmidt, op. cit., S. 100

34 Ausführliche Diskussion des fundamentalistischen Standpunktes zu AIDS als Tat-Folge-Produkt bei folgenden Autoren: Wolf-Rüdiger Schmidt, op. cit.; Mathias Bosch: «AIDS – eine Geißel Gottes?», Wiesbaden, 1986; Jürgen Bußmann, op. cit.; Johannes Gründel in August Wilhelm von Eiff/Johannes Gründel, op. cit., S. 74 f und passim; ferner einige Aufsätze zu diesem Thema in dem Band von Jürgen Micksch/Raul Niemann (der insgesamt gut in die christlichen Aspekte der AIDS-Frage einführt): Christopher Frey: «Brauchen wir eine neue Sexualethik?», Johannes Gründel: «AIDS – ethische Herausfordeung an die ganze Menschheit», Siegfried Keil: «Anthropologische Voraussetzungen für einen lebensfördernden Umgang mit der Immunschwäche AIDS», Gisela Bleibtreu-Ehrenberg: «Das Sündenbock-Syndrom. Die Krankheit AIDS als Herausforderung an Gesellschaft und Kirche». Das Buch von Siegfried Großmann (Hg.): «Der neue Nächste. AIDS fordert uns heraus», Wuppertal, 1988 übt Kritik an der ‹Geißel Gottes›-Theorie und verwandten Erscheinungen aus dem evangelikalen Raum selbst heraus und bemüht sich um eine vermittelnde Position, die darauf verzichtet, andere zu verdammen.

35 Die hier genannten Beispiele entstammen Aufsätzen und Stellungnahmen aus ‹idea-spektrum. Nachrichten und Meinungen aus der evangelischen Welt›, Nr. 16/1987 und Nrn. 3, 20/1988; das Blatt ist das Publikumsorgan evangelisch-fundamentalistischen Glaubens. Ferner entstammen sie den Aufsätzen von Wolf-Rüdiger Schmidt und Raul Niemann (S. Anm. 34). Einige der Äußerungen habe ich selbst gehört.

36 Darstellung und Zitate nach Wolf-Rüdiger Schmidt, op. cit., S. 106 f. Das Problem des unkritischen Bibellesens als Ursache für die glaubensmäßige Tabuisierung der Sexualität wird von Vertretern evangelikaler Position z. T. selbst gesehen. Siegfried Großmann, op. cit., S. 122 schreibt dazu, es werde immer dringender, «daß sich auch die evangelikale Theologie neu und ohne Vorurteile an die Exegese der entsprechenden Texte macht».

37 Johannes Gründel in August Wilhelm von Eiff/Johannes Gründel, op. cit., S. 74

38 Wolf-Rüdiger Schmidt, op. cit., S. 102, 105 f

39 Zitat und Gedankenführung nach Christopher Frey, S. 128 f, s. Anm. 34

40 Wolfgang Bartholomäus, op. cit., S. 83

41 Alexander Haimhausen, op. cit., S. 10

42 Kritisch zu Konrad Lorenz Gunter Pilz/Hugo Moesch: «Der Mensch und die Graugans. Eine Kritik an Konrad Lorenz», Frankfurt/M., 1975; Wolfgang Wieser: «Konrad Lorenz und seine Kritiker. Zur Lage der Verhaltensforschung», München, 1976

43 S. Anm. 32 in Kap. II

44 S. Christa Meves: «Vorurteile – psychologisch gesehen», in: ‹Epoche. Freiheitlich-konservative Monatsschrift›, München, Heft 4, 1978, S. 40–43

45 Wolf-Rüdiger Schmidt, op. cit., S. 103 f; zur Diskriminierung Homosexueller s. Rüdiger Lautmann (Hg.): «Seminar: Gesellschaft und Homosexualität», Frankfurt/M., 1977

Literaturhinweise

AIDS (Institutionen)

«Umfrage des Gesundheitsministers ergab: Junge Mädchen haben Angst vor AIDS», in: ‹AIDS-Dienst NRW›, Dortmund, Nr. 2/1988, S. 10

«Neues Lernziel für Lehrer: Die Schulstunde zum Thema AIDS», in: ‹AIDS-Dienst NRW›, Dortmund, Nr. 1/1987, S. 16f

«AIDS als Problem der Jugendhilfe», in: ‹Forum Jugendhilfe. AGJ-Mitteilungen›, Heft 3/4, 1988

‹AIDS: Wie sag' ich's meinem Kinde?› Herausgegeben vom Elternverein Nordrhein-Westfalen, Bonn, Endenicher Str. 12

Aus «AIDS und Drogen», herausgegeben von der Deutschen AIDS-Hilfe e. V., AIDS-Forum D. A. H., Bd. 1, Berlin 1988

«Notizen zum Kongreß AIDS» in Wiesbaden am 13./14.4.1988, abgedruckt in: ‹Retrovir-Kongreß-Service›

«AIDS and Drug Use. Breaking the Link», herausgegeben von der Citizens Commission on AIDS for New York City and Northern New Jersey, 51 Madison Avenue, Room 3008, New York, NY 10010, September 1988

Broschüre des Bundesministeriums für Gesundheit: «Was Ersthelfer über AIDS wissen sollten», Bonn

«Treffpunkt. Fragen, die viele Frauen interessieren», herausgegeben vom Bundesministerium für Jugend, Familie, Frauen und Gesundheit Nr. 32, Bonn

AIDS-Kongreß, Deutscher, vom 8.–9.1.1988. Kongreßbericht in der ‹Münchner Medizinischen Wochenschrift›, 3/1988, München

«AIDS, Sexualpädagogik und –, von ‹PRO FAMILIA› (Landesverband NRW e. V., Düsseldorf)

«AIDS. 12 erfreuliche Botschaften zum Thema», in: ‹stop AIDS. Eine Präventionskampagne der AIDS-Hilfe Schweiz in Zusammenarbeit mit dem Bundesamt für Gesundheitswesen, Bern

AIDS (Kirchen)

«AIDS. Das vermeidbare Risiko. Bericht über Maßnahmen gegen die Ausbreitung von AIDS und für die Versorgung der Betroffenen in Berlin 1987–1989», herausgegeben vom Berliner Senator für Gesundheit und Soziales, zu beziehen über ‹Kulturbuchverlag Berlin› Passauer Str. 4, 1000 Berlin 30

«Ethisch-theologische Fragestellungen und Überlegungen», herausgegeben vom Diakonischen Werk Bayern – AIDS-Informationsmappe, Nürnberg, November 1987

«Leben mit AIDS. Eine Handreichung der Evangelischen Kirche im Rheinland etc.», Herausgeber: Evangelische Kirche im Rheinland, Landeskirchenamt, Hans-Böckler-Str. 7, 4000 Düsseldorf 30

Appell des Ökumenischen Rates zum Thema AIDS (ÖRK) von 1986 (abgedruckt als Sonderdruck in ‹diakonie im rheinland›, Heft 1/1988)

«AIDS. Orientierungen und Wege in der Gefahr. Eine kirchliche Stellungnahme», herausgegeben vom Kirchenamt der Evangelischen Kirche in Deutschland (EKD), EKD-Texte Nr. 24, 1988, Hannover 21, Herrenhäuser Straße 12

A

ADORNO, THEODOR W. et. al.: «The Authoritarian Personality», New York, 1950

ALBERT, HANS: «Probleme der Wissenschaftslehre in der Sozialforschung», in: René König (Hg.): ‹Handbuch der empirischen Sozialforschung›, 2. Aufl., 1. Bd., Stuttgart, 1967

ALLPORT, GORDON W.: «The Nature of Prejudice», Cambridge (Mass.), 1954

ALLPORT, G. W.: «Treibjagd auf Sündenböcke», Bad Nauheim, 1968, 4., erw. Aufl.

AMIR, Y.: «Contact Hypothesis in Ethnic Relations», in: ‹Psychological Bulletin›, 71, 1969, S. 319–342

ARNOLD, WILHELM et. al.: «Lexikon der Psychologie», Bd. 2, Herderbücherei Nr. 1500, Freiburg, 1980

ASHMORE, R. D.: «Solving the Problem of Prejudice», in: B. E. Collins (Hg.): ‹Social Psychology›, Reading (Mass.), 1970, S. 297–339

ATTESLANDER, PETER/BENDER, CHRISTIANE: «AIDS und das Risiko der Intimität», in: Ernst Burkel, 1988, S. 144–165

B

BANDURA, ALBERT: «Aggression. Eine sozial-lerntheoretische Analyse», 1. Aufl., Stuttgart, 1979, (amerik. Originalausg.: «Aggression: a social learning analysis», New Jersey, 1973)

BANNAS, GÜNTER: «Mehr Delikte, mehr Tode, mehr Erstkonsumenten. Innenminister des Bundes und der Länder legen Statistik zur Rauschgiftkriminalität vor», in: ‹Frankfurter Allgemeine Zeitung› v. 29. April 1989

BARDELEBEN, HANS et. al.: «Studenten, Sexualität und AIDS. Erste Ergebnisse einer empirischen Untersuchung an Gießener Studenten», in Ernst Burkel, 1988, S. 166–195

BARTHOLOMÄUS, WOLFGANG (Interview mit), in: ‹ru.› Zeitschrift für die Praxis des Religionsunterrichts, Stuttgart, 18. Jg., Heft 3/1988, S. 83–86

BECKER, HOWARD S.: «Außenseiter. Zur Soziologie abweichendn Verhaltens», Frankfurt/M., 1981, Original («Outsiders. Studies in the Sociology of Deviance›, New York, 1965)

BEHR, HANS-GEORG: «Von Hanf ist die Rede», Basel, 1982

BEHR, HANS-GEORG: «Leichen auf dem Königsweg. 20 Jahre Drogenpolitik in der Bundesrepublik», in: ‹psychologie heute›, Weinheim, Mai 1988, S. 39 ff

BERGLER, REINHOLD: «Vorurteile – erkennen, verstehen, korrigieren», Köln, 1976

BERGLER, REINHOLD: «Vorurteile und Stereotypen», in: Kindler ‹Psychologie des 20. Jahrhunderts›. Sozialpsychologie. Bd. 1, Weinheim, 1984, S. 238–249

BIERHOFF, HANS WERNER: «Sozialpsychologie. Ein Lehrbuch», Stuttgart, 1984

BIERMANN, PIEKE: «Das Ende der Schonzeit oder: Der Anfang eines gemeinsamen Kampfes», in Melitta Walter, 1987, S. 120–136

BILZ, R./PETRILOWITSCH, N.: «Beiträge zur Verhaltensforschung. Aktuelle Fragen der Psychologie und Neurologie», Basel, 1971

BLEIBTREU-EHRENBERG, GISELA: «Mannbarkeitsriten. Zur institutionellen Päderastie bei Papuas und Melanesiern», Berlin, 1980

BLEIBTREU-EHRENBERG, GISELA: «Homosexualität. Die Geschichte eines Vorurteils», Frankfurt/M., 1981

BLEIBTREU-EHRENBERG, GISELA: «Der Weibmann. Kultischer Geschlechtswechsel im Schamanismus. Eine Studie zur Transvestition und Transsexualität bei Naturvölkern», Frankfurt/M., 1984

BLEIBTREU-EHRENBERG, GISELA: «Fragen Viren nach Moral? Unsere Schwierigkeiten mit den Geschlechtskrankheiten», in: Siegfried R. Dunde, 1986, S. 45–71

BLEIBTREU-EHRENBERG, GISELA: «AIDS aus der Nadel», in Melitta Walter, 1987, S. 109–118

BLEIBTREU-EHRENBERG, GISELA: «Vom Aufstieg der Befangenheit. Zur Sexualhistorie des Abendlandes», in: Siegfried Rudolf Dunde (Hg.): ‹Wenn ich nicht lieben darf, dürfen's andere auch nicht›, Reinbek 1987, S. 149–184

BLEIBTREU-EHRENBERG, GISELA: «Das Sündenbock-Syndrom. Die Krankheit AIDS als Herausforderung an Gesellschaft und Kirche», in: Jürgen Micksch/Raul Niemann, 1986, S. 29–39

Bock, K.D.: «AIDS, die unbewältigte Herausforderung», in: ‹AIDS-Forschung›, 2. Jg., 1987, S. 357 ff

Bopp, Jörg: «Der Wunsch nach Strafe», in Stefan Hinz, 1984, S. 205–213

Bosch, Mathias: «AIDS – eine Geißel Gottes?», Wiesbaden, 1986

Bourne, Geoffrey H. / Cohen, Maury: «Die sanften Riesen. Gorillas in Legende und Wirklichkeit», München, 1977

Bräutigam, H. H. / Züllich, G.: «Management HIV-infizierter Schwangerer. Vorschlag eines Modells über den Einsatz von Methadon», in: ‹Sonderheft zum Deutschen AIDS-Kongreß München›, 8.–9. Januar 1988, München, Futuramed Verlag, München, S. 55 ff

Brengelmann, J. C. / David, H. P. (Hg.): ‹Perspektiven der Persönlichkeitsforschung›, Bern, 1961

Brückner, Wolfgang: «Stereotype Anschauungen in der Aufklärungsliteratur», in: Helge Gerndt, 1988, S. 123 ff

Bruns, Manfred: «Staatliche Gesundheitsfürsorge oder Eigenverantwortung?», in: Jürgen Micksch / Raul Niemann, 1988, S. 84–98

Bschor, Friedrich, Professor Dr. med., Berlin: «Die Betreuung Drogenabhängiger», Leserbrief in der ‹Frankfurter Allgemeinen Zeitung› v. 17. September 1987

Buchkremer, Hansjosef: «Verständnis für Außenseiter. Identifikationsbarrieren und ihre Überwindung», Stuttgart, 1977

Burkel, Ernst (Hg.): «Der AIDS-Komplex. Dimensionen einer Bedrohung», Berlin, 1988

Bussmann, Jürgen: «Seelsorge bei AIDS-Erkrankten», in: ‹Jugendwohl. Zeitschrift für Kinder- und Jugendhilfe›, 68. Jg., Nr. 6, 1987, S. 267–277

Bussmann, Jürgen: «Bei AIDS dem Menschen begegnen», Hamm, 1988

C

Canaris, Ute: «Und wieder sind es die Mütter», in Melitta Walter, 1987, S. 186–206

Claessens, Dieter: «Über gesellschaftlichen Druck, Angst und Furcht», in K. H. Hartmann, 1975, S. 116–130

Clark, Kenneth B. / Clark, Mamie P.: «The Development of Consciousness of Self and the Emergence of Racial Identification in Negro Preschool Children», in: ‹Journal of Social Psychology, Bd. 10, 1939

Clark, Kenneth B. / Clark, Mamie P.: «Racial Identification and Preference in Negro Children», in: G. E. Swanson / Th. M. Newcomb: E. L. Hartley (Hg.): ‹Readings in Social Psychology›, New York, 1952, S. 551 ff

Clark, Kenneth B.: «Prejudice in Your Child», Boston, 1955

Claussen, Bernhard / Wasmund, Klaus (Hg.): «Handbuch der politischen Sozialisation», Braunschweig, 1982

Clement, Ulrich: «Höhenrausch», in: Volkmar Sigusch, 1987, S. 210–214

D

Dankert, Werner: «Unehrliche Leute. Die verfemten Berufe», Bern, 1963

Dannecker, Martin: «Offener Brief. Sehr geehrter Herr Augstein», in: H. L. Gremliza / V. Sigusch (Hg.): ‹Operation AIDS›, Konkret-Sonderheft ‹Sexualität Konkret›, 1986, S. 52 ff

Daim, Wilfried: «Der Mann, der Hitler die Ideen gab», Wien, 1985

Davis, Earl E.: «Zum gegenwärtigen Stand der Vorurteilsforschung», in: René König, 1964

«Der Irrtum mit dem Test», in: ‹Du und ich›, 21. Jg., Nr. 3 / 1989, S. 16 f

Dimpker, Susanne / Keil, Siegfried: «Erwartungen an eine kirchliche Stellungnahme zur AIDS-Problematik», in: ‹ru.›, 1988, S. 87–89

Degen, Rolf: «Die Illusion: ‹Mich trifft es nicht!›», in: ‹psychologie heute›, Weinheim, Heft 10 / 1988, S. 50 ff

Delumeau, J.: «Die Angst im Abendland», Bd. 1, Reinbek, 1985

Denzler, Georg: «Die verbotene Lust. 2000 Jahre christliche Sexualmoral», München, 1988

Dollard, John: «Under What Conditions Do Opinions Predict Behavior?», in: ‹Public Opinions Quarterly›, 12, 1949

Dröge, Franz W.: «Publizistik und Vorurteil», aus: ‹Schriftenreihe für Publizistik- und Kommunikationswissenschaft›, herausgegeben von Henk Prakke, Münster 1967

Dröscher, Vitus B.: «Die freundliche Bestie. Neueste Forschungen über das Tier-Verhalten», Oldenburg, 1968

Dunde, Siegfried Rudolf (Hg.): «AIDS – Was eine Krankheit verändert», Frankfurt/M., 1986

Dunde, Siegfried Rudolf: «AIDS: Gedanken zu ethischen Grundlinien», in: ‹Wege zum Menschen›, 40. Jg., 2/1988, Frankfurt/M., S. 111–119

Dunde, Siegfried Rudolf: «Positiv weiterleben. Seelische Selbsthilfe bei HIV-Infektion», Frankfurt/M., 1988

Dunde, Siegfried Rudolf: «Homosexualität/Homosexuelle Männer», in H. Jäger (Hg.): ‹AIDS und HIV-Infektionen. Diagnostik, Klinik, Behandlung. Handbuch und Atlas für Klinik und Praxis›, Loseblatt-Sammlung, Landsberg a. L., 1988, S. 1–20

Dunde, Siegfried Rudolf: «Andere haben es gut. Der notwendige Neid», München, 1989

Durkheim, Emile: «De la division du travail social», 6. Aufl., Paris, 1926 (Erstausg. 1893)

Durkheim, Emile: «Le Suicide», Paris, 1897, (dt.: «Der Selbstmord», Frankfurt/M. 1983)

E

Eberle, Josef/Deinhardt, Friedrich/Habermehl, Karl-Otto/Koch, Meinrad A.: «Die Zuverlässigkeit von HIV-Antikörpertests», in: ‹Deutsches Ärzteblatt›, Jg. 85, Heft 37 vom 15. September 1988, S. 24–26

Eibach, Ulrich/Schneider, Birgitta: «Theologische und ethische Aspekte in der Seelsorge auf einer ‹AIDS›-Station», in: Siegfried Großmann, 1988, S. 87–101

Eibl-Eibesfeld, Irenäus: «Krieg und Frieden aus der Sicht der Verhaltensforschung», München, 1975

Ermann, M.: «AIDS-Phobie», in: ‹Münchner Medizinische Wochenschrift›, 130, 1988, S. 12–14

Estel, Bernd: «Soziale Vorurteile und soziale Urteile. Kritik und wissenssoziologische Grundlegung der Vorurteilsforschung», Opladen, 1983

«Evangelische Kommentare», 22. Jg., Stuttgart, Nr. 2/1989, S. 38: Meldung über Selbstmord eines Arztes nach dem Test

F

Fishbein, M./Ajzen, I.: «Belief, attitude, intention and behavior. An introduction to theory and research», Reading (Mass.), 1975

Flatten, Günter/Allhoff, Peter G. (Hg.): «AIDS-Information für niedergelassene Ärzte», Köln, 1988

Flohr, Heiner: «Unsere biokulturelle Natur. Für die Beachtung der Biologie bei der Erklärung menschlichen Sozialverhaltens», in: Agnes Elting (Hg.): ‹Menschliches Handeln und Sozialstruktur. Leonhard Lowinski zum 60. Geburtstag›, Opladen, 1986, S. 49–65

Flotho, C./Fassl, H./Hettwer, H.: «AIDS-Prävention und öffentlicher Gesundheitsdienst», in: ‹Öffentliches Gesundheitswesen›, Stuttgart, 50, 1988, S. 641–646

Ford, Clellan S./Beach, Frank A.: «Das Sexualverhalten von Mensch und Tier», 2. Aufl., Berlin, 1960 (amerik. Originalausgabe «Patterns of Sexual Behavior», New York, 1951)

«Fortschritte der Medizin», 105. Jg., 1987, Nr. 34, S. 13 (Bericht über Forscherteam G. Seage, Boston)

Frenkel-Brunswick, Else u. a.: «The Antidemocratic Personality», in: E. E. Maccoby (Hg.): ‹Readings in Social Psychology›, New York, 1958

Freud, Siegmund: «Das Unbehagen in der Kultur», 1930, Ges. Werke, Bd. 13

Frey, Christopher: «Das Thema AIDS in der Schule, aus der Sicht eines evangelischen Ethik-Ansatzes», in: Schulverwaltungsblatt, herausgegeben vom Niedersächsischen Kultusminister, Hannover, 6/87, S. 144–146

Frey, Christopher: «Was bedeutet AIDS für die Sexualethik und die Sexualpädagogik?» in: ‹Bochumer Materialien zur Medizinischen Ethik› (‹duphar med script›), Hannover, Heft 10, Januar 1988

FREY, CHRISTOPHER: «Brauchen wir eine neue Sexualethik?» in: Jürgen Micksch/Raul Niemann, 1988, S. 126–132

FRINGS, MATTHIAS: «Die Unterdrückungsarie», in Stefan Hinz, 1984, S. 187–204

FRINGS, MATTHIAS: «Wie AIDS gemacht wird», in Klaus Pecharzina, 1986, S. 35–40

FRÖSNER, GERD G.: «Wie kann die weitere Ausbreitung von AIDS verlangsamt werden?» in: ‹AIDS-Forschung›, 2. Jg., Heft 1, S. 61–63

FROM, FRANZ: «Zur Wahrnehmung menschlicher Handlungen», in: J. C. Brengelmann et. al., 1961

G

GADAMER, H. G.: «Wahrheit und Methode. Grundzüge einer philosophischen Hermeneutik», Tübingen, 1960

GAEDT, RAINER: «…und hätte ich die Liebe nicht. Überlegungen zum Thema AIDS im Religionsunterricht und Bericht über einen Unterrichtsversuch in Klasse 9/10», in: ‹ru›, S. 97–99

GARDNER, R. A./GARDNER, B. T.: «Teaching sign language to a Chimpanzee», in ‹Science›, 165, 1969, S. 664–672

GEERTZ, C.: «Ethos, World-View and the Analysis of Sacred Symbols», in: E. A. Hammel/S. Simmons (Hg.): ‹Man Makes Sense. A Reader in Modern Cultural Anthropology›, Boston, 1970

GERARD, HAROLD B.: «Funktion und Entwicklung von Vorurteilen», in: Kindler's ‹Psychologie des 20. Jahrhunderts. Sozialpsychologie. Bd. I.: Die Erforschung zwischenmenschlicher Beziehungen›, Weinheim, 1984, S. 250–275

GERNDT, HELGE (Hg.): ‹Stereotypvorstellungen im Alltagsleben. Beiträge zum Themenkreis Fremdbilder – Selbstbilder – Identität. Festschrift für Georg E. Schroubek›, München, 1988

GERSCH, CLAUDIA et. al.: «Drogenabhängige Prostituierte und ihre Freier», Veröffentlichung des Sozialpädagogischen Instituts Berlin (spi), 1988

GLASS, HENRY: «Von neun waren sieben, so die Franzosen hatten», in Hans Halter, 1985, S. 81–98

GODDENTHOW, DIETER WOLF VON: «So hat AIDS keine Chance», Freiburg, 1988

GÖCKENJAN, GERD: «Das Pestregiment», in ‹Kursbuch›, Berlin, Nr. 94, 1988, S. 68–86

GÖRGENS, KLAUS/KATHKE, NORBERT/KRAHNKE, HANNELORE: «Erfahrungen und Ergebnisse der ‹Anonymen AIDS-Beratungsstelle› der Gesundheitsbehörde der Landeshauptstadt München», in: ‹AIDS-Forschung (AIFO)›, 2. Jg., München, Heft 2/1987, S. 104–109

GOFFMANN, ERVING: «Stigma. Über Techniken der Bewältigung beschädigter Identität.» Suhrkamp Verlag, Frankfurt/M. 1967. Originalausgabe: ‹Stigma. Notes on the Management of Spoiled Identity›. Prentice Hall, Inc., Englewood Cliffs, N. J., 1963. Übers. v. Frigga Haug

GOLOVENSKY, DAVID I.: «The Marginal Man Concept», in: ‹Social Forces›, Vol. 30, Nr. 2, Baltimore, 1951, S. 333 ff

GORSBOTH, THOMAS/WAGNER, BERND: «Die Unmöglichkeit der Therapie. Am Beispiel der Tuberkulose», in: ‹Kursbuch›, Nr. 94, 1988, S. 123–146

GRAML, HERMANN: «Reichskristallnacht. Antisemitismus und Judenverfolgung im Dritten Reich», München, 1988

GREMLIZA, HERMANN L.: «Die Herren des Montagmorgengrauens oder: Die Abwehrschwäche des Informationssystems», in Volkmar Sigusch, 1987, S. 234–239

GRMEK, MIRKO M.: «AIDS und das Problem der neuen Krankheiten», in Ernst Burkel, 1988, S. 38–51

GROSSMANN, S. (Hg.): «Der Neue Nächste. AIDS fordert uns heraus», Wuppertal, 1988

GRÜNDEL, JOHANNES: «AIDS-Aufklärung in der Schule – aus der Sicht eines katholischen Ethikansatzes», in: Schulverwaltungsblatt, herausgegeben vom Niedersächsischen Kultusminister, Hannover, 8/87, S. 223–237

GRÜNDEL, JOHANNES: «AIDS und die ethische Problematik», in: August Wilhelm v. Riff/Johannes Gründel: ‹Von AIDS herausgefordert›, Freiburg, 1987, S. 56–101

GRÜNDEL, JOHANNES: «AIDS – ethische Herausforderung an die ganze Menschheit», in Jürgen Micksch/Raul Niemann, 1988, S. 115–126

H

HAEHNSEN, HANS JÜRGEN: «Zur psychologischen Betreuung von AIDS-Erkrankten», in Ernst Burkel, 1988, S. 369–379

HAIMHAUSEN, ALEXANDER: «Safer-sex. Liebe und Zärtlichkeit ohne gesundheitliches Risiko», Düsseldorf, 1986

HALTER, HANS (Hg.): «Todesseuche AIDS», Reinbek, 1985

HARTMANN, K.-H. (Hg.): «Vorurteile, Ängste, Aggressionen», ausgewählte Beiträge aus der Reihe Politische Psychologie, Europäische Verlagsanstalt, Frankfurt/M./Köln, 1975

HAUSCHILD, HANS PETER: «Safer-sex – was wird bleiben, was wird sich ändern?» in: Siegfried Rudolf Dunde, 1986, S. 85–97

HAYES, H. J./HAYES, C.: «The cultural capacity of chimpanzee», in: J. A. Gavan (Ed.): ‹The non-human primates and human evolution›, Detroit 1955, S. 110–125

HEINTZ, PETER: «Soziale Vorurteile», Köln, 1957

HENTIG, HANS V.: «Die Strafe. Bd. I.: Frühformen und kulturgeschichtliche Zusammenhänge», Berlin, 1954

HERZLICH, CLAUDINE/PIERRET, JANINE: «Une maladie dans l'espace public. Le SIDA dans six quotidiens français», in: ‹Annales›, Paris, Jg. 43, Nr. 5/1988

HERZOG, FELIX: «Das Strafrecht im Kampf gegen ‹AIDS-Desperados›», in Ernst Burkel, 1988, S. 329–349

HILGER, GEORG: «AIDS und Religionsunterricht», in: ‹ru.› Zeitschrift für die Praxis des Religionsunterrichts, 3/1988, Stuttgart, S. 89–92

HINZ, STEFAN: «AIDS. Die Lust an der Seuche», Reinbek, 1984

HITLER, ADOLF: «Mein Kampf», Jubiläumsausgabe, München, 1939

HÖFFNER, JOSEPH: «AIDS. Vier Aussagen des Erzbischofs von Köln, Kardinal Joseph Höffner», in: ‹Zeitfragen›, Hg.: Presseamt des Erzbistums Köln, Heft 41, 3. Aufl., 1987, Neusser Druckerei u. Verlag GmbH

HOFSTÄTTER, P. R.: «Gruppendynamik», Hamburg, 1970

HOLST, E. V./SAINT PAUL, U. V.: «Vom Wirkungsgefüge der Triebe», in: ‹Naturwissenschaft›, Bd. 18, 1960, S. 409–422

HOHENADEL, DIETER: «Viele Radfahrer-Karrieren beginnen zu früh. Schon Vierjährige strampeln zwischen Autos herum – Eltern unterschätzen das Risiko», in: ‹Frankfurter Allgemeine Zeitung›, Rubrik Technik und Motor vom 1.11.88

HOHENADEL, DIETER: «Der Blick aus dem Küchenfenster genügt nicht», in: ‹Frankfurter Allgemeine Zeitung›, 28.8.84; Gisela Bleibtreu-Ehrenberg: «An der Realität vorbei. Jugendschutz und Vorurteil», in: ‹Der Monat›, Neue Folge, Nr. 293, Weinheim, 1984, S. 159–174

HONDRICH, KARL OTTO: «Risikosteuerung durch Nichtwissen. Paradoxien und Alternativen der AIDS-Politik», in: Ernst Burkel, 1988, S. 121–143

HORKHEIMER, MAX: «Gesellschaft im Übergang», Frankfurt/M., 1972

HORKHEIMER, MAX: «Persönlichkeit und Vorurteil», in: Anitra Karsten, 1978, S. 247–260

HUBER, ANDREAS: «Anti-AIDS-Training», in: ‹psychologie heute›, 10/1988, Weinheim, S. 15 ff

HÜBNER, EBERHARD: «Inszenierung einer Krankheit. Die AIDS-Berichterstattung im ‹Spiegel›», in Volkmar Sigusch, 1987, S. 218–229

HOFFMANN, KNUT O. K.: «Wie sicher ist das Kondom?», in: ‹Zeitschrift für Allgemeinmedizin›, 7/1988, S. 39–43

HUMMEL, SIEGBERT: «Der Hund in der religiösen Vorstellungswelt des Tibeters», in: ‹Paideuma›, Wiesbaden, 1954/1958, Bd. VI

HUTTON, H. H.: «Caste in India, Oxford, 1961

ICHHEISER, GUSTAV: «Misunderstandings in Human Relations», in: Sonderheft des ‹American Journal of Sociology›, Chicago, 1949

‹IDEA-SPEKTRUM. Nachrichten aus der evangelischen Welt›, Nr. 16/1987, Nrn. 3, 20/1988; Ausgaben v. 25.8.1985 u. 11.2.1987

JAHODA, MARIE/DEUTSCH, MORTON/COOK, STUART W.: «Research Methods in Social Relations, with especial Reference to Prejudice», Part 1., 4. Aufl., New York, 1955

JILESEN, M.: «Soziologie. Eine Einführung für Erzieherberufe» 2. Aufl., Köln, 1982

K

KAISER, RALPH: «Sucht und Charakter. Eine Darstellung verschiedener Aspekte und Suchtprobleme aus individual-psychologischer Sicht», Zürich, 1982

KARSTEN, ANITRA (Hg.): «Vorurteil. Ergebnisse psychologischer und sozialpsychologischer Forschung», Wissensch. Buchges. Darmstadt 1978, in d. Reihe ‹Wege d. Forschung›, Bd. CDI

KATZ, DANIEL/BRALY, KENNETH W.: «Rassische Vorurteile und Rassenstereotype», in: Anitra Karsten, 1978, S. 36–39

KAUFMANN, HANS-BERNHARD: «Der Mensch im Banne des Vorurteils», in ‹Neue Studienreihe›, herausgegeben von Hans Bürki, Nr. 6, Wuppertal, 1965, S. 14 ff

KEIL, SIEGFRIED: «Anthropologische Voraussetzungen für einen lebensfördernden Umgang mit der Immunschwäche AIDS», in Jürgen Micksch/Raul Niemann, 1988, S. 108–115

KIELHOLZ, PAUL: «Prophylaxe und Therapie der Angst und Aggression», in Robert Kopp, 1984, S. 85 ff

KINDERMANN, WALTER: «AIDS. Ratgeber für Betroffene, Gefährdete und Angehörige», Freiburg, 1987

KINDLER'S ‹Psychologie des 20. Jahrhunderts›. Sozialpsychologie. Bd. 1: Die Erforschung der zwischenmenschlichen Beziehungen. Beltz Verlag, Weinheim/Basel, 1984

KLEINE, ERNST W.: «AIDS – eine neue sexualpädagogische Dimension. Problemanalyse und didaktisch-methodische Orientierung», Pädagogisches Institut der Landeshauptstadt Düsseldorf, Redinghovenstr. 41, 4 Düsseldorf 1

KOCH-HILLEBRECHT, M.: «Der Stoff, aus dem die Dummheit ist. Eine Sozialpsychologie der Vorurteile», München, 1978

KÖNIG, RENÉ et. al.: «Vorurteile. Ihre Erforschung und ihre Bekämpfung», Frankfurt/M., 1964

KOGON, EUGEN: «Der SS-Staat», Berlin, 1946

KOPP, ROBERT (Hg.): «Angst und Aggression», in: ‹Universitätsforum›, Bd. 2, Basel, 1984

KORFF, WILHELM: «Außenseiter. Zur ethischen Beurteilung abweichender Identität», in: ‹Theologische Quartalsschrift›, Erich Wewel Verlag München/Freiburg i. Br., Jg. 155, 1 Heft 1975 (Sonderdruck)

KÜNG, ZITA/FLURY, URSULA in: «Der Ehering als Symbol taugt nicht», in: Melitta Walter, 1987, S. 240–249

KÜNZEL, ERHARD: «Angst und Angstabwehr in der menschlichen Gemeinschaft», in. K. H. Hartmann, 1975, S. 131–145

L

LAUTMANN, RÜDIGER: «Seminar: Gesellschaft und Homosexualität», Frankfurt/M., 1977

LAUTMANN, RÜDIGER: Stichwort «Soziale Vorurteile», in: Staatslexikon, 1988, Sp. 1290 ff

LAWICK-GOODALL, JANE VAN: «Wilde Schimpansen», Reinbek, 1975

LEAKEY, RICHARD/LEWIN, ROGER: «Die Menschen vom See», Berlin, 1982

LEHMANN, KARL: Interview mit Bischof Karl Lehmann zur AIDS-Kampagne und Aktueller Nachtrag zum Interview, in: ‹Verantwortung und Kultur der menschlichen Gesellschaft›, herausgegeben vom Bischöflichen Generalvikariat Osnabrück, 4500 Osnabrück, Domhof 2, 2. Aufl., o. J., S. 64–65

LEMKE, KLAUS (Hg.): «AIDS. STERN-Report», Hamburg, 1987

LEMPP, REINHARD: «Angst und Aggression – Feindbild und Angstabwehr», in: ‹2. Kölner Ringvorlesung zu Fragen von Frieden und Krieg›, Köln, 1985

LENNERT, CHRISTOPH: «Die Voyeure und die Pharisäer triumphieren: AIDS ist immer eine Story wert», in: ‹die feder›, 6–7/1987, Stuttgart, S. 22–24

LIPPMANN, WALTER: «Public Opinion», New York, 1922, (deutsch «Die öffentliche Meinung›, München, 1964)

LÖW, REINHARD: «Die ethische Problematik von AIDS aus philosophischer Sicht», in Ernst Burkel, 1988, S. 390–407

LORENZ, KONRAD: «Über tierisches und menschliches Verhalten. Aus dem Werdegang der Verhaltenslehre», München, 1965, 2 Bd.

LUHMANN, NIKLAS: «Paradigm Lost: Die ethische Reflexion der Moral». Vortrag anläßlich der Verleihung des Hegel-Preises (gekürzte Fassung, veröffentlicht in der ‹Frankfurter Allgemeinen Zeitung› vom 28.12.1988, S. N 3–N 4)

M

MACKENTHUN, GERALD: «Katastrophen lassen sich gut verkaufen», in: ‹Umweltmedizin›, Argument-Sonderband AS 125, Berlin, 1985

MAJERUS, MILL: «AIDS – unsere Verantwortung», herausgegeben vom Deutschen Katecheten-Verein e. V., München, 1988

MALER-SIEBER, GISELA: «Verhaltensforschung. Eine Einführung», Gütersloh, 1982

MARKEFKA, MANFRED: «Vorurteile, Minderheiten, Diskriminierung», 5., überarb. Aufl., Neuwied/Darmstadt, 1984

MASTERS, W. H. et. al.: «Crisis. Heterosexual Behavior in the Age of AIDS», New York, 1988

MAYER, FREDERICK: «Vorurteil – Geißel der Menschheit», Wien/Freiburg/Basel, 1975

MAYER, SUSANNE: «Der Aufklärer. Gegen Panik, für die Lust – AIDS-Therapie für den Patienten Gesellschaft» (Gespräch mit Meinrad Koch) in: ‹DIE ZEIT›, 20. Januar 1989

MEIJAS, JORDAN: «Ku-Klux-Klan. Verschwörung der Dunkelmänner», in: Frankfurter Allgemeine Magazin›, Heft 454, 45. Woche, 11.11.1988, Frankfurt/M.

MERRILL, JOHN C.: «The Image of The United Staates in Ten Mexican Dailies», in: ‹Journalism Quarterly›, Minneapolis, Vol. 39, 3/1962, S. 411–419

MERTON, ROBERT K.: «Social theory and social structure», 1938, 2. Aufl.; Glencoe (Ill.), 1957

MERTON, ROBERT K.: «The Self-fulfilling Prophecy», in: ‹The Antioch Review›, 1948, 8, S. 193 ff

METZGER, WOLFGANG: «Vom Vorurteil zur Toleranz», Darmstadt, 1976, 2., überarb. Aufl.

MEVES, CHRISTA: «Vorurteile – psychologisch gesehen», in: ‹Epoche. Freiheitlich-konservative Monatsschrift›, München, Heft 4, 1978, S. 40–43

MEYER, PETER: «Taschenlexikon der Verhaltenskunde», Paderborn, 1976

MICHEL, SIGRID: «HIV-Antikörpertest und Verhaltensänderungen. Literaturstudie», in: ‹Veröffentlichungsreihe des Internationalen Instituts für Vergleichende Gesellschaftsforschung des Wissenschaftszentrums Berlin›, P88–204, Berlin, No. 88

MICHAELIS, WOLFGANG: «Verhalten ohne Aggression? Versuch zur Integration der Theorien», Köln, 1976

MICKSCH, JÜRGEN/NIEMANN, RAUL (Hg.): «Positiv oder negativ? AIDS als Schicksal und Chance», Gütersloh, 1988

MIETH, DIETMAR: «AIDS – die ethische Exponiertheit der Probleme» in Ernst Burkel, 1988, S. 408–424

MILGRAM, STANLEY: «Behavioral Study of Obedience» in: ‹Journal of Abnormal and Social Psychology›, 67, 1963

MILLER, ALICE: «Das verbannte Wissen», Frankfurt/M., 1988

MITSCHERLICH, ALEXANDER: «Zur Psychologie des Vorurteils», in: Anitra Karsten, 1978, S. 270–285

MÖLLE, HERBERT et. al.: «Die Zehn Gebote. Alttestamentliche, moraltheologische und religionspädagogische Zugänge zum Dekalog», September 1983, in ‹Religionspädagogische Beiträge›, herausgegeben vom katechetischen Institut des Bistums Essen

MÜNCHNER MEDIZINISCHE WOCHENSCHRIFT: Bericht vom Deutschen AIDS-Kongreß vom 8.–9.1.1988, Nr. 3/88, München

MYRDAL, GUNNAR: «An American Dilemma. The Negro Problem in Modern Democracy», New York/London, Ausg. 1944, 2 Bd.

N

NABOKOV, VLADIMIR: «Lolita», Reinbek, 1959

NAHAS, REBECCA/TURLEY, MYRA: «The new couple: Women and gay men», 1979; deutsche Ausgabe: «Liebe im Dreieck», München, 1983

NEUMANN, G. H.: «Normatives Verhalten und aggressive Außenseiterreaktionen bei gesellig lebenden Vögeln und Säugern», Opladen, 1981

NIEMANN, RAUL: «Desperado-Semantik oder Die Metaphorik einer neuen Anständigkeit», in: Jürgen Micksch/Raul Niemann, 1988, S. 56–72

NILSSON, M. P.: «Die Griechen», in: Chatepie de la Saussaye (Hg.): ‹Lehrbuch der Religionsgeschichte›, 4. Aufl., Tübingen, 1925, Bd. II

NOLTING, HANS-PETER: «Lernfall Aggression. Wie sie entsteht – wie sie zu verhindern ist. Theorie und Empirie aggressiven Verhaltens und seiner Alternativen», Reinbek, 1978

O

OSTERMANN, AENNE/NICKLAS, HANS: «Vorurteile und Feindbilder. Warum Menschen einander mißverstehen und hassen. Materialien, Argumente, Gegenstrategien. Zugleich eine Einführung in die politische Psychologie», 3. Aufl., Weinheim, 1984

P

PACHARZINA, KLAUS (Hg.): «AIDS und unsere Angst», Reinbek, 1986

PAPPENHEIM, EUGEN: «Des Sextus Empiricus Phyrrhoneische Grundzüge», Leipzig, 1877

PARIN, PAUL: «Die Mystifizierung von AIDS», in Volkmar Sigusch, 1987, S. 54–66

PARSONS, TALCOT: «The Social System», Glencoe (Ill.) 1951, S. 259

PEARL D.: «Psychotherapy and ethnocentrism», in: ‹Journal of Abnormal and Social Psychology›, 1955, S. 227–230

PFAFF, ULRICH: «AIDS: Fragen und Antworten», in: ‹Sonderdruck Betheler Arbeitstexte›, Bethel b. Bielefeld, 1987

PILZ, GUNTER/MOESCH, HUGO: «Der Mensch und die Graugans. Eine Kritik an Konrad Lorenz», Frankfurt/M., 1975

PLOOG, DETLEV: «Die Sprache der Affen und ihre Bedeutung für die Verständigungsweisen des Menschen», München, 1974

POHLE, HANS D./EICHENLAUB, DIETER: «Kann die weitere Ausbreitung von AIDS verhindert werden?» in: ‹AIDS-Forschung›, 2. Jg., München, 3/1987, S. 119 ff

POHLE, HANS D.: «Darf ein Pilot HIV-positiv sein? Unwahrscheinliche Gefahr, ungerechtfertigte Diskriminierung», in: ‹Sexualmedizin›, 4/1989, S. 170

PRIGGE, MARLIES: «Ich habe mich angesteckt. Infizierte berichten», in Klaus Lempke, 1987, S. 132–143

PRO FAMILIA (Landesverband NRW e. V.): «Sexualpädagogik und AIDS», Düsseldorf

Q

QUENSEL, STEPHAN: «Drogenelend. Cannabis, Heroin, Methadon: Für eine neue Drogenpolitik», Frankfurt/M., 1982

R

RAABE, FELIX: «Moralische Immunschwäche», in: ‹Würzburger Katholisches Sonntagsblatt›, 22. März 1987

RAABE, FELIX: «Nur für Heilige?», in: ‹Würzburger katholisches Sonntagsblatt›, Nr. 15, 12. April 1987

RATTNER, JOSEF: «Psychologie des Vorurteils. Eine tiefenpsychologische Untersuchung über das voreingenommene Denken und die autoritäre Persönlichkeit», Zürich, 1971

RERRICH, DODÓ: «Prima Donna», in: ‹psychologie heute›, Nr. 12/1988, S. 10–12

REUCK, ANTHONY DE/KNIGHT, JULIE (Hg.): «Caste and Race Comparative Approaches», London, 1967

RICHARDSON, S. A. et. al.: «Cultural Uniformity in Reaction to Physical Disabilities», in: ‹American Sociological Review› 26, 1961, S. 241–246

RICHTERS, JULIET et. al.: «Low Condom Breakage Rate in Commercial Sex», in: ‹The Lancet›, December 24/31, 1988

RÖLKE, PETER: «Wie entstehen politisch-soziale Vorurteile, und sind sie veränderbar?» in Bernhard Claußen/KLaus Wasmund, 1982, S. 335–366

ROGHMANN, KLAUS: «Dogmatismus und Autoritarismus», Meisenheim am Glan, 1966

ROHRACHER, HUBERT: «Einführung in die Psychologie», 5. Aufl., Wien, 1953

ROSENBROCK, ROLF: «AIDS und präventive Gesundheitspolitik», in: ‹Veröffentlichungsreihe des Internationalen Instituts für Vergleichende Gesellschaftsforschung/Arbeitspolitik des Wissenschaftszentrums Berlin, IIVG/pre86–210, 1986

ROSENBROCK, ROLF: «Politik mit und gegen AIDS», in: ‹Blätter für deutsche und internationale Politik›, 9/1987

ROSENBROCK, ROLF: «Im Selbstlauf bewegt sich nichts...» in: ‹VOR-SICHT›, 3. Jg., Heft 7, 1988, Berlin, S. 10ff

‹ru›. Zeitschrift für die Praxis des Religionsunterrichts. Thema: Sexuell lieben trotz AIDS. Heft Juli – September 1988, Stuttgart

RÜBSAMEN-WAIGMANN, HELGA: «Experten – Fakten und Fiktionen», in Melitta Walter, 1987, S. 34–46

RÜHMANN, FRANK: «AIDS. Eine Krankheit und ihre Folgen», 2. Aufl., Frankfurt/M., 1985

S

SABATIER, RENÉE et. al.: «Blaming Others. Prejudice, race and worldwide AIDS», The Panos Institute, London, 1988

SALMEN, ANDREAS: «Nicht weit von Hysterie entfernt», in: Siegfried Rudolf Dunde, 1986, S. 149–161

SASS, HANS-MARTIN/VIEFHUES, HERBERT: «Ethik in der ärztlichen Praxis und Forschung», in: ‹duphar med script›, Heft 2, 1988, Hannover

SCHÄFER, BERND/SIX, BERND: «Sozialpsychologie des Vorurteils», Stuttgart, 1978

SCHATTENFROH, SILVIA: «Ist Heroinsüchtigen mit Methadon zu helfen? Gefühle prägen die Debatte, nicht gesichertes Wissen», in: ‹Frankfurter Allgemeine Zeitung› v. 12. Oktober 1987

SCHLOSSER, KATESA: «Körperliche Annomalien als Ursache sozialer Ausstoßung bei Naturvölkern», in: ‹Zeitschrift für Morphologie und Anthropologie›, Bd. XLIV, Heft 1–2, 1953, Stuttgart

SCHMIDT, WOLF-RÜDIGER: «AIDS – die Geißel Gottes?«, in Jürgen Micksch/Raul Niemann, 1988, S. 99–107

SCHMITT, UWE: «Sehnsucht nach Sodom», in: ‹Frankfurter Allgemeine Zeitung›, 23.3.89

SCHOECK, HELMUT: «Kleines soziologisches Wörterbuch», Freiburg, 1969

SCHÖNPFLUG, W.: Beitrag ‹Meideverhalten› in: Wilhelm Arnold, 1980, S. 1347

SCHREY, HEINZ-HORST: «Einführung in die Ethik», Darmstadt, 1972

SCHUMANN, BERND: «Einer macht mobil», in: ‹Gay-Express›, 13. Jg., 7/1986, S. 3

SCHWEIZER BUNDESAMT FÜR GESUNDHEITSWESEN (BGA), Mitteilung des, im Frühjahr 1988 zur HIV-Kontagiosität (in zahlreichen medizinischen Fachzeitschriften veröffentlicht)

SEIDL, OTMAR/GOEBEL, FRANK-DETLEF: «Psychosomatische Reaktionen von Homosexuellen und Drogenabhängigen auf die Mitteilung eines positiven HIV-Testergebnisses», in: ‹AIDS-Forschung›, 2. Jg., München, 4/1987, S. 181–187, hier: S. 183

SEYWALD, A.: «Anstoßnahme an sichtbar Behinderten», Rheinstetten, 1980

SHAPIRO, H.: «The Jewish Race. A Biological History», UNESCO, Paris, 1953

SHERIF, M.: «A study of some social factors in perception», in: ‹arch. Psych.›, 1935, S. 187ff

SIGUSCH, VOLKMAR (Hg.): «AIDS als Risiko», Hamburg, 1987

SIGUSCH, VOLKMAR: «Es war immer ein Wagnis, Ekstase zu suchen», in Klaus Lempke, 1987, S. 49–60

SIMMEL-JOACHIM, MONIKA: «AIDS und Sexualität: einfach vernünftig?» in: ‹pro familia magazin›, 3/1987, Braunschweig

SKEGG, D. C. G.: «Heterosexually acquired HIV infection. Still hard to be sure about a future epidemic», in ‹British Medical Journal›, London, Vol. 298, February 1989

SÖNNICHSEN, NIELS: «AIDS – Was muß ich wissen? Wie kann ich mich schützen?», Berlin, 1987 (DDR)

SONTAG, SUSAN: «AIDS und seine Metaphern», München, 1989

SOSSINKA, ROLAND: «Ethnologie», Frankfurt/M., 1981

‹STAATSLEXIKON›, herausgegeben von der Görres-Gesellschaft, Freiburg, 7. Aufl., Bd. 4, 1988

STAHL, GERHARD: «AIDS-Schoolworker in Berliner Schulen», in ‹ru.›, 3/1988, S. 103–105

STEINHOFF, JÜRGEN: «Beobachtungen im Partner-Club», in Klaus Lempke, 1987, S. 124–131

STEPHAN, CORA: «Das Gerede, die Gefühle, die Gefahr. Stalingrad in deutschen Betten? Weshalb die Debatte über AIDS so beliebt ist», in: ‹DIE ZEIT›, Nr. 18, 24. April 1987, S. 49f

STEPHAN, W. G.: «School Desegration. An Evaluation of Predictions Made in Brown v. Board of Education», in: ‹Psychological Bulletin›, 85, 1978, S. 217–238

STONEQUIST, E. V.: «The Marginal Man», New York, 1937

STRAUSS, HERBERT A.: «Abwehr von Stereotypen und Diskriminierungen», in: Helge Gerndt, 1988, S. 39ff

STRINDBERG, AUGUST: «Ein Blaubuch. Synthese meines Lebens», München/Leipzig, 1908

STÜMKE, H. G./FINKLER, R.: «Rosa Winkel, rosa Listen. Homosexuelle und ‹gesundes Volksempfinden› von Auschwitz bis heute», Reinbek, 1981

STÜMKE, HANS-GEORG: «Homosexuelle in Deutschland. Eine politische Geschichte», München, 1989

SUAREZ, S. D./GALLUP, G. G.: «Self-Recognition in Champanzees and Orangutans», in: ‹Journal of Human Evolution›, 10, 1981, S. 171–188

SÜSSMUTH, RITA: «AIDS. Wege aus der Angst», Hamburg, 1987

SUMNER, WILLIAM G.: «Folkways», Boston, 1906

SNYDER, MARK: «Warum Vorurteile sich immer bestätigen lassen», in: ‹psychologie heute›, Weinheim, Juli 1983, S. 56–59

T

TAJFEL, H./BILLIG, M. G./BUNDY, R. P./FLAMENT, C.: «Social Categorization and Intergroup Behavior», in: ‹European Journal of Social Psychology›, 1, 1971, S. 149–179

TAJFEL, HENRI: «Die Entstehung der kognitiven und affektiven Einstellungen. Vorurteile – ihre Erforschung und ihre Bekämpfung», in: ‹Politische Psychologie›, III, Frankfurt/M., 1964, S. 81–85, Wiederabdruck in K. D. Hartmann, 1975, S. 71–75

TAJFEL, HENRI: «Gruppenkonflikt und Vorurteil. Entstehung und Funktion sozialer Stereotypen», Bern, 1982

TAYLOR, GORDON RATTREY: «Wandlungen der Sexualität», Düsseldorf, 1957

‹TEST›-ZEITSCHRIFT: «Kondome nur selten sicher genug», Heft 7, 1987, S. 60–63

V

VASS, ANTONY A.: «AIDS. A plage in us. A social perspective – the condition and its social consequences», St. Ives, Huntingdon, Cambs., 1987

VÖLGER, GISELA/WELCK, KARIN v./LEGNARO, ALDO (Hg.): «Rausch und Realität. Drogen im Kulturvergleich», Materialband zu einer Ausstellung des Rautenstrauch-Joest-Museums für Völkerkunde der Stadt Köln, 2 Bände, Köln, 1981

VÖLKER, RUDOLF: «Du und AIDS», in Rudolf Völker et. al.: «Menschen, Menschen, Menschen. Briefe AIDS-Infizierter. AIDS-Informationen», Bad Oeynhausen, o. J., (Verlag Human Life Foundation), 2. Aufl.

W

WACHSMANN, PETER V.: «AIDS – eine Krankheit bedroht den Menschen», in: ‹Prävention. Zeitschrift für Gesundheitserziehung›, 9. Jg., 4/1986

WALTER, MELITTA (Hg.): «Ach wär's doch nur ein böser Traum. Frauen und AIDS», Freiburg, 1987

WALTER, MELITTA: «AIDS im Alltag von Frauen», in: Melitta Walter, 1987, S. 208–239

WATSON, JEANNE: «Some social and psychological situations related to change in attitude», in: ‹Human Relations›, 1950, Nr. 3, S. 15–56

WATZLAWICK, PAUL/BEAVIN, JANET H./JACKSON, DON D.: «Menschliche Kommunikation. Formen, Störungen, Paradoxien», 7. Aufl., Bern, 1985 (amerik. Originalausgabe: «Pragmatics of Human Communication. A Study of Interactional Patterns, Pathologies, and Paradoxes», New York, 1967)

WERBIK, HANS/KAISER, HEINZ-JÜRGEN: «Kritische Stichwörter zur Sozialpsychologie», München, 1981

WIENAU, ROLF: «Amors vergiftete Pfeile», in ‹Kursbuch› 4/1988, S. 107–120

WIESE, LEOPOLD V.: «Studien über das Vorurteil», in: ‹Kölner Zeitschrift für Soziologie›, 3. Jg., Köln 1950/51, S. 214 ff

WIESER, WOLFGANG: «Die Korruption einer Wissenschaft. Zur Lage der Verhaltensforschung», Teil I: ‹Merkur›, XXIX. Jg., 1975, Heft 329, S. 907; Teil II: Heft 330, S. 1022

WIESER, WOLFGANG: «Konrad Lorenz und seine Kritiker. Zur Lage der Verhaltensforschung», München, 1976

WITTKOWSKI, KNUT M.: «Wann ist ein HIV-Test indiziert?» in: ‹Deutsches Ärzteblatt›, Jg. 86, Heft 4 vom 26. 1. 1989, S. 31–36

WITTKOWSKI, KNUT M.: «Über die Bedeutung von Detergentien für die HIV-Prophylaxe unter Heterosexuellen», in: ‹AIDS-Forschung›, Juli 1988, S. 1 ff

WOLF, HEINZ E.: «Die Beziehungen zwischen Vorurteils-, Image- und Warenbild», in: ‹GFM Mitteilungen für Markt- und Absatzforschung›, Bd. 9, 1966, S. 117 ff

WOLF, HEINZ E.: «Zur Problemsituation der Vorurteilsforschung», in: René König (Hg.): ‹Handbuch der empirischen Sozialforschung›, Taschenbuchausgabe, Bd. 12, 2. Aufl., Stuttgart, 1978, S. 158 ff

WOLF, HEINZ E.: «Kritik der Vorurteilsforschung. Versuch einer Bilanz», Stuttgart, 1979

WÜBKER, ANKE: «Struktur und Bedeutung der AIDS-Hilfsorganisationen in der Bundesrepublik Deutschland», 2. Aufl., Berlin, 1988

WÜBKER, ANKE et. al.: «AIDS-Selbsthilfeorganisationen», in: ‹AIDS-Brief›, München, 6/1988

WUNSCH, RICHARD: «Zur Geisterbannung im Altertum», in: ‹Mitteilungen der schlesischen Gesellschaft für Volkskunde›, 1911–1922, S. 29

Z

Zwischenbericht des Enquete-Kommission des 11. Deutschen Bundestages ‹Gefahren von AIDS und wirksame Wege zu ihrer Eindämmung›: «AIDS: Fakten und Konsequenzen», erschienen in ‹Zur Sache›. Themen parlamentarischer Beratung›, Herausgeber: Deutscher Bundestag, Referat Öffentlichkeitsarbeit, Bonn, 1988, Bearbeiter: Dr. Dr. Peter Lichtenberg/Michael Malm. Die im Text genannten Kommissions-Drucksachen und Kommissions-Arbeitsunterlagen sind im Zwischenbericht, soweit bis zu dessen Publikation bereits vorgelegt, numerisch aufgelistet. Der Zwischenbericht ist leider schon vergriffen. Der in Arbeit befindliche Hauptbericht erscheint voraussichtlich Ende 1989/Anfang 1990

C 2120/7

C 2120/7 a

rororo MANN

rororo
MANN

ro
ro
ro
MANN

C 2120/7 c

rororo MANN

Volker Elis Pilgrim/Alexej Mend
Das Paradies der Väter
Versprechen und Verbrechen
(8207)

Gerd Würzberg
Muskelmänner
In den Maschinenhallen der neuen
Körperkultur (8208)

Burkhard Schröder
Unter Männern
Brüder, Kumpel, Kameraden (8236)

Eine
Auswahl

C 2120/7 d

rororo
sachbuch

C 2163/4

Gesundheit!

Eine Auswahl

rororo sachbuch

C 2164/4 a